VOYAGES
AGRONOMIQUES
EN FRANCE.

Imprimerie de E. DUVERGER, rue de Verneuil, n° 4.

VOYAGES AGRONOMIQUES

EN FRANCE

PAR

M. FRÉDÉRIC LULLIN DE CHATEAUVIEUX,

Membre de la Société des Arts de Genève,
Associé étranger de la Société royale et centrale d'Agriculture,
Correspondant de l'Institut de France,
de la Société d'Agriculture de la Côte-d'Or et de l'Académie
de Géographie de Florence ;

OUVRAGE POSTHUME

PRÉCÉDÉ D'UNE NOTICE BIOGRAPHIQUE SUR L'AUTEUR,

PUBLIÉ

PAR M. NAVILLE DE CHATEAUVIEUX.

TOME PREMIER.

PARIS

AU BUREAU DE LA MAISON RUSTIQUE,

QUAI MALAQUAIS, N° 19.

EN PROVINCE

Chez tous les Libraires et Correspondants du Comptoir
central de la Librairie.

1845

NOTICE BIOGRAPHIQUE

SUR

M. LULLIN DE CHATEAUVIEUX.

Frédéric Lullin de Châteauvieux est né à Genève le 10 mai 1772. Il était fils unique; son père, le marquis de Châteauvieux, entré au service de France à l'âge de quinze ans, dans un régiment suisse, dont il devint colonel-propriétaire, avait fait avec distinction la guerre de Sept-Ans. Il était parvenu au grade de lieutenant général, et avait reçu la grande croix de l'Ordre du Mérite-Militaire. Le jeune Frédéric fut élevé avec soin dans la maison paternelle; c'était un enfant docile, aimable et sérieux, mais dont les études furent souvent interrompues. Obligé d'accompagner le marquis de Châteauvieux dans ses divers commandements, il ne put fréquenter régulièrement aucune école publique; en 1787 il entra, comme cadet, dans le régiment de son père, précisément à l'âge où son père y était lui-même entré.

a

Il n'était pas destiné, néanmoins, à suivre longtemps la carrière des armes. La révolution française éclata ; après les événements de Nancy, les régiments suisses ayant été licenciés, M. le marquis de Châteauvieux se retira dans sa terre de Chouilly, près de Genève ; son fils l'y suivit, et ce fut vers cette époque qu'il entreprit, avec l'un de ses amis, son premier voyage en Italie, voyage qui semble avoir laissé dans son esprit d'ineffaçables souvenirs. Les lettres qu'il adressait à ses parents existent encore ; il y fait souvent allusion dans ses *Lettres sur l'Italie*, publiées en 1814, après un second voyage, et le contraste entre les impressions de la jeunesse et les réflexions de l'âge mûr, en présence de la même nature, des mêmes lieux, des mêmes monuments, n'est pas l'un des moindres charmes de ce livre, que tout le monde a lu, et qu'aucun autre n'a fait oublier. Il se trouvait à Naples au mois de mars 1794, lors de la terrible eruption du Vésuve qui menaça, pour la première fois, d'engloutir la ville de Torre del Greco. Le récit qu'il nous en a conservé, emprunté à son journal de voyage, est un morceau d'un effet singulièrement original et dramatique.

A son retour d'Italie, et durant les premières années qui suivirent la réunion de Genève à la France, Frédéric de Châteauvieux, étranger à toute carrière publique, put reprendre le cours de ses études, et se livrer sans contrainte à son goût naissant pour l'agriculture.

La bibliothèque du château de Chouilly avait été formée par la réunion successive de plusieurs bibliothèques de famille, entre autres, celle de M. le pasteur Vernet, savant théologien, père de madame la marquise de Châteauvieux. Le jeune Frédéric établit là son domicile, partageant son temps entre des lectures solides et variées, les travaux de la campagne et la société de madame de Staël qui, retirée à Coppet, réunissait alors autour d'elle cette foule de personnages distingués que les troubles de la France, ou le cours des événements dans le reste de l'Europe, tenaient éloignés de leur pays.

On a souvent tracé le tableau de ces réunions brillantes, berceau de tant de grandes renommées politiques et littéraires, où dominait avec une sérénité douce, et quelquefois pleine d'enjouement, la figure imposante de M. Necker, où le génie de sa fille, dans toute la splendeur de la jeunesse, répandait à flots pressés le mouvement, la lumière et la vie.

Frédéric de Châteauvieux en ressentit l'heureuse influence; son esprit se forma rapidement; il fut compté de bonne heure au nombre des hommes qui maintenaient honorablement par leur caractère, leur conduite et leurs écrits, l'indépendance morale et intellectuelle de Genève sous la domination française.

Ces premières années décidèrent de toute sa vie. Dans un fragment composé en 1817, au moment même de la mort de madame de Staël, fragment qui n'a point été publié, il a donné, sur cette femme illustre, sur sa famille, sur les amis dont elle était entourée, et sur les aspects divers que prit successivement la société de Coppet, des détails intéressants et curieux. «Son amitié, dit-il, a fait, pendant vingt-cinq ans, le charme de ma vie; mes opinions, mes sentiments se sont formés sur les siens; il ne me reste plus que des regrets à lui donner. Je n'ai plus d'autres consolations que mes souvenirs.»

Les ouvrages de M. de Châteauvieux portent en effet l'empreinte de ce commerce intime avec l'esprit le plus élevé, le plus délicat, avec le caractère le plus fier et l'âme la plus généreuse dont aient pu s'honorer notre temps et notre pays. Les *Lettres sur l'Italie*, adressées à M. Charles Pictet, vers la fin de l'année 1812 et le commencement de l'année 1815, ont paru successivement dans la *Bibliothèque britannique*, recueil périodique très estimé, et le seul, à cette époque, qui ne craignît pas de protester contre les rigueurs du régime impérial, en parlant de l'Angleterre avec égards, en conservant entre ce pays et le continent de l'Europe quelque peu de communications intellectuelles. Parler librement des rigueurs que le régime impérial faisait peser sur l'Italie était plus hasardeux encore : le livre de M. de Châteauvieux a ce mérite ; c'est une œuvre de courage autant qu'une œuvre de raison et d'observation. Destiné à faire connaître l'économie rurale de ces belles contrées, il tient bien plus qu'il ne promet ; à chaque instant le sujet déborde le cadre ; à chaque instant l'auteur échappe au sujet involontairement et presque à son insu. Il ne se borne pas à décrire l'agriculture de l'Italie en agronome, en homme à qui les procédés de la science sont familiers, en homme des champs qui connaît les joies et les soucis du laboureur, il l'étudie en historien, en philosophe, et ses tableaux, par la vérité des impressions, par la vivacité des images, touchent quelquefois à la poésie. Soit qu'il conduise son lecteur des riches plaines de la Lombardie, vaste réseau d'irrigations savantes, immense ferme-modèle dont les exploitations se détachent en compartiments symétriques, jusqu'aux sommets agrestes des Apennins, jusqu'au pied de ces châtaigniers séculaires, qui, renaissant l'un de l'autre, sans rien exiger, sans rien attendre de la main de l'homme, offrent d'eux-mêmes, libéralement, aujourd'hui comme il y a trois ou quatre mille ans, l'ombrage aux troupeaux et la nourriture aux pasteurs; soit qu'il descende avec lui, de gradins en gradins, cet amphithéâtre des coteaux de la Toscane, que la culture cananéenne revêt d'épis et de pampres; soit qu'il s'arrête au pied des ruines de Volterra, et jette un regard désolé sur la maremme pestilentielle qui garde les approches de cette antique cité; soit qu'il parcoure enfin cette campagne de Rome, plus désolée, plus pestilentielle encore, ces grandes fermes vides d'habitants, désertes les trois quarts de l'année, où le labourage et les semailles s'opèrent en toute hâte, et, pour ainsi dire, par surprise, où l'on voit, le moment venu, des bandes de moissonneurs fondre, en quelque sorte, du haut des montagnes sur les récoltes, les enlever et s'enfuir, à peu près comme une troupe de Bédouins exécute une *razzia;* ses descriptions sont aussi variées que ses vues sont justes et ingénieuses; il s'élève des effets aux causes; il interroge sur ce qu'il voit, sur ce qu'il fait voir, la configuration des lieux, le caractère des races, la marche des événements, les vicissitudes du passé, et justifie les petits gouvernements emportés par la tourmente révolutionnaire, les petits états engloutis dans le grand empire, des reproches qu'un libéralisme bâtard et servile leur prodiguait alors au nom et dans l'intérêt du plus fort; il demande compte enfin au plus fort lui-même, à l'empire, à la civilisation administrative, du niveau de fer qu'elle fait passer sur toutes les têtes, de la disparition de toute originalité dans les mœurs, dans les esprits, dans les costumes, dans les habitudes sociales; de toutes ces villes, riches en souvenirs glorieux, en traditions poétiques, devenues de misérables casernes ou de chétives sous-préfectures.

Il est impossible de jeter les yeux, sans un profond sentiment de mélancolie, sur la peinture de Rome devenue l'une des succursales de Paris, veuve tout à la fois du peuple-roi et du successeur de saint Pierre, dépeuplée de tous les grands noms de l'antiquité et du moyen-âge, ses palais ouverts à tous les vents, ses basiliques silencieuses, un pauvre vieux prêtre pleurant seul sous le dôme que la main de Michel-Ange a suspendu dans les airs, sous ce dôme du haut duquel le pontife romain bénissait la ville et le monde, et tandis que des délégués de l'Institut de France déblaient le Colysée et déchaussent la colonne Antonine, les troupeaux des campagnes voisines reprenant possession du mont Palatin, comme au temps d'Evandre, les pâtres couverts de sayons de poil de chèvre, cherchant un refuge contre le *mal aria* sous les portiques dégradés de la villa Pamphili. Il est impossible, en revanche, de ne pas sourire doucement en lisant le récit de la rencontre que fait l'auteur au centre des marais Pontins, en présence des travaux gigantesques entrepris par Pie VI, et poursuivis sous la direction lointaine de M. de Prony :

« Nous fûmes joints, dit-il, avant de quitter la

grande route, par un petit homme en costume noir qui se mourait de chaud. Il était venu de Velletri avec les gendarmes d'escorte qu'on avait envoyés pour nous attendre sur ce point de la route.

« Il vint à nous avec empressement. C'était un Français, véritable Parisien, et presque aussi étonné de se trouver, dans l'ardeur de l'été, au milieu des marais Pontins, que je l'étais de l'y voir. Je ne pus m'empêcher de lui témoigner ma surprise, et voici comment il m'expliqua les motifs de sa présence au milieu de nous :

« Je sollicitais, monsieur, depuis longtemps une place, sentant que je n'étais pas fait pour rester dans l'obscurité. Enfin, après beaucoup d'attente, j'appris qu'on venait de me nommer commissaire de police à Velletri. J'allai sur-le-champ chez un de mes amis, homme fort instruit, pour lui demander où était cette ville. Il m'assura qu'elle était dans le département de Rome, et que je devais prendre la diligence de Lyon pour m'y rendre. C'est ce que j'ai fait, et enfin, monsieur, de diligence en diligence je suis arrivé jusqu'ici. L'endroit est agréable, et je m'y plairais assez, si ce n'était qu'on y parle une langue qui m'empêche de comprendre un mot de tout ce qu'on y dit. Je me disais d'abord, qu'à cela ne tienne, je m'y ferai : l'homme s'habitue à tout, mais plus j'avance et moins je m'y fais. Aussi, monsieur, vous devez sentir quel plaisir j'éprouve en ayant l'honneur de causer avec un Français qui peut m'entendre et me répondre.

« Malgré cela, je ne puis que me louer des gens de Velletri, ils m'ont reçu avec beaucoup de politesse ; mais la société y est nulle, et je n'ai pas la moindre distraction. Car, vous ne croiriez pas, monsieur, qu'ayant voulu me promener un peu dans les environs qui sont très pittoresques, les gendarmes m'ont conseillé de n'en rien faire, de peur des brigands ; ils m'ont assuré qu'ils sont fort avides de commissaires de police, et qu'ils les assassinent comme rien. Ne voulant pas me compromettre, je suis réduit à ne pas quitter mon gîte. Jugez combien j'ai été content d'apprendre l'arrivée de messieurs les inspecteurs du génie, et j'ai profité avec empressement de l'occasion de votre escorte pour prendre l'air et avoir l'honneur de vous présenter mes devoirs. »

« Le petit commissaire, tout joyeux de se trouver avec des Français de France, comme il nous appelait, s'en vint déjeuner avec nous dans la forêt. Il mangeait, parlait et riait comme s'il avait été dans une guinguette des boulevards, ne songeant pas plus à Velletri ni aux brigands que s'il n'y en avait jamais eu au monde. »

Le succès de ce livre fut très grand. Il devança les

événements de 1814 et 1815 ; mais ces événements suivirent de près. Genève reprit son indépendance : ce fut un beau jour pour tous ses enfants. Paris, en cessant d'être le quartier-général du continent, redevint promptement le centre de tout mouvement intellectuel, le foyer de toutes les idées de progrès, de raison, de liberté, le théâtre mobile où se décidaient, à la tribune et dans les salons, les destinées des autres pays.

M. de Châteauvieux, après s'être consacré pendant quelque temps aux nouveaux intérêts de sa patrie, fit un voyage à Paris. Il y fut accueilli avec empressement. La sûreté de son commerce, l'agrément de sa conversation, la finesse, la grâce, l'aménité de son esprit lui assurèrent des amis dans tous les partis. Il y retrouva, d'ailleurs, la plupart de ces hommes remarquables avec lesquels il avait passé, à Coppet, sa première jeunesse.

Tous les yeux étaient encore tournés, à cette époque, vers le captif de Sainte-Hélène. Napoléon vivait enchaîné, mais il vivait ; que deviendrait-il? L'Europe entière, qui l'avait deux fois vaincu, ne pouvait se défendre de tressaillir à cette pensée ; on était encore comme étourdi de la gloire du nom, de l'éclat de la chute, de la résurrection des Cent-Jours, du désastre de Waterloo. Quelques-uns doutaient du droit de le retenir dans les fers ; d'autres le plaignaient; chaque jour voyait paraître un nouveau récit de ses misères. On parlait d'évasion. Des bruits étranges circulaient sous le toit de chaume des paysans, dans les casernes des soldats. Non-seulement la postérité avait commencé pour Napoléon de son vivant, mais, chose inouïe! il était devenu, de son vivant, en France, au XIXe siècle, un sujet de légendes populaires. C'est qu'il y avait vraiment quelque chose de merveilleux dans cette existence si grande et si courte, dans l'apparition soudaine, au sein d'une île demi-sauvage, de ce météore qui semblait n'avoir envahi, illuminé, embrasé l'horizon tout entier que pour aller jeter, en s'éteignant, ses derniers feux dans une autre île demi-déserte, à l'autre bout de l'univers.

Tandis que tous les esprits étaient livrés à ces préoccupations, le bruit se répandit tout à coup, qu'un manuscrit était arrivé de Sainte-Hélène à Londres, par une voie inconnue; que ce manuscrit était l'ouvrage de Napoléon lui-même; que c'était, en quelque sorte, son testament politique; qu'il y faisait connaître, pour l'instruction de ses contemporains et de la postérité, son propre caractère, ses vues, ses projets, les secrets de sa conduite, le sort qu'il se proposait de faire à la France et au monde s'il n'eût pas été trahi par les siens et par la fortune.

A cette nouvelle, le premier mouvement de tous

les hommes de bon sens fut de sourire en haussant les épaules, et de considérer le prétendu manuscrit comme un piége offert à la crédulité du public. Mais sitôt qu'il eût paru, les plus experts y furent pris. Les généraux qui avaient, quinze ans, commandé nos armées sous l'œil même de Napoléon, les hommes admis dans son intimité, les magistrats qui l'avaient entendu au conseil d'état, discuter nos Codes, et régler jusque dans les moindres détails l'administration de la moitié de l'Europe, n'hésitèrent plus à reconnaître dans cet écrit l'homme lui-même, l'homme tout entier, les idées qui lui étaient familières, le tour impérieux de sa pensée, ce qu'il y avait d'original et d'un peu incohérent dans ses vues, sa parole brusque, saccadée, incorrecte, mais incisive et pénétrante. L'illusion fut universelle; elle fut complète, à ce point même qu'un jour quelqu'un faisait remarquer à l'un des hommes les plus illustres, à l'un des esprits les plus sérieux et les plus sensés de notre temps, les anachronismes singuliers dont le récit fourmille : « C'est une preuve de plus de l'authenticité du manuscrit, répondit le duc de Wellington; un pseudonyme aurait évité de pareilles fautes. »

L'illusion, cependant, ne fut pas de longue durée. Napoléon désavoua hautement le récit supposé, et la curiosité publique n'en fut que plus éveillée. On s'évertua à trouver l'auteur de cette innocente et malicieuse supercherie; les écrivains les plus distingués de l'époque en furent tour à tour accusés. Dans les cercles où l'on se perdait en conjectures à ce sujet, figurait très souvent M. de Châteauvieux, réservé sans être silencieux, hasardant, selon l'occasion, son mot comme un autre, n'insistant sur rien, et conservant un sang-froid inaltérable. Il était l'auteur du manuscrit de Sainte-Hélène. Dans l'automne de 1816, se trouvant à la campagne seul et de loisir, il avait écrit ce pamphlet remarquable, tout d'un trait, sans livres, sans documents, ne consultant que sa mémoire, puis il était allé lui-même à Londres, et l'avait jeté, sans nom d'auteur, à la poste, en l'adressant au libraire Murray. Quand le bruit se fut apaisé, il n'y pensa plus; il n'en parla jamais ni à sa famille ni à ses amis; et son secret serait mort avec lui, si vingt-quatre ans plus tard, en 1841, un hasard n'avait mis ses enfants sur la trace. Il leur raconta alors l'anecdote avec sa bonhomie et sa bonne humeur ordinaire, et leur montra le brouillon du manuscrit qu'il avait conservé, ou plutôt oublié dans un tiroir.

Ce trait le peint à merveille : jamais homme ne s'est moins préoccupé de sa propre réputation; jamais homme n'a porté, dans le goût des choses de l'esprit, plus de désintéressement personnel. Il vivait, au jour le jour, pour les siens et pour la société; il pensait pour penser, il écrivait pour écrire, cherchant la vérité en vue d'elle-même et d'elle seule; aimant le bien et le beau, sans rien rapporter à soi. Ami des savants illustres que Genève comptait alors dans son sein, et de ceux qui les remplacent aujourd'hui ou qui leur survivent, associé à leurs travaux, il ne prétendit jamais aux honneurs scientifiques ni littéraires. Dans le conseil représentatif, concourant avec de Candolle, Pictet de Rochemont, Dumont, Sismondi, Pictet Diodati, Bellot, et tant d'autres encore dont Genève garde le souvenir, à former pour les petits États un petit gouvernement-modèle, il n'exerça jamais de charges publiques.

Cette indifférence pour ce qui ne concernait que lui-même a nui au plus sérieux, au plus étendu de ses ouvrages, *les Lettres de Saint-James*, publiées successivement en cinq parties distinctes, de 1822 à 1826. S'il eût donné aux considérations élevées qu'il présentait sur l'état de l'Europe, sur la marche et les conditions des sociétés modernes, sur la nature des gouvernements, sur l'avenir des grandes questions qui partageaient les esprits à cette époque, la forme d'un traité, l'autorité d'un livre didactique; s'il n'avait pas réduit, comme à plaisir, ses publications successives aux proportions étroites et éphémères de ces brochures que l'événement de chaque semaine emporte avec lui, le public, qui en fut singulièrement frappé dans le temps, les relirait maintenant plus souvent et avec plus de fruit. Près de vingt ans se sont écoulés depuis lors ; la face du monde a changé ; les questions que M. de Châteauvieux examinait ont trouvé leur dénouement. Les hommes d'état, dont il discutait les principes ou la conduite, ont disparu ou à peu près de la scène des affaires. Que l'on reprenne, l'histoire à la main, ces feuilles qu'il livrait à l'impression sous le feu de la polémique du jour, il sera impossible de ne pas admirer la sagacité de ses vues, la force, la pénétration de son discernement, l'impartialité des jugements qu'il porte sur les hommes et sur les choses. Presque toujours le cours des événements a justifié ses conjectures ; presque toujours les conseils qu'il donnait alors seraient bons à suivre aujourd'hui.

Sous le titre *De l'état de l'Europe en 1828*, M. de Châteauvieux avait préparé une suite aux Lettres de Saint-James. On en a trouvé le manuscrit incomplet dans ses papiers. Il avait également entrepris un autre ouvrage politique, un ouvrage de longue haleine, intitulé *De la force dans les états représentatifs ;* sa famille n'en possède que quelques fragments, mais jusqu'aux approches de sa dernière maladie, il a constamment travaillé à ses recherches sur l'agriculture de la France, recherches qu'il présentait, avec sa modestie naturelle, comme les simples observations d'un voyageur. Les données statistiques sur lesquelles ce livre est fondé auraient besoin d'être revues : on voit, sur plusieurs points, que l'auteur n'a pas dit son dernier mot, ni mis à son travail la dernière main, mais, tel qu'il est, l'ouvrage paraît digne de fixer l'attention des agronomes en même temps qu'il offre à tous les esprits cultivés une lecture instructive, agréable et variée.

La santé de M. de Châteauvieux avait été longtemps aussi robuste que son caractère était aimable et heureux ; mais à dater de 1828, elle commença à s'altérer. Il avait été frappé, vers cette époque, d'un coup irréparable ; il avait perdu prématurément le plus jeune et néanmoins le plus ancien de ses amis, le fils aîné de madame de Staël, qu'il aimait comme un fils et comme un frère. Cette perte, qui fut grande peut-être pour la France, et dont aucun de ceux qui ont intimement connu M. de Staël ne s'est jamais consolé, porta dans toute l'existence de M. de Châteauvieux une atteinte profonde. Il éprouva successivement plusieurs maladies ; sa santé semblait toutefois se rétablir, lorsque tout à coup, au printemps de 1858, s'étant mis en route dans le désir de passer quelques jours auprès de la sœur de cet ami, objet de tant de regrets, il fut frappé d'une attaque d'apoplexie. Il était seul, dans l'auberge d'une petite ville ; on le crut mort pendant quelques heures ; les soins de sa famille, appelée en toute hâte près de lui, et des amis qui l'attendaient, le rappelèrent à la vie. Mais depuis ce moment il ne fit plus que languir, infirme avant l'âge, et s'éteignit en 1842, le 24 septembre, dans de cruelles souffrances. Dieu lui donna ce temps pour méditer sur la fragilité des biens de cette vie, et se préparer à l'éternité. Durant tout le cours de ses belles années, M. de Châteauvieux n'avait cessé de témoigner une vénération profonde pour les vérités de la religion chrétienne ; il n'avait jamais cessé de considérer avec une curiosité respectueuse ces problèmes redoutables qui pèsent sur la pensée de l'homme, tant que l'homme n'a pas cherché le repos où il se trouve, et demandé la paix à celui qui peut la donner. Mais les charmes d'une existence douce et facile, au sein d'une famille qu'il chérissait, d'une société qu'il aurait choisie si le sort n'y eût pas marqué sa place, d'habitudes conformes à ses goûts et à son humeur, détournaient souvent son esprit de ces grandes préoccupations. Il envisagea l'exemple et la mort de son ami Auguste de Staël comme un premier appel ; il bénit la main qui lui en adressait un second, en le faisant tomber subitement de la vigueur de l'âge aux infirmités de la vieillesse. Le changement qui se fit en lui fut solide et décisif ; il reposait sur une conviction profonde de la misère du cœur humain, de son indignité devant Dieu, de la nécessité d'un pardon que l'homme obtient sans le mériter. L'Écriture-Sainte devint sa lecture assidue, les exercices de piété le soulagement de ses maux. Dans les angoisses les plus douloureuses, sa douceur, sa patience furent inexprimables; sa résignation, pleine d'humilité et de reconnaissance. Peu d'instants avant d'expirer, il disait à sa femme et à ses enfants : « J'ai si peu souffert en ma vie ! »

NOTE DE L'ÉDITEUR.

Publier un ouvrage qui n'est pas le sien est toujours une œuvre difficile; mais elle semble encore le devenir davantage lorsque l'auteur, arrêté dans sa carrière par une grave maladie, a senti lui-même l'imperfection de son travail, la nécessité de le revoir, et s'est trouvé dans l'impuissance de le faire. Après trois années de souffrances, M. Lullin de Châteauvieux a été retiré de ce monde pour entrer dans sa patrie céleste.

Cet ouvrage, résultat de longues recherches et de plusieurs voyages dans les diverses parties de la France, aurait sûrement présenté plus d'intérêt s'il eût reçu de son auteur la dernière main, et s'il eût pu paraître, ainsi qu'il l'avait projeté, il y a quelques années. Aussi ai-je hésité à le publier, craignant que les données statistiques sur lesquelles il est basé en partie ne se trouvassent modifiées par les progrès que le temps amène avec lui, et par suite d'une notion plus exacte de l'état des choses, que l'on doit aux grands travaux de statistique agricole exécutés par ordre du Gouvernement en 1841.

Défiant de moi-même, j'ai dû recourir aux lumières de quelques hommes éminents, de ceux entre autres qui, par leurs travaux connus sur l'ensemble de l'agriculture de la France, ont acquis une autorité incontestée. Après avoir pris connaissance du manuscrit de M. LULLIN DE CHATEAUVIEUX, ils m'en ont conseillé la publication, parce qu'ils ont jugé que, même tel qu'il avait été laissé par l'auteur, il serait encore lu avec intérêt et pourrait être de quelque utilité.

Je me suis donc décidé à faire paraître un ouvrage ainsi apprécié par des hommes compétents. Toutefois, je crois devoir réclamer l'indulgence du lecteur pour quelques imperfections de la forme, en considération de ce qu'il peut y avoir d'intéressant, d'ingénieux et parfois de neuf dans les vues de l'écrivain.

Editeur de cet écrit que l'auteur m'avait remis peu de mois avant sa mort, j'ai dû cette preuve de confiance à l'intimité des liens de parenté et d'affection qui nous unissaient, et à l'habitude où nous étions de nous entretenir ensemble d'un sujet qui avait pour nous un intérêt commun. Ayant les mêmes goûts pour l'agriculture, dans ses vues théoriques comme dans ses applications, nous nous en étions occupés presque de concert, la plus grande partie de notre vie.

Qu'il me soit donc permis d'ajouter quelques mots à cet écrit, et de jeter ici un coup d'œil rapide sur la marche qui me semblerait devoir être imprimée à quelques-unes des principales branches de l'industrie agricole en France.

Jusqu'à ce jour, le sol de la France a pleinement satisfait aux besoins de ses habitants, car de 1789 à 1841, il a pu, si l'on en excepte la nourriture animale, alimenter et entretenir mieux qu'auparavant une population qui, de 25 millions, s'est élevée à 34.

Mais si les produits de l'agriculture proprement dite ont en général devancé dans leurs développements la progression croissante de la population, il est évident d'autre part, qu'en France comme dans les autres pays de l'Europe continentale, le bétail n'a pas augmenté dans une proportion correspondante. Aussi les tableaux statistiques qui nous apprennent que chaque habitant de la France ne consomme en moyenne, par an, que 19 kilogr. 580 grammes de viande, prouvent que sous le rapport de la nourriture animale, la population a été d'année en année moins bien servie, soit en quantité, soit en qualité.

Tout porte à croire que la marche ascendante qu'a suivie la population ne s'arrêtera pas, et que celle de la production agricole aura à se développer sur la même échelle. Il est dès lors à craindre que le déficit de la viande ne se fasse toujours sentir davantage au grand détriment des classes peu aisées. Toutefois, il faut reconnaître que le bétail s'est notablement multiplié depuis cinquante ans ; et c'est à l'adoption presque générale des prairies artificielles et des plantes sarclées qu'est dû en grande partie cet heureux accroissement. Mais y a-t-il lieu de croire qu'il sera aussi marqué et aussi rapide à l'avenir? Il n'est guère permis de l'espérer, car les deux espèces de culture qui l'ont amené ont été accueillies et pratiquées dans des conditions toutes particulières. Elles ont été appliquées en effet, soit aux terrains les plus fertiles, soit à une portion notable des terres de qualité intermédiaire. Les produits ont été et devaient être abondants sur ces deux classes de sols appelés pour la première fois à porter des récoltes d'espèces nouvelles. Mais c'est un résultat qui ne se représentera plus sur une aussi grande échelle.

Sans aucun doute, ces cultures peuvent s'étendre encore davantage sur les terres de première et de deuxième fertilité; elles peuvent entrer dans l'assolement des terres de qualité inférieure, mais le développement qu'on en peut raisonnablement attendre répondra-t-il aux exigences incessantes de la consommation? suffira-t-il à la nourriture d'un bétail que l'on doit s'efforcer de multiplier, non-seulement dans la proportion qu'il a suivie jusqu'à ce jour, mais même au-delà, si l'on veut que son accroissement réponde à celui de la population? Cela paraît peu probable.

C'est donc à des terres autres que celles mentionnées, qu'il faut demander les moyens de subvenir à une alimentation plus abondante du bétail, en y cherchant le complément de celle que lui fournissent déjà les terres arables. Mais c'est là une entreprise nouvelle, et c'est dans les pays qui depuis longtemps nourrissent une population proportionnellement plus nombreuse que celle de la France, qu'il faut aller étudier les pratiques rurales dont l'introduction aurait de si grands avantages.

Dans ces contrées bonnes à connaître, il n'y a pas un ruisseau, pas une rivière, pas un fleuve dont les eaux n'aient été mesurées, évaluées et appliquées, soit aux irrigations, soit à la navigation, soit au service des usines. Elles ont pu suffire à ces diverses applications par l'habile distribution qui en a été faite, et par l'exacte proportion qu'on a su établir entre la répartition de ces cours d'eau et les besoins particuliers de chaque localité. Aussi la valeur qu'ont acquise ces eaux est-elle très élevée, et se trouve-t-elle en rapport avec l'influence notable exercée sur la richesse agricole des pays soumis à leur action.

C'est en adoptant les mêmes procédés agricoles que la France arrivera à produire la quantité de nourriture animale que réclame sa population, comme l'a si bien exposé, à la Chambre des députés, M. le comte d'Angeville dans le développement de sa proposition relative aux irrigations. A l'aide de méthodes dont l'efficacité est démontrée, la France pourra ainsi établir entre ses prairies et ses terres arables une proportion plus acceptable que celle de 1 à 5 qui existe aujourd'hui. La génération actuelle laissera-t-elle à celles qui doivent lui succéder le soin d'accomplir ces améliorations qui seules peuvent augmenter l'alimentation des classes peu aisées? on est autorisé à penser qu'il n'en sera pas ainsi. En effet, l'attention publique se porte sur ce sujet de sage préoccupation ; les écrits et les propositions de MM. de Gasparin, d'Esterno et d'Angeville ont été bien accueillis dans les Chambres et par le Gouvernement, ainsi que par les agronomes au dehors. Un ouvrage remarquable sur les irrigations vient d'être publié par M. Nadault de Buffon, chef de division au ministère des travaux publics. N'en est-ce pas assez pour croire que nous sommes enfin arrivés à l'époque où l'on va s'occuper utilement de cette question vitale pour l'agriculture?

En toute matière, la France doit beaucoup à ses écoles et à ses corps spéciaux ; citerait-on un sujet plus digne de leurs études savantes que ne le serait la recherche du meilleur emploi des eaux à la fécondation des terres? L'utilité et l'opportunité de cette étude étant admises, il faudrait créer un corps d'ingénieurs irrigateurs chargé d'examiner quel parti on peut tirer des divers cours d'eau qui sillonnent le pays. Une fois ce travail accompli et ses résultats connus, ce serait à l'intérêt particulier à se charger de l'exécution. Toutefois, l'on comprend que pour que l'industrie privée puisse entreprendre avec chance de succès des travaux de cette nature, il faut qu'elle y soit dirigée par des hommes ayant l'autorité de la science que l'on puise dans les écoles spéciales.

Mais il est un point qui domine toute la question. Dans l'état actuel de la législation, il n'est guère de matière plus litigieuse que celle des cours d'eau, même abandonnés à eux-mêmes : c'est assez dire qu'une bonne loi sur les cours d'eau appliqués aux irrigations est avant tout de première nécessité. Sans cette garantie, celui qui emploierait sa fortune et son temps à établir des prairies arrosées ne laisserait à ses enfants que des procès ruineux et interminables. Une telle perspective suffit assurément pour paralyser, au grand détriment de l'agriculture et du pays, le plus louable désir d'amélioration.

Créer de nouvelles prairies arrosées et pourvoir ainsi plus largement à l'alimentation du bétail, est sans nul doute un des moyens les plus efficaces pour en multiplier le nombre ; mais il faut plus encore : il faut que d'une part on puisse diminuer les frais de consommation que sa nourriture exige, et que de l'autre on puisse accroître ses produits et leur donner plus de valeur.

En ce qui est du gros bétail, la vache occupe la principale place dans l'économie agricole ; c'est elle qui convient essentiellement à la moyenne et à la petite propriété. Sur 9,936,538 têtes de gros bétail, on compte 5,501,825 vaches.

A l'aide de la suppression du parcours et au moyen d'une nourriture plus abondante à l'étable, la taille des vaches deviendra plus élevée. Je prendrai pour moyenne de mes calculs celle du poids de 275 kilogrammes pesée en vie.

Une vache de cette taille sera bien nourrie et donnera un produit en lait satisfaisant, en consommant pendant les 200 jours d'hiver :

> 3 kilo de foin ou de regain.
> 3 kilo de paille.
> 8 kilo de betteraves.

Un hectare rend 400 quintaux métriques de betteraves ; la même étendue donne en luzerne un produit de 70 quintaux de fourrage sec.

- 4 ares plantés en betteraves suffiront pour rapporter les 16 quintaux métriques nécessaires à l'entretien de la vache pendant l'hiver.
- 9 ares de luzerne fourniront les 6 quintaux métriques nécessaires pour le même espace de temps.
- 15 ares fauchés en vert avec les débris de la ferme et du jardin suffiront à la nourriture d'une vache pendant les 165 jours d'été.

---

28 ares et la paille suffiront ainsi à la nourriture d'une vache, qui, suivant Thaër, fume 20 ares par an.

Ainsi une ferme de 80 ares sera fumée tous les quatre ans.

Mais pour qu'un petit cultivateur puisse consacrer 28 ares et les pailles qu'il récolte à la nourriture de sa vache, il faut qu'il ait la certitude d'en retirer un profit vendable qui vienne l'indemniser de ses frais de culture et lui payer le fermage de ces 28 ares.

En est-il ainsi aujourd'hui? Si l'on en juge d'après ce que l'on voit en parcourant la majeure partie de la France, il sera difficile de le croire, et les calculs des économistes viennent confirmer cette observation. M. Chaptal écrivait en 1819 qu'on ne pouvait pas estimer le produit en lait des 3,909,959 vaches qui existaient alors à plus de 20 fr. par tête, ce qui donnait un produit de 78,199,180 fr.

Le prix auquel le produit des vaches est estimé, dans les baux à ferme et dans les baux à métayer, prouve qu'on ne lui attribue pas une bien grande valeur.

L'estimation la plus élevée qu'on lui ait assignée est celle que M. Royer lui a donnée dans sa statistique de 1843; il porte ce produit à 20 cent. par jour, soit à 73 fr. pour l'année.

Quoi qu'il en soit de ces différentes évaluations, le produit d'une vache reste inférieur au coût annuel de son entretien; c'est en outre un produit qui se réalise mal, parce qu'on retire une trop petite quantité de lait pour qu'il soit possible de le convertir en beurre ou en fromage d'une bonne qualité. Aussi est-il en grande partie consommé par la famille qui, en ayant suffisamment pour ses besoins journaliers, ne voit pas de motif pour augmenter la nourriture de sa vache, et à plus forte raison pour en avoir une seconde. Souvent même cette vache lui paraît trop chère à nourrir, ce qui la décide à la remplacer par une chèvre.

Dans cet état de choses, comment se fait-il qu'on n'ait pas adopté partout les établissements connus en Suisse et dans la Franche-Comté sous le nom de *Fruitières*, associations dont les avantages ont été si bien démontrés dans plusieurs écrits, en tête desquels nous citerons le plus ancien, celui de M. Charles Lullin qui a paru en 1811, et le plus récent, celui de M. Baude, conseiller d'état, député de la Loire, qui a été publié en 1837.

Une Fruitière est une société de cultivateurs qui s'associent pour réunir tous les jours dans une laiterie commune le lait produit par leurs vaches, et le faire fabriquer tout à la fois par un homme de l'art aux gages de la société. Les produits se partagent ainsi entre les associés proportionnellement aux quantités que chacun a fournies.

Ainsi celui qui ne possède qu'une seule vache tire un aussi bon parti de son lait que celui qui en a 20 ; il jouit des avantages d'une manutention économique et habile qui donne à ses produits toute leur valeur possible.

Il échange le lait qui se produit chez lui pendant

une longue suite de jours contre une quantité égale de lait produite le même jour par les vaches de ses associés, qui est fabriquée pour son compte dans l'établissement commun.

Je ne présenterai pas ici le produit moyen que donnent les vaches suisses dont le lait est fabriqué dans les Fruitières de ce pays, parce que leur poids s'élevant de 450 à 500 kilog., elles ne peuvent avoir aucune analogie avec l'espèce des vaches que nous avons choisie pour servir de base à nos calculs sur la nourriture de ces animaux.

C'est en France, c'est dans le département de l'Ain et sur les produits d'une Fruitière dirigée avec soin, qui reçoit le lait de 35 vaches du poids de 275 kilo., que j'établirai le produit que les vaches de cette taille pourraient donner dans d'autres parties de la France.

Le troupeau de Lompnès a rendu en moyenne 110 fr. 75 cent., non compris la valeur du veau (le produit des vaches suisses s'élève à peu près au double de cette somme).

Partant de cette base, supposons ce qui est la proportion assez générale dans les pays où les Fruitières existent, qu'un peu plus du tiers du lait soit absorbé par la consommation de la famille, qui le boit en lait ou le mange en fromage maigre ou en fromage blanc appelé cérac. Cette consommation représentant une valeur de 41 fr. 75 cent., il restera en sus un produit vendable de 70 fr.

Ainsi la vache du petit propriétaire lui coûtera 28 f., prix du loyer de 28 ares de terre, auxquels il faudra ajouter 6 quintaux métriques de paille, les débris de la ferme et les pailles ou autres produits inférieurs qui servent à la litière.

Elle lui rendra le lait nécessaire à la consommation de sa famille, 70 fr. en argent, la valeur du veau, et l'engrais nécessaire pour fumer en 4 ans ses 80 ares de terre.

Peut-être même le petit cultivateur pourra-t-il nourrir sa vache plus économiquement, s'il obtient de ses cultures quelques récoltes dérobées, telles que celles de raves ou de navets, et si, au lieu de consacrer 24 ares à la luzerne, il fait entrer le trèfle dans son assolement.

Mais ce système repose tout entier sur l'établissement des Fruitières, et la véritable difficulté qui se présente, c'est l'introduction de ces établissements dans les pays qui ne les connaissent pas encore, car, pour les fonder, il faut créer un esprit d'association et des rapports de confiance qui n'existent guère entre les cultivateurs. Cependant, puisque des associations semblables se sont formées depuis un grand nombre d'années dans la plupart des communes de la Suisse et dans une partie de la Franche-Comté, et qu'il s'en établit de nouvelles au fur et à mesure que le bétail augmente, il est évident que pour les introduire ailleurs il ne faut que de la persévérance et qu'offrir aux cultivateurs des autres contrées les moyens de juger par eux-mêmes de leurs résultats avantageux.

Les sociétés d'agriculture ne sauraient donc mieux servir les intérêts qu'elles représentent qu'en formant, sur divers points, des Fruitières destinées à servir de modèles aux cultivateurs du pays ; mais pour leur faire adopter ce système d'association, il faudrait, en outre, qu'un agriculteur zélé et intelligent allât l'étudier dans les contrées où il a bien réussi, qu'il pût en ramener un habile *fruitier* et qu'il le mît à la tête de l'établissement. Alors les cultivateurs des communes voisines, pouvant en suivre la marche, en apprécier les résultats, ces associations s'étendront de proche en proche, et se multiplieront au grand avantage de tous, mais surtout des petits cultivateurs.

Peut-être pourra-t-on plus tard augmenter le produit des Fruitières en y introduisant les habiles procédés qui sont employés dans les laiteries normandes pour la fabrication du beurre, et ceux qui se pratiquent en Hollande pour la préparation des fromages à pâte dure, dont il se fait un si grand commerce.

L'établissement des Fruitières me paraît le moyen le plus sûr d'imprimer un mouvement rapide à l'accroissement du bétail. Je l'ai déjà dit, lorsque les vaches resteront à l'étable et qu'elles y recevront une nourriture plus abondante, leur taille et leurs formes se développeront ; mieux entretenues, il sera plus facile de les mettre à l'engrais, et l'on pourra multiplier ainsi l'un des principaux éléments de la nourriture animale.

Pour assurer ses progrès, l'agriculture de la France a encore besoin de se mettre en état de lutter avec avantage contre une double concurrence. La moins redoutable n'est pas celle dont la menacent les produits de ces pays neufs, d'un développement si rapide dans toutes les voies de la civilisation et qui s'ouvrent au commerce transatlantique sous les auspices de la navigation à la vapeur, chaque jour plus accélérée. Il faut bien tenir compte aussi de l'échange facile et multiplié que les diverses contrées de l'Europe seront bientôt en mesure de faire entre elles au moyen des voies nouvelles de communication dont l'établissement est partout à l'ordre du jour.

Une opinion, mal à propos accréditée, a laissé croire jusqu'ici que l'industrie agricole, facile à exercer, allait à toute main. C'est une erreur qu'il est bon de combattre. Les intérêts de l'agriculture sont au contraire les plus difficiles à servir, parce qu'ils sont des plus complexes, se modifiant à l'infini dans leurs applications; ils réclament à la fois pour être bien dirigés de l'étude et de l'expérience. Enfin, ces intérêts, comme ceux des autres industries, sont soumis aux lois de la concurrence. Peut-être frappe-t-elle l'agriculture moins à l'improviste, parce que, dans le travail de la terre, tout se passe plus lentement que dans celui des machines, mais elle la frappe plus irrévocablement si, au début de son œuvre, elle n'a pas été avertie des dangers qui la menaçaient, et si elle ne s'est pas mise dès lors à l'abri de leurs effets en les prévenant. Ce qui se passe depuis vingt-cinq ans sur les marchés de deux des principaux produits agricoles, savoir : le vin et la laine, fournira la preuve de ce que j'avance.

La France est, de tous les pays, le mieux partagé en vignobles. Nulle part on ne trouve des vins plus salubres, plus agréables au goût, en aussi grande abondance, et en général à des prix moins élevés. Une forte partie de ces vins est absorbée par la consommation intérieure, et comme à cet égard il y a peu à gagner, peut-être aussi y a-t-il peu à améliorer.

En est-il de même pour la partie des vins français qui s'exportent? Je ne le pense pas. Il est clair qu'il y a ici quelque chose à faire, non sans difficulté assurément ; mais quelle est la question d'encombrement et de débouchés qui n'ait pas les siennes?

La première règle imposée à toute industrie qui crée des produits, ainsi qu'au commerce qui les place, c'est de fournir aux acheteurs ce qu'ils demandent, et non ce que le producteur trouve bon de leur offrir.

Si l'on examine les tableaux statistiques de l'Angleterre, des Etats-Unis, du Brésil et des vastes colonies de l'Inde, on voit avec étonnement que les vins de France, quoique d'une qualité bien supérieure à tous autres, ne figurent cependant sur ces tableaux que dans une faible proportion en comparaison des vins de Madère et de Porto, c'est-à-dire des vins surchargés d'alcool. La plus large place sur ces marchés divers est évidemment à ces derniers.

Il ne faut pas nier l'éloquence des chiffres en matière d'exportation. Le fait statistique que je viens de citer révèle, chez les populations qui y donnent lieu, un goût prédominant dont il faut tenir compte. C'est sûrement sa connaissance qui a engagé les pays qui depuis trente ans se sont adonnés à la culture de la vigne et au commerce des vins, à s'attacher exclusivement à la production et à la fabrication des deux espèces alcoolisées qui sont les plus recherchées. La Sicile, par exemple, fournit sous le nom de Marsalla un petit madère qui n'est autre chose que le vin recueilli dans les vignobles de cette île. Des spéculateurs étrangers achètent ce vin au plus vil prix, et après l'avoir soumis aux mêmes procédés de fabrication qu'on applique au vin de Madère lui-même, les placent avantageusement dans les pays d'outremer.

Il en est de même dans les vignobles du cap de Bonne-Espérance, qui envoient aujourd'hui en Angleterre une quantité de vins presque égale à celle que lui fournissent tous ceux de France.

Un ancien magistrat de la Nouvelle-Hollande, l'un des grands propriétaires de la colonie, ayant désiré visiter cette partie de la Suisse où les vignobles de raisins blancs donnent les produits les plus abondants, me disait à son retour : « Je saurai bien transformer ces vins-là en madère; la Nouvelle-Hollande en fournira à l'Inde, comme le Cap en fournit à l'Angleterre. » Il a en effet transporté ce plant dans la colonie, et en y envoyant des vignerons suisses, il y a introduit cette culture sur une grande échelle.

Je pourrais citer d'autres faits si je ne croyais en avoir assez dit pour démontrer combien il importe d'étudier les documents statistiques des pays producteurs et ceux des pays de consommation. Si les propriétaires de vignes français veulent étendre, à l'extérieur, le commerce de leurs vins, il leur faut avant tout savoir avec certitude quelle est la consommation de chaque pays et quelle est celle de chaque espèce de vin. S'ils reconnaissent, comme je serais fondé à le croire, que ce commerce est alimenté presque en entier par les vins imitant le Madère et le Porto, ils auront à examiner jusqu'à quel point il leur conviendrait de convertir en vins de ces deux espèces ceux de leurs produits de seconde qualité qu'ils destinent à l'exportation.

Passons à ce qui concerne les laines. La France possède 32,000,000 de moutons de différentes races. Les laines qui en proviennent pourront-elles, dans les conditions où elles sont aujourd'hui, supporter la concurrence des grandes exploitations des pays de steppes dont les troupeaux s'accroissent rapidement et pour ainsi dire sans terme?

Voici les bases d'après lesquelles cette question me semble devoir être étudiée.

La nourriture et l'entretien d'un mouton de laine affinée coûtent par an, en moyenne :

En France.	8 fr.	c.
En Hongrie.	5	
Dans les steppes du midi de la Russie. .	3	60
Dans les steppes de la Nouvelle-Hollande.	2	

Le mouton des steppes ne donne qu'une laine de qualité et de finesse moyennes. Le corps de l'animal, lorsqu'on l'abat, n'a d'autre valeur que celle qu'on en retire en le jetant dans la chaudière pour convertir les os en noir animal, pour en tirer du suif et de la colle forte.

En France, au contraire, comme en Hongrie, comme en Saxe, les troupeaux sont renfermés dans les étables quand la température l'exige, ce qui donne à leur laine une plus grande valeur, parce que, l'extrémité de ses brins n'étant pas exposée constamment à l'action du soleil et à celle de la pluie, n'en reçoit pas d'altération.

On ne peut produire des laines de première qualité,

et d'une finesse supérieure, qu'en donnant aux troupeaux une nourriture égale pendant toute l'année, des soins assidus, et un abri contre les intempéries des saisons, conditions qu'il est aussi facile d'obtenir en France que dans la Saxe ou la Hongrie. Les pays comme la France, dont les terres ont une grande valeur, et dans lesquels les produits animaux se vendent à un prix élevé, doivent tendre surtout à former les races de moutons qui donnent ces trois sortes de produits, la laine, le lait et la chair.

Chaque année, les industries qui travaillent la laine inventent des étoffes nouvelles pour la fabrication desquelles l'emploi des longues laines est nécessaire. Ces laines sont en général fournies par des races de forte taille, dont les moutons offrent en outre le double avantage de donner une laine recherchée, et de pouvoir s'engraisser facilement.

Dans cet état de choses, la direction supérieure de l'agriculture rendrait un véritable service aux propriétaires de moutons, si elle cherchait à faire une étude approfondie des tableaux statistiques des autres pays, afin de juger d'après ces documents quelle est la nature des laines que la France peut fournir avec avantage, et quelles sont au contraire les qualités de laines dont la production ne peut supporter la concurrence avec celle des pays de steppes. Tels sont les points qu'il importerait d'examiner : car, ces données commerciales étant bien reconnues, on pourra diriger les cultivateurs dans le choix des races qu'ils devront multiplier, leur indiquer de quel pays ils doivent les tirer, et leur faire connaître les procédés au moyen desquels les Anglais sont parvenus, par l'habile choix des types qu'ils voulaient reproduire, et par des croisements successifs, à créer les races qui convenaient le mieux aux différentes localités.

C'est une œuvre difficile sans doute, que de changer, ou même de modifier les races d'animaux dans un pays. Mais lorsqu'il y a nécessité à le faire, il faut savoir s'y soumettre de la même manière qu'un fabricant accepte l'obligation qui lui est imposée d'abandonner ses anciennes machines pour en adopter de nouvelles, plus coûteuses sans doute, mais dont la supériorité est démontrée.

Il est encore un autre service à rendre aux agriculteurs, c'est d'établir entre eux et les fabricants des rapports semblables à ceux qui existent entre les fabricants et les cultivateurs de l'Angleterre, de la Saxe et de la Hongrie. Dans ces pays, les industriels qui emploient la laine, représentés par ceux qui l'achètent, ont été consultés dans la direction à donner aux améliorations des races, et par conséquent aux choix des étalons, ce dont j'ai été le témoin. Ces rapports ont été très utiles aux deux industries, ils ont imprimé à l'agriculture une direction habile qui la fait marcher sans hésitation vers un double but qu'elle a bientôt atteint, savoir : l'amélioration des races et la production des qualités de laines demandées par ceux qui les mettent en œuvre.

Les deux exemples que je viens de citer, et auxquels il serait facile d'en ajouter d'autres, suffisent, ce me semble, pour prouver combien l'agriculture a besoin d'être dirigée par des hommes éclairés qui, se préoccupant de l'ensemble, soient en état de donner une impulsion habile à sa marche. Les idées générales ne sont pas à la portée de tous; pour qu'elles portent leurs fruits, même dans les esprits les mieux faits, il faut plus d'une condition : être placé dans des circonstances favorables, pouvoir saisir l'ensemble des choses, et joindre à la force du raisonnement la connaissance complète des faits statistiques; voilà les conditions hors lesquelles les hommes les plus habiles ne sauraient prétendre aujourd'hui, dans aucune industrie, à des succès durables.

L'agriculteur, par les tendances de son esprit et par la nature de ses occupations, est porté en général à ne pas se départir de ses habitudes. Si ses émules étaient également stationnaires, il se peut que dans cette persévérance à ne faire que ce qu'ont fait ses devanciers, il trouvât une quiétude d'existence plus heureuse. Mais il n'en saurait être ainsi; tout marche dans ce monde, et ceux qui restent en dehors du mouvement général s'exposent à voir de plus diligents qu'eux prendre peu à peu les places qu'ils occupaient naguère.

Cette loi du progrès a été comprise des gouvernements qui se sont succédé en France; ils ont formé un réseau d'enseignements agricoles qui chaque jour s'étend sur le pays et y produit le meilleur effet. L'impulsion est donnée par le ministre de l'agriculture et du commerce, secondé par les conseils des hommes spéciaux qui sont appelés à l'examen des questions importantes. L'on a créé des chaires de science agronomique, une société centrale d'agriculture, des sociétés départementales, enfin des comices ou comités agricoles qui s'élèvent aujourd'hui au nombre de 664.

Ces diverses institutions servent d'intermédiaires pour faire connaître dans les départements le résultat des discussions auxquelles les intérêts de l'agriculture ont donné lieu auprès de l'administration supérieure.

Mais ce n'est pas là leur seul but, elles doivent encore provoquer l'application des procédés nouveaux, en confier l'essai à des hommes intelligents et bien placés pour les faire réussir, et par l'organe des comices agricoles, cette utile et récente institution, mettre les simples cultivateurs à portée de juger par eux-mêmes des améliorations qu'on leur propose d'introduire dans la culture de leurs terres; car pour les leur faire adopter, il faut plus que des enseignements, il faut mettre sous leurs yeux l'application réitérée et bien exécutée de ces nouvelles méthodes. C'est particulièrement sur le cultivateur que le témoignage irrécusable des faits exerce une influence que ne sauraient avoir les meilleurs conseils ou la lecture des récits les plus exacts.

C'est ainsi que l'on parviendra à éclairer sur ses vrais intérêts l'esprit du cultivateur peu aisé, qui ne doit faire l'essai d'aucune pratique nouvelle avant d'avoir acquis la certitude qu'elle a réussi plusieurs fois chez l'un de ses voisins plus riche que lui, et plus en état, par conséquent, de supporter une perte si cet essai est infructueux.

Après avoir étudié les situations respectives de l'agriculture et de l'industrie manufacturière, j'ai été amené à reconnaître entre elles des différences graves qui tenaient à ce que certaines règles de conduite n'étaient pas communes à toutes les deux. Ayant observé des procédés, d'une part routiniers, stationnaires, et de l'autre mobiles et progressifs, je me suis adressé une question que je crois devoir soumettre à l'examen des agronomes.

Pourquoi l'agriculture ne suit-elle pas pour l'éducation pratique de ceux qui se destinent à diriger ses travaux, les errements des autres industries? Il est dans les mœurs de celles-ci de rechercher tous les renseignements possibles sur les inventions nouvelles ou sur les perfectionnements de machines introduites, soit dans leur pays, soit ailleurs, dans les fabriques semblables aux leurs.

Les hommes qui sont à la tête de l'industrie savent que les essais sont onéreux, trop rarement productifs, et qu'ils font perdre beaucoup de temps : car pour réussir, le talent et la persévérance ne suffisent pas toujours ; quelquefois une découverte importante a été le résultat d'un incident fortuit et heureux. C'est en raison de ces observations qu'ils se refusent à tenter l'essai de procédés nouveaux avant d'avoir amené les anciens au point de perfectionnement le plus avancé qu'ils aient encore atteint ; jusque-là, ils se bornent à profiter des améliorations que leurs concurrents ont appliquées avec avantage dans d'autres fabriques.

Examinons de quelle manière ces hommes parviennent à acquérir les connaissances théoriques et pratiques indispensables à la carrière qu'ils suivent. Une partie de leur jeunesse est consacrée à l'étude de ces connaissances théoriques dans des écoles destinées à leur enseignement spécial. De là ils vont travailler dans les fabriques qui exercent le genre d'industrie auquel ils se vouent pour y faire une habile et sage application de la science à la pratique ; enfin, ils parcourent les pays dans lesquels ces manufactures sont établies et prospèrent, afin de se rendre un compte exact du parti qu'ils pourront tirer de celles qu'ils seront appelés à diriger plus tard. Une fois placés en effet à la tête d'un établissement, ils sentiront l'impérieuse nécessité d'être toujours bien informés des progrès que fait partout ailleurs leur branche d'industrie, parce qu'ils savent que s'ils se laissaient devancer dans l'emploi de procédés meilleurs ou plus économiques, leurs concurrents enverraient aussitôt sur les marchés des produits semblables aux leurs, à des prix inférieurs à ceux auxquels eux-mêmes pourraient les livrer.

Ce que nous venons de dire en parlant de l'industrie est connu de tout le monde ; aussi personne ne contestera que l'homme qui voudrait s'y adonner sans suivre la marche que nous venons de tracer, serait un insensé qui courrait à sa ruine.

Comment se fait-il donc que l'industrie manufacturière se croie obligée à suivre invariablement cette marche, et que l'agriculture ne sente pas la nécessité de l'adopter également, elle qui, de toutes les industries, je l'ai déjà dit, est la plus compliquée dans ses intérêts, et celle qui exige les connaissances les plus variées? Comment arrive-t-il que le fils d'un cultivateur aisé ou d'un bon fermier croit qu'il lui suffit d'apprendre son état dans le domaine de son père, tandis que le fils de son voisin, alors même qu'il doit exercer la plus chétive industrie, considère avec raison cette instruction domestique comme insuffisante?

Combien la conduite des manufacturiers est en cela plus sage et plus intelligente! Ce qui le prouve, ce sont les rapides progrès de leurs industries diverses. Les améliorations de toute nature s'y propagent avec une telle promptitude, qu'en peu d'années elles sont adoptées par tous comme au moyen d'une sorte d'enseignement mutuel.

Que l'on mette en opposition la lenteur des progrès de l'agriculture et la lenteur, plus grande encore, avec laquelle ces progrès se répandent, la comparaison sera frappante et toute à l'honneur de l'industrie manufacturière. Souvent, dans le même pays, à peu de distance et dans des circonstances analogues, une espèce de culture est traitée avec soin, avec intelligence sur une portion du territoire, tandis que dans la localité voisine, cette même culture est totalement négligée ou fort mal dirigée. C'est ainsi qu'à dix lieues d'une contrée où la culture de la vigne était arrivée depuis des siècles à un haut degré de perfectionnement, j'ai vu des vignobles rester dans l'état le plus déplorable. Un tel contraste avait frappé, il y a trente ans, deux ou trois cultivateurs intelligents; l'éveil qu'ils ont donné a suffi pour que, dans l'espace de vingt années, les mauvais vignobles eussent changé d'aspect dans toute la contrée sur une étendue de près de deux milliers de journaux et pussent être rangés dans ceux de première classe.

Quel est l'agronome qui, dans le cours de ses voyages, n'a pas rencontré, et quelquefois dans la même journée, l'une de ces singulières oppositions que nous avons signalées plus haut. Il lui est arrivé peut-être de passer le matin au milieu des prairies les mieux arrosées, telles que celles des Vosges, et de traverser le soir des vallons dont le fond est marécageux et dont les flancs n'offrent que de chétifs pâturaux? et cependant un tel contraste ne paraît point extraordinaire aux habitants de ce triste sol. Faire circuler les eaux du ruisseau le long des flancs arides des coteaux, afin de convertir le fond de la vallée en bonnes prairies arrosées, c'est là une pensée qui, de génération en génération, reste étrangère à l'esprit du fils de l'agriculteur qui n'est jamais sorti de la ferme de son père. Il faudra, pour la réaliser, que le domaine passe dans les mains d'un propriétaire plus éclairé qui n'en aura fait l'acquisition qu'après avoir vu le parti qu'il en pouvait tirer.

Il a fallu que deux siècles s'écoulassent et que l'Etat fît successivement, pendant trois règnes, de grands sacrifices, pour que la culture du mûrier pût s'établir en France et qu'elle y prît quelque développement. Un demi-siècle s'est écoulé avant que celle des prairies artificielles et celle des pommes de terre pussent s'y introduire. Que d'essais n'ont paru infructueux et n'ont jeté dans le découragement ceux qui les ont tentés que parce qu'ils ont été mal dirigés!

Aujourd'hui encore la France achète à l'étranger une grande partie des lins qu'elle met en œuvre; cependant, le lin n'est encore cultivé que dans quelques départements du nord. A-t-on cherché à étendre cette culture, à faire des essais bien entendus et qui offrissent une chance de succès? Cultiver, rouir et préparer le lin de manière à le présenter sur les marchés, tel que les filateurs l'achètent pour le mettre en œuvre, n'est pas un apprentissage facile; il faudrait que pendant les premières années, ces opérations successives fussent dirigées par des cultivateurs du nord de la France qui sont habitués à ce genre de travail.

Faire venir du dehors des hommes experts dans les nouvelles branches de culture qu'on désire acclimater dans une contrée, se charger de pourvoir à leur rétribution, est sans contredit l'un des services les mieux entendus que puissent rendre les sociétés ou les comices agricoles.

Mais l'un des moyens les plus efficaces de faire naître chez les cultivateurs le désir d'améliorer telle ou telle culture, c'est de choisir parmi eux des hommes qui leur inspirent le plus de confiance, et de les envoyer aux frais d'une société dans le pays où ce genre de culture est le plus avancé. Ils rapporteront de ces voyages les connaissances pratiques qui leur sont nécessaires pour en faire chez eux l'application, et sauront la réaliser avec profit. Leur exemple aura sur les autres cultivateurs une influence que ni les écrits, ni l'expérience du plus savant agronome n'auraient jamais exercée sur leur esprit.

Je n'abuserai pas plus longtemps de l'attention du lecteur, et je réclamerai son indulgence pour l'insuffisance de mes développements dans des questions aussi graves. J'ai dû me borner ici à ce court exposé. Mais si, telles que je les ai présentées, ces idées peuvent faire naître le désir de les examiner plus attentivement, ces pages n'auront pas été, peut-être, sans quelque utilité.

VOYAGES AGRONOMIQUES

EN

FRANCE.

AVANT-PROPOS.

L'agriculture n'est pas à mes yeux la plus utile des sciences par cette seule raison qu'elle est de première nécessité pour le plus grand nombre des hommes, elle me paraît encore la science vers laquelle les porte un instinct naturel.

Je suis du nombre de ceux chez qui cette impulsion instinctive a été le plus prononcée. De toutes les occupations de ma vie, assez indépendante d'ailleurs pour qu'il m'ait été loisible de faire un choix, il n'en est pas une vers laquelle je me sois senti porté avec autant de puissance que je l'ai été vers l'observation et la pratique agricoles. Cette double étude, je l'ai commencée en Suisse, dans le domaine où mes pères s'étaient livrés à des essais dont les résultats ont été publiés par eux. Plus tard, mettant à profit ces traditions de famille, j'en ai fait l'application, avec quelque développement, dans deux provinces de France.

Mes fréquents séjours dans ce pays, le bienveillant accueil que j'y ai reçu des agronomes les plus distingués, m'ont rendu faciles les recherches que j'ai dû faire pour me procurer les renseignements dont j'avais besoin.

Après avoir rapidement esquissé l'état de l'agriculture en Italie, je désire payer à la France le tribut de ma reconnaissance pour les moments heureux que j'y ai passés, en lui offrant un travail qui a de l'analogie avec celui fait, il y a 50 ans, par Arthur Young.

Comme le savant agronome anglais, j'ai eu pour but d'étudier l'état où l'économie rurale est parvenue en France. J'essaierai donc de rendre compte des observations recueillies dans les voyages que j'ai faits dans ce pays à plusieurs reprises, et dont le dernier a eu lieu en 1836.

M. Chaptal avait il y a 24 ans, examiné la situation où se trouvait à cette époque l'économie générale du pays. Dans la seconde partie de son ouvrage, ce savant administrateur parle des progrès de l'agriculture, de son état actuel et de la richesse territoriale de la France. En traitant des améliorations qu'a reçues l'industrie agricole, il fait connaître les bonnes méthodes qui ont été adoptées, et indique les causes principales qui ont amené ces heureux résultats.

J'ai cru qu'il pouvait être utile de faire aujourd'hui une revue des modifications qu'avait subies pendant cet intervalle l'économie rurale de la France, la seule de ses économies dont il me soit permis de parler, afin de donner ainsi un nouveau point de départ aux économistes à venir.

J'ai fait un peu plus; je ne me suis pas renfermé dans la statistique, c'est-à-dire dans les résumés de la science; j'ai cherché à tracer en même temps la marche qu'a dû suivre le mouvement progressif de l'économie rurale; et par une division de la superficie du royaume en différentes régions agricoles, je me suis proposé d'examiner leur état actuel aussi bien que les améliorations dont leur culture serait susceptible, d'après leur nature et les conditions agricoles qui les caractérisent.

J'ai cru devoir, par cet examen, prémunir les cultivateurs et les agronomes contre le danger des innovations faussement appliquées et des améliorations intempestives, dont les fâcheux résultats font trop souvent reculer ou dériver le mouvement progressif de l'agriculture, en lui imprimant une action étrangère à celle qu'elle ne doit recevoir que du temps, des circonstances et des besoins de la consommation.

Mon but a donc été de fixer, non-seulement le point où est arrivée l'économie rurale en France, mais de tracer la route qu'elle a suivie pour y parvenir, et d'indiquer celle qui s'ouvre devant elle pour dépasser ce point et satisfaire aux besoins toujours croissants d'une population dont rien n'arrête l'essor.

Les propriétaires, quelle que soit celle des régions de la France à laquelle leurs domaines appartiennent, trouveront ainsi tracées dans cet ouvrage, d'une manière à la vérité très succincte, l'histoire agronomique de leurs possessions, l'indication de leur état actuel et des procédés agricoles au moyen desquels ils peuvent perfectionner la culture de leurs terres. Heureux si je puis acquérir la preuve d'avoir utilement rempli les conditions de l'étude que je me suis imposée!

LIVRE PREMIER.

ÉTAT DE L'AGRICULTURE EN FRANCE.

CHAPITRE Ier.

De l'augmentation des produits agricoles.

La population de la France s'est élevée, de 1788 à 1836, c'est-à-dire en quarante-huit ans, de 25 à 32,500,000 individus et au-delà[1]. Quelques économistes ont contesté depuis le chiffre de 25,000,000, auquel M. Necker avait évalué cette population, quoiqu'il ait été confirmé par les recherches auxquelles l'Assemblée constituante se livra en 1790. Cette double garantie nous paraît suffisante pour admettre, jusqu'à plus ample informé, ce chiffre comme point de départ.

Cet immense accroissement de population serait inconcevable s'il résultait uniquement d'un surplus équivalent dans les naissances ; mais c'est à la plus complète et à la plus longue conservation des individus qu'il faut en attribuer une grande portion ; ces

---

(1) Le dernier recensement de la France a eu lieu en 1841 ; il présente pour résultat 34,213,929.

D'après les relevés du cadastre, la superficie de la France est de 52,768,600 hectares.

individus restent plus longtemps en présence, c'est-à-dire que la longévité moyenne s'est fort accrue, et c'est par les deux extrémités de l'échelle que l'accroissement de la population s'est ainsi simultanément opéré.

Ce phénomène s'est accompli depuis l'époque où Arthur Young avait tracé le tableau de l'agriculture de la France. Or, il résulte nécessairement de ce fait que les produits de cette agriculture se sont élevés dans la même proportion que la population, sans quoi le surplus de cette population mourrait de faim, ce qui est loin d'être vrai.

Les 32,500,000 individus, qui vivent aujourd'hui en France, sont au contraire mieux vêtus, mieux logés et mieux nourris que ne l'étaient, il y a quarante-huit ans, les 25,000,000 qui l'habitaient alors. Il y a plus; le prix des subsistances n'y a pas augmenté, le pain se vend aujourd'hui à Paris 50 centimes les 4 livres, ce qui était un bas prix alors comme à présent. Il est vrai qu'en raison des révolutions dont l'Amérique a été la proie, le signe monétaire n'a pas éprouvé, pendant cet intervalle, de dépréciation sensible.

Il y a donc eu d'une part une augmentation de 33 pour 100, en quarante-huit ans, dans le nombre total des consommateurs, et de l'autre une augmentation dans la quotité de la portion absorbée par chacun de ces consommateurs en raison de leur mieux-être.

La première espèce d'accroissement dans la consommation est facile à calculer, puisqu'elle est exactement proportionnelle au nombre des consommateurs; mais il est beaucoup plus difficile d'apprécier celle qui résulte du surplus de consommation occasionné par le mieux-être de chacun de ces consommateurs ; car l'échelle manque pour calculer la quotité absorbée par ce mieux-être. On manque même de documents pour former cette échelle ; aussi faut-il à cet égard se contenter d'un aperçu formé par la notoriété publique, et affirmé par le fait même du surplus d'une longévité qui est à elle seule une preuve que le sort des individus est amélioré. Nous pensons toutefois être très près de la vérité en évaluant, pour chaque consommateur, à 3 pour 100 le surplus de consommation provenant du mieux-être général de la population. D'où il s'ensuivrait que, pour satisfaire à un accroissement de 33 pour 100 d'une part et de 3 pour 100 de l'autre dans la consommation totale de la population du royaume, il faut que, dans le cours de quarante-huit années, ses produits agricoles se soient élevés dans la même proportion, c'est-à-dire de 36 pour 100.

Nous ne pensons pas que ces données soient de nature à être contestées, et dès lors elles doivent servir de point de départ à tout examen ultérieur de la situation et des progrès de l'agriculture de la France ; car elles dominent toutes les questions d'économie rurale que nous allons essayer de traiter.

La production agricole du royaume s'est élevée de 36 pour 100 en quarante-huit années !

Certes, ce résultat est grand ; il explique à lui seul comment la population peut acquitter sans efforts plus d'un milliard d'impôts sans cesser de croître en nombre et en prospérité ; c'est que la matière imposable s'y est accrue d'un quart, ainsi que la consommation et le mouvement industriel et commercial qui en est la conséquence forcée.

Les individus ne participent, il est vrai, à cette augmentation du produit national que dans la proportion de leur mieux-être, c'est-à-dire de 3 pour 100 ; mais la somme de la richesse publique, se formant de celle de la production totale, s'est accrue d'une manière qui doit mettre en garde contre les plaintes que l'agriculture croit de son devoir de faire périodiquement entendre aux tribunes publiques.

Mais à quelle cause doit-on attribuer cette augmentation d'un quart dans la somme des produits ruraux? Serait-elle due à l'adoption d'un nouveau système de culture, à de vastes défrichements, à une répartition différente de la propriété, à de notables changements dans le mode de son exploitation? Ne serait-ce enfin qu'à l'activité générale des cultivateurs, stimulés par ce désir ressenti aujourd'hui par chaque individu d'améliorer sa situation, qu'il faudrait attribuer l'accroissement que nous venons de signaler?

Nous pensons que toutes ces causes, mises en jeu par de grands changements politiques et sociaux, ont chacune contribué pour une part plus ou moins efficace à produire ce résultat.

C'est ce que nous allons examiner dans le paragraphe suivant.

CHAPITRE II.

Des causes auxquelles on doit l'augmentation du produit rural.

Nous ne saurions dire que la France ait adopté, depuis quarante ans, un nouveau système de culture.

Les efforts tentés à cet égard par l'amour de la science sont encore individuels, et ce n'est que comme des oasis qu'on rencontre, en parcourant la France, ces fermes-modèles et ces domaines privilégiés de l'agronomie où des travaux exécutés par de nouveaux instruments, des productions inconnues, des prairies artificielles annoncent de loin les procédés de l'agriculture moderne ; agriculture à laquelle s'attache aujourd'hui l'idée de toute amélioration rurale.

Mais dépourvue de science et sans raisonnement, la masse innombrable des cultivateurs qui labourent la superficie du sol de la France ont été amenés, non pas à l'adoption d'un nouveau système agricole, mais à introduire de grands changements dans celui auquel ils étaient jadis invariablement fixés. L'introduction des pommes de terre est venue rompre la régularité du cours triennal. Avec ces pommes de terre, il a fallu accorder une place au trèfle ainsi qu'à la luzerne, dont les cultivateurs font aujourd'hui un usage trop restreint encore, mais presque général dans tout le royaume ; sans être systématiques jusqu'ici, ces nouvelles cultures ont forcé les laboureurs à disposer autrement de leurs terres. Le retour du blé y est devenu bisannuel au lieu de triennal dans les régions de l'est et du midi. Une plus grande quantité d'engrais a pu leur être appliquée, parce que les prairies artificielles ont permis de nourrir plus largement des animaux dont les forces augmentées ont pu exécuter des labours plus profonds et plus réguliers. Une certaine ardeur de mieux faire s'est développée chez le plus grand nombre des cultivateurs, et si l'on songe que sur des terres dont le produit moyen serait de 4 pour

1 il suffit d'augmenter d'un demi-grain ce produit pour accroître d'un neuvième la masse de la consommation, il sera facile de comprendre comment une amélioration de peu d'apparence, mais générale, a pu produire, par des efforts soutenus, un prodigieux accroissement dans la masse de la consommation, à laquelle la pomme de terre elle-même est venue s'ajouter en surplus.

Les perfectionnements introduits aujourd'hui presque universellement dans la conservation et la mouture des blés ont augmenté de 3 à 4 pour 100 la masse des farines qu'on en retire, en même temps que les produits animaux entrent dans la consommation générale pour une part qu'on peut évaluer à 20 kilogr. par tête.

Ce n'est donc qu'à l'amélioration des procédés agricoles et aux changements déjà apportés au système rural, par l'introduction des pommes de terre et des prairies artificielles, que l'on doit attribuer la plus grande part dans l'accroissement des produits du sol dont nous avons reconnu l'existence.

Les défrichements en réclament une autre part, bien moindre à la vérité, mais dont il faut néanmoins tenir compte.

Ces défrichements se bornent à quelques portions du sol forestier mis en culture pendant l'interrègne qu'a subi leur législation dans les premières années de la révolution, ainsi qu'à des portions de terres communales partagées à la même époque entre les ayants droit de la commune. Dès lors ces communes ont défriché et recensé d'assez grandes superficies ; mais en y joignant les terres négligées mises en valeur par leurs possesseurs, nous ne pensons pas que le tout embrasse au-delà de 2 ou 300,000 hectares, ce qui n'occupe que le 2/100e de la superficie cultivable du royaume, et ne peut figurer par conséquent que pour une faible part dans l'augmentation de ses produits.

Mais pour l'avenir la ressource des défrichements doit devenir importante, en premier lieu sur les bois dont on demande aujourd'hui la liberté de disposer, et en second lieu sur les pays de landes, dont la mise en valeur est une des grandes ressources agricoles que la France recèle dans son sein. Nous aurons à nous en occuper plus tard.

L'amélioration serait-elle due à une répartition différente de la propriété? Cette question est grave en ce qu'on y a attaché une importance plus grande, à notre sens, qu'elle ne le méritait, sous le rapport de l'économie rurale.

Deux natures de propriété ont violemment changé de possesseurs durant les orages de la révolution, savoir : celles de l'église et celles des émigrés. La première catégorie comprenait environ 4,000,000 d'hectares, la seconde 1,000,000. Sur la première 1,100,000 hectares étaient en forêts et existent encore tels entre les mains du gouvernement, c'est donc à peu près 3,000,000 d'hectares que l'Assemblée constituante a répartis dans les mains de nouveaux titulaires. L'effet social produit par cette mesure a sans doute été immense; mais nous n'hésitons pas à dire que son résultat sur l'économie rurale a été à peu près nul, par la raison que ces biens, avant la révolution, étaient ce que la France avait de mieux cultivé. Ils n'ont donc rien gagné à changer de propriétaires, et ils n'ont participé à l'amélioration que dans la même proportion que le reste des terres du royaume.

Le million d'hectares provenant des biens d'émigrés, définitivement vendus, a éprouvé une amélioration par l'effet de leur diffusion parcellaire, et parce qu'ils étaient en grande partie négligés et soumis à une mauvaise exploitation; mais le bénéfice même qui en résulte ne saurait être que minime, puisqu'en l'admettant il ne porterait que sur 1/50º de la superficie cultivable du royaume. Nous ne pouvons donc attribuer qu'une faible part de l'accroissement des produits ruraux à la diffusion des biens de l'église et des émigrés, parmi la masse des propriétaires.

Devons-nous enfin attribuer une part plus grande de cet accroissement à des changements opérés dans le mode de l'exploitation des terres?

Ici la question s'élargit; car c'est en grande partie à ce mode d'exploitation qu'il convient d'attribuer le mouvement progressif que l'agriculture a reçu. Il est certain que la propriété s'est subdivisée en un beaucoup plus grand nombre de mains, que ces mains sont de celles qui cultivent elles-mêmes le sol qui leur appartient; d'où il est résulté que la petite culture s'est propagée dans la majeure portion du royaume aux dépens de la grande. Or, il y a un genre d'amélioration qui est le propre de la petite culture, amélioration dans laquelle il n'entre rien de systématique, qui n'a rien non plus de spéculatif, car elle ne calcule pas les frais de main-d'œuvre, et ne comporte aucune division dans le travail; mais elle n'en fait pas moins produire beaucoup à la terre, parce que le petit cultivateur lui demande beaucoup, et la retourne et la travaille beaucoup.

Non-seulement la majeure portion du royaume appartient à la petite et à la moyenne propriété; mais l'usage d'affermer à la parcelle y ajoute chaque jour des portions notables de la grande propriété, ainsi que nous le verrons plus loin. Aussi remarque-t-on, en traversant la France, les signes d'un travail actif, beaucoup de plantations d'arbres fruitiers dont l'écorce et le branchage annoncent la jeunesse, des pièces de terres que leur peu d'étendue a permis de défoncer à la bêche, pour y planter des pommes de terre dont le produit a presque doublé les moyens d'existence des familles auxquelles appartiennent ces petits héritages. Les blés qu'elles y recueillent sont aussi plus nets et plus abondants, et souvent un petit carré de luzerne ou de trèfle assure l'existence de la vache, qui jadis n'avait en hiver d'autre nourriture que la paille du champ dont le blé avait nourri ses maîtres.

Mais ces améliorations, très notables dans leurs résultats, ont eu principalement pour théâtre les portions les plus fertiles de chaque territoire. Young avait déjà remarqué que la culture savait tirer en France un grand produit des bons sols, tandis que la science agricole n'avait fourni jusqu'à lui aux cultivateurs de ce pays aucun moyen de féconder les mauvais.

Il en est encore de même aujourd'hui ; les travaux, les engrais, l'activité que ces cultivateurs ont déployée, sont loin d'avoir suffi à porter l'amélioration sur les sols ingrats, secs et pierreux, qui occupent un tiers environ de la superficie totale du pays. La science agricole ne leur a pas fourni la connaissance des assolements, au moyen desquels on pourrait amener la fécondation de ces sols. Cette tâche est réservée à un avenir qui aura aussi à pourvoir à la consommation d'une population toujours croissante.

Le tiers à peu près de la superficie appartient, comme nous venons de le dire, à la classe des terres qu'on peut appeler *stériles*, et jusqu'ici l'amélioration y a été presque nulle. Tels sont, en partie, les terroirs de la Champagne, de la Lorraine, de la Bourgogne, du Bourbonnais, du Nivernais, et en majeure portion ceux de la Manche, du Berry, de la Bretagne, auxquels il faut adjoindre de grandes parcelles du Maine et de la Touraine.

Ce n'est donc à peu près que sur les deux tiers du territoire de la France qu'ont eu lieu les progrès agricoles dont nous avons signalé les résultats. Il y reste beaucoup à faire, et il est d'une haute importance pour sa production de voir changer de proche en proche l'ordre de sa culture, afin de trouver dans un système plus perfectionné le moyen de tirer ces terres ingrates de l'état d'improduction où elles sont encore, et d'enrichir leur sol par l'introduction d'un assolement propre à remplir ce but.

Mais ce n'est pas une entreprise facile que celle de changer l'ordre de culture suivi dans un pays et de rompre ainsi l'équilibre établi entre les habitudes respectives des producteurs et des consommateurs; car, pour s'accomplir, ce changement exige l'accord de trois conditions qui doivent y concourir presque simultanément, sans quoi il ne saurait réussir.

Il faut : 1° que le cultivateur sache comment il doit s'y prendre pour changer l'ordre de sa culture;

2° Qu'il le puisse;

3º Que ce changement lui soit profitable, c'est-à-dire que les consommateurs recherchent les produits nouveaux qu'il apportera sur le marché.

Ces trois conditions renferment la presque totalité, des rapports qui lient en tout pays le système agricole au système social; aussi demandent-elles à être examinées avec un peu d'attention.

CHAPITRE III.

Des conditions nécessaires pour opérer un changement dans les systèmes de culture.

1º Il faut que le cultivateur sache comment il doit s'y prendre pour changer l'ordre de sa culture.

Le savoir qu'une telle opération exige est de deux sortes : l'une expérimentale, l'autre de raisonnement.

Ce que l'expérience doit lui enseigner, c'est de chercher dans des exemples et des essais de nouveaux assortiments de plantes destinées à se succéder et à s'associer entre elles, de manière à former, par l'ensemble et la proportion de leur culture, un nouveau cours de récoltes.

Le raisonnement, en revanche, doit lui apprendre à se rendre compte des avantages éloignés ou prochains qu'il peut attendre du travail, des avances et de la peine qu'il doit prendre pour établir ce nouvel assolement; et ceci suppose avant tout, de la part du cultivateur, la connaissance de ses propres affaires.

Or, nous voyons que, dans l'état actuel de notre civilisation, rien n'est plus rare que cette connaissance;

témoin celle du prix intrinsèque du temps, que personne à peu près ne calcule, bien qu'il soit l'élément essentiel de la valeur que le travail donne à chaque chose.

Presque toutes les opérations rurales se font encore en France par routine ou par imitation, et parce qu'un autre a fait ainsi. La plupart même des entreprises, des spéculations, des mouvements imprimés à l'économie, s'accomplissent de la sorte sans plus de connaissance de cause, par entraînement, et rarement par une conscience réfléchie du mérite même de l'entreprise qu'on se propose de tenter, de ses rapports et de ses conséquences.

Il faut donc admettre qu'il est difficile à des cultivateurs, soit de se procurer les connaissances expérimentales dont ils ont besoin pour pouvoir combiner un nouvel assolement, soit de se rendre un compte assez certain de cette entreprise pour se décider à faire les avances de temps et d'argent qu'elle exige.

Aussi faut-il se dire que de tels changements ne peuvent jamais s'exécuter en masse ni *à priori*, car il faudrait pour cela que l'agriculture pût être méthodiquement traitée par de véritables spéculateurs, par un ordre de cultivateurs qui ne vissent dans leur métier que l'art de tirer le plus grand parti possible de la force productive dont la terre est douée, sans égards pour les pratiques et les habitudes du pays, et qui, de plus, fussent en possession du capital nécessaire pour réaliser leurs plans.

Mais cette classe d'agriculteurs est trop rare en France pour qu'on puisse en attendre un pareil résultat, parce que les hommes qui ont reçu de leur éducation des moyens de faire autre chose que de labourer la terre, ne se vouent pas à l'agriculture; ils veulent être avocats, négociants, employés ou médecins, et, par une conséquence naturelle dans un pays où les tendances de la société sont telles, on ne considère pas la terre comme une matière d'amélioration à laquelle on puisse confier des capitaux.

Il faut donc que les changements qui doivent améliorer l'agriculture se fassent de proche en proche, par tâtonnement, d'après des exemples fournis, soit par des agronomes qui se plaisent à ajouter dans leurs terres le luxe de l'agriculture à leurs autres jouissances, soit par des fermes-modèles, soit enfin par des hommes que les circonstances du temps obligent à consacrer leurs loisirs involontaires à la vie champêtre et à l'amélioration de leurs domaines.

Les innovations arrivent ainsi par degrés; elles se succèdent et ne se combinent pas, de façon à ce qu'il en ressorte un système complet d'agriculture; mais une innovation en amène une autre, et la nécessité de les coordonner finit par produire une véritable combinaison et un nouvel ordre de culture.

Les plus réputées de ces combinaisons, celles de la Belgique et de l'Angleterre, n'ont point eu d'autre origine. Ce n'est pas un homme qui, à lui seul, a improvisé ces systèmes, car on saurait son nom; c'est par voie de tâtonnement et *à posteriori* qu'on est peu à peu arrivé à combiner la culture pratiquée dans ces champs modèles, où il dépend de nous d'aller chercher les exemples que nous devrions suivre.

2° Il faut que le cultivateur puisse opérer ce changement.

Cette seconde condition est bien plus difficile encore à obtenir que la précédente; car on conçoit que l'on puisse instruire les cultivateurs et répandre chez eux, à force d'enseignements et de fermes-modèles, les meilleurs procédés d'agriculture; mais la difficulté de propager ces bons exemples tient aussi à la résistance des faits, et on ne peut pas agir sur eux comme sur l'intelligence des cultivateurs.

Ces faits résultent de l'état même de la société et des conditions auxquelles ses institutions ont soumis la propriété et son cultivateur. Nous n'entendons pas exprimer ici par le mot d'institutions la nature du régime politique auquel les divers pays sont soumis, car nous savons que cette condition est étrangère à la prospérité de l'économie et qu'on l'a vue également prospérer ou déchoir sous des formes de gouvernement entièrement différentes. C'est ainsi que sous un régime autocratique la Russie a poussé les progrès de son économie agricole, depuis l'année 1783, presque aussi loin que l'ont fait les États-Unis d'Amérique, qui furent à cette époque constitués en république indépendante.

Ce ne sont pas les institutions politiques qui influent sur l'agriculture et l'économie, mais c'est la législation civile et commerciale, l'éducation que reçoit le peuple; ce sont enfin les conditions sociales sous lesquelles il existe. Ces conditions tiennent à la fois aux lois, aux mœurs et aux habitudes; elles proviennent non-seulement de celles qui dominent aujourd'hui, mais de celles qui ont dominé autrefois; car, quelque profondes que soient les révolutions, elles ne parviennent guère à détruire entièrement ce qui est plus puissant que l'imagination de l'homme, savoir : ses habitudes et ses intérêts.

Or, ces intérêts ont leurs racines dans un passé qui a distribué d'une certaine manière la propriété, qui en a réglé les droits, les charges, ainsi que les conditions d'exploitation. On a beau renier ses ancêtres, on est malgré soi l'héritier de la forme qu'ils ont donnée au pays, et de cette forme proviennent les conditions sous l'empire desquelles se trouvent être à la fois la propriété et son cultivateur.

Ainsi, l'agriculture est nécessairement dominée par des circonstances qui déterminent le régime agricole de chaque pays. Telles sont : 1º l'état dans lequel s'y trouve la propriété foncière, matière première de l'agriculture, sa subdivision, les charges, la classification de ses détenteurs ; 2º le mode ou les différents modes de son exploitation ; 3º les capitaux qui l'alimentent ; 4º le placement de ces propriétés en raison des débouchés ouverts à leurs produits ; 5º la législation commerciale qui peut étendre ou détruire ces débouchés.

Chacun conçoit qu'il résulte de l'ensemble de ces conditions un ordre qui détermine la nature des propriétés, la position des cultivateurs et les moyens qu'ils possèdent pour en améliorer ou en changer la culture ; car un tel changement peut être rendu impossible, soit par l'extrême subdivision des terres, soit par la brièveté des baux, soit par des clauses de ces mêmes baux qui proscrivent toute amélioration, ou les rendent infaisables par la privation des capitaux nécessaires pour les opérer.

Il y a donc pour chaque pays un état normal dans

lequel les conditions de son économie rurale se trouvent renfermées. Cet état n'est pas le même en France qu'en Angleterre, en Allemagne qu'en Italie, en Suisse qu'en Espagne, et de là proviennent les différences qu'on remarque dans l'état agricole de ces divers pays ; c'est de quoi les économistes doivent tenir compte avant de hasarder l'exposition de leurs doctrines et de leurs systèmes.

3º Il faut que le changement de culture soit profitable au cultivateur ; ou, en d'autres termes, il faut que les consommateurs recherchent les produits de sa nouvelle culture.

Ceci paraît devoir s'entendre de soi-même, car il est évident que, sans espoir de profit, le cultivateur n'aurait aucun intérêt à changer sa culture.

Il faut donc, pour en faire la tentative, qu'il ait la presque certitude de trouver des acheteurs pour la nouvelle denrée que son industrie aura fait naître.

Cependant il n'est pas facile de lui donner cette certitude ; car il ne peut jamais y avoir, en économie, de contrats mutuels passés entre les producteurs et les consommateurs, par lesquels ceux-ci s'engagent d'avance à consommer les produits que ceux-là auront fait croître.

Le mouvement de l'économie, loin d'avoir cette régularité, s'agite au contraire dans une oscillation perpétuelle entre les déficits et les trop-pleins. Tantôt ce sont les producteurs qui, après avoir produit en surabondance une denrée quelconque, décident les consommateurs à en faire usage en la leur offrant à vil prix ; tantôt ce sont les besoins des consommateurs qui les forcent à offrir un prix élevé de la denrée qui leur manque, et ce prix excite à son tour le cultivateur à produire avec surabondance la denrée qui lui a été demandée.

Lorsque le mouvement vient du côté des consommateurs, son effet sur la production est presque immanquable ; car les cultivateurs se refusent rarement à cultiver ce qui leur est chèrement acheté. C'est ainsi qu'avant l'invention des soudes artificielles et pendant les guerres d'Espagne, nous avons vu cultiver les plantes à soudes avec un étonnant empressement dans les terres salées du littoral de la Méditerranée, parce que les circonstances en avaient fait décupler le prix. On cita même alors un propriétaire de Cette ou de Pézénas qui était mort de joie en palpant la somme inattendue qu'avaient produite ses salicors.

Mais cet accident n'est pas à redouter, parce qu'il est rare que le mouvement vienne du côté du consommateur. Il est bien plus ordinaire de voir les cultivateurs surchargés de produits qu'ils ne peuvent écouler qu'en baissant leurs prix. Cette circonstance devient fatale lorsqu'il s'agit de placer une denrée qui sort des habitudes journalières du marché, parce qu'il en est presque immédiatement encombré, tandis que ces mêmes producteurs ont la presque certitude d'écouler au cours du jour les denrées produites par l'ancien ordre de culture ; parce que le marché est toujours ouvert pour elles, à un prix quelconque.

Cette résistance des consommateurs contre les produits d'une nouvelle culture est le plus grand des obstacles qu'éprouve leur introduction dans les cours de récoltes ; cet obstacle est souvent invincible, car tous les raisonnements viennent échouer auprès des cultivateurs contre le seul fait du délaissement de leur denrée. Que de peine n'a-t-il pas fallu pour décider les fabricants à se servir des laines-mérinos françaises ? combien pour décider les bouchers à acheter les animaux sur lesquels on les avait tondues ? Et peut-être que, sans les disettes de 1789-95, 1811 et 16, la culture des pommes de terre aurait éprouvé de longues résistances.

Si nous remontions dans l'histoire de l'agriculture, nous y verrions que la plupart des innovations qu'elle a subies ont été dues ainsi à quelques calamités, à quelques besoins extraordinaires qui ont forcé à cultiver de nouvelles productions, parce que la nécessité domine également les habitudes, les craintes et les indécisions.

CHAPITRE IV.

Du résultat que doivent avoir les changements apportés dans un système de culture.

Quel est, en définitive, le résultat qu'on se propose d'obtenir par l'introduction de la culture moderne ?

L'homme, par son travail, s'est approprié les forces productives de la terre pour les appliquer à son usage ; c'est-à-dire que, suivant la nature du sol et du climat, il y a cultivé exclusivement les plantes qui lui étaient le plus utiles. Mais ces cultures exclusives, et nommément celle des céréales, ont la propriété d'épuiser promptement la force reproductive de la terre.

Le cultivateur, en ayant acquis l'expérience, a

cherché à y parer en laissant par intervalle la terre sans productions. Il a employé ce temps à lui donner des cultures répétées, afin de la préparer à reprendre la fertilité qu'elle avait perdue. *Virgile* conseillait déjà aux laboureurs du *Latium* de répéter ces cultures jusqu'à sept fois.

Ces labours étaient exécutés par des bœufs dont le fumier engraissait la terre. Cette puissance de fertiliser le sol, qui appartient au fumier, a sans doute été bien vite reconnue par les cultivateurs ; mais comme pour en obtenir il faut affecter une partie des terres à la production des herbages qui ne servent qu'à la nourriture des animaux, ces cultivateurs ont répugné à leur faire cette concession, dans l'espérance qu'à force de labourer leurs terres, ils parviendraient à leur conserver une fertilité suffisante pour produire les céréales qu'ils étaient, avant tout, désireux d'obtenir.

C'est en France surtout que ce raisonnement a reçu toute son extension ; le motif en est que l'habitant de la France consomme proportionnellement plus de blé et moins de légumes, de viande ou de laitage, que ceux de tout autre pays. Il était donc plus disposé à cultiver la production qui répondait à ses plus impérieux besoins. Une autre cause encore a tenu au grand nombre de bêtes à laine qu'on nourrissait dans le pays, et à l'usage de les parquer sur les guérets, usage auquel ces cultivateurs ont attaché trop d'importance, en admettant qu'il pouvait dispenser d'une plus large fumure. Il faut ajouter encore que les baux à moitié produit, si nombreux en France, obligeaient les métayers à semer des céréales au lieu de prairies artificielles, parce que le propriétaire croyait rendre par là sa part de blé plus considérable. Enfin, les droits de parcours, si désastreux dans leurs effets et si largement accordés en France, y avaient, en quelque sorte, consacré les jachères. Ces divers motifs ont agi sans doute sur le système d'après lequel on a cultivé la généralité du royaume. Les fermiers n'entretenaient guère dans les fermes que les animaux nécessaires au labourage, et quelques vaches dont le laitage était indispensable à la consommation locale ; le parc et la jachère devaient amender suffisamment les terres pour en obtenir la moisson que comportait leur fertilité.

Ces cultivateurs avaient un autre motif encore. Les céréales croissent dans le cours d'une année et sont immédiatement vendables, tandis qu'il en faut plusieurs pour faire croître les fourrages qui, dans le nouveau système d'agriculture, doivent nourrir les animaux destinés à fournir de nouveaux engrais à la ferme, et qu'il en faut plusieurs pour élever ces animaux et pour en obtenir un produit, soit par leur engraissement, soit par leur laine ou leur laitage.

Lorsque enfin on a obtenu ce produit, il se trouve être très inférieur à celui qu'aurait donné la valeur vénale des fourrages que les bestiaux ont consommés, c'est-à-dire que le même foin, vendu au marché, produit en général les deux tiers au-delà de celui qu'on fait consommer sur place par des animaux dont l'engrais reste sur la ferme. Ainsi un bœuf amené au marché, à l'âge de cinq ans, ne s'y vend que le tiers de la valeur vénale qu'il a accumulée sur lui par sa consommation.

C'est aussi là le problème autour duquel se débattent tous les agronomes. La solution leur semblait en avoir été fournie par l'introduction des mérinos ; mais elle n'était due qu'au monopole qu'avait favorisé le petit nombre de ces animaux à leur première apparition. Aujourd'hui ils partagent le sort de toutes les industries animales dont on essaie en vain, sans en trouver une capable de produire les bénéfices qui s'évanouissent comme un rêve devant les espérances de l'agronomie.

Or l'agriculture moderne ayant précisément pour but de faire faire aux cultivateurs ce genre de sacrifices, puisqu'elle a pour caractère essentiel de diminuer la somme des travaux en augmentant celle des engrais, cette agriculture, disons-nous, éprouve toutes les résistances qui résultent de la non-solution du problème. Il est hors de doute que l'adoption de ce système de culture augmente la fertilité naturelle de la terre ; elle tend par conséquent à augmenter la valeur capitale du sol de l'État en diminuant la superficie destinée aux cultures épuisantes et en élargissant celle qui fournit les moyens réparateurs. Il y a plus, elle tend également à enrichir en définitive le cultivateur en diminuant d'une part la somme de ses travaux et en lui permettant de l'autre d'accumuler sur la portion labourée de ses terres une masse d'engrais qui en élève assez le produit pour le dédommager amplement de l'étendue qu'il en a retranchée. L'exemple des pays et des domaines où cette culture domine depuis un certain temps ne laisse pas de doute sur ses résultats ; mais nous répétons qu'elle demande une avance de temps, d'argent et de résolution, qui rend son adoption difficile partout où l'état normal du pays ne place pas les cultivateurs dans des circonstances de nature à leur permettre d'entreprendre ce système d'innovations.

Aussi, avant de savoir pourquoi la nouvelle culture n'a pas fait plus de progrès en France, il faut examiner comment la propriété s'y trouve subdivisée, quels en sont les modes d'exploitation, de quels capitaux le cultivateur y dispose, et quelles y sont les habitudes générales de la consommation.

CHAPITRE V.

De la subdivision de la propriété en France.

La propriété s'est répandue dans chaque pays d'après les circonstances et les événements qui ont présidé à l'histoire de ce pays, et d'après le caractère des révolutions qui s'y sont accomplies.

A l'origine des nations, la propriété a presque partout reçu de très larges limites; car ces propriétés s'étaient constituées à titre gratuit au bénéfice des chefs des peuples que le droit de conquête avait rendus maîtres du pays. Ces chefs, quels qu'ils fussent, étaient toujours en petit nombre, comparés à la superficie que la conquête venait de leur livrer; c'est pourquoi le partage qu'ils s'en faisaient donnait à chacun d'eux de vastes propriétés. Aussi en étaient-ils généreux, et les faits nous apprennent que les fondateurs du royaume des Francs s'empressaient de concéder, soit à l'église, soit aux communes, de grandes propriétés qui devenaient dès lors mainmortables, tandis qu'ils en répartissaient d'autres portions entre leurs vassaux à des conditions qui leur en assuraient à eux-mêmes un perpétuel usufruit. La majorité de la nation fut appelée ainsi au bénéfice de la propriété, soit à titre de propriétaire de mainmorte, soit à celui d'usufruitier perpétuel. La propriété de mainmorte a subsisté telle dans les mains du clergé jusqu'au 4 août 1789, et subsiste encore aujourd'hui dans les biens du domaine public et des communes.

Mais dès longtemps, et sans qu'on puisse en préciser l'époque, celles qui provenaient de la concession d'un usufruit perpétuel s'étaient commutées en propriétés transmissibles, et par ce changement, arrivé peut-être par abus et à la suite de ce temps qui altère, détruit ou fonde toutes choses, le tiers-état fut appelé au bénéfice de la propriété. Il est vrai qu'elle demeura taillable et corvéable, mais sous ces charges la possession n'en fut pas moins entière et garantie par la législation, tandis que cette même législation cherchait à s'opposer à la diffusion des propriétés en instituant les substitutions.

Aussitôt que sa transmission a été loisible à tous, la possession du sol est devenue marchandise, et comme telle, elle s'est trouvée dévolue à toutes les influences que l'économie publique exerce sur une semblable matière. Elle a été soumise à la loi générale de la concurrence ; elle a pu être morcelée, aliénée, donnée en nantissement. Le cours vénal de la terre a augmenté ou diminué la fortune publique et particulière, et sa position semblerait avoir entièrement échappé au domaine politique pour être régie, comme toute autre nature de biens privés, par la seule loi civile.

Toutefois, les racines même d'une nation sont dans ce sol auquel elle donne le nom de patrie, qu'elle aime comme telle, qu'elle défend comme telle, et auquel elle attache le sentiment de son existence, bien qu'il doive lui survivre. Il y a donc des sentiments moraux attachés à la propriété et auxquels les autres natures de richesses n'ont pas le droit de participer, parce qu'elles n'ont ni passé ni avenir, tandis que la terre que nous labourons a nourri nos ancêtres et doit passer à nos descendants. Il y a plus, la trempe d'une nation, son caractère, ses mœurs proviennent des intérêts et des rapports qui s'établissent entre ses membres par les degrés auxquels ils participent à la propriété. C'est la base de ces grandes lois sociales qu'il n'est pas au pouvoir du législateur d'abroger, parce qu'elles sont au-dessus de son pouvoir d'un jour.

L'essence même d'un peuple tient au partage qu'il a fait du sol qui lui appartient. L'aristocratie y sera vivace si la terre n'y appartient qu'à un petit nombre de grands propriétaires, parce que c'est la nature même des choses qui les investit de ce caractère. La démocratie est, en revanche, indigène là où le grand nombre possède au même titre le territoire qu'il s'est morcelé entre une foule de copartageants.

Dès lors que le droit de posséder n'a plus été l'apanage exclusif des classes privilégiées de la nation, la subdivision du sol a dû suivre le mouvement d'accroissement de la population et se morceler dans une proportion assez rapprochée de cet accroissement. Cependant quelques points d'arrêt s'opposaient encore, avant la Révolution, à un morcellement indéfini de la propriété, savoir : la portion des biens qui étaient demeurés mainmortables ou substitués, le droit de primogéniture dans quelques provinces, enfin les capitaux que la nature des choses d'alors tendait à accumuler dans les mains des classes privilégiées, par cela même qu'elles étaient privilégiées ; capitaux qui partout finissent par se fixer par leur conversion en terres dès que leur volume a grossi, et qui partout aussi contre-balancent par leur action l'effet du morcellement là où il est ordonné par la loi.

Mais la Révolution ayant aboli jusqu'à l'apparence de ces points d'arrêt, la subdivision de la propriété s'empara d'abord des biens du clergé et d'une portion de ceux de la noblesse ; tandis que la législation, en détruisant les substitutions et les primogénitures, accélérait le mouvement d'une subdivision qu'elle rendait obligatoire. Il n'est plus resté, en dehors de ces atteintes, que les biens du domaine de l'État et ceux des hospices et des communes, qu'on ne peut ni partager ni vendre sans recourir à une législation spéciale.

Tout le reste de la France subit la loi commune, et va se morcelant d'après l'action de deux forces auxquelles seules il appartient aujourd'hui de disposer de la propriété parcellaire du sol, savoir : d'une part, la loi qui divise l'héritage entre les enfants ; et de l'autre, le cours auquel la concurrence élève ou abaisse le prix de la terre ; c'est-à-dire qu'alors que les capitaux accumulés cherchent à se fixer en terres, son cours s'élève, parce que ces capitaux travaillent à la réunir en plus grande étendue dans les mains de ceux qui disposent de ces capitaux. Il baisse en revanche, et la subdivision s'accélère lorsque ces capitaux s'éloignent et disparaissent par une circonstance quelconque de l'économie du pays ; car rien alors ne contre-balance l'action disséminatrice qu'exerce la loi.

C'est au terme où ces diverses circonstances ont amené la division de la propriété en France que nous devons l'y saisir ; car c'est dans cet état que nous devons examiner l'économie rurale de ce pays. Il n'importe qu'il soit meilleur ou pire, car ce n'est pas à l'économie, mais aux institutions à y pourvoir. Il suffit à cette économie qu'il soit tel pour qu'elle l'aborde et l'examine, afin d'en signaler les avantages et les inconvénients, le bien, le mal, et ce qu'on peut en faire pour augmenter la production du sol, quels que soient le mode, la taille et la forme que lui ont imprimés les lois, l'histoire et les événements.

La superficie totale de la France est de 52,500,000[1] hectares, dont 2,500,000 sont incultivables et représentent l'espace occupé par les chemins, cours d'eau, grèves, montagnes, rochers, espaces inhabités ou stériles. La superficie rurale en est donc de 50,000,000 d'hectares.

Sa population est aujourd'hui de 32 millions 500 mille âmes, dont les quatre cinquièmes appartiennent à la population rurale et un cinquième seulement à la population urbaine ; c'est-à-dire que 6 millions 500 mille individus habitent les villes, et que 26 millions demeurent dans les campagnes.

Sur ces 26 millions, deux au moins sont étrangers à toute propriété et y forment la classe des prolétaires, à laquelle il faut ajouter ceux qui, par l'extrême

---

(1) D'après les relevés du cadastre, la superficie de la France est de 52,768,582, dont 49,878,204 imposables et 2,890,408 non imposables. (*Statistique officielle.*)

exiguïté de leur héritage, ne s'alimentent que par les produits de leur travail manuel ; mais comme ils n'en figurent pas moins sur les rôles du percepteur, ils doivent également être compris dans la classe des propriétaires. Le nombre des intéressés à la propriété, dans une aliquote quelconque, reste donc de 24 millions.

En admettant la donnée de cinq individus pour composer la famille, il y aurait 4 millions 800 mille familles appelées à se partager une aliquote telle quelle de la superficie du royaume. Mais avant d'affecter à chacune d'elles la part moyenne qui lui en reviendrait, nous devons déduire, des 50,000,000 d'hectares cultivables, la portion que le domaine et les communes possèdent encore, soit au moins 4,000,000 d'hectares; la superficie à diviser entre les propriétaires, à titre commun, reste donc de 46,000,000 d'hectares. La part à prendre en moyenne, sur une telle superficie, serait ainsi, pour chacune des 4 millions 800 mille familles participant à la propriété, de 9 hectares 58 ares, et pour chacun des 24 millions d'individus, de 1 hectare 92 ares. Une loi agraire, par laquelle on subdiviserait la superficie totale du royaume, y compris les terres de mainmorte, ne donnerait droit, à chacun des individus classés dans les 32 millions 500 mille âmes qui peuplent la France, qu'à 1 hectare 41 ares. Cette superficie est par conséquent celle qui, dans l'état actuel de l'agriculture, pourrait servir à l'alimentation d'un individu, puisque les terres de mainmorte y concourent comme les autres. Ceux qui possèdent au-delà ont par conséquent un intérêt directement contraire à l'adoption d'une telle loi.

Mais ces données sont beaucoup trop générales pour servir de base aux recherches agricoles dont nous nous occupons, car elles ne représentent nullement les proportions respectives de l'étendue des propriétés en France. Nous avons heureusement, pour arriver à les connaître, des éléments plus précis, bien qu'ils ne présentent encore que des moyennes.

En combinant en effet les données fournies par le relevé du cens électoral, d'après la dernière et l'avant-dernière loi, c'est-à-dire celle de la Restauration et celle qu'on a faite depuis la Révolution de 1830, il en ressort qu'il y a en France :

1° Une catégorie de 8 mille contribuables éligibles payant un impôt de 1,000 fr. et au-dessus ;

2° Une catégorie de 15 mille contribuables éligibles payant 500 fr. et au-dessus ;

3° Une catégorie de 67 mille contribuables électeurs payant 300 fr. et au-dessus ;

4° Une quatrième catégorie de 110 mille contribuables payant 200 fr. et au-dessus.

Les 200 mille propriétaires compris dans ces quatre catégories représentent la totalité de ce qu'il est permis d'appeler encore en France la grande propriété, et, d'après le cens de leurs impositions, on peut assez approximativement connaître l'étendue respective de leurs propriétés.

Mais il s'agirait de déduire, du nombre de ces 200 mille propriétaires, ceux d'entre eux qui ne figurent sur les listes électorales qu'en vertu de leurs propriétés urbaines ou de la taxe des patentes, car ils ne sont point à ce titre copartageants du sol, caractère qu'il nous importe de reconnaître dans l'examen que nous sommes appelés à faire du degré de subdivision que la propriété rurale a atteint en France. En revanche, les domaines dont l'étendue aurait dû faire comprendre leurs possesseurs dans l'une des quatre catégories que nous venons de signaler, s'en trouvant exclus lorsqu'ils appartiennent à des femmes ou à des mineurs politiques, cette déduction doit être assez près de compenser l'augmentation de ceux qui figurent sur les listes électorales par les propriétés urbaines et par les patentes, pour que nous négligions de tenir compte de cette double exception, et que nous maintenions les chiffres des catégories de la grande propriété tels que nous les avons posés.

Il en résulte que la terre payant en moyenne en France un impôt de 5 fr. par hect., il suffirait d'en posséder 200 pour être taxé à 1,000 fr. Mais cet impôt ne représentant que le minimum des propriétés comprises dans cette catégorie, nous devons élever de 40 p. 100 cette appréciation, afin de nous rapprocher de la moyenne des superficies possédées par l'ensemble des contribuables payant 1,000 fr. et au-dessus, ce qui donne 280 hect. à l'étendue moyenne de cette première classe de propriétés, et à leur ensemble 2,240,000 hectares.

Traitant de même la seconde catégorie, laquelle comprend 15,000 éligibles payant de 500 fr. à 1,000 fr. d'impôt, l'étendue moyenne de chacune de ces 15,000 propriétés sera de 140 hectares, et leur réunion doit embrasser une superficie totale de 2,100,000 hect.

A ce compte, les deux catégories d'éligibles ne posséderaient entre elles que 4,340,000 hectares, supposition difficile à admettre, en ce qu'on sait d'autre part qu'elles possèdent en forêts seulement près de

3,000,000 d'hectares. Or, comme les bois ne sont en moyenne imposés qu'à 2 fr. 50 c. au lieu de 5, ce seraient les deux cinquièmes de ces 3,000,000 d'hectares du sol forestier qu'il faudrait ajouter à l'étendue totale que possèdent ces deux catégories, pour trouver la matière première de la cote électorale à laquelle elles sont imposées, c'est-à-dire 1,200,000 hectares; en sorte qu'en partageant cette quotité entre elles, la superficie possédée par la première catégorie serait de 2,840,000 hectares, et celle qui appartient à la seconde de 2,700,000. Cette adjonction porte l'étendue moyenne des terres de première classe à 355 hectares, et celles de la seconde à 180. Les deux premières catégories de la grande propriété occupent ainsi une étendue de 5,540,000 hectares, soit un huitième environ de la superficie totale du royaume, déduction faite des terres de mainmorte.

La 3ᵉ de ces catégories, comprenant 67,000 électeurs dont la cote s'élève de 300 à 500 f., possède, d'après les mêmes appréciations, des domaines dont l'étendue est de 84 hect., et pour les 67,000 de 5,628,000 hect.

La superficie moyenne des propriétés appartenant à la quatrième catégorie des 110,000 électeurs payant entre 2 et 300 fr. d'impôts, est de 56 hectares, et la surface totale de leurs propriétés de 6,160,000 hect.

Par conséquent, la part de la superficie du royaume qui forme le patrimoine des quatre premières classes de la propriété est de 17,328,000 hect. sur 46,000,000. Celle qui reste pour former l'apanage de la moyenne et petite propriété contient une superficie de 28,672,000 hectares, lesquels se divisent, ainsi que nous allons le voir, entre la moyenne et la petite propriété.

La moyenne propriété ne comprend que deux catégories; savoir : celle des imposés entre 125 et 200 fr., et celle dont l'imposition est entre 50 et 125 fr. Nous avons cru devoir encadrer dans ces limites les propriétés que nous avons qualifiées de moyennes, par la raison qu'au-dessous du minimum de 50 fr. les domaines ne sauraient comporter la présence d'une charrue.

Nous n'avons pas, pour apprécier le nombre des propriétaires qui ont droit à figurer dans ces deux catégories, des données aussi positives que celles qui nous ont été fournies par le relevé des listes électorales. Néanmoins nous pensons qu'en suivant la proportion que nous a présentée, dans les catégories de la grande propriété, l'accroissement des nombres avec la réduction de l'impôt, nos évaluations seront très voisines de la réalité; car, plus la pyramide approche de sa base, plus elle offre de surface.

D'après cette règle, nous croyons devoir estimer le nombre des moyens propriétaires appartenant à la première catégorie à 220,000, et ceux de la seconde à 480,000.

Les propriétés de cette dernière ayant en moyenne une superficie de 14 hectares, et leur ensemble une étendue de 6,720,000 hectares, celle des domaines de la première catégorie étant de 35 hectares, et leur totalité de 7,700,000, la moyenne propriété occupe ainsi un espace de 14,420,000 hectares.

Il reste enfin 14,252,000 à partager entre les 3,900,000 propriétaires dont les domaines appartiennent à la petite propriété, par cela seul qu'on ne saurait y entretenir de charrue.

Cette superficie affecte à l'étendue moyenne de chacun de ces domaines 3 hectares 64 ares.

Bien qu'une telle statistique ne repose que sur des moyennes, et que toutes les gradations en soient par conséquent exclues, nous pensons néanmoins qu'elle représente aussi exactement que possible l'état de subdivision dans lequel est aujourd'hui la propriété en France ; état que nous avons figuré dans le tableau suivant, attendu l'importance dont est cette répartition et la nécessité d'en retrouver sans effort les éléments.

Tableau de la répartition de la propriété en France.

	hectares.
Superficie totale du royaume	52,500,000
Dont à déduire pour superficie incult.	2,500,000
Superficie cultivable.	50,000,000
Terres appartenant à l'État ou aux communes.	4,000,000
Superficie à répartir entre les propriétés particulières.	46,000,000

CATÉGORIES des CONTRIBUABLES.	MINIMUM de leurs IMPOSITIONS.	NOMBRE DES PROPRIÉTAIRES de chaque catégorie.	ÉTENDUE MOYENNE des PROPRIÉTÉS.	SURFACE POSSÉDÉE par CHAQUE CATÉGORIE DE PROPRIÉTAIRES.	TOTAUX.
		GRANDE PROPRIÉTÉ.			PAR LES ÉLIGIBLES.
1re	1000 fr.	8,000	355 hect.	2,840,000 hect.	5,540,000
2e	500	15,000	180	2,700,000	PAR LES ÉLECTEURS.
3e	300	67,000	84	5,628,000	11,788,000
4e	200	110,000	56	6,160,000	
	»	200,000	»		17,328,000
		MOYENNE PROPRIÉTÉ.			
1re	125 fr.	220,000	35 hect.	7,700,000 hect.	14,420,000
2e	50	480,000	14	6,720,000	
	»	700,000	»		»
		PETITE PROPRIÉTÉ.			
1re	5 centimes.	3,900,000	3 hect. 65 ares.	14,252,000 hect.	14,252,000
7		4,800,000	»	»	46,000,000

Ce tableau approximatif, après avoir indiqué les proportions d'après lesquelles la propriété se trouve être répartie entre les diverses catégories de propriétaires, démontre : 1º que la classe des 23,000 éligibles, qui représente seule ce qu'on peut réellement appeler la grande propriété, ne possède néanmoins entre elle que 5,540,000 hectares, dont un peu plus de 3,000,000 existent en nature forestière; ses possessions cultivables ne comprennent ainsi que 2,500,000 hectares. L'aliquote d'influence morale que leur petit nombre est appelé à exercer sur la masse de la population et sur son économie doit donc être restreinte en proportion, et sa clientèle doit être singulièrement bornée par le petit nombre même de ceux qu'elle est appelée à faire mouvoir pour l'administration de ses biens et l'exploitation de ses domaines.

2° Que la classe des électeurs imposés de 2 à 500 fr., et comprenant 170,000 propriétaires, possédant en revanche une superficie de 11,788,000 hectares, dont il n'y en a que 3 ou 400,000 en forêts, doit exercer une influence morale sur une clientèle à peu près triple de celle qu'a conservée la classe éligible.

3º Que la moyenne propriété dont l'impôt s'élève de 50 à 200 fr. exerce dans le pays une influence qui s'accroît par la communauté d'intérêt et de position sociale avec la seconde catégorie des éligibles ; en sorte que, possédant ensemble une superficie de 20,480,000 hectares, c'est à ces classes réunies qu'appartient la plus grande aliquote de la superficie du royaume.

4° Que l'étendue occupée par la petite propriété est bien plus restreinte qu'on n'est généralement disposé à le supposer, d'après le grand nombre de propriétaires dont se compose cette classe.

Dans cet état de choses, nous devons même admettre que la superficie qu'elle possède ne tend pas à s'augmenter, parce qu'elle est dépourvue des capitaux qui seuls parviennent à réunir et à concentrer les propriétés. Mais cette superficie doit se subdiviser sans cesse, en raison de l'accroissement de la population, et parce que le défaut même des capitaux n'oppose dans ce cas aucune résistance au morcellement que la loi inflige aux successions.

Il est ainsi probable qu'un tiers environ de la superficie cultivable et transmissible de la France se découpera de plus en plus en infiniment petites parcelles, tandis que les deux autres tiers resteront divisés, à peu de chose près, comme ils le sont maintenant. Car les ventes de terres en détail, quelque nombreuses qu'elles soient, ne se font guère au profit de la très petite propriété, mais de celle qui est déjà nantie d'un capital; et ce qu'acquiert dans ce cas la petite propriété ne tarde pas à être remis en vente forcée, et retourne ainsi au bénéfice de la moyenne, et parfois de la grande propriété.

Mais ce qu'il importe de savoir dans un régime qui a placé sous le même niveau la totalité des propriétés, qui les a toutes rendues transmissibles, et qui, par ces mesures, n'a plus laissé au faisceau social d'autre force conservatrice ni d'autre garantie que l'intérêt même conservateur de ces propriétés; ce qu'il importe de connaître sous un tel régime, ce sont les éléments dont se compose cette force, et, par conséquent, quelle garantie elle est en mesure de donner contre l'action de la force perturbatrice qui menace sans relâche la société?

La force conservatrice est en raison composée du nombre des intéressés et de l'étendue de ces intérêts, car cette étendue investit ses propriétaires d'une autorité morale sur une clientèle proportionnée à cette étendue, qui n'est autre chose que le lien social par lequel, en définitive, les sociétés existent et se conservent.

Ainsi, nous trouvons, d'une part, que la force conservatrice du pays se compose, déduction faite des femmes:

		hectares.
1º de 200,000	grands propriétaires possédant.	17,328,000
2º de 700,000	moyens propriétaires possédant.	14,420,000
3º de 900,000	petits propriétaires, payant de 25 à 50 fr., et possédant. . . .	4,500,000
4º de 433,000	propriétaires urbains, dont la propriété est en meubles ou immeubles.	
5º de 667,000	fonctionnaires publics, civils ou militaires, non compris dans les classes des propriétaires.	
Total. 2,900,000	intéressés à la conservation, possédant. . .	36,248,000

La force perturbatrice se compose:

		hectares.
1º de 3,000,000	petits propriétaires, imposés à 25 fr. et au-dessous, possédant..	9,752,000
2º de 822,000	petits propriétaires ou prolétaires urbains.	
3º de 400,000	prolétaires habitant les campagnes.	
4º de 878,000	individus, étrangers aux familles par leur âge, leur déplacement, ou par leur qualité d'inconnu.	

Total. 5,100,000 intéressés à la perturbation..........

A coup sûr, si l'on mettait ces deux forces en présence, à armes égales, le plus grand bataillon devrait l'emporter. Mais les choses ne se passent pas ainsi dans la société, parce qu'heureusement elles ne sauraient se ranger en bataille sur deux lignes pour décider d'un seul coup ce qu'il en adviendra. Les forces perturbatrices sont éparses, si ce n'est dans les très grandes villes où elles sont contenues par l'appareil de la force obéissante et matérielle dont les gouvernements disposent. Mais avant d'en venir à cette extrémité, ces forces, que nous avons classées d'après la nature de leurs intérêts parmi les éléments perturbateurs, sont en très grande partie bien loin d'être telles; et c'est à l'action morale que la propriété exerce autour d'elle, ainsi qu'aux petits intérêts qui s'y rattachent, qu'on est redevable de ce phénomène.

Ainsi, parmi les trois millions des plus petits propriétaires, il en est un très grand nombre dont les intérêts les rattachent à la classe conservatrice, parce que cette classe les emploie en qualité de fermiers, de vignerons, de métayers, etc., etc. Parmi les prolétaires, il en est un grand nombre dont l'existence dépend du travail que la grande propriété lui fournit ; d'autres le sont par des salaires, et ceux dont le jugement est sain se refusent à participer à un désordre social, dont le premier effet est d'anéantir leurs moyens d'existence.

La raison composée du nombre des intéressés à la conservation de l'ordre social et de l'étendue de la superficie qu'ils possèdent, superficie qui comprend au delà des trois quarts de la surface agricole du royaume, cette raison démontre qu'il y a majorité de force conservatrice, et qu'il suffit de la maintenir compacte pour qu'elle reste maîtresse d'un pays dont elle possède plus des trois quarts.

Au surplus, ce n'est pas d'économie sociale que nous sommes appelés à nous occuper, mais d'économie rurale. Il n'importe à celle-ci de connaître le mode de division de la propriété que pour savoir quels sont les modes d'exploitation qu'elle comporte. Aussi allons-nous, dans le chapitre suivant, rechercher la nature des différents modes d'exploitation qui sont usités en France.

CHAPITRE VI.

Des différents modes d'exploitation des terres en France.

Les terres, distraction faite des bois, s'exploitent

soit par des fermiers à rentes fixes, soit par des colons partiaires ou métayers, c'est-à-dire au moyen du partage des récoltes en nature, soit enfin par l'économie des propriétaires eux-mêmes.

Les trois premières catégories de la grande propriété font, à quelques exceptions près, exploiter leurs terres par des fermiers à rentes fixes, soit par un seul bail, soit par des baux parcellaires.

	hectares.
Ces trois catégories possèdent ensemble...............	11,168,000
Dont il faut déduire pour les bois..	3,000,000
C'est donc une superficie de....	8,168,000

dont l'exploitation s'opère par des fermiers à rentes fixes.

La quatrième catégorie de la grande propriété et la première de la moyenne, lesquelles possèdent ensemble 13,860,000 hectares, exploitent généralement leurs terres par des métayers, c'est-à dire à partage de fruits.

Enfin, la petite propriété ainsi que la seconde catégorie de la moyenne sont exploitées par l'économie de leurs propriétaires, ce qui comporte une superficie de 20,972,000.

Ainsi il y aurait, déduction faite du sol forestier :

	hectares.
1° Cultivés par des fermiers à rentes fixes................	8,168,000
2° Par des métayers ou vignerons à moitié fruit.............	13,860,000
3° Par l'économie des propriétaires.	20,972,000
Total.....	43,000,000

Quelque inexacte que puisse paraître une division

aussi générale, nous ne laissons pas que de la croire approximative de la réalité; car, en premier lieu, s'il y a une grande partie des terres que nous avons attribuées à l'exploitation des fermiers à rentes fixes, et dont la culture est cependant exécutée par des métayers, en revanche il en est beaucoup de celles que nous avons rangées dans ce dernier mode d'exploitation qui sont affermées à rentes fixes ; il est de même une grande partie des terres que nous avons classées parmi celles que leurs propriétaires exploitent, et qui de fait le sont à moitié fruit, tels que les vignobles, etc., etc. Beaucoup de terres enfin sont affermées aujourd'hui à rentes fixes par des baux parcellaires.

Cependant nous pencherions, d'après ces considérations, à rectifier le tableau ci-dessus de la manière suivante, savoir :

		hectares.
1º Cultivés par des fermiers à rentes fixes.		8,470,000
2º Par des métayers à moitié fruit. .		14,530,000
3º Par l'économie des propriétaires.		20,000,000

Après avoir établi ce classement, il nous reste à examiner l'influence que ces divers modes d'exploitation exercent sur l'agriculture.

La classe des très petits propriétaires, c'est-à-dire de ceux dont l'impôt ne s'élève qu'au maximum de 25 fr., emportent entre eux une superficie de 9,752,000 hectares. Ces propriétaires ne sont pas, comme en Italie, de petits métayers entre lesquels de grands propriétaires ont divisé leurs vastes domaines, afin de faire de la petite culture sur de grandes propriétés. Ils sont possesseurs du manoir, au titre commun auquel tous les Français possèdent maintenant.

La terre qu'ils cultivent est donc un capital à eux. Ils ont ainsi : 1° la rente de ce capital ; 2° le profit du travail qu'ils appliquent à sa culture, c'est-à-dire que si la rente de la terre est au 3 p. 100, le bénéfice du travail qu'ils y appliquent est de 4 p. 100. En sorte qu'ils évaluent le revenu de leur propriété au 7 p. 100, par l'effet d'un calcul fautif, en ce qu'ils ne s'aperçoivent pas que le profit de leur travail aurait également lieu s'ils opéraient pour autrui. Cette déception provient à la fois de ce qu'ils ne se paient pas ce travail à eux-mêmes, et de ce qu'ils peuvent y appliquer des journées qui resteraient sans emploi.

Cette dernière considération est juste dans un très grand nombre de cas, où le travail du journalier n'est pas demandé en raison du mode d'exploitation et du trop grand nombre des bras attachés à l'agriculture en France. Il en résulte que la culture de ces 9,752,000 hectares s'exécute sans exiger d'avances pécuniaires et sans produire de circulation : sans avances, puisque les cultivateurs pourvoient sans frais à toutes les œuvres de la culture; et sans produire de circulation, parce qu'ils ne cultivent leur héritage que dans le seul but d'en obtenir l'assortiment des productions dont ils ont personnellement besoin pour leur propre consommation.

Leur industrie se développe dans l'art de compléter cet assortiment, qui consiste ordinairement en fruits, en légumes, chanvre, pommes de terre, huile, vin et céréales. Rien, dans leur culture, n'est ainsi le résultat d'un calcul sur la plus-value de telle ou telle récolte, mais celui de leurs habitudes et de leurs convenances.

Leurs assolements ne peuvent jamais être dirigés que par ces deux mobiles.

Il ne faut donc pas se flatter que cette classe de cultivateurs puisse jamais adopter un système de culture dont le but immédiat ne serait pas celui de pourvoir directement aux besoins de leur consommation. Ce qu'ils peuvent faire, et ce qu'ils ont fait en partie, c'est de travailler plus soigneusement leurs parcelles de terre, de les défoncer à la bêche pour y planter des pommes de terre, auxquelles ils font succéder quelquefois de la luzerne, plus souvent le blé et le trèfle. Mais le trait frappant de cette petite culture, partout où le climat permet de cultiver la vigne, c'est l'ardeur avec laquelle ces propriétaires profitent de tous les emplacements dont il leur est possible de disposer, quelque rocheux ou stériles qu'ils soient, pour y planter de la vigne. C'est évidemment leur tendance, et avec le temps, il ne restera pas une bruyère en pente, pas une côte abrupte qui ne se couvre de vignobles. Le vrai motif en est que la vigne seule permet aux petits propriétaires d'obtenir, sur des superficies très bornées, une denrée vendable, et par conséquent un moyen de retirer, en outre de leur consommation, un revenu en argent de leur petit héritage.

10,248,000 hectares sont aussi cultivés par l'économie de propriétaires payant de 25 à 100 fr. d'impositions, et dont les domaines ont en moyenne une superficie de 13 hectares.

Cette classe de cultivateurs est très bien placée pour opérer des améliorations et adopter des assolements mieux entendus et plus productifs que ceux auxquels l'ancien ordre de culture les astreignait : 1° en ce qu'étant propriétaires incommutables, ils ont un grand intérêt à fertiliser leur sol, et la possibilité d'attendre ce résultat de l'effet de ces assolements ; 2° sur ce que l'étendue de leur domaine, après avoir pourvu à leur consommation, leur permet de livrer au marché un excédant de produits, ce qui leur donne un appât, et par conséquent un mobile pour tenter des améliorations, dont le produit doit pour eux se réaliser en entier au marché ; 3° enfin, en ce que cette classe de propriétaires comprend un grand nombre d'aubergistes, de maîtres de poste, d'entrepreneurs de roulage, etc., etc., c'est-à-dire d'états pour lesquels on est obligé de se pourvoir de fourrages que l'industrie est tenue de rembourser d'après le cours du marché. Or, en se les procurant sur son propre domaine, loin de subir la perte que la consommation rurale fait éprouver au commun des cultivateurs sur le prix vénal des fourrages, ceux-là profitent au contraire de cette différence ; c'est-à-dire qu'ils ont des engrais dont le prix est payé d'avance par leur industrie.

Aussi remarque-t-on que les terres appartenant à ces propriétaires industriels sont de beaucoup plus avancées en améliorations, et nous pourrions citer celles d'un grand nombre de maîtres de poste qui seraient en état de pouvoir déjà servir de modèles.

14,530,000 hectares, situés pour la majeure partie dans les départements du centre, de l'ouest et du midi, sont cultivés à moitié fruits par des métayers. Cette nombreuse classe de cultivateurs est généralement fournie par celle des petits propriétaires, lesquels, afin d'élargir le champ de leurs travaux, quittent le toit paternel pour aller exploiter un domaine plus étendu.

Mais ils n'apportent dans cette entreprise aucun autre capital que celui du travail de leur famille. C'est la seule avance qu'ils soient tenus à faire, puisqu'ils ne doivent aucune rente au propriétaire, et que celui-ci leur fournit le cheptel et les terres ensemencées.

Le but réciproque de leur contrat est d'assurer d'une part au propriétaire que ses terres seront cultivées sans peines et sans avances de sa part, et qu'il aura pour la rente de son capital la moitié des céréales ou du vin qu'elles auront produits; et de l'autre au métayer qu'il vivra amplement lui et sa famille, au prix de leurs sueurs, sur la moitié restante des productions du domaine.

Ces conditions s'opposent nécessairement à ce qu'il ne se fasse ni d'amélioration ni de changement de culture dans un tel système d'exploitation, puisque le métayer ne peut faire au domaine aucune avance de temps ni d'argent. Il est lié par la nécessité. Le propriétaire, à son tour, ne pouvant obtenir de rente de sa terre que par la moitié des céréales que le métayer doit lui livrer, a stipulé d'avance l'ordre et la quantité qu'il doit en semer.

Pour que les propriétaires se départissent à cet égard de leurs droits, il faudrait leur supposer, ainsi qu'il en est en Italie, des notions d'agriculture assez étendues pour apprécier les avantages qu'un système d'exploitation mieux entendu finirait par avoir pour eux, et pour les décider à faire les avances de temps et d'argent qui pourraient seules opérer ce changement.

Mais ce cas est rare, parce que la plupart des propriétaires qui font exploiter à moitié fruit sont à la fois peu aisés, ignorants en agriculture, et presque toujours occupés d'affaires qui lui sont étrangères.

La pire des conditions pour l'amélioration de la culture est sans contredit celle des grandes propriétés qu'on trouve surtout dans les départements du centre, et que leurs propriétaires ont affermées pour une rente fixe à un fermier général, lequel est pour l'ordinaire notaire, avoué ou quelque chose d'approchant, et qui, n'étant nullement agriculteur, se borne à subdiviser la terre entre un nombre proportionné de métayers. Ces cultivateurs ne trouvent chez un tel fermier ni secours ni pitié. Ils n'en reçoivent aucun encouragement, car il n'a qu'un but prochain, celui de ne faire aucune avance et de livrer le plus tôt possible au marché sa part du produit.

La culture à moitié fruit n'a plus les mêmes inconvénients lorsqu'elle s'applique au vignoble, ainsi qu'il en est généralement, parce que le cultivateur français a une telle prédilection pour cette culture, qu'il y apporte un courage et des soins qu'il ne met point ailleurs, et parce que le propriétaire ne se refuse guère à des améliorations qui, sur une superficie bornée, peuvent l'indemniser largement.

Nous avons préconisé nous-mêmes l'exploitation à moitié fruit, telle que nous l'avons vue pratiquer en Italie, telle qu'elle l'est dans les départements de la Vendée, lorsque des propriétaires attachés à leurs domaines, y passant une grande partie de leur vie, en confient la culture à des métayers qui, pour la plupart, sont nés dans ces domaines et se croient destinés à y

4

mourir. Filleuls du père de celui qui possède aujourd'hui la terre qu'ils labourent, ils voient en lui le parrain de leurs fils, et mettent en communauté avec lui l'affection pour cette terre, la confiance qu'ils ont l'un dans l'autre, et l'intérêt qu'ils ont à la voir prospérer. Le cheptel étant à moitié entre eux, on les voit se rendre à la foire prochaine, pour y vendre, après de longs pourparlers, le poulain, la génisse ou le bœuf qu'ils y ont fait conduire.

Si le propriétaire consent à faire quelques avances, le métayer l'en dédommage par un surcroît de soin et de travail. Mais ces cas sont loin de se représenter dans la généralité des exploitations de la France. Là, pour le plus souvent, le métayer est en hostilité de position avec des propriétaires qui manquent d'affection pour des terres dont leurs habitudes les éloignent autant que leur goût.

Dans cette disposition des choses, il faut reconnaître que les métayers ne sauraient faire d'autres améliorations que celles qui se présentent sans effort et comme malgré eux, parce que tout le monde les adopte, telles que sont aujourd'hui la culture des pommes de terre et celle d'un carré de trèfle. Parmi ces améliorations, celle qui se trouve essentiellement à leur portée, c'est l'adoption d'une bonne charrue, parce que, avec un déboursé minime, ils peuvent accroître leurs produits d'un demi-grain, et cette différence est assez grande pour que des propriétaires qui en recueillent la moitié puissent faire le déboursé et en surveiller l'emploi.

8,470,000 hectares sont cultivés par des fermiers à rentes fixes. La plus grande partie de cette surface appartient aux départements de l'est, mais surtout à ceux du nord de la France. Ces fermiers ont un intérêt immédiat à perfectionner leur culture, puisqu'ils ne doivent au propriétaire qu'une rente fixe, et que tout le bénéfice des améliorations leur appartient exclusivement. Accoutumés qu'ils sont à faire de l'agriculture une spéculation, ces fermiers sont disposés à la considérer sous ce point de vue, et par cela même à calculer les résultats des changements qu'ils peuvent y opérer.

Leurs fermes étant plus vastes et demandant la présence d'un capital circulant, l'action rurale y est plus animée, mieux ordonnée, et par conséquent mieux disposée pour exécuter les combinaisons que demande l'établissement d'un nouveau cours de récoltes. Mais ces nouveaux cours ayant pour but essentiel d'augmenter à la longue le produit brut des récoltes en fertilisant les terres par une plus grande abondance d'engrais, cet effet est progressif et lent, comme tout ce qui se fait en agriculture. Le plus court des assolements au moyen desquels on l'obtient comprend une révolution de quatre années ; il en faut le double avant d'avoir pu y assujettir tout un corps de ferme ; il faut doubler encore ce terme avant que la répétition de cet assolement y ait apporté une fertilité nouvelle ; c'est donc une entreprise de seize années qui devrait être exécutée par un fermier dont le bail n'en dure que huit ou neuf.

La loi du bon sens, et les besoins d'une agriculture dont le temps appelle les développements, exigeraient donc que la durée légale des baux fût de dix-huit années. Mais leur brièveté n'est pas le seul des reproches que méritent les baux à ferme. Ils pèchent surtout par les conditions de culture qu'ils imposent aux fermiers.

Pour l'ordinaire, ces baux sont rédigés par le notaire du lieu, d'après un modèle qui repose depuis cent ans dans son étude. Le but de ce modèle a précisément été de garantir les propriétaires contre toutes les innovations que pourraient tenter les fermiers. Il en résulte que tous les changements dans l'ordre et le cours des récoltes leur sont sévèrement interdits ; en sorte qu'en s'en tenant à la lettre des baux, aucune amélioration rurale ne serait possible ; et c'est après avoir signé un tel bail que l'on voit le gros propriétaire citadin rentrer chez lui en se frottant les mains, et se féliciter auprès de sa femme de la sagacité avec laquelle il a su se préserver contre toutes les déprédations de son fermier, et garantir ainsi les intérêts futurs d'une famille à laquelle il s'offre comme un objet digne de son éternelle reconnaissance.

L'instruction agricole des grands propriétaires pourrait seule faire cesser ce grave inconvénient, en leur faisant comprendre que toutes ces conditions réglementaires sont aussi funestes pour eux que pour l'agriculture dont elles arrêtent la marche. Il suffit d'établir dans le bail des clauses qui garantissent la conservation des objets qui doivent survivre au terme du fermage, tels que les bâtiments, clôtures, arbres, vignobles, prairies, etc., etc. Tout le reste est non-seulement inutile, mais nuisible.

C'est à cette instruction qu'il faudrait recourir ; mais elle est malheureusement plus étrangère aux grands propriétaires de la France qu'à ceux de nul autre pays. Et lorsque nous parlons d'instruction agricole, nous n'entendons pas par là que ces propriétaires acquièrent rien de ce qui tient à la pratique rurale, ni à l'application même des théories au terrain ; mais nous voulons parler de cette connaissance sommaire qui permet d'apprécier d'un coup d'œil la nature de sa propriété, les convenances de sa division parcellaire, l'aptitude qu'aurait chacune de ces parcelles à se prêter à telle ou telle nature de culture, les avantages qui pourraient résulter de tels ou tels changements apportés dans la tenue des corps de ferme, comme dans l'adoption des fermages parcellaires pour le tout ou partie des domaines, la convenance de défricher ou d'implanter en bois telle portion de fermes, ou d'en améliorer d'autres par des irrigations, lorsqu'on est assez heureux pour avoir des terres à portée d'un cours d'eau, etc., etc.

C'est par cette connaissance de ses propres affaires, par la juste appréciation des bénéfices qu'on est en droit d'attendre d'une entreprise agricole, que les grands propriétaires peuvent provoquer des améliorations inexécutables pour les fermiers abandonnés à eux-mêmes, mais qu'on peut leur demander en les y aidant.

Résumons nous. Les 9,752,000 hectares cultivés par les propriétaires au-dessous de 25 fr. d'impôt ne peuvent jamais être soumis qu'à la petite culture, plus ou moins perfectionnée par les soins qu'ils y apportent, mais toujours étrangère au système rationnel des cultures alternes.

Il en est de même des 14,530,000 hectares dont l'exploitation est confiée à des métayers, car ils sont vis-à-vis de cette exploitation dans des conditions dont les conséquences sont les mêmes. Leurs moyens d'amélioration sont en quelque sorte plus bornés encore que ceux des petits propriétaires, en ce qu'ils sont obligés d'appliquer à de plus grandes superficies des forces à peu près pareilles. Ils ne peuvent donc pas manier ces superficies avec le détail et les soins que les petits cultivateurs peuvent apporter aux leurs.

Ce n'est donc que sur les 8,470,000 hectares cultivés par des fermiers, ainsi que sur les 10,248,000 hectares exploités par des propriétaires dont l'impôt s'élève de 25 à 200 fr. ; ce n'est que sur ces deux catégories d'exploitation rurale qu'on peut s'attendre à voir s'opérer des améliorations résultant de l'application des systèmes dont plusieurs fermes, à ce destinées, offrent déjà le modèle ; c'est-à-dire sur les deux cinquièmes de la surface cultivable du royaume.

CHAPITRE VII.

Des capitaux employés à l'agriculture.

Lorsqu'on parle en France des capitaux que réclament les besoins de l'agriculture, la plupart de ceux qui, même à la tribune, répètent cette phrase, n'entendent pas désigner par là les capitaux qui seraient nécessaires pour alimenter les exploitations, ni opérer des améliorations rurales, mais seulement l'abondance ou la pénurie de ceux que les capitalistes offrent de prêter en hypothèques sur les terres.

Il est sans doute agréable aux propriétaires obérés

de trouver de l'argent à bas prix, lorsqu'ils cherchent à emprunter sur leurs terres; mais loin de favoriser en cela l'agriculture, cette facilité lui est contraire, presque toujours funeste; car ces emprunts ont pour but, soit de procurer au propriétaire un capital qu'il emploie dans une industrie dont le bénéfice est supérieur à celui de sa terre, qui, n'étant plus alors pour lui que le gage de ses créanciers, est négligée au profit d'une industrie plus avantageuse, soit de permettre au propriétaire d'acquérir un immeuble d'une valeur plus grande que celle de son capital effectif.

Il reste dans ce dernier cas débiteur d'intérêts fixes et toujours supérieurs à ceux qu'il retire du domaine hypothéqué. Il subit donc annuellement une perte sur le revenu de sa terre, perte qui devient totale dans les mauvaises années, et doit nécessairement finir par en absorber le capital, en supposant même que cette perte ne fût par année que de demi p. 100.

Nous savons bien qu'il y a une compensation à cette perte dans l'augmentation graduelle du capital des terres, augmentation qui s'élève toujours en proportion directe de la dépréciation que subit la valeur nominale des créances. Mais cet équilibre ne se rétablit qu'au moment où la terre hypothéquée vient à se vendre, et durant tout l'intervalle, le propriétaire, gêné par l'obligation de servir les intérêts de la dette, a, pour l'ordinaire, négligé une culture à laquelle il n'avait pas le pouvoir de faire les avances que son amélioration aurait exigées.

Il est facile de s'en convaincre en se faisant montrer dans un village quelconque les propriétés obérées de ces cultivateurs, que l'on voit les jours d'audience assiéger la porte de l'avoué qui a promis de leur faire obtenir d'inutiles délais. Leurs maisons sont délabrées, leurs outils épars, leurs bestiaux maigres, les arbres de leurs vergers abattus et les creux faits pour en recevoir de nouveaux à moitié recomblés par le temps. Tout y porte l'empreinte d'une détresse à laquelle ces malheureux n'ont pas la force de se soustraire en vendant leurs domaines pour se libérer et retrouver dans la condition de fermier ou de métayer une ressource analogue au capital qui survit à leur déconfiture.

Il n'y a que deux situations dans lesquelles un propriétaire puisse emprunter sans nuire à sa position, savoir : celle du cultivateur aisé, et dont le domaine fournit au-delà de ses besoins, alors qu'il veut profiter d'une heureuse occasion pour l'agrandir, certain qu'il est de pouvoir se libérer en peu de temps sur les bénéfices de son économie ; et celle du propriétaire qui n'emprunte que par anticipation et avec la certitude d'acquitter la créance par la rentrée de capitaux qui ne doivent être mis à sa disposition qu'à une époque éloignée.

Hors ces deux cas, les dettes qui reposent sur le sol, au lieu de favoriser la culture, sont essentiellement funestes à ses progrès. L'abondance des capitaux ne lui devient utile qu'autant qu'en élevant le prix des terres elle engage les propriétaires obérés à vendre les leurs à des capitalistes assez riches pour les affranchir de toutes dettes.

Mais que la terre soit hypothéquée ou non, toujours faut-il pour la faire valoir la présence d'un capital fixe et d'un capital circulant. Essayons d'évaluer à combien doit s'élever en France le montant de ces capitaux, non compris les bâtiments et leur mobilier.

Les répartiteurs ayant évalué en moyenne à 40 fr. le revenu net de l'hectare, et les frais de sa culture à la même somme, nous adopterons cette évaluation, bien qu'elle nous paraisse faible, ce qui, sur 42,000,000 d'hectares de la superficie cultivable, déduction faite du sol forestier, ne donne qu'une somme de 1,680,000,000 pour représenter celle du capital circulant employé dans l'agriculture. Celle du capital fixe, représentant la valeur du cheptel et de sa consommation, doit être de 50 p. 100 plus élevée, et par conséquent de 60 fr. par hectare, et sur les 42,000,000 de 2,520,000,000, soit, pour ces deux natures de capitaux et pour les 42,000,000 d'hectares, à 4,200,000,000.

Les économistes anglais estiment qu'un fermier entrant dans une ferme nue doit être pourvu d'un capital, tant à fixer en cheptel que destiné à servir à la circulation qu'exigent les avances de culture, montant à 10 livres sterlings par acre. La superficie de l'acre étant comme 131 à 312, cette estimation porterait à 570 fr. par hectare le capital que demande son exploitation. Mais cette demande étant faite par des économistes qui, sans doute, veulent porter l'agriculture à sa perfection, est, sans contredit, au-dessus de la rigoureuse nécessité. En la réduisant à 400 fr. par hectare, nous croyons être plus près de la vérité, ce qui porterait le capital employé en Angleterre par l'agriculture aux trois quarts en sus de celui que la France y consacre.

Comme aussi nous croyons que l'appréciation faite par les répartiteurs en France est au-dessous de la réalité, et que nous la saisirions en évaluant à 42 fr. 50 c. le capital circulant, et à 65 le capital fixe, soit 107 fr. 50 c. par hectare, et pour les 42,000,000, 4,515,000,000.

Mais cette somme n'existe pas de la sorte en numéraire au début de l'année pour servir à solder les avances agricoles, car il faut en déduire le montant du capital fixe du cheptel, lequel existe en nature de bestiaux, instruments aratoires, engrais, etc. Il y a plus, ce capital est confondu avec celui de l'immeuble dans toutes les exploitations où le cheptel n'est pas à la charge du fermier; il s'afferme avec la terre, moyennant inventaire que le fermier est obligé de représenter à sa sortie; il se vend avec elle et ne s'en sépare point.

On ne saurait donc évaluer, en la séparant de la valeur de l'immeuble, celle du cheptel :

1° Pour les domaines cultivés par leurs propriétaires, savoir pour 20,000,000 d'hectares;

2° Pour ceux que les métayers cultivent, puisqu'on leur remet les domaines ensemencés et pourvus du cheptel, ce qui porte sur 14,530,000 hectares;

3° Un quart au moins des domaines affermés le sont également avec l'approvisionnement des semences et du cheptel qu'il faut également déduire de la somme des terres, et pourvoir d'un capital fixe, c'est-à-dire 2,117,500 hectares.

Ce capital se borne donc en réalité à la valeur de celui qui appartient aux fermiers, parce qu'il ne s'immobilise pas avec la terre, le fermier en disposant dans le cas de vente, comme à chaque expiration de bail; il existe en nature dans l'avoir mobilier de ces fermiers, et ne portant plus que sur 6,352,500 hectares, à raison de 65 fr. par hectare, il représente un capital de 412,912,500 fr.

Le capital circulant de l'agriculture que nous venons d'évaluer à 42 fr. 50 c. par hectare, représente pour 42 millions d'hect. un capital de 1,785,000,000 fr. Mais cette somme ne se distribue pas en numéraire ni en marc le franc sur l'ensemble des terres du royaume, parce que son application s'opère suivant la nature et les besoins des différents modes de leur exploitation.

Ainsi les fermiers à rentes fixes et une portion des propriétaires cultivant à l'économie, emploient la totalité de ce capital, parce qu'ils font ouvrer par journaliers. Ce qui donne pour les premiers une superficie de 8,470,000 hectares, et pour les seconds 4,000,000 ; en tout 12,470,000 hectares, lesquels, à 42 fr. 50 c. par hectare, exigent la présence d'un capital circulant de 529,975,000 fr.

Les 29,530,000 hectares que les petits propriétaires et les métayers cultivent sont loin d'exiger la présence d'un capital équivalent, puisqu'ils font presque tout le travail de leur culture au moyen de leurs propres journées, ils n'ont à pourvoir qu'à la réparation de leurs instruments aratoires et aux frais de la moisson, etc. On peut donc estimer le montant du capital circulant qu'ils emploient en numéraire au quart seulement de celui qu'y consacrent les fermiers, et les moyens propriétaires faisant valoir par leur économie, c'est-à-dire à 11 fr. par hectare et sur l'ensemble 324,830,000 fr.

Après avoir réuni ces deux dernières sommes, on voit que le capital circulant en numéraire, au moyen duquel on pourvoit à l'exploitation du sol agricole de la France, ne s'élève donc qu'à 854,805,000 fr.

Mais ce capital n'est jamais présent à la fois, parce qu'il ne se consomme que successivement, et qu'une grande portion s'en dépense à crédit; je pense donc que le numéraire réellement employé aux avances de l'agriculture ne s'élève qu'à la moitié, soit à 427,402,500 fr.

Néanmoins, comme l'agriculture profite de toute la main-d'œuvre employée, qu'elle soit salariée ou non, comme elle profite de tout le capital fixe qu'on lui a consacré, et que peu lui importe que ce capital appartienne au propriétaire ou au fermier, ni qu'il soit ainsi meuble ou immeuble, nous devons évaluer la totalité de ces capitaux, puisqu'ils servent en totalité à faire valoir la culture; c'est donc à 107 fr. 50 c. par hectare que nous porterons le montant du capital fixe et circulant que l'agriculture de la France consomme, et sur les 42,000,000 d'hectares de la superficie cultivée, à 4,515,000,000.

Mais en comprenant dans cette somme grosse celle de 915,430,000 fr., qui n'est pas fournie en numéraire, et représente la main-d'œuvre gratuitement opérée en nature par les métayers et les petits propriétaires, nous devons néanmoins la considérer à part, parce que cette main-d'œuvre n'a pas les mêmes résultats pour l'agriculture.

En effet, ces métayers et ces petits propriétaires travaillent eux-mêmes leurs terres en en consommant les produits, ne disposent jamais du capital nécessaire pour faire à leur culture des avances autres que celles de ce même travail. Ils ne peuvent non plus lui faire aucune avance de temps, ni par conséquent entreprendre rien qui soit à longs termes, parce qu'ils ont besoin de tous leurs produits pour exister. Ces produits, consommés à domicile, ne figurent sur les marchés qu'en très petit détail, et nulle division du travail n'est exécutable dans ce système d'exploitation qui embrasse 29,000,000 d'hectares.

Le trait caractéristique de l'économie rurale de la France tient à ce fait immense, car il en domine tous les procédés, toutes les circonstances ; il fait plus, il classe la nation et lui imprime ce caractère agricole que ne pourront lui faire perdre tous les efforts tentés par le commerce et l'industrie.

Ce qui surabonde par conséquent en France, c'est la puissance du travail ; ce qui manque, c'est la justesse de son application. En effet, toute compensation faite, le travail rustique d'un individu doit en nourrir deux. C'est la proportion qui existe en Angleterre, c'est celle qu'on retrouve dans toutes les grandes fermes, où le travail est divisé et absorbe la moitié du produit brut. Il suffirait donc qu'une moitié de la population s'occupât des travaux champêtres pour satisfaire aux besoins de la totalité, et la chose est telle que la population urbaine du royaume n'est approvisionnée que par la superficie qui se cultive par les fermiers, les moyens propriétaires et la moitié des métayers, c'est-à-dire par 19,000,000 d'hectares ; le surplus s'absorbe par la propre consommation des cultivateurs. Or, la population rurale de la France s'élève aux trois quarts, d'où il résulte qu'un quart des forces du pays se trouve ainsi employé dans une direction réellement improductive, bien que ces forces ne soient pas oisives comme à Naples, puisque le même résultat pourrait être obtenu avec un quart de moins, et la force libérée s'appliquer à des travaux d'une autre nature où elle deviendrait reproductive.

Nous avons dit que ces forces mal dirigées n'étaient pas oisives, parce qu'en effet leur perte ne vient pas de la faute du cultivateur, mais de la grande subdivision des terres, et de la non-division du travail qui en est la conséquence. La perte de temps dans un tel ordre de choses est forcée et non volontaire, puisque le même cultivateur est obligé de pourvoir tour à tour à tous les services de la ferme, ce qui consomme inutilement beaucoup de temps à faire des riens.

Arthur Young se plaint d'avoir rencontré dans le Limousin un jeune paysan qui perdait son temps pour aller vendre au marché un poulet dont il demandait 12 sols, tandis que sa journée de travail en valait 24. Mais ce jeune paysan était un de ces petits propriétaires dont la mère avait élevé ce poulet, et dont le domaine ne réclamait pas l'emploi de sa journée. Cette journée, bien que sa valeur vénale fût de 24 sols, serait vraisemblablement restée sans emploi; car, par le fait même de la division des terres, il y a bien peu d'emplois pour les journaliers, et il préférait réaliser les 12 sols de son poulet et gagner ainsi la moitié de la valeur de sa journée, sans qu'il crût pour cela avoir perdu son temps.

Il se perd ainsi une foule de journées ou de fractions de journées de travail en France, parce que l'emploi qu'en font les cultivateurs est au-dessous de leur valeur, et le fait du paysan de Young, en se répétant sans cesse sur toute la surface du royaume, explique en partie l'emploi de ce surplus de forces faussement dirigées. Il s'en perd autant peut-être par le défaut presque absolu d'un esprit d'association au moyen duquel plusieurs petits cultivateurs, en réunissant leurs forces, opéreraient largement et promptement, ce à quoi ils emploient un temps précieux et pitoyablement appliqué.

Cette déperdition de forces a lieu sur les 9,752,000 hectares appartenant aux 3 millions de propriétaires imposés à 25 fr. et au-dessous, puisqu'avec leur famille ils représentent une population de 15 millions, dont le travail s'absorbe en grande partie dans la culture de 9,752,000 hectares.

Nous savons bien que sur une telle proportion il faut déduire : 1° le travail du vignoble qui est en majeure partie à la charge de cette population ; 2° celui qu'elle fournit aux plus grandes propriétés en qualité de valets de ferme et de journaliers ; et enfin 3° l'émigration de cette population qui vient annuellement renouveler le cadre des armées et le dépeuplement des grandes cités.

Il y a néanmoins une masse considérable de forces que le travail agricole consomme inutilement, et par conséquent d'une manière nuisible en France ; d'où l'on peut juger ce qu'il en est de ces doléances qu'on entend répéter de temps à autre sur le manque de bras dont souffre l'agriculture, et quelle foi l'on peut mettre dans les connaissances économiques de ceux qui ne craignent pas de faire au public de telles assertions.

A ce fâcheux emploi des bras, il n'y a d'autre remède que de mettre les cultivateurs à même de mieux entendre leurs intérêts, de faire un calcul plus éclairé sur l'appréciation du temps qu'ils ignorent encore, de leur inspirer un meilleur esprit de voisinage et partant d'association, de les faire parvenir enfin à un état de civilisation supérieur à celui qu'il est d'usage de vanter aujourd'hui. Car ce remède ne saurait se trouver dans une autre répartition du sol, dans un autre mode d'exploitation des terres, dans d'autres institutions, parce que de telles choses sont les bases mêmes de l'ordre social qu'il n'appartient pas aux économistes d'ébranler ; à moins de cela, on ne passera pas sur un marché sans y trouver un bon nombre des paysans d'Arthur Young.

CHAPITRE VIII.

Des habitudes de la consommation.

Cinquante millions d'hectares pourvoient aux besoins de la consommation de 32,500,000 individus qui peuplent la France, ce qui affecte à la consommation de chacun de ces individus 1 hectare 53 ares.

Cette superficie suffit pour approvisionner cette population en combustible, vin, viande, laitage, cuir, suif et laine, en soie, laine, chanvre et lin, en huile, fruits, légumes et céréales, et cela d'après les proportions que nous allons exprimer, laissant d'ailleurs en compensation ce qui, en fait d'approvisionnement, s'importe et s'exporte ; car comparé à la masse de la consommation intérieure, celle que le commerce trafique du dehors au dedans ou du dedans au dehors laisse une si faible différence qu'il ne vaut pas la peine d'en tenir compte.

Les 50 millions d'hectares se divisent en nature de culture de la manière suivante :

	hectares.
1º En sol forestier.	7,800,000
2º En landes, bruyères, marais et vaines pâtures	1,200,000
3º En vignobles.	1,800,000
4º En terrains plantés, jardins et chenevières.	900,000
5º En prairies.	4,000,000
6º En prairies artificielles, luzerne ou sainfoin	3,000,000
7º En terres arables.	31,300,000
	50,000,000

En supposant maintenant que la totalité de la superficie soit représentée par 100, les fractions qui fournissent à chaque nature de consommation seraient dans les proportions suivantes, savoir :

1º Pour celle du combustible et bois de construction, de.	15 6/10ᵉ p. 100
2º Pour celle des vins spiritueux, de	3 6/10ᵉ p. 100
3º Pour celle de viande, laitage, cuir, suif et laine, de.	16 4/10ᵉ p. 100
4º Pour celle de soie, chanvre, lin, huile, fruits et légumes, de	1 8/10ᵉ p. 100
5º Pour celle des céréales, de	62 6/10ᵉ p. 100
	100 » »

5*

Ce tableau, bien qu'exact pour l'emploi du sol, demande néanmoins certaines rectifications, quant à son rapport avec la consommation. Ainsi, pour former l'article 3 comprenant l'approvisionnement en viande, laitage, cuirs, suif et laine, nous avons fait entrer les 1,200,000 hect. de landes, bruyères, marais et vaines pâtures, sur lesquels on entretient en effet des bestiaux ; mais nous avons omis d'y ajouter ce qu'on tire pour ce même entretien des terres arables, tant en chaumes qu'en trèfles, ce qui, sans ajouter à la superficie, augmente par un double emploi du sol la proportion réelle de cette espèce d'approvisionnement.

Il en est de même des pommes de terre, à la production desquelles les terres arables fournissent la très majeure partie, ce qui augmente l'aliquote attribuée au quatrième article, qui comprend la production des soies, chanvres, lins, huile, fruits et légumes. Le colza, inséré par conséquent dans ce même article, est dans le même cas, puisque ce sont les terres arables qui le fournissent.

Ces terres enfin fournissent aussi l'avoine et les menus grains, avec lesquels on engraisse la volaille et les bestiaux, ce qui, par un double emploi du sol, retourne au profit de l'article troisième.

Mais ces légères corrections ne changent pas la distribution du tableau de manière à en altérer assez sensiblement les bases pour qu'il soit nécessaire de le tracer de nouveau ; il suffit d'avoir averti le lecteur de ces différences.

La superficie de l'Angleterre jointe à l'Écosse, mais non compris l'Irlande, dont l'alimentation est d'une tout autre nature, est de 31 millions d'hect. environ ; elle pourvoit à la consommation de 16 millions d'habitants ; c'est en raison de 192 ares par individu, tandis qu'en France il leur suffit de 153. Cependant l'Angleterre n'a pas à prélever 15 p. 100 sur sa superficie pour représenter un sol forestier dont le combustible lui est fourni par ses houillères ; elle n'est pas obligée de prélever sur cette superficie le 3 et demi p. 100 de son étendue pour se fournir de boisson. Son agriculture a un aspect tout autrement prospère que celle de la France ; on n'y voit ni jachères, ni de ces champs où la charrue a peine à retourner les pavots et les chardons qui encombrent sa marche. On voit au contraire dans cette île verdoyante des clôtures soigneusement taillées, qui renferment des enclos où se cultivent avec des instruments perfectionnés, dans l'une des racines qu'aucunes herbes ne souillent, et où se promènent à pas lents de pesantes brebis traînant de longues toisons et ruminant posément les turneps dont leur appétit s'est abondamment saturé. Dans un autre est un trèfle épais que foulent de gros bœufs destinés à s'y engraisser. Plus loin un champ d'orge étale aux yeux sa couleur dorée, tandis que le blé mûrit dans le quatrième enclos, où il a reçu pour préparation une triple fumure.

Au-delà de ces enclos et vers le bas de la vallée, une prairie, d'un vert assombri par l'épaisseur de l'herbage, nourrit des vaches ardoisées, dont les formes ne laissent rien à désirer et qui attestent ainsi l'opulence agricole du fermier auquel elles appartiennent.

Le résultat est pourtant tel que nous venons de l'exposer, en y comprenant l'Ecosse, dont les montagnes et les bruyères compensent celles qui occupent en France une superficie à peu près égale.

D'où provient ce résultat? De ce que sur la même étendue de terre la culture arable produit 16 pour la nourriture de l'homme, tandis que la culture animale ne produit que 9.

Par conséquent, d'après cette règle, le rapport entre la superficie nécessaire pour fournir à la consommation d'un habitant de l'Angleterre, comparativement à celui de la France, devrait être de 160 à 90 ares, tandis qu'elle n'est que de 192 à 153, c'est-à-dire que la différence est en faveur de l'Angleterre de 18 p. 100 au-dessus de ce qu'elle devrait être d'après la nature du système agricole usité dans les deux pays. Cette différence doit donc être attribuée en entier à la supériorité des procédés de son agriculture.

Ce résultat s'explique par l'examen de l'ordre de culture adopté dans chacun de ces deux pays. Nous avons vu que la superficie arable de la France occupait 62 p. 100 de son étendue totale, tandis que sa culture animale n'en employait que 16 p. 100. En Angleterre le sol arable n'occupe que les 50 p. 100 de sa superficie, et le sol consacré aux cultures animales 48 p. 100, les 2 p. 100 restant étant occupés par les terrains plantés.

Les 50 p. 100 de la superficie arable fournissent encore l'orge nécessaire à la fabrication de la bière, ainsi qu'une masse énorme de légumes, consommés tant par les hommes que par les bestiaux. La portion qui, d'après les assolements en usage, se consacre annuellement à la culture du blé n'est que du quart de la superficie arable, c'est-à-dire de 12 et demi p. 100 de la surface totale du pays.

Une moitié environ de la surface arable de la France est soumise à l'assolement triennal; cette portion ne fournit par année à la production du blé que les 10 p. 100 de l'étendue totale. L'autre moitié suit un assolement d'après lequel le retour du blé est bisannuel; elle fournit ainsi une superficie de 16 p. 100, soit en tout 26 p. 100 de la superficie totale, c'est-à-dire une proportion un peu plus que double de celle que l'Angleterre récolte annuellement en céréales d'hiver.

En revanche, ce pays a consacré à la nourriture animale 48 p. 100 de sa superficie, c'est-à-dire précisément le triple de la superficie proportionnelle que la France a laissée, comme à regret, à la culture animale.

D'où il suit que la consommation des produits animaux est en Angleterre, comparativement à la France, comme 3 est à 1.

Ce fait a ses raisons d'existence dans la nature même du sol et du climat de ces deux pays. En France, un soleil brillant, un climat plus sûr y favorise la fructification des céréales, qui ne saurait prospérer en Angleterre que par une préparation minutieuse des terres et une masse d'engrais capable de lutter contre l'effet d'un climat qui ralentit la végétation des grains, tandis que ce même climat favorise outre mesure la production des herbes, toujours difficile à obtenir en France, si ce n'est dans ses provinces du nord, ou dans les autres, à l'aide des arrosements.

Mais ce fait reconnu, les cultivateurs français n'ont

eu pour but de leur travail que celui de fournir le plus immédiatement possible aux consommateurs le blé dont ils s'étaient de leur côté accoutumés à se nourrir, par la raison même que le pain était, par l'effet du système de culture adopté, la denrée la plus offerte. Le cultivateur anglais a converti sans cesse ses champs en prairies et couvert ses jachères de racines et de trèfles pour alimenter la population des produits animaux que la nature de son climat l'appelait à produire et dont sa population s'était habituée à faire une ample consommation.

Cette double direction sera suivie dans ces deux pays jusqu'à ce que la consommation y fasse d'autres demandes, c'est-à-dire jusqu'à ce qu'elle ait changé ses habitudes.

Dans cette supposition, que devrait-il se passer en France ? Il faudrait que ses terres arables, au lieu d'être soumises à une jachère triennale ou bisannuelle, fussent alternativement ensemencées en racines, céréales d'automne ou de printemps, trèfle ou sainfoin.

Nul doute que l'adoption d'un tel cours de récoltes, ou de tout autre équivalent, ne fût-il établi que sur les grandes et moyennes fermes, n'augmentât de beaucoup le capital agricole du royaume et la fertilité de son sol, puisqu'il ajouterait 12 ou 15 p. 100 au 16 p. 100 de la superficie destinée aux productions animales, c'est-à-dire que la masse du capital et des engrais en serait presque doublée.

Mais il faudrait donc aussi doubler la consommation des produits animaux qui proviendraient de cette augmentation ? Pour que ce grand changement s'opérât dans les habitudes de la population, il faudrait que ces produits lui fussent offerts à un prix assez bas pour que les consommateurs trouvassent un avantage incontestable à s'approvisionner d'une moindre quantité de pain et de beaucoup plus de viande, de légumes et de graisse. Mais cette baisse du prix en faveur du consommateur ne présente en revanche qu'un motif de découragement pour le producteur, quoique nous accordions que, cette habitude une fois formée, cette grande consommation de produits animaux cesserait d'être un luxe et deviendrait pour le peuple une nécessité, ainsi qu'il en est pour celui qui habite l'Allemagne et l'Angleterre, et le prix des bestiaux reprendrait sa valeur proportionnelle et son équilibre avec toutes les autres productions.

Mais au lieu de favoriser cette baisse, on a fait le contraire, c'est-à-dire que les consommations animales ont été frappées à l'entrée des villes par des droits d'octroi plus ou moins pesants, tandis qu'un autre droit de 55 fr. par tête de bœuf arrêtait la concurrence que les bestiaux étrangers aurait pu produire contre les intérêts des producteurs regnicoles.

On a ainsi favorisé par un monopole l'éducation et l'engraissement des bestiaux, en s'efforçant d'élever en faveur des producteurs les prix de leur production, tandis que par cette hausse on arrêtait la masse de la consommation et par conséquent la demande.

Dilemme dont il est au reste fort difficile de sortir, et dont on s'est flatté de corriger le vice en abolissant le monopole des bouchers par une libre concurrence dans cette profession[1]. Ces mesures ne paraissent pas

---

(1) Sous l'ancienne monarchie, les bouchers formaient une

avoir au reste influé ni sur la marche de l'industrie agricole, ni sur les prix respectifs des subsistances animales, qui dans les villes opulentes sont toujours abondantes, de bonne qualité, et d'un prix élevé, de même qu'elles sont chétives et rares partout ailleurs.

La France cependant, sans avoir adopté jusqu'ici de cours réguliers d'assolements, dans lesquels se trouvent intercalés des retours périodiques de racines et de trèfles, a néanmoins beaucoup étendu la culture de cette dernière espèce de fourrages. Il est peu de régions où elle ne soit aujourd'hui adoptée sur une échelle quelconque. Les luzernes y occupent une étendue qui s'accroît sans cesse, non-seulement dans les provinces du midi, où cette culture était naturalisée de temps immémorial, mais dans les terres fertiles du nord. Dans ces mêmes terres on a poussé très loin la culture des betteraves, et leurs résidus nourrissent avec avantage des vaches laitières ou servent à l'engrais des bœufs. Les races de ces derniers se sont beaucoup améliorées dans l'Auvergne, le Limousin et dans l'ouest du royaume, tandis que l'introduction des mérinos, en apprenant à soigner les bêtes à laine, a procuré un grand approvisionnement de moutons.

corporation privilégiée. A la révolution, et jusqu'au consulat, le commerce de la boucherie devint libre. En 1825 une nouvelle expérience ayant démontré ce qu'avait de funeste le libre exercice de la profession de boucher, et pour l'approvisionnement de Paris, et pour la qualité des viandes mises en vente, l'autorité reconstitua, par ordonnance du 12 octobre 1829, l'ancien syndicat de la boucherie et limita le nombre des bouchers à 400 pour Paris. Ce nombre était encore de 501 en 1837, tant il y avait d'intérêts à froisser pour opérer la réduction.

Certes, ces augmentations sont importantes, et nous en avons la mesure, puisqu'elles ont servi au complément d'approvisionnement qu'a nécessairement exigé l'accroissement d'une population qui s'est augmentée, en cinquante ans, de 7,500,000 individus, c'est-à-dire de 25 p. 100. L'augmentation proportionnelle des produits animaux devrait avoir suivi la même gradation et s'être également élevée de 25 p. 100. Nous penchons néanmoins à croire que ces produits n'ont pas suivi une progression aussi rapide; car l'aspect du pays est loin d'indiquer une telle multiplication dans la culture des prairies artificielles; car on ne saurait en attribuer une part quelconque à l'établissement de prés naturels, dont il a pu se former au plus quelques centaines d'hectares sur les domaines privilégiés de quelques agronomes modernes. La superficie consacrée depuis cinquante ans à la culture des produits animaux ne nous paraît pas avoir fourni à l'accroissement des subsistances dans une quotité qui dépasse 15 p. 100 de l'accroissement de la population. Cette population consommerait donc de ces produits en moins qu'avant 1788 dans la proportion de 12 p. 100, différence qui serait compensée : 1º par l'introduction et la grande consommation des pommes de terre à laquelle on s'est livré dès lors; 2º à l'usage de la viande de porc, qui s'est prodigieusement accru, et que nous ne saurions considérer comme provenant d'un accroissement dans la culture des fourrages, attendu que le porc n'en consomme pas, mais se nourrit de racines, de menus grains, des débris du ménage et de la laiterie.

C'est aussi pourquoi le porc est l'animal de la petite

culture et des petits propriétaires, en ce qu'il s'associe, d'une part avec les moyens alimentaires que fournit cette culture; et de l'autre avec les besoins de la consommation des petits propriétaires.

La demande des produits animaux a donc été ralentie en France par l'introduction des octrois, comme elle l'a été par le système de la division des propriétés, d'où il est résulté que l'immense population des métayers et des petits propriétaires, accoutumés qu'ils sont à trouver leur subsistance sur les produits de leurs domaines, ne vont pas s'approvisionner aux boucheries et se contentent du porc qu'ils ont nourri et préparé pour leur usage. Le cultivateur, ne pouvant de son côté élever et engraisser des bestiaux qu'en commençant à subir un long délai sur la réalisation des récoltes qu'il a préparées pour cette élève et une perte sur la valeur vénale de ces récoltes, a montré peu de propension pour s'y livrer, en sorte que l'aliquote, pour laquelle les produits animaux auraient dû figurer dans l'approvisionnement nécessaire à une population augmentée de 25 p. 100, y laisse au contraire un déficit proportionnel que nous avons estimé devoir être de 12 p. 100.

Bien loin d'avoir ainsi augmenté dans la proportion de la consommation générale du royaume, celle des produits animaux ne s'est accrue que de 13 p. 100. A la vérité, le surplus d'engrais fourni par cette quotité n'a pas sans doute été inutile au grand accroissement qu'on a obtenu sur la production des céréales et des légumes; mais nous en tirons la preuve que l'agriculture s'est toujours plus éloignée en France des systèmes d'après lesquels on multiplie les fourrages et les engrais, afin d'obtenir de plus belles récoltes de céréales.

Cependant ces récoltes ont augmenté dans une proportion de 25 p. 100, puisqu'elles ont suffi à propager et à nourrir un accroissement pareil dans la population, dont une faible fraction seulement peut être attribuée à des défrichements. Il faut en conclure que les habitudes générales de la consommation, et par cela même celles de la culture, favorisent la production des céréales avant toute autre; que cette production restera par conséquent dominante, c'est-à-dire que tout le système agricole de la France y restera subordonné, et que le cultivateur ne consacrera au trèfle, ou à la luzerne, que l'étendue indispensable à la nourriture de ses bêtes de trait ou d'engrais.

Or, le terme d'indispensable appliqué aux prairies artificielles dans le sol et au climat de la France est tout autrement restreint qu'il ne l'est dans les climats moins heureux de l'Allemagne ou de l'Angleterre, puisque les céréales y fructifient avec une dose de préparation et d'engrais qui absorbe 34 p. 100 de moins qu'il n'en faut dans les régions plus exposées aux frimas et à l'humidité.

Cette circonstance a donc permis à la France de se livrer à un système de culture destiné à produire *à priori* les récoltes qui servent directement à la nourriture de l'homme, système d'après lequel on pourvoit à son alimentation dans la proportion de 16 à 9, comparé avec celui d'après lequel on est obligé de convertir ces récoltes en viande, graisse et laitage, avant d'en faire un aliment pour lui.

Les avantages qu'offre un pareil système sont tels

qu'on ne saurait s'attendre à voir la France en changer; mais en le conservant nous verrons de quelles améliorations il peut être susceptible; combien de terres ont besoin de recevoir de puissants amendements pour être fertilisées, et de combien la production peut y être encore augmentée.

CHAPITRE IX.

De l'influence de l'impôt sur l'agriculture.

Nous avons ouï successivement vanter la dîme, parce qu'elle était en effet toujours proportionnelle au revenu, puis l'impôt territorial unique des économistes du dix-huitième siècle, qu'ils trouvaient juste en ce que, tout venant de la terre, les cultivateurs, en revendant leurs produits aux diverses espèces de consommateurs, se seraient fait rembourser par eux le montant de l'impôt qu'ils auraient acquitté d'avance au fisc.

Et d'abord nous dirons que la dîme n'a jamais été un impôt, mais une charge que la propriété roturière payait au décimateur ecclésiastique ou noble, et que l'État n'en percevait que sur les terres dont le domaine était seigneurial. A quelques légères exceptions près, la dîme ne se percevait que sur les céréales d'hiver et emportait la vingtième gerbe, et sur la vigne où elle ne percevait que la dix-septième mesure.

A ce compte, la France récoltant alors 120 millions d'hectolitres de blé, tant pour l'ensemencement des terres que pour la subsistance de sa population, le vingtième en était de 6,000,000 hectolitres, lesquels, à 12 fr., formaient une somme de 70,000,000 fr.[1]

La France renfermant 1,800,000 hectares de vignes, dont le produit est de 25 hectol. par hectare, le dix-septième montait à 2,647,000 hectol., lesquels, à 10 fr., valaient 26,470,000 fr.

Il se prélevait donc alors sur les terres une somme de 96,470,000 fr.[2] avant qu'il fût question d'asseoir en faveur de l'État l'impôt qu'on appelait la taille, et sur lequel portaient, sous le nom de vingtièmes, des surcharges et des sous additionnels, sans tenir compte de la corvée à laquelle les terres corvéables étaient astreintes pour l'ouverture et la réparation des routes.

Nous ne discuterons pas le principe de l'impôt unique, parce qu'il n'a existé qu'en théorie, laquelle est dès longtemps abandonnée, même en cette qualité.

L'abolition de la dîme a produit ainsi deux effets : le premier a été d'en restituer toute la valeur aux propriétaires chargés de l'acquitter aux décimateurs ; le second a été de niveler la condition et les charges qui pèsent aujourd'hui indistinctement sur la totalité des terres du royaume, moyennant une imposition territoriale qu'elles sont tenues d'acquitter, sans égard pour leur possesseur et en raison de leur fécondité native.

Le montant de cet impôt est, en moyenne, de 5 fr. par hectare, et par conséquent, sur les 50 millions d'hectares de la superficie imposable de la France, il s'élève à 250[3] millions. Dans ces 250 millions sont

(1) Lavoisier, *Richesse territoriale de la France*, 1791.
(2) Le Comité d'imposition de l'Assemblée constituante la portait à 110 millions.
(3) Royer dans sa statistique porte les contributions foncières réunies, d'après le budget de 1842, à 271,036,940 fr.

compris une portion des charges locales ; mais il s'en acquitte en sus en nature, dans la plupart des communes, pour des réparations d'urgence ou de convenance que les conseils municipaux jugent avec raison devoir faire pour le bien de la commune.

Des répartiteurs pris parmi les propriétaires intéressés à l'opération sont chargés d'établir la base cadastrale d'après laquelle cet impôt doit se répartir. Cette base forme un registre qu'on appelle *matrice des rôles*, parce qu'en effet il n'est point dressé par domaine, mais par parcelles, sans indication de propriétaires, et d'après le numéro qu'elles occupent dans la section périmétrique à laquelle elles appartiennent, où ne se trouvent relatées que leur superficie et la nature de leur culture.

Nous demandons pardon de ces détails ; mais on verra pourquoi ils sont essentiels.

Les répartiteurs commencent par établir plusieurs classes de fécondité, puis ils affectent à chacune de ces classes et à chaque nature de culture un revenu net à l'hectare relatif à la fécondité reconnue et à la nature de culture des parcelles dont il s'agit d'estimer le revenu net. Après avoir terminé ce préliminaire, les répartiteurs n'ont plus qu'à appeler les parcelles dans l'ordre des numéros qu'elles occupent sur le plan cadastral, pour les placer suivant leur estimation dans la classe de fécondité à laquelle elles appartiennent, et par cela seul elles se trouvent avoir reçu l'appréciation du revenu net, d'après lequel se chiffre l'impôt qui leur est affecté.

Cet impôt est en moyenne du septième, pris en dehors du revenu net, et par conséquent l'impôt, étant de 5 fr. par hectare, se trouve perçu sur un revenu net de 35 fr.

Cette somme, devant être doublée par les frais de culture, porterait, d'après l'estimation des répartiteurs, le revenu brut des 50 millions d'hectares, qui constituent la superficie imposable du royaume à 3 milliards 500 millions, et son revenu net à 1 milliard 750 millions, sur lesquels l'État prélève 250 millions, et laisse partager entre les propriétaires un revenu net de 1 milliard 500 millions.

Cette appréciation est sans doute au-dessous de la réalité, en ce que les répartiteurs, intéressés qu'ils sont à ne pas exagérer le montant de la matière imposable d'une commune où ils sont propriétaires, établissent leur appréciation au minimum. C'est pourquoi nous croyons qu'on toucherait à la vérité, si difficile à établir d'ailleurs en pareille matière, en portant le revenu net au huitième, pris en dehors de l'impôt, c'est-à-dire qu'on aurait un revenu net de 40 fr. par hectare et un revenu brut de 80 fr., ce qui porterait le revenu brut du royaume à 4 milliards, et son revenu net à 2 milliards, dont, impôt prélevé, il resterait 1 milliard 750 millions pour la rente des propriétaires. Nous verrons plus tard à vérifier cette appréciation.

La quotité d'un impôt qui ne saisit en réalité que le huitième du revenu net du propriétaire peut s'appeler modérée, et n'est pas de nature à s'opposer aux progrès de l'agriculture, soit en lui enlevant une trop grande aliquote de son capital circulant, soit en gênant ces développements par des restrictions, des priviléges ou des obstacles quelconques. Il laisse le cultivateur maître d'user de sa propriété comme il l'entend. Cependant il s'élève souvent des plaintes contre l'énormité de cet impôt ou contre son inégale répartition, et l'on entend des propriétaires affirmer qu'ils paient les uns le quart et d'autres jusqu'au tiers de leur revenu net. La chose paraît, au premier abord, difficile à croire, et cependant l'allégation de ces propriétaires est assez voisine de la vérité. Examinons comment une telle anomalie peut avoir lieu dans l'assiette d'un impôt où toutes les précautions semblent avoir été prises pour qu'il fût également réparti.

Mais cette égalité n'a pu être établie jusqu'ici ni entre les départements, ni entre les communes, ni entre les contribuables, parce qu'il aurait fallu, pour qu'une telle chose eût lieu, renverser l'ordre d'après lequel l'impôt a été assis, et qu'au lieu d'assigner, ainsi que l'a fait l'Assemblée constituante, un contingent à chaque département qu'il était tenu de répartir entre les communes de sa circonscription, il aurait fallu commencer au contraire l'opération par faire asseoir dans chaque commune le revenu net imposable dont ses répartiteurs auraient reconnu l'existence. La somme additionnée de ces revenus nets aurait alors, pour chaque département comme pour la France entière, fourni une somme de matière imposable, laquelle, se trouvant répartie d'avance entre les départements et les communes, aurait fourni les éléments proportionnels du contingent qu'ils auraient été tenus de fournir à l'impôt.

Mais outre qu'une telle manière d'opérer aurait eu

l'inconvénient de livrer l'estimation du revenu net des communes à l'intérêt pressant qu'auraient eu les répartiteurs à réduire au minimum possible celui de la commune où ils étaient propriétaires, la grande difficulté se trouvait dans l'absence de toute péréquation, de tout cadastre, et par conséquent d'un point de départ indispensable pour pouvoir opérer dans le système que nous venons d'exposer; car les répartiteurs auraient réduit au minimum une superficie dont l'appréciation leur aurait été laissée, sans moyens de contrôle ni de vérification.

L'Assemblée constituante, après avoir décrété le montant d'une imposition territoriale de 300 millions, représentant le sixième du revenu, prit pour base des contingents respectifs qu'elle crut devoir assigner aux départements celui qu'ils acquittaient auparavant au rôle des tailles, modifié par approximation en raison des terres non taillables que renfermait leur superficie, et de diverses autres circonstances d'après lesquelles ces tailles étaient très différemment réparties entre les provinces, telles que celles d'être ou non soumises à la gabelle, d'avoir été pays d'état, d'avoir joui de tels ou tels priviléges, etc., etc.

L'impôt foncier, réparti sur des éléments aussi fautifs, s'est trouvé, malgré bon nombre de rectifications, très inégalement divisé entre les départements; en sorte qu'il en est tel dans le nord du royaume où l'on paie le cinquième du revenu, et dans tel autre, situé dans le midi, l'impôt ne saisit que le quinzième de ce revenu. La moyenne est le huitième, ainsi que nous l'avons vu.

L'inégalité de contribution entre les communes est

bien moins saillante; néanmoins la première répartition que les administrations départementales eurent à faire entre elles du contingent qu'avait reçu le département fut opérée d'après les mêmes bases, attendu qu'il n'y en avait pas d'autres; mais le rapprochement et la connaissance des localités ont fait que les corrections opérées sur les rôles des tailles ont été faites avec plus d'exactitude, et les rectifications plus facilement obtenues.

Cette inégalité entre les contribuables est provenue : 1° de ce que les répartiteurs étaient obligés, faute de cadastre, d'estimer à vue l'étendue des parcelles auxquelles ils devaient assigner un revenu net; ils ont donc commis de grandes erreurs, dans cette appréciation, à l'avantage ou au détriment de ceux auxquels on accordait plus ou moins de superficie. Nous possédons nous-mêmes un bois dans le département de l'Ain, dont la contenance avait été portée par les répartiteurs à vue à 14 hectares, et auquel les géomètres en ont trouvé 15, et nous avons vérifié que ces différences allaient souvent au cinquième, en plus ou en moins; 2° de ce que deux parcelles estimées par les répartiteurs au même revenu net, en raison de leur contenance, fertilité et nature de culture, en produisent en réalité un fort dissemblable par le fait de la manière dont elles sont exploitées ou dont elles s'allient à l'ensemble du corps de ferme dont elles dépendent.

Ces conditions, les répartiteurs n'en sauraient tenir compte, par la raison qu'ils ont à estimer chaque parcelle intrinsèquement et abstraction faite de toutes les circonstances atténuantes ou aggravantes qui la concernent; car ils doivent baser l'estimation du revenu net qu'ils lui assignent sur la moyenne donnée par les divers modes d'exploitation usités dans la commune. Il en résulte qu'entre ces parcelles les unes sont estimées plus haut et les autres plus bas que leur revenu réel.

Supposons, par exemple, que cette parcelle soit un pré. Si elle appartient à un propriétaire qui en vende le foin au marché, son pré lui produira en raison de 30 fr. le millier; mais si ce même pré fait partie d'un corps de ferme où le bail oblige le fermier à en consommer le foin, il ne rapportera plus qu'en raison de 10 fr. le millier. Les répartiteurs, prenant la moyenne entre ces deux termes, estiment le produit net de ce même pré en raison de 20 fr. le millier, et donnent ainsi 30 p. 100 de bénéfice à celui qui vend son foin, et 30 p. 100 de perte à celui qui le fait consommer dans sa ferme, ou, en d'autres termes, le vendeur de foin n'acquittera son impôt qu'au quinzième de son revenu, tandis que celui qui le consomme à domicile le paiera au cinquième.

On conçoit ainsi comment il est tel propriétaire, placé dans un des départements les plus imposés, dont les parcelles de terres ont été jugées avoir une étendue supérieure à leur superficie réelle, et dont le mode d'exploitation réduit le revenu réel au-dessous du revenu cadastral que les répartiteurs leur ont assigné; on conçoit, dis-je, comment un propriétaire placé de la sorte, et il y en a beaucoup sans aucun doute, peut payer en effet le quart ou même le tiers de son revenu réel en impositions, quoique la moyenne de son département ne soit qu'au cinquième ou même au sixième.

Toujours est-il que, lorsqu'un propriétaire paie au-delà de la moyenne assignée à la commune où ses biens sont situés, une fois que la péréquation a rectifié les erreurs d'étendue, il peut être certain qu'il y a de graves défauts dans la constitution de son corps de ferme, dans son bail, son mode d'exploitation ou l'intelligence de son régisseur. Ces circonstances peuvent être réunies, ou il suffit même qu'il soit la victime d'une seule pour que le mal s'accomplisse. Nous avertissons ici ces propriétaires, et nous allons leur donner bientôt le *criterium* d'après lequel ils peuvent apprécier les vices ou les défauts de leur administration.

Le gouvernement, pour obvier autant qu'il est en lui à ces anomalies, a fait procéder à un arpentage général du royaume. Cette grande opération s'est faite sans doute trop chèrement et trop superficiellement; mais elle n'en a pas moins amené de très importants résultats, puisqu'elle a permis de donner une nouvelle assiette à l'impôt dont on a pu se servir pour le baser sur des superficies réelles; car, bien que l'exactitude de ces superficies ne soit pas telle qu'elle puisse déterminer le bornement entre deux cultivateurs processifs, elles en ont assez pour l'assiette de l'impôt entre les départements, les arrondissements, les communes et les contribuables.

C'est avoir beaucoup fait, parce qu'on n'arrivera jamais à faire payer l'impôt des parcelles d'après le revenu qu'elles donnent, mais seulement d'après celui qu'elles devraient donner, parce que la nature des choses s'y oppose, et qu'après avoir fait tout ce que la loi peut faire pour niveler l'impôt avec le revenu, elle ne pourra jamais niveler l'intelligence ni la capacité des propriétaires, de manière à leur faire obtenir un revenu pareil de deux parcelles semblables.

Au surplus, il est encore à savoir quel est le droit que peut avoir le législateur à changer l'assiette d'un impôt territorial et le contingent qu'il assigne à chaque contribuable. Puisque chaque propriétaire, ayant acquis ou hérité de sa terre avec ses charges, en a nécessairement défalqué le capital, dont l'intérêt représentait ces charges; en les diminuant, l'État lui fait présent du capital correspondant à l'intérêt du montant de ces diminutions, comme, en opérant en sens inverse, il enlève ce capital à ceux qui ont acquis ou hérité de la propriété avant qu'elle ne fût grevée d'une charge nouvelle.

Ces injustices n'ont lieu qu'autant que ces charges sont la suite d'un transvasement opéré de localités à localités; car il est bien entendu qu'une augmentation ou réduction générale de l'impôt ne froisse aucun droit, parce que tous sont atteints dans la même proportion.

Cependant il faut dire qu'alors qu'une révolution sociale a déplacé et transformé, comme il en a été en France, la forme et les droits acquis de la propriété; qu'elle a violemment enlevé au décimateur la dîme qu'il possédait, pour en faire un don gratuit à celui qui en était débiteur; qu'après avoir ainsi passé le niveau de la révolution sur les terres aussi bien que sur leurs propriétaires, pour improviser sur ce rôle aplani de nouvelles charges et une autre nature de contribution, il devient permis, sinon licite, d'asseoir ces charges d'après un principe rationnel et géométrique.

Il fallait plus : il fallait l'asseoir avec la plus grande exactitude et le plus sévère scrupule, afin qu'après avoir causé cette immense perturbation dans les droits acquis on n'ait plus à y revenir ; car il est une date au-delà de laquelle il faut que le respect du droit ressaisisse un pays, faute de quoi il devient la proie de l'injustice et de l'anarchie.

Mais pour fixer ce point d'arrêt, il est nécessaire de s'entendre sur le principe même d'après lequel l'impôt territorial s'est fondé ; car si, au lieu de considérer cet impôt comme une portion de revenu dont le capital est hypothéqué à l'État, capital intransmissible, et qui par conséquent ne se vend ni ne s'achète avec le domaine, on considère l'impôt territorial comme une aliquote quelconque de la rente de la terre, alors il faut revenir sans cesse sur l'assiette de cet impôt, à mesure que la moindre circonstance en altère le revenu. Ainsi la confection d'un chemin ou d'un canal vient-elle, en ouvrant un débouché, accroître le revenu de quelques communes ; un nouveau contingent devrait leur être assigné. La même chose devrait avoir lieu lorsque le revenu vient à s'accroître par l'introduction d'une nouvelle culture dans l'assolement d'une localité, tel qu'il en a été pour la garance ou le colza. Bien plus, en suivant ce principe, il faudrait que les répartiteurs vinssent poursuivre dans ses champs le cultivateur qui, par son industrie, en aurait obtenu des récoltes inattendues et augmenté le revenu.

Par l'effet d'un tel principe, l'État travaillerait lui-même à paralyser le mouvement agricole qu'il lui importe de stimuler. Heureusement que telle chose est inexécutable; car il faut dire que le principe sur lequel l'impôt foncier est basé n'a jamais été nettement exprimé, et que c'est le revenu qu'on a voulu poursuivre dans les opérations cadastrales. Nous convenons que tel était le but de ces opérations, et nous avons dit les motifs pour lesquels nous avons regardé ce principe et ce but comme ayant été tolérables; mais ce but atteint, le principe doit être arrêté de nouveau et fixé par le législateur.

La force des choses, nous le répétons, arrête la mobilité que tant de changements ont imprimée à l'assiette de l'impôt foncier; les inégalités qui restent encore dans son nivellement se trouvent corrigées par ce fait, que chacun sait que le capital, dont la contribution représente l'intérêt, n'a pas été payé dans l'acquisition de la terre, et, quelle que soit la quotité dont l'impôt foncier l'a frappé généralement, qu'il soit de 3 fr. 50 c. par hect., ou que les députés des départements y ajoutent ou non 32 centimes par franc, chacun a aussi le sentiment que cette somme se rembourse par le prix des denrées, c'est-à-dire par ce qu'il y a de vrai dans le principe des économistes, dont nous avons fait mention au commencement de ce chapitre.

Il résulte donc de cet état des choses que ni la répartition, ni la quotité, ni le recouvrement de l'imposition territoriale ne présentent aujourd'hui en France d'obstacles à l'accroissement de la propriété rurale. Il nous reste à voir s'il en est de même des impositions indirectes.

Le système prohibitif domine non-seulement dans le régime industriel et commercial de la France, mais l'esprit de ce système s'est emparé de son régime agricole; car à mesure qu'une meilleure culture ou même une suite d'années fertiles ont tendu à faire baisser le prix des denrées, chaque producteur a demandé à son tour une prime pour celle qui faisait l'objet principal de sa culture. Or les demandes de primes, c'est-à-dire de droits imposés sur les produits étrangers, ont un succès presque certain : 1° parce qu'elles ont un air de nationalité sous lequel l'intérêt individuel voile ce qu'il aurait de choquant ; 2° parce que cet intérêt étant direct pour la classe des demandeurs, leurs instances sont ardentes et tenaces, tandis que les défendeurs, n'étant autre chose que l'universalité des consommateurs, c'est-à-dire tout le monde, ne trouvent pas d'avocats et ne se défendent pas eux-mêmes, précisément parce qu'ils sont trop nombreux. La part d'intérêt que chacun pense avoir dans cette affaire paraît à chacun trop minime, pour qu'il se donne la peine d'élever une résistance contre un système dont chaque individu espère profiter à son tour dans l'objet qui le concerne.

Chaque branche de productions est parvenue ainsi à obtenir une prime; les bois ont obtenu celle que leur donne le droit imposé à l'entrée des fers étrangers.

Les vignobles profitent d'un droit presque prohibitif sur les vins du dehors, droit illusoire d'ailleurs, puisqu'il n'y a, par la nature des choses, aucun pays sur le globe qui soit à même de verser des vins en France, si ce n'est quelques barils de vins d'Espagne et de Madère que les vignobles du midi de la France ne sont pas encore parvenus à produire.

Les blés se cultivent sous l'empire d'une graduation au moyen de laquelle la concurrence étrangère ne peut avoir lieu qu'autant que leur prix s'élève assez haut pour donner quelque inquiétude aux consommateurs.

Enfin les chevaux, les bestiaux et les bêtes à laine ont aussi leurs primes d'encouragement, soit par les droits imposés à l'entrée de ceux qui viennent du dehors, soit par celui qui pèse sur l'introduction des laines.

Il n'est pas jusqu'à la culture des betteraves qui ne trouve dans l'impôt mis à l'entrée des sucres coloniaux la jouissance d'une prime d'encouragement assez importante pour que la fabrication du sucre indigène ait pris sous ce régime un développement qui menace de changer les bases de ce commerce.

Dans cet état de choses, il ne résulte pas de ce système de graves inconvénients pour les diverses natures de culture, puisque, jouissant à peu près toutes d'une prime, leurs conditions sont pareilles et finissent par se niveler. Il n'en résulte par conséquent aucune tendance spéciale pour ou contre telle ou telle culture. Ce qui en résulte, c'est une élévation proportionnelle du prix de toutes choses au détriment des consommateurs.

Cette élévation est en définitive au détriment de tout le monde; car la hausse factice des objets de consommation en fait produire au-delà de la demande, et par l'effet de ce cercle vicieux où l'on est engagé, il s'en suit une baisse dans le prix des productions, à laquelle toutes les primes du monde ne sauraient remédier.

Lorsqu'on en est à ce point, l'humeur gagne les producteurs, qu'on voit s'en prendre où ils peuvent d'un déni de vente dont ils cherchent en vain le remède dans de nouvelles combinaisons de primes, à l'aide desquelles ils espèrent arracher le débit d'une denrée qui surabonde.

Ainsi l'on voit les vignicoles du Bordelais se plaindre avec amertume, et s'en prendre avec une irritation enfantine aux maîtres de forges et aux propriétaires de bois de ce que leurs vins ne trouvent pas au dehors un suffisant écoulement, comme si l'introduction de quelques millions de kilogr. de fer en France pouvait enrichir l'étranger de manière à lui faire consommer beaucoup de vin de Bordeaux, sans songer que ceux qui gagneraient à cette introduction ignorent jusqu'à l'existence de ces vins, car il est dans leurs habitudes de ne boire que des vins surchargés d'alcool, de l'eau-de-vie ou de la bière.

Il est probable que la production des vins a été surexcitée dans le Bordelais comme ailleurs, et que la surabondance y est d'autant plus fâcheuse que ces vins se consomment par une classe sociale à laquelle le mouvement des prix est indifférent, parce que sa consommation est réglée par d'autres habitudes que celle du peuple dont l'absorption est en rapport non avec ses besoins, mais avec le volume de boissons qu'il peut se procurer pour la même somme.

Toutefois, s'il y a des primes d'encouragement, il y en a en revanche de découragement : tels sont les octrois, l'impôt sur les boissons et celui du sel, le monopole du tabac. Ces impôts, dont le montant est bien autre que celui des droits perçus aux frontières, se présentent d'une manière fâcheuse, soit aux producteurs, soit aux consommateurs : aux producteurs, en ce qu'ils frappent dans une énorme proportion sur certaines classes de produits, à l'exclusion de tous les autres qui en sont affranchis ; aux consommateurs, parce qu'ils élèvent pour eux le prix d'une denrée spéciale dans une proportion telle qu'ils ne peuvent se faire aucune illusion sur la cause de ce renchérissement, ainsi qu'ils s'en font sur celle qui n'agit qu'aux frontières, par une perception de droits à laquelle ils n'assistent pas et que la très grande masse ignore.

Aussi le déchaînement du peuple a-t-il toujours lieu contre les impôts indirects, et c'est à détruire les bureaux où ils se perçoivent qu'il s'acharne dans les occasions notables que les révolutions lui offrent. Tous les raisonnements des économistes viennent échouer contre cet instinct populaire qui lui fait croire qu'il boirait à Paris le vin à moitié du prix actuel, s'il n'était pas doublé par le montant de l'octroi et des droits réunis. On a beau lui dire qu'il ne paie cet impôt qu'au fur et à mesure de sa consommation, qu'il ne s'aperçoit pas de cette perception, attendu que la valeur s'en confond pour lui avec celle du prix même de la denrée, et qu'il ne paie ce prix qu'au moment où il est en possession de l'argent nécessaire pour l'acquitter, il n'en appelle pas moins rats de cave les agents du fisc, et n'en démolira pas moins leurs bureaux à la première occasion.

En général, si le public anglais préfère les impôts

indirects aux autres, il n'en est pas de même en France. La forme de perception qu'ils exigent est insupportable à ceux au moins qui n'y sont pas employés ; ils provoquent dans la population l'esprit de fraude par lequel on se flatte de s'y soustraire, et l'on comprend sur quel lit de roses se trouverait un ministre des finances dont le budget des recettes ne serait fondé que sur un droit de douanes montant au 6 p. 100 *ad valorem* de tout ce qui s'y présenterait pour entrer, et au 2 p. 100 sur tout ce qui voudrait sortir ; qui ne percevrait d'ailleurs que l'impôt de l'enregistrement, du timbre, des patentes, des portes et fenêtres, et dont le déficit serait comblé par un impôt unique sur les propriétés foncières, dont la quotité s'élèverait en raison des besoins.

Une grande économie serait obtenue sans doute sur les frais de perception et pourrait servir soit à l'amortissement de la dette, soit à payer les intérêts qu'elle exige ; et l'on conçoit, en voyant l'échafaudage de tout le système fiscal, comment les économistes avaient rêvé jadis qu'on pouvait pourvoir à tout par cet impôt territorial unique.

Mais il n'en est pas question, et nous sommes loin du temps où il s'agira de remanier un système d'imposition qui a pour lui l'avantage d'avoir été, et de ne faire que se continuer en se reportant d'années en années.

Il s'agit pour nous d'examiner quelle est l'influence que les impôts indirects peuvent exercer sur la production rurale.

Les octrois portent essentiellement sur les animaux destinés à la boucherie et sur les boissons ; il ne peut y avoir de doute que cette charge imposée à la consommation de la viande, jointe au surhaussement qu'elle reçoit des droits que les bestiaux tirés de l'étranger acquittent aux frontières, n'élève en moyenne de 10 p. 100 au moins le prix de la viande. Ces 10 p. 100 ne sont certainement pas au profit du consommateur; sont-ils à celui du producteur? Nous le mettons en doute; car ce n'est qu'un impôt comme un autre, produisant une somme que le fisc perçoit, et qui se paie tantôt par le consommateur lorsque la denrée est rare, et tantôt par le producteur lorsqu'elle abonde, puisqu'il faut toujours que l'impôt pèse en définitive sur quelqu'un et sur quelque chose. Or, il est évident qu'ici c'est sur la valeur des animaux de boucherie que le droit se prélève, et par conséquent sur l'espèce de récoltes au moyen desquelles ils ont été élevés et engraissés. La culture de ces récoltes, les plus importantes à favoriser puisqu'elles ont la vertu de faire valoir toutes les autres, se trouve donc être en réalité imposée par les octrois dans une proportion bien autrement grave, que n'est pour l'agriculture l'avantage de la prime qu'elle reçoit par le droit imposé sur les bestiaux étrangers.

Les cultures animales se trouvent donc être lésées comparativement aux cultures céréales, qui jouissent d'une prime sans compensation d'aucunes charges.

Les 1,800,000 hectares occupés en France par le vignoble acquittent une somme énorme, tant aux octrois qu'au droit spécial sur les boissons; mais quelque grande que soit cette charge, elle ne produit pas dans cette économie les mêmes effets que celle qui pèse sur les produits animaux. Elle n'a pas non plus les mêmes conséquences sur la prospérité du pays, parce que le vignoble, loin de produire des engrais, en consomme au contraire en pure perte pour la reproduction, et parce que l'impôt qui pèse sur les bestiaux porte sur une denrée que, par la nature des choses, on n'élève et n'engraisse jamais qu'avec perte, tandis que l'impôt perçu sur les boissons se prélève sur une culture qui donne des profits nets.

Nous n'avons pas besoin d'en rapporter d'autre preuve que celle-ci, savoir, qu'en dépit des octrois et des droits réunis, dont on gémit depuis trente ans, la superficie et la culture du vignoble se sont partout accrues et perfectionnées, et sans avoir reçu ni primes, ni faveurs, ni médailles, dans une proportion sans mesure avec celle des autres natures de culture. Il est donc évident que cette production spéciale peut supporter, sans dépérir, les charges qui lui sont imposées, quelque lourdes qu'elles soient.

L'usage est de se plaindre de l'impôt qui pèse sur le sel, et c'est au profit de l'agriculture qu'on porte ces plaintes. Considéré comme engrais, c'est une ineptie qu'il faut laisser de côté; comme aliment pour les bestiaux, il est certain qu'il leur est agréable, et que, dans beaucoup de contrées, il leur est d'une salubrité essentielle. Mais on ne saurait dire sans exagération que l'impôt, qui en augmente le prix, cause un détriment notable à l'agriculture.

Je dirai enfin que le monopole de la culture du tabac est un fait extra-agricole, attendu que cette culture appauvrit le sol et ne lui restitue rien, ainsi qu'il en est de la fabrication du sucre. L'objet est d'ailleurs en soi très minime, parce que ce n'est pas la valeur des feuilles de tabac qui est considérable; c'est celle de l'impôt qu'on perçoit sur leur fabrication. Si le monopole était supprimé, on cultiverait partout du tabac, et la valeur en tomberait si bas qu'il ne resterait que des regrets pour les peines qu'on se serait vainement données; et si la culture en était entièrement prohibée au profit de l'impôt, on perdrait en pure perte le profit que le monopole accorde aux terres où il est permis de cultiver cette plante.

Nous ne voyons donc pas que l'agriculture soit lésée, dans son mouvement de reproduction et d'amélioration, par la nature des impôts indirects dont ses produits sont chargés, si ce n'est celui que les octrois font peser sur l'entrée des bestiaux, et nous n'hésitons pas à dire qu'un impôt sur la mouture serait bien plus en accord avec ce que réclament les intérêts de cette agriculture dont on parle toujours avec attendrissement, mais sans connaissance de cause. L'agriculture est une selle à tous chevaux entre les mains des législateurs français. Veut-on dépopulariser un impôt? on s'efforce de le représenter comme attentatoire à la prospérité de l'agriculture. Demande-t-on des fonds pour l'entretien des haras? c'est au nom des progrès de l'agriculture, quelque indifférente qu'elle soit à ces haras. On vote au hasard des fonds d'encouragement pour cette agriculture, sans savoir à quoi ils seront appliqués, et la discussion du budget nous a appris que la majeure partie en restait intacte, faute d'emploi, et parce qu'on n'a pas su découvrir jusqu'ici où étaient les défauts et les besoins de l'agriculture, ni surtout de quelle manière l'autorité devait et pouvait venir au secours de ces défauts et de ces besoins.

Au reste, la chose est assez indifférente, puisque l'agriculture, sans ces secours, n'a pas laissé de se développer en France et d'y prospérer par l'action virtuelle et simultanée des 24 millions de bras que sa population agricole met en jeu, et au moyen desquels elle est parvenue à augmenter ses produits de 36 p. 100 en 40 années.

CHAPITRE X.

De la circulation et du débouché des denrées.

Les communications sont un appareil mécanique nécessaire à l'existence de la civilisation ; elles en sont à la fois le moyen et la preuve. Les pays changent de valeur et d'aspect, suivant qu'ils en sont privés ou pourvus, et nous sommes convaincus qu'il suffirait, pour faire rétrograder cette civilisation et arriver à désapprendre aux hommes ce qu'ils ont su, de laisser périr par dégradation les moyens de circulation ouverts dans un pays. L'exemple en a été donné une fois déjà à l'Europe, alors que les œuvres des Romains s'effacèrent sous l'empire des Barbares, qui en ignoraient l'emploi.

On n'ouvre pas cependant de communications en faveur des seuls intérêts moraux de la civilisation, mais des intérêts politiques et commerciaux des peuples. C'est au nom de ces intérêts que, depuis près de deux siècles, on a commencé à percer la France par application de deux systèmes de grandes routes, destinés l'un à mettre les grands foyers de commerce en communication directe avec la capitale, l'autre à réunir ces foyers entre eux. L'exécution de ces deux systèmes se poursuit sans relâche, mais avec un mouvement plus ou moins accéléré, suivant les circonstances du moment et l'esprit qui anime le gouvernement.

Un système analogue de canalisation a été commencé sous le règne de Louis XIV, continué, abandonné, puis repris, et aujourd'hui assez activement poursuivi. Aussi tout le monde réclame ou la confection d'un canal, ou la canalisation d'un cours d'eau naturel pour sa ville ou son arrondissement. Exigence difficile à satisfaire dans un pays aussi pauvre en cours d'eaux, et où les chaleurs de l'été mettent à nu le sable de la plupart des rivières qu'on voudrait canaliser, ou dont les eaux devraient alimenter ces canaux; difficulté d'autant plus grande que les ingénieurs français, qui attachent leur réputation à tailler en grand, ne conçoivent l'exécution des canaux que sur des dimensions splendides, aussi superflues aux besoins des transports que favorables à une évaporation que les moyens d'abreuvement ne suffisent point à nourrir, et qui laissent à chaque sécheresse plusieurs de ces canaux à sec.

Quoi qu'il en soit, au reste, l'entreprise des canaux en était là lorsque les chemins de fer ont été inventés, et toute l'attention s'est tournée de ce côté. A l'aide de ces trois moyens, le réseau des grandes communications couvrira bientôt la France d'une triangulation plus serrée que les besoins de l'agriculture ne l'auraient même exigée. Ainsi, sous ce rapport, elle sera avant peu d'années servie au gré de ses besoins, sinon de ses convenances.

7

Un résultat, peut-être inattendu, qui devra résulter de l'établissement des grandes voies de communications ouvertes sur l'eau et sur le fer, entre les principaux foyers de commerce, c'est de favoriser étrangement le développement de ces foyers, au détriment de tous les points latéraux qu'elles laisseront à quelque distance sur leurs flancs. Nous nous expliquons.

Le propre de ces deux espèces de communications, c'est, pour les canaux, de transporter lentement les objets qu'on leur confie, mais à très bas prix, et pour les chemins de fer de les rendre à leur destination à moins bas prix, mais avec une vélocité inouïe, laquelle permet de transporter à ce bas prix, à cause du peu de temps même que l'objet confié met à parcourir la distance. Il en résulterait qu'une balle de marchandises, partie de grand matin de Lyon, arriverait le soir ou le lendemain matin à Paris, si tant est que le chemin projeté entre ces deux villes vienne à s'exécuter, et n'aurait occasionné d'autres frais que ceux du minime coût de transport entre elles. Admettons maintenant qu'une manufacture, située à 20 lieues à droite ou à gauche de ce chemin, ait à y conduire une balle de la même marchandise ; le port de cette balle, de la manufacture au chemin de fer, sera plus onéreux à lui seul que tout le trajet qu'elle aurait fait en allant directement de Lyon à Paris.

D'où il suit qu'on donnerait, par la confection de tels chemins, une prime énorme à la production de tout ce qui s'exécuterait dans les grands points où aboutiraient les deux extrémités du chemin et sur la ligne même qu'il parcourt, puisqu'on peut y charger sans frais d'apport, tandis que tous les points grevés de ces frais en recevraient un dommage proportionné à leur distance, mais toujours suffisant pour frapper leur fabrication d'une défaveur comparative.

L'adoption d'un tel système, que tout rend d'ailleurs probable aujourd'hui, jointe à l'effet des canaux, qui, à une moindre dose, et du reste semblable, doit tendre à augmenter sans cesse l'accumulation de la production, c'est-à-dire de la demande du travail et par conséquent de la population, dans les foyers où aboutiront ces communications, au détriment de ceux qui s'en trouveront plus ou moins distants.

Il est donc à croire que l'effet de tant de moyens artificiels de transport sera d'augmenter avec plus ou moins de promptitude la population des grandes villes, et par conséquent l'étendue et la demande de leurs marchés, en réduisant d'autant la prospérité des petites et de celles qui se trouveront hors des lignes parcourues, effet dont l'influence peut affecter l'état politique du pays et son économie industrielle. Quant à l'agriculture, ce transport des petits débouchés aux grands ne l'intéresse qu'en ce que ces facilités de communications, pour arriver aux grands marchés, tendront à niveler les prix des denrées, tandis que le mode de ces communications diminuera de beaucoup la demande et l'emploi des chevaux, que les cultivateurs étaient d'autant plus enclins à nourrir que le roulage leur offrait un moyen de gain dans les saisons mortes.

Mais quel que soit le nombre des grandes communications que l'on a exécutées et de celles qu'on exécutera pour l'avantage des relations commerciales, politiques et sociales, quels que soient les services capitaux qu'elles rendent à l'agriculture, elles sont néanmoins loin de lui suffire, parce que les triangles que ces communications forment entre elles embrassent un champ beaucoup trop vaste encore pour ne pas laisser à de grandes distances de leurs lignes un nombre immense de villages, de fermes et de terres cultivées.

L'agriculture ne peut donc être efficacement desservie que par un système spécial de communications destinées à conduire de l'intérieur des triangles formés par les grandes routes à leurs contours extérieurs. Or ces chemins, appelés vicinaux, étaient restés en France dans un abandon complet : une part d'entre eux par défaut de matériaux et en raison de la nature du sol, mais tous par celui d'une législation positive et de la volonté nécessaire pour mettre en œuvre la réparation et l'entretien de ces chemins.

Cette législation, on a peine à le croire, oubliée sous le règne impérial, ne date que de peu d'années, et, quelque incomplète qu'elle soit, elle a pourtant mis à même un grand nombre de préfets, et ceux des maires qui ont voulu s'en servir, d'exécuter à cet égard d'importantes et de nombreuses améliorations.

Ce qui a porté sans doute tant de retards dans l'exécution d'une entreprise indispensable à la prospérité agricole du royaume, c'est le faux point de vue sous lequel le législateur l'a considérée, en assimilant aux autres contributions publiques les travaux que la fondation ou la réparation de ces chemins obligeait en effet à répartir sur les contribuables fonciers.

Envisagées de la sorte, ces dépenses d'un intérêt local devaient paraître trop considérables pour être supportées par le budget de l'État, et trop aussi pour être exigées du public en dehors de toutes les autres contributions. Et en effet, il en serait ainsi si on devait exiger que de telles contributions fussent versées en numéraire dans la caisse du percepteur.

Mais il est une autre forme sous laquelle ces charges locales s'acquittent sans efforts et pourvoient au service de la confection et de l'entretien des chemins vicinaux. Cette forme est celle d'un rôle où chaque contribuable est en effet porté au marc le franc de sa contribution foncière, à laquelle on peut ajouter la mobilière. Ce rôle, dressé par le conseil municipal et rendu exécutoire, monte à une quotité proportionnelle aux dépenses exigées par la nature des travaux que la commune se propose d'opérer dans l'exercice courant. Et il n'importe guère que ce rôle s'élève aux 25, aux 50 et même aux 100 p. 100 de la contribution foncière; car ce rôle ne s'établissant qu'à l'avantage de la commune, il ne représente qu'une avance faite à l'agriculture, et qu'elle ne tarde pas à rembourser par une augmentation non-seulement du revenu des terres, mais de leur valeur vénale, et souvent même sans mesure avec le déboursé exigé par l'imposition locale.

Cette avance est même, entre toutes, celle qui rentre le plus sûrement au propriétaire, en ce que pour l'obtenir il n'a besoin ni d'avoir de plus belles récoltes, ni de les vendre à un prix plus élevé. Il lui suffit, pour en être remboursé, de gagner, tant sur ce prix que sur les frais de sa culture, la différence entre les frais de transport faits à grande peine sur des voies impraticables, et ceux qui s'exécutent sur des chemins macadamisés, unis et praticables en toutes saisons.

Cette différence exige, sur un domaine de 20 hectares, l'entretien d'un cheval de plus, et c'est peu dire. Or cet entretien, évalué au minimum, ne saurait être estimé au-dessous de 200 fr., tandis que la contribution locale, fût-elle égale au montant du foncier, ne serait que de 100 fr. sur un tel domaine.

Dans certains cas cette différence présente de bien autres proportions. Nous connaissons, par exemple, telles forêts dont les frais de transport absorbent, en raison de la nature des chemins, la moitié de la valeur brute de la superficie, et auxquelles l'ouverture d'une extraction facile restituerait la moitié de ces frais, c'est-à-dire que, si cette valeur est de 1,000 f. par hectare, les frais de transport de 500, l'ouverture d'une route unie et solide, restituerait 250 fr. par hectare au propriétaire. L'exemple que nous venons de citer est sans doute celui qui présente la plus grande proportion qu'un tel avantage puisse procurer; mais il n'est aucun produit vendable qui ne gagne en économie de transport une notable aliquote de sa valeur.

Nous avons insisté sur ce point, parce qu'il n'en est aucun auquel nous attachions une plus haute importance pour l'amélioration de la culture, et aucun par conséquent sur lequel il soit plus instant d'éclairer le jugement des cultivateurs et des conseils municipaux; car l'économie des transports est loin d'être l'unique bénéfice que les chemins vicinaux assurent à l'agriculture. Avant d'en exporter les produits, ils ont servi à les faire croître.

Dans un pays où, comme en France, la population,

au lieu d'habiter des fermes éparses au milieu des domaines, s'est amassée au contraire dans de gros villages, et a laissé par conséquent les extrémités du territoire appartenant à chacun d'eux à de grandes distances du cultivateur, il arrive que ces terres éloignées éprouvent toujours un défaut de soins proportionné au mauvais état des chemins qui y conduisent. On craint également d'y transporter les engrais et d'en ramener les récoltes ; on les soumet ainsi à l'assolement le moins coûteux et le moins productif. Une disposition qui éloigne ainsi le cultivateur de sa terre est la pire de toutes, et ne saurait se corriger que par la facilité que de bonnes communications donnent aux transports. C'est la première des conditions pour améliorer, car elle est indispensable. La contribution que j'appellerai génératrice, avancée dans ce cas, est non-seulement remboursée par la mieux-value sur les frais de transport, elle l'est aussi par l'accroissement des produits bruts que la facilité des communications permet d'obtenir.

Cette contribution enfin s'acquitte par un travail fourni en nature par les propriétaires, qui rachètent en voitures de gravier et en journées de travail le contingent qui leur a été assigné, travail qui n'obère en rien le cultivateur, parce qu'il n'y applique que des journées où ses attelages chômeraient. C'est une corvée pour ces attelages, qui s'en dédommagent par les efforts qu'elle leur économise pendant tout le reste de l'année. La contribution ne pèse que sur ceux des propriétaires qui avaient oublié dans leur bail de mettre ces jours de corvées à la charge de leurs fermiers ; mais cette clause s'introduit à chaque renouvellement de bail, et il en reste peu maintenant où elle ait été omise.

Cependant les chemins vicinaux, tels que les définit la loi qui les a mis à la charge des communes, seraient loin de suffire au service intérieur de leur territoire tel que nous venons de le décrire ; car cette classe de chemins, n'étant destinée qu'à établir la communication des communes entre elles, et de celles-ci au chef-lieu, ne met pas encore à leur portée l'ensemble des parcelles dont se compose le domaine rural de chaque village.

Mais il se passe dans ces villages un phénomène dont nous avons été cinq fois témoin, et dont l'économiste aussi bien que le législateur doivent tenir compte. Les habitants du hameau le plus inabordable et le plus fangeux, d'abord forcés par le sous-préfet à mettre leur chemin en réparation, se plaignent, clabaudent et retardent l'ouvrage. A la fin cependant ils s'y décident, en criant à l'injustice, mais dans la crainte du percepteur. Le chemin s'ouvre, s'élève et se nivelle peu à peu. Il devient ferme ; leurs charrettes n'y restent plus embourbées ; au lieu d'une demi-charge, elles en portent une entière ; au lieu de deux heures, il ne leur en faut plus qu'une pour atteindre le marché ; leurs affaires s'y font plus vite. Leur hameau perdu dans les boues, devient fréquenté. L'aubergiste répare son cabaret et y met une enseigne à la place du balai de buis desséché qui, depuis longues années, y attirait les vieux paysans, le soir du dimanche ; le maire fait blanchir sa maison ; une certaine vanité villageoise s'empare de la jeune population, tandis que l'ancienne en tire un mauvais augure. Les chevaux, moins fatigués, prennent un meilleur poil, et le laboureur s'en vante ; aussi soigne-t-il mieux sa charrette et ses harnais, qu'il resserre sous un hangar fait exprès avec des débris de vieilles poutres. Un esprit d'amélioration s'introduit ainsi par un seul fait dans la bourgade. On n'y est plus stationnaire ; tout s'y est mis en mouvement, sans que l'on puisse dire où sera le terme de ce mouvement, et ce que fut jadis pour Rome la création du chemin d'Appius, l'ouverture d'un petit chemin vicinal le devient pour ce village. Il était en dehors du mouvement qui agite la société ; il entre dans ce mouvement. Son capital était stationnaire, parce qu'il était invendable ; les bandes noires y pénètrent, et à leur suite les terres s'élèvent à une valeur vénale inconnue jusqu'alors, et qui paie au vingtuple tous les frais occasionnés par la réparation des chemins.

C'est alors que chacun des habitants, voulant que ses terres participent à ces bénéfices, s'entend avec ses voisins pour mettre en réparation les principaux chemins de vidange qui desservent leurs domaines, jusqu'à ce que le réseau formé par ces chemins embrasse tout le territoire rural de la commune.

C'est alors aussi que la commune voisine, jalouse de ces avantages et voulant y participer, profite de la mort du vieux maire, qui, depuis trente ans qu'il exerçait, laissait tout aller au plus bas, pour mettre en action le zèle du magistrat que le préfet vient de nommer à sa place, glorieux qu'il sera de laisser à l'avenir, pour trace de son passage dans cette bénigne magistrature, le souvenir des routes qu'il y aura tracées et des ponceaux qu'il y aura édifiés. Ceci n'est point une fiction ; c'est ainsi que les choses se passent, et le monde entier n'est-il pas d'ailleurs aujourd'hui le modèle du tableau que je viens d'esquisser? L'homme qui veut s'en attribuer jusqu'à la moindre parcelle ne s'efforce-t-il pas d'y ouvrir en tous sens des communications? Les Alpes, les fleuves, les mers n'arrêtent point ses travaux. Il gravit en circulant sur les plus hautes cimes, il jette sur les fleuves des ponts qu'il suspend dans les airs, et court sur les eaux, à l'aide des roues que la vapeur fait mouvoir. A mesure qu'il a vaincu ainsi un des obstacles que la nature avait cru opposer à l'empire qu'il exerce sur elle, tout un mouvement social ne se crée-t-il pas autour de cet obstacle vaincu? Il est vrai qu'il y a des points, et nommément dans la fertile plaine qui occupe le nord du royaume, où le défaut de matériaux rend la confection des chemins presque impossible, à moins de recourir aux pavés, entreprise qui dépasse d'autant plus les moyens dont les communes rurales peuvent disposer, qu'à l'exception des transports elles ne peuvent pas y contribuer en nature. Mais il est d'autres localités où l'on ne se dit privé de matériaux que faute de les avoir cherchés. Ainsi dans le département de l'Ain, dans cette plaine de la Bresse où toutes les relations agricoles et sociales étaient autrefois suspendues depuis le mois de novembre jusqu'à celui d'avril, on a trouvé, au-dessous d'un épais sous-sol de glaise, un banc de galets qu'on était loin d'y soupçonner, et au moyen duquel on a pu, en dernier lieu, y créer de beaux chemins, soit départementaux, soit vicinaux.

Les sept huitièmes au moins du royaume sont approvisionnés de matériaux plus ou moins bons, il est vrai, mais suffisants pour la confection et l'entretien des routes vicinales. Aussi il faut dire que sur tous ces points on y voit travailler, et que ce mouvement, multiplié par l'action morale qu'il exerce sur les esprits, ne doit pas tarder à doter son agriculture des voies de communication qu'elle réclamait depuis le temps où la première charrue y a ouvert le premier sillon.

RÉSUMÉ DE CE LIVRE.

Après avoir parcouru les différentes conditions que nous avons nommées agricoles, parce qu'elles déterminent l'essence et le caractère que doit nécessairement revêtir l'économie rurale d'un pays, quel qu'il soit d'ailleurs, nous avons pu juger par cet examen :

1° Que la France était, avant tout, un pays agricole, puisque les trois quarts de sa population sont occupés à cultiver son sol et en tirent tous leurs moyens d'existence. La force du pays est dans cette masse, et c'est dans ce sens que le législateur, aussi bien que l'administration, doivent le considérer et le régir ;

2° Que la propriété est répartie parmi cette population de sorte que, sur les 26 millions d'individus qui habitent les campagnes, 2 millions sont étrangers à la propriété ; 15 millions en possèdent le quart, et 9 millions les trois quarts ; d'où il résulte que d'après cette répartition il doit y avoir trois systèmes de cultures très différents entre eux, savoir : la grande, la moyenne et la petite ;

3° Que 20 millions d'hectares appartenant à la petite et moyenne propriété se cultivent par l'économie et le travail de leurs propriétaires. 14,500,000 hectares sont exploités par des métayers ou des fermiers parcellaires, sans autres avances que celles du travail de leur famille, et que 8,000,500 hectares seulement sont confiés à des fermiers à rentes fixes, lesquels y consacrent un capital circulant ;

4° Que les natures de culture se répartissent entre ces propriétés de la manière suivante :

La production du combustible occupe. .	15 6/10ᵉ p. 100
Celle des vins et spiritueux.	3 6/10ᵉ p. 100
Celle des soies, chanvres, lins, huile, fruits, etc.	1 8/10ᵉ p. 100
Celle des produits animaux.	16 4/10ᵉ p. 100
Enfin celle des céréales	62 6/10ᵉ p. 100
	100 » »

de la superficie cultivable du royaume.

en sorte que la culture en est essentiellement dirigée dans le but de produire le plus et le plus immédiatement possible celles des denrées qui servent à l'entretien de l'homme, ou, en d'autres termes, vers des cultures épuisantes, tandis que le huitième seulement de sa superficie est destiné à l'entretien des animaux, c'est-à-dire des récoltes améliorantes ; et de là on peut juger que le sol de la France est, non pas ingrat, bien loin de là, mais amaigri et dans un état d'épuisement, comparé à ceux de la Lombardie, de la Suisse, de l'Allemagne, des Pays-Bas et de l'Angleterre. En revanche, les cultures céréales produisant, toutes choses égales d'ailleurs, pour l'alimentation de l'homme, dans la proportion de 16 à 9, comparé aux cultures qui ne le nourrissent qu'après avoir été converties en produits animaux, il en résulte que la France, avec beaucoup moins de bestiaux et d'engrais que n'en produisent les pays que nous venons de citer, alimente néanmoins sa population avec un espace moindre ;

5° Que le système des impôts, quelque fautif qu'il puisse être, n'est pas néanmoins de nature à entraver l'amélioration de l'agriculture : la preuve en est que, sous ce régime, ou peut-être malgré ce régime, nous ne saurions en décider, elle a augmenté sa production de 36 pour 100 en quarante-huit ans;

6° Que cette agriculture enfin est aujourd'hui favorisée par l'ouverture et la réparation d'un nombre infini de grandes et de petites communications, propres à faciliter l'exploitation des terres et à ouvrir de nouveaux débouchés à leurs produits.

Il y a donc augmentation dans ces produits, mais fausse direction imprimée au système général d'une culture qui manque d'autant plus de moyens réparateurs qu'on en exige plus de production.

LIVRE II.

DES AMÉLIORATIONS EN AGRICULTURE.

CHAPITRE Ier.

Des rapports entre la culture et la propriété.

Après avoir examiné qu'elles étaient les conditions dans lesquelles l'agriculture de la France se trouvait enfermée, et avant d'entamer l'ample sujet des moyens d'amélioration qui lui sont applicables, nous croyons devoir encore traiter quelques questions générales sans la solution desquelles on ne saurait se livrer avec sécurité à ces améliorations.

La grande propriété ne fait pas nécessairement de la grande culture, car il faut pour cela que la nature du sol et de ses productions s'y prêtent; mais la petite propriété fait nécessairement de la petite culture, parce qu'on ne saurait ni diviser le travail ni l'appliquer en grand, là où l'étendue même de la superficie s'oppose à tout développement.

Ainsi, les conditions qui font que la culture est petite ou grande sont tout-à-fait étrangères aux dimensions mêmes de la propriété. La division de celle-ci ne suit en effet d'autre loi que celle de l'abondance ou de la pénurie des capitaux réunis par un concours soutenu de circonstances dans les mains du même capitaliste. Partout où il y aura surabondance de grands capitalistes, il se fera de la grande propriété; partout où les capitalistes manqueront, la subdivision de la propriété aura lieu au profit des petits capitaux.

Cette loi ne souffre d'exceptions que là où des circonstances locales mettent des obstacles invincibles à l'extension des propriétés, comme il en serait dans une île bornée ou dans un vallon resserré par des monts inaccessibles; et dans ce cas, le sol prend une valeur de monopole telle qu'il se paie au double dans la vallée de Chamouni qu'on ne l'achète dans la plaine de Saint-Denis; ou bien là où des législations spéciales s'opposent à sa subdivision.

Aussi, nous verrons qu'en mettant à part ces exceptions résultant de circonstances locales, de convenances personnelles ou de législations forcées, les dimensions de la propriété se sont réglées, dans tous les pays civilisés, sur le nombre ou sur la rareté des capitalistes qui ont pu en former de plus ou moins vastes et les conserver telles; tandis que le mode de culture petite ou grande qu'ils y ont adopté a dépendu de l'appropriation convenable qui leur était dictée par la nature particulière du sol de la localité. C'est ainsi qu'en Toscane le prince Corsini a divisé entre 80 métayers l'exploitation d'une grande propriété. La France offre un très grand nombre d'exemples de cas pareils; c'est-à-dire de grandes propriétés dont l'exploitation a été divisée en plusieurs exploitations, soit de vignerons, soit de métayers, suivant que la culture de ces terres demandait qu'elles fussent travaillées par les soins d'une famille ou maniées en grand.

On conçoit donc aussi que l'étendue des grandes propriétés est en tout pays relative à la fertilité de leur sol et au degré de civilisation qu'ont acquis les pays où elles sont situées; car la valeur vénale de l'hectare s'établit d'après ces deux conditions : l'une qui provient de la concurrence qu'une haute civilisation amène dans la demande des terres, l'autre qui tient à l'élévation de la rente qu'on retire du sol en raison de sa fertilité. Ainsi, pour avoir dans la plaine de Lodi une propriété de 100 mille fr. de revenu, il suffit qu'elle ait une superficie de 330 hectares; il n'en faut même que 60, pour obtenir ce revenu, si cette propriété consiste dans le clos Vougeau; tandis qu'il en faudra 10 mille pour y atteindre, dans le cas où la propriété exploitée serait celle du parc de Chambord. Or, c'est à l'importance du revenu, et non pas à l'étendue métrique qu'est attachée la valeur intrinsèque de la propriété. On est disposé cependant à commettre cette espèce d'erreur, et à ne ranger dans la classe des grands propriétaires que ceux qui possèdent de vastes domaines, qu'ils soient plus ou moins stériles ou plus ou moins incultes.

Cependant, ce n'est qu'à la concentration de la valeur vénale du sol, sur une superficie bornée, que tient la richesse d'un pays comparée à celle d'un autre; car il se crée ainsi un immense capital national, en monétisant, si je puis m'exprimer ainsi, l'immeuble qui constitue le capital foncier de la nation, puisque ce capital ne peut exister qu'autant que ces terres peuvent se réaliser par la possibilité de les aliéner contre un signe monétaire.

Ce capital s'élève ou diminue suivant que la présence ou l'absence des capitaux et de la sécurité de la possession affaiblit ou multiplie la concurrence des acquéreurs; mais il ne peut exister que là où l'état des choses et de la législation ont soumis les terres aux lois communes à toutes les marchandises; car leur valeur tombe à néant aussitôt qu'une législation forcée les rend inaliénables, ou dès que cette valeur n'est représentée, comme dans les défrichements coloniaux, que par celle du travail nécessaire pour les défricher.

La différence entre les ressources d'un état conquis sur le désert et celles d'un vieux empire, vient précisément de la grandeur du capital que représente la valeur du sol de ce dernier. Non sans doute que cette valeur puisse se réaliser à la fois; mais parce qu'elle existe comme un gage et comme une quantité numérique que personne ne conteste, et qui peut se réaliser à volonté, soit par des aliénations, soit par des emprunts; tandis que ce grand capital n'existe encore ni dans les steppes de la Russie, ni dans les forêts de l'Amérique, parce que le sol n'y a point acquis jusqu'ici de valeur vénale, et qu'il n'est concédé qu'à titre gratuit et en vertu du travail à l'aide duquel on l'a défriché.

Il a fallu qu'un long temps s'écoulât avant que les terres dérobées à la solitude par le travail humain, ou celles envahies par la barbarie, aient acquis une valeur vénale, et c'est aussi à ces époques primitives de la formation ou de la désorganisation des sociétés qu'ont pu s'y former les grandes propriétés, qu'aucun capital n'aurait pu payer, et qui, longtemps encore après leur formation, ne se sont transmises qu'à titre gratuit.

Mais à mesure que s'est opéré le développement social du pays dont ces propriétés dépendaient, elles ont subi la destinée qui leur a été assignée par l'économie générale que le concours des circonstances y a fondée. Ainsi les grands terriens ont conservé en Angleterre les vastes propriétés qu'ils ont acquises à l'aide des conquêtes et des révolutions politiques ou religieuses dont ce pays a été le théâtre, parce que le droit d'aînesse et les substitutions ont obligé les premiers-nés de conserver ce patrimoine intact. Les chefs de famille s'en sont fait dès lors une loi, par la raison que les mœurs et les institutions du pays ayant attaché une autorité politique et une considération personnelle à la grande propriété, il y a eu convenance pour les propriétaires à en affermir la possession dans leurs mains.

Mais comme l'accroissement de la prospérité publique débordait en Angleterre dans tous les sens et que l'accumulation des capitaux demandait pour eux un placement et la faculté de prendre une part quelconque à la propriété, il leur a été ouvert deux voies pour y participer : celle des longs baux et celle des acquisitions à terme, c'est-à-dire d'emphitéoses. Ces deux conditions permettent également de jouir de la propriété, d'y bâtir, d'y planter, de la remettre en d'autres mains, d'en disposer enfin jusqu'à l'arrivée du terme du contrat, arrivée qui a été pour les grands terriens l'époque d'un accroissement prodigieux de revenu, parce qu'en renouvelant leurs baux ou leurs marchés à terme, ils ont retrouvé dans l'élévation de leurs prix tout ce qui dans l'espace d'un siècle s'est ajouté à la valeur foncière par l'augmentation des capitaux, la dépréciation du numéraire, et l'accroissement de la demande formée par l'accumulation de tant d'intérêts.

Dans les vastes états qui occupent le nord-est de l'Europe, la marche qu'y ont suivie les grandes propriétés a été bien moins accélérée. Elles s'y sont conservées telles dans les mains de leurs possesseurs, parce qu'il n'y a pas eu de demandes pour entrer en partage de leur possession. L'accroissement de leur revenu a été lent, quoique progressif, par la raison qu'une part de ces propriétés est remise par un emphitéose perpétuel aux cultivateurs, moyennant une légère redevance fixe et une contribution personnelle de travail, au moyen duquel la part des domaines que le propriétaire s'est réservée reçoit une culture. Ce n'est donc que sur cette part qu'ils peuvent obtenir une amélioration de revenu, ralentie par l'effet même d'une culture faite par corvée, c'est-à-dire de la plus détestable de toutes.

Les circonstances ont été tout autres en France, et le résultat en a été tel que la grande propriété proprement dite, celle qui paie 1,000 fr. d'impôts et au-dessus, n'y possède plus, ainsi que nous l'avons vu, que 5,540,000 hectares, c'est-à-dire le huitième de la superficie cultivable du royaume, et dont plus de 3,000,000 d'hectares sont en nature de bois.

Sans doute que la révolution a spolié cette classe de propriétaires d'une portion de ses domaines; mais cette portion ne s'élève, d'après le règlement des indemnités, qu'à 1,000,000 d'hectares. La classe de propriétaires expropriés n'en possédait ainsi, avant la révolution, que 6,540,000 hectares. La propriété s'était donc subdivisée en France avant cette époque plus que nulle part ailleurs, ainsi que les rôles des tailles pourraient en faire foi.

Quelles ont dû être les causes d'une telle dissémination du sol parmi la population?

Les raisons en sont que nul attribut politique, nulles influences personnelles n'avaient été attachés, ni par les mœurs, ni par les institutions, à la condition de grand propriétaire. C'était de la naissance, de la faveur du souverain et des grandes fonctions que cette faveur décernait, que dépendaient l'influence et la considération personnelle. Il n'y avait donc aucune convenance politique ou morale qui déterminât les grands propriétaires à conserver l'intégrité de leurs domaines lorsque leurs convenances domestiques ne s'y trouvaient pas.

Or ces convenances ne s'y sont pas trouvées, parce que les dépenses que cette classe de propriétaires avait à supporter étaient toujours au-dessus des facultés que donnait le revenu de leurs terres; d'autant plus que cette classe était à la fois totalement dépourvue de la capacité administrative, et je dirai du sens agricole, au moyen desquels elle aurait pu augmenter ce revenu, et aussi totalement étrangère à l'esprit d'économie qui lui aurait appris à proportionner ses dépenses à ses revenus.

Des besoins sans cesse renaissants ont donc porté les grands terriens à vendre des domaines dont l'aliénation ne causait aucun dommage à leur position sociale, puisqu'elle n'était pas attachée à cette possession.

Aujourd'hui il en est autrement. Les grands propriétaires qui survivent à toutes ces circonstances apprécient à leur valeur des possessions auxquelles les débris de leur ancienne existence semblent restés attachés, et chaque révolution qui survient les en rapproche davantage ; mais la matière première avec laquelle on pourrait maintenant refaire de la grande propriété, devient tous les jours plus chère et plus rare en France.

Elle y devient chère et rare, parce que la superficie ne pouvant s'élargir en raison de l'accroissement qui s'y opère dans la population, il doit en résulter un monopole naturel en faveur de la terre au moyen duquel sa valeur vénale doit tendre à s'élever sans cesse, c'est-à-dire à ne donner qu'un plus petit revenu pour un plus gros capital. Condition qui rend son acquisition toujours plus inabordable aux grands capitalistes; tandis qu'elle n'arrête pas les acquisitions que les moyens propriétaires peuvent faire par petites parcelles. Car, pour cette classe de cultivateurs, la parcelle qu'il acquiert lui rend, en premier lieu, la part du revenu qui leur est dévolue à titre de propriétaires, et, en second lieu, celle qui leur revient pour le remboursement des avances de culture qu'ils ont gagnées par leur travail.

Il resulte de là que, cette seconde part représentant l'entretien du cultivateur, il se trouve au bout de l'année qu'après avoir été vêtu, logé, chauffé et nourri, il lui reste, en économie, la part du produit de sa terre qu'il aurait acquittée au propriétaire rentier à titre de fermage, s'il n'en avait pas été déjà lui-même le possesseur. De là vient qu'un moyen propriétaire, cultivant son propre domaine dont l'étendue est en moyenne de 15 hectares et l'impôt de 75 fr., jouit de 600 fr. de revenu, et passe à juste titre pour riche dans son village, quoiqu'il ne soit pas appelé au collége électoral, puisqu'après avoir vécu pendant l'année il se trouve posséder 600 fr. de reste ou à peu près. Tandis que son voisin, propriétaire de 40 hectares, et payant 200 fr. d'impôts, fait partie du collége électoral, bien qu'il ne soit qu'un pauvre hère, attendu que les 1,600 fr. que lui paie son fermier suffisent à peine à l'alimenter, le loger, le vêtir et le chauffer, et que l'année finit sans qu'il lui reste une obole dont il puisse disposer.

L'accumulation de ces petites économies annuelles a déjà permis à la classe des cultivateurs possédant la moyenne propriété, de s'emparer de 14 millions d'hectares sur la superficie du royaume; et cette masse doit s'étendre sans relâche, parce que ce genre de possession fait à peu près l'unique objet de l'ambition de ces laboureurs opulents, et s'obtient par le rachat et la réunion des parcelles que les successions ont divisées, ou par celles que leurs propriétaires n'ont pu libérer des hypothèques qui les grevaient, ou finalement de celles que les grands propriétaires ont livrées aux marchands en détail.

Ces moyennes propriétés s'accroissent aussi dans les mains de la classe bourgeoise des petites villes, parce qu'elle y exerce, soit des commerces de denrées, soit des fonctions notariales ou autres qui lui permettent de gagner des capitaux, qu'elle place en acquisitions ou en hypothèques jusqu'à ce que ces dernières se convertissent forcément elles-mêmes en propriété du sol sur lequel on avait prêté le capital.

Ainsi, dans ce mouvement perpétuel qui se passe entre les capitaux, meubles et immeubles, les premiers travaillent constamment à réunir les parcelles que les circonstances et les lois travaillent sans cesse à diviser.

Dans cette oscillation, la balance penche d'un ou d'autre côté, suivant que l'état de choses favorise plus ou moins l'accumulation des grands ou des petits capitaux.

C'est ainsi que la période où nous sommes a favorisé, comme nous venons de le voir, la subdivision des terres; non-seulement parce que la Révolution avait distribué à vil prix parmi la population un million d'hectares des biens des émigrés et 2 millions de ceux du clergé; mais aussi parce qu'elle avait anéanti à peu près tous les capitaux mobiliers de la nation, capitaux qu'il a fallu péniblement rétablir, et dont l'absence avait laissé libre durant vingt-cinq ans l'action des petits capitaux conjointement avec celle de la législation.

Aujourd'hui, le capital mobilier s'est reconstitué à l'aide de l'ordre et de la paix; mais il se trouve en concurrence avec la masse disponible des petits capitaux qui ont fait hausser à tel point le prix des terres, que leur cours rebute les grands capitalistes et les empêche de reconstituer de la grande propriété.

En effet, la grande propriété, telle qu'on l'entendait par cette expression, n'est plus en rapport ni avec la nouvelle classification qui s'est opérée dans la nation, ni avec les mœurs que ses grands capitalistes ont adoptées. Les grands châteaux ne leur semblent plus qu'une habitation incommode; l'état qu'ils comportent qu'une gêne fatigante. Dépouillée des droits féodaux, l'immense étendue des terres n'est plus pour ces capitalistes qu'un mauvais placement de leurs capitaux dont il faut disputer le revenu aux fermiers, et, en effet, ces terres presque toujours mal administrées, ne rapportent qu'un bien minime intérêt du prix qu'on en obtient par des ventes à la parcelle.

Mais où se réfugiera la grande propriété dans cette pulvérisation de la surface du pays? car il est impossible qu'il n'y ait pas des possessions de cet ordre dans un État où il se crée sans cesse de grands capitaux mobiliers par la présence d'une immense dette publique qui s'accroît sans cesse; d'un commerce dont la matière première est l'approvisionnement de 32 millions 500 mille individus; d'une industrie assez active pour satisfaire aux besoins d'une telle population; dans un État, enfin, où il se distribue bien au-delà d'un milliard par le canal du budget des dépenses publiques. Or, en tous lieux, il est dans la nature de ces capitaux de chercher à se fixer, en se convertissant en immeubles, dès qu'ils se sont accumulés dans une même main.

Il restera pour apanage à la grande propriété tout ce qui n'est pas divisible, et qui par conséquent ne saurait être possédé par les petits capitalistes. Ainsi, les grands capitaux s'empareront des maisons urbaines, des mines, des usines, des canaux, des salines; ils resteront en possession des cultures exclusives, telles que le sont les herbages, les vignobles précieux, les grandes superficies situées en mauvais pays; et enfin les forêts, y compris la majeure partie de celles de l'État, qui semblent être destinées à couvrir les déficits de l'avenir, ainsi que les biens nationaux avaient défrayé ceux de la première révolution.

Il doit résulter de cette distribution des terres et des capitaux, que ceux-ci pourront trouver des placements proportionnés à leur volume; chaque espèce de possession en sera pourvue, et ces capitaux croissants doivent finir par libérer peu à peu le sol de l'hypothèque dont il est encore aujourd'hui surchargé. Mais l'aspect de la culture n'offrira pas de ces grands établissements, de ces améliorations capitales, et de ces soins assidus qui dénotent en Angleterre la présence des grands propriétaires.

Son apparence sera moins brillante, mais l'avenir seul nous apprendra, s'il n'y a pas plus de sécurité et une garantie plus solide pour l'ordre social, dans un temps où il est sans cesse mis en question, là où le maintien de cet ordre repose sur une gradation hiérarchique de propriétaires à titres égaux, bien qu'à dimensions différentes, mais dont l'intérêt est pareil, la défense commune, et qui doivent finir par former une phalange contre l'égarement des opinions qui travaillent partout à la disjoindre. L'avenir seul nous apprendra, disons-nous, s'il n'y a pas plus de sécurité dans une telle combinaison sociale qu'il ne s'en trouve aujourd'hui là où il manque de gradations dans la hiérarchie domaniale; là où de grands terriens sont chargés seuls du soin de défendre des possessions que nul ne partage avec eux, si ce n'est les fermiers chargés de les exploiter en présence d'une foule qui n'a d'autres liens avec la société que celle du tribut qu'elle vient chaque semaine lever auprès des magistrats de la paroisse.

CHAPITRE II.

De la grande et de la petite culture en France.

On peut qualifier de grande culture, celle dont l'exploitation comporte une division dans le travail, et de petite, celle dont le rétrécissement oblige au contraire à faire dans son exploitation une commutation de ce même travail.

Cette définition n'est pas sans doute entièrement exacte; car rien ne peut être tel en agriculture : parce que rien ne s'y opère avec la rectitude et la précision d'un travail de machines et que tout y est soumis aux variétés infinies des saisons et de l'état des terres. Il faut donc prendre cette définition d'une manière large, et dire que la petite culture est celle où le même atelier est successivement employé aux divers travaux de l'exploitation; et la grande, celle où des ateliers différents exécutent simultanément les diverses natures de travaux auxquels ils sont plus spécialement affectés.

Cette dernière définition est surtout applicable à la France, où nous avons vu que la moyenne culture occupait une grande place, où celle exécutée par des métayers en occupait une autre, sans qu'on puisse indiquer la culture à laquelle ces deux classes de propriétés sont soumises dans la grande, ni dans la petite. Aussi, appliquée à ce qui se passe en France, cette définition devra être autrement formulée. Nous appellerons petite culture celle qui s'opère par le seul travail de la famille ; moyenne, celle qui ajoute à ce travail, dans les temps de presse, le service d'ouvriers étrangers à la famille ; et grande culture, celle qui s'opère à l'aide d'ateliers formés d'ouvriers étrangers à la famille.

Cette dernière définition ne suppose pas que les domaines classés dans l'une de ces cultures aient une superficie déterminée. En effet, les limites de cette superficie seraient difficiles à tracer dans un pays où, comme dans la majeure partie de la France, il n'y a rien d'homogène, ni dans la nature du sol, ni dans la nature de culture pratiquée dans chaque domaine. Or, les travaux rustiques se cumulent ou se divisent bien moins d'après l'étendue totale de l'exploitation, que d'après la variété du sol et des productions qu'on y cultive.

Ainsi, partout où il y aura des vignobles, des mûriers, des oliviers, des plantes dont la culture demande à être conduite d'après des procédés minutieux et d'une longue durée, la petite culture s'établira d'elle-même ; parce que de telles productions ne sauraient être exploitées que par les soins assidus d'une même famille.

Aussi, remarque-t-on, à peu d'exceptions près, que la culture des vignobles, quelle que soit leur étendue, est partout subdivisée entre des colons partiaires qu'on appelle vignerons; car les propriétaires ont compris qu'il était peu avantageux de faire cultiver mécaniquement la vigne par des ateliers mercenaires, ainsi qu'il en est des champs de la Beauce.

Le grand nombre de bras qu'emploie l'exploitation des vignobles a multiplié la population de ces contrées. Occupée pendant la plus grande partie de l'année des soins que la vigne exige, cette population ne peut entreprendre concurremment aucune grande culture; car cette dernière serait tout-à-fait négligée. Mais elle a besoin de réunir au travail du vignoble d'autres cultures pour employer ses moments de chômage et pour s'approvisionner d'une partie au moins des denrées qu'elle consomme et des engrais que demandent les vignes.

Il suit de là que les pays de vignobles sont nécessairement dévolus à la petite culture, lors même que l'étendue des domaines les classerait dans la grande ou moyenne propriété; car, dans ce cas, on en subdivise le sol en plusieurs exploitations, afin que chacune d'elles puisse être gouvernée d'après le système de la petite culture, c'est-à-dire par les soins de la famille.

On peut estimer, en général, qu'en outre de la superficie occupée par le vignoble lui-même, une étendue triple des terres qui l'environnent sont consacrées de la sorte à la petite culture. Or, la France renfermant 1 million 800,000 hectares implantés en vignes, il y en a donc, par ce seul fait, 5 millions 400,000 hectares auxquels la petite culture est en quelque sorte inhérente.

Nous en pouvons dire autant de toute la partie montagneuse du royaume, où la surface du sol plus ou moins tourmentée ne permet pas de pratiquer dans ses étroits vallons d'autre système que celui de la petite et très petite culture. Ces régions occupent en France une très grande superficie, puisqu'elles comprennent dans leur enceinte, à l'est, les Vosges, le Jura et les montagnes de la Bourgogne ; au midi, les Alpes de la Provence et du Dauphiné ; à l'ouest, les Pyrénées, et au centre, ce vaste plateau où se trouvent les départements de la Creuse, du Puy-de-Dôme, de la Loire, de l'Ardèche, de la Haute-Loire, de la Lozère, de l'Aveyron, du Cantal, de la Corrèze et de la Haute-Vienne ; contrées qui comprennent, réunies, un quart de la superficie du royaume.

Sans doute, les aspérités qui signalent de loin l'approche de ces hautes régions figurent dans les 2 millions 500,000 hectares de la surface incultivable que nous avons défalquée du tableau de la répartition de son étendue ; mais il n'en reste pas moins une superficie de 7 millions 500,000 hectares qui appartiennent de droit à la petite culture.

A la vérité, la superficie occupée par les pays vignobles entame pour une moitié celle que nous venons d'attribuer aux régions montagneuses, où se pratique nécessairement la petite culture ; et pour ne pas faire de double emploi, nous devons en déduire, à cet effet, 2 millions 700,000 hectares, et ne porter la région montagneuse dans le tableau de la petite culture que pour 4 millions 500,000 hectares.

Nous avons dit au commencement du chapitre précédent que la grande propriété ne faisait pas nécessairement de la grande culture ; mais que la petite propriété obligeait forcément à cultiver en petit, puisque l'exiguïté des domaines ne comportait l'application d'aucune autre manière de cultiver. En sorte que la très petite propriété, occupant une superficie de 9 millions 700,000 hectares, doit être ajoutée à la catégorie de celles que nous venons de classer dans la petite culture.

Mais comme une partie de ces petites propriétés sont comprises dans la région montagneuse ou appartiennent à celle des vignobles, nous croyons aussi, pour ne pas faire de doubles emplois, devoir réduire d'un tiers cette superficie, et ne la compter que pour 6,470,000 hectares. En sorte que la partie du royaume où on ne saurait suivre que la petite culture proprement dite comprend une superficie :

	hectares.
1º Pour les pays vignobles, de. . . .	5,400,000
2º Pour les régions montagneuses, de.	4,500,000
3º Pour les très petites propriétés, de.	6,470,000
Total de la superficie du royaume dévolue à la pratique de la petite culture.	16,370,000

Aucuns des domaines compris dans cette nomenclature ne comportent la présence d'une charrue, et c'est le trait par lequel ce système de culture se sépare de celui que nous avons indiqué sous la dénomination de moyenne culture.

Celle-ci se distingue ainsi de la petite en ce que l'étendue des domaines permet d'y entretenir une charrue, ou tout au moins une demi-charrue. C'est-à-dire que les attelages appartiennent à deux propriétaires qui les réunissent pour opérer leurs labours, ou bien qu'un attelage complet peut retourner, outre les guérets dépendants du domaine qui le nourrit, ceux d'autres petits domaines voisins ; car d'ailleurs la moyenne culture n'a pas un principe distinct de celui qui régit la petite. Le fond de la culture s'y exécute également par les bras de la famille, avec plus ou moins de secours étrangers fournis, soit par des valets à l'année, soit par des journaliers, et cela en raison de l'étendue du domaine ou du nombre des bras que fournit la famille; mais sans que la division soit établie dans l'ordre du travail, et sans qu'on y suive d'autres méthodes que celle de pourvoir successivement à l'exécution des divers travaux rustiques.

La moyenne culture, système qui appartient surtout à la France, tant en raison de l'espèce de subdivision qui y a subie la propriété, qu'à cause du mode d'exploitation qu'on y a suivi, la moyenne culture y occupe une superficie qu'il faut classer comme il suit, savoir :

	hectares.
1º Par les petits propriétaires payant de 25 à 50 fr.	4,500,000
2º Par les métayers.	14,500,000
3º Par de petits fermiers parcellaires.	1,500,000
Total de la superficie des terres dévolues à la moyenne culture.	20,500,000

Sur les 43,000,000 d'hectares dont se compose la superficie cultivée du royaume, non compris le sol forestier, il ne reste à la grande culture proprement dite qu'une superficie disponible de. . . 6,130,000
De l'autre part . . . 16,370,000

Total général. . . . 43,000,000

Les 6,130,000 hectares cultivés d'après le système qu'on peut désigner par le nom de grande culture proprement dite, comprennent les vastes domaines cultivés par de grands fermiers à rentes fixes. Il ne s'en trouve guère de tels que dans la grande plaine du nord de la France, et par conséquent aux alentours de la capitale.

On rencontre, il est vrai, de la grande culture en dehors de cette enceinte, tant sur des plaines spacieuses que sur quelques points disgraciés du royaume, où les propriétaires découragés ont affermé de grandes superficies à des exploitants qui disputent leurs champs aux bruyères et aux ajoncs. Mais ces cas sont rares, car en général la culture des mauvais pays est divisée entre des colons partiaires.

Ce n'est pas néanmoins avec la précision numérique du tableau que nous venons de dresser que les systèmes de culture peuvent se diviser. Le sol de la France, ses mœurs, ses habitudes, les convenances de la population nuancent ces divisions par des transitions moins tranchées. Toutefois, il n'en résulte que des modifications exceptionnelles, la règle est ainsi que nous l'avons posée.

Il existe encore en France des régions qui ne peuvent être rangées dans aucuns des systèmes de petite, moyenne ou grande culture, parce que celle qu'on y pratique n'appartient en effet à aucune de ces trois dénominations. Nous voulons parler des pays d'herbages. Il y en a de deux sortes, savoir : les prés d'embouche, où l'on pratique l'engrais des bœufs concurremment avec l'élève des chevaux ; ces prés ne se trouvent qu'en Normandie, dans le bas Poitou et dans le Charolais. Il ne peut y avoir de telles prairies que par un concours si rare de circonstances, qu'on ne saurait en parler que pour féliciter leurs heureux possesseurs.

L'autre espèce d'herbages ne se trouve que sur les sommités des montagnes, et est comprise en partie dans les 2,500,000 hectares des terres incultivables du royaume. Ces parcours ne servent qu'à recevoir, durant les mois d'été, des troupeaux de gros et menu bétail qu'on y conduit des plaines voisines ; c'est un secours pour ces contrées qui leur permet d'entretenir de plus nombreux troupeaux avec lesquels s'approvisionnent des marchés plus distants.

Mais en admettant le partage des terres, tel que nous l'avons établi entre les trois espèces de culture dont nous avons reconnu l'existence, nous avons seulement constaté un fait. Nous sommes loin de prétendre par là que ces terres aient reçu l'espèce de culture que leur situation agricole et géoponique semblerait comporter.

Car si la petite culture est inhérente aux vignobles et aux régions tourmentées et montagneuses, elle ne l'est nullement à d'autres natures de sol. Il y a donc beaucoup de terres situées dans des contrées ouvertes et spacieuses, et où néanmoins on pratique de la petite culture en raison de la faible contenance de la propriété ; ce n'est donc pas d'après une condition naturelle, mais d'après une condition sociale qu'elle a été imposée à ces terres.

La même circonstance se retrouve dans une bien plus forte proportion sur les terres soumises à la moyenne culture, et où rien n'empêcherait de pratiquer la grande ; car les superficies propres à cette culture comprennent la plus grande partie de la surface du royaume, c'est-à-dire toutes ses régions nivelées, ouvertes et dans lesquelles les mouvements de la charrue trouvent un vaste théâtre. Or, il y a bien au-delà des 6,130,000 hectares, auxquels nous avons été obligés de borner l'espace réservé à la grande culture, où ces conditions se rencontrent. Il faut donc attribuer, d'une part, aux circonstances qui ont subdivisé la propriété, et de l'autre, aux mœurs rustiques qui se sont opposées à la formation des grands fermages, l'empiétement que la moyenne culture a fait sur le domaine que la nature semblait avoir préparé pour y pratiquer de la grande ; car cette grande culture pourrait s'exécuter sans rencontrer d'obstacles naturels dans près de la moitié des départements de l'est, où l'on en voit à peine quelques exemples ; dans la presque généralité de ceux de l'ouest, où les exemples en sont un peu moins clair-semés ; sur le littoral de la Méditerranée, où il n'y en a que dans le Delta formé par les alluvions du Rhône ; dans le centre du royaume, où il n'y a que des métayers ; en sorte, nous le répétons, que la grande culture est à peu près concentrée dans la vaste plaine que le cours de la Loire termine au midi et que le canal de la Manche limite au nord, sur une largeur dont les extrémités sont à l'est, à Châlons-sur-Marne, et à l'ouest, au point qu'occupe Alençon. Tel est à cet égard l'état des choses.

Une grande question s'élève maintenant et nous devons l'aborder. Cette division du sol de la France par système de culture est-elle favorable ou non à sa prospérité agricole?

Serait-il à désirer que, d'après l'opinion professée par les économistes anglais, la grande culture y occupât une place proportionnée à la nature de sa surface; que la petite y fût restreinte aux seules localités où l'on ne saurait en admettre d'autres, et que la moyenne en fût à peu près bannie, comme une espèce mixte qui prend ce qu'il y a de fautif dans les deux autres, dont elle occupe le point intermédiaire?

Serait-il au contraire à souhaiter que, d'après les vœux de quelques philanthropes, la petite culture s'emparât toujours davantage du territoire de la nation, qui participerait ainsi dans la plus grande proportion possible aux jouissances de la propriété, et porterait dans sa culture cette perfection horticulturale qui charme le voyageur lorsqu'il passe sous les berceaux de pampre du val d'Arno, et donne au pays cette apparence de bien-être rustique à laquelle s'attache involontairement une pensée de prospérité?

Mais les souhaits ne sont de rien en économie rurale ou politique, parce que ces sciences ne traitent qu'avec ce qui existe, et que cette forme d'existence ne peut changer qu'avec les siècles et par suite des circonstances qu'ils enfantent; car on ne fait pas de l'économie *à priori*, ni par amour des théories, et encore moins en dénaturant l'état des choses par un contrat mutuel ou tacite entre les intéressés. L'économie se fait au contraire *à posteriori* sous l'influence de la législation civile, des conditions que les lois commerciales imposent à l'avantage ou au détriment de tel ou tel genre d'économie; sous l'influence de l'état de l'instruction des classes laborieuses de la nation, état d'après lequel leurs notions et leurs points de vue changent et se déplacent. L'économie se fait d'après des influences dont on ne saurait prévoir l'action, parce qu'elle est le plus souvent contraire à l'intention du législateur ou de l'économiste, et parce que, loin de se communiquer, chacun pense à part soi qu'il sera le premier ou le seul à profiter de telle ou telle circonstance favorable qu'il aura entrevue ; tandis que tous ont eu à part eux le même aperçu et que tous s'embarquent à la fois dans la même opération ; d'où résultent les grands changements qui signalent le départ des nations vers une nouvelle économie.

Il faut donc nécessairement prendre les choses telles qu'elles sont. Il faut reconnaître que la petite culture est inhérente à la France, puisque la France a des vignobles qu'on ne déracinera pas, des contrées montagneuses qu'on n'aplanira pas, et 3 millions de petits propriétaires qui ne se laisseront ni déplacer ni anéantir.

On y pratique, il est vrai, de la moyenne culture là où il pourrait s'en faire de la grande. Mais s'il y a en cela un vice dans l'économie rurale du pays, il lui est aussi inhérent, du moins en partie, puisqu'il provient des circonstances qui ont favorisé en tout l'extension de la propriété moyenne. Ce vice tient à la pauvreté de la plupart des exploitants qui, faute des capitaux nécessaires à la mise en action de la grande culture, se bornent à s'offrir pour colons partiaires de domaines dont l'étendue permettrait l'application d'un autre système d'exploitation. Ce vice provient enfin de l'incapacité agricole des grands propriétaires qui n'ont pas su faire l'avance des capitaux nécessaires pour transformer l'exploitation de leurs domaines et y créer de la grande culture.

Cette dernière condition est la seule qui dépende de la volonté humaine, et par conséquent, la seule qui puisse être vaincue par l'exemple et le raisonnement. Il est même à croire qu'elle le sera ; car il existe aujourd'hui beaucoup d'exemples de telles améliorations rurales. On compte plusieurs grands propriétaires qui emploient aujourd'hui de l'intelligence et des capitaux à remanier les grandes terres qu'ils possèdent au midi de la Loire, ainsi que dans toute la région où croissent les ajoncs. Leurs efforts ne seront peut-être pas perdus, et lors même que les capitaux qu'ils y consacrent ne leur produiraient qu'un minime intérêt, le travail opéré à l'aide de ces capitaux se propagera de proche en proche, et amènera dans ces tristes régions le développement agricole qui leur a été refusé par les siècles passés.

Mais que se propose-t-on d'obtenir par l'exercice de cette grande culture?

Une large exécution des travaux rustiques, et par conséquent, de plus forts produits; c'est-à-dire ce qu'on obtient par l'emploi d'une plus grande force mise en jeu par un plus grand capital.

Une meilleure combinaison dans des assolements qui, au lieu d'être disposés dans le seul but d'alimenter la famille, le sont dans celui d'approvisionner les marchés. Ces marchés reçoivent ainsi un surcroît de subsistances propres à nourrir les habitants des villes et les agglomérations industrielles de toute espèce; ils produisent à leur tour des objets sur lesquels ils ont accumulé, au profit de la nation, toute la valeur de leur travail.

Ces conséquences sont avérées, car il est évident que c'est à l'adoption de la grande culture et à la division qu'elle permet dans le travail des champs, que l'Angleterre a dû la facilité avec laquelle elle a pu transporter dans ses ateliers industriels un quart au moins de sa population rurale, dont le travail, devenu superflu dans ses grandes fermes, est redevenu productif dans ses manufactures; tandis que la France occupe encore, dans ses ateliers des campagnes, ce quart d'une population qui s'alimente des produits directs que lui fournit la terre qu'il laboure.

Nul doute que la considération des grands capitaux recueillis en Angleterre par le travail industriel n'y ait influé sur les doctrines agronomiques. Or, ces capitaux ne proviennent en partie que du travail de ce quart de population, que le système agricole du pays a permis de mettre en œuvre dans les manufactures. Nul doute que ce ne soit la vue de cette enflure de prospérité qui a porté les économistes à s'attacher, sans autres considérations, à proclamer les mérites de la grande culture.

Sous ce point de vue, on ne saurait nier que le travail du laboureur anglais nourrit, ainsi que nous l'avons déjà remarqué, deux individus, pendant que celui du cultivateur français ne peut en alimenter qu'un et demi. Il y a donc, au détriment de la France, un immense déficit dans son travail productif; lequel ne provient, ni de l'infériorité de son territoire ou de son climat, ni de l'indolence de ses ouvriers, mais de la répartition de son sol et du mode qu'elle a introduit dans la manière de le cultiver.

Sans doute qu'en déduction de ce déficit il faut tenir compte à l'agriculture française des travaux qu'elle est chargée d'exécuter dans les vignobles, les terrains plantés, ainsi que dans l'exploitation des bois, choses dont l'Angleterre est dépourvue ; mais il lui reste toujours une grande différence en moins dans la reproduction opérée par son travail agricole, différence qui n'est due qu'à la division de ce travail admise généralement en Angleterre, où rien à peu près, hormis le soin des animaux, ne s'exécute qu'à forfait par des ateliers auxquels l'habitude de ces travaux a donné une grande dextérité d'exécution, et dont aucune autre occupation ne vient ni prendre le temps ni détourner l'attention.

Il y a déjà en France près de 5 millions d'hectares pris sur la vaste plaine qui occupe le nord du royaume où la grande culture se pratique, non point, il est vrai, avec les procédés perfectionnés dont on fait usage en Angleterre, non point avec des assolements savamment combinés, non point avec un luxe d'animaux qui puisse être comparable à celui des comtés d'outre-Manche, mais avec un surplus de production au moyen duquel ces provinces alimentent à peu près seules, sauf l'article des boissons, la nombreuse population de la capitale et celle des grands foyers d'industrie dont la majeure partie appartient à cette région.

La disposition du sol de la France et la répartition de la propriété permettraient d'ajouter 7 millions 500 mille hectares aux 5 millions qu'on y exploite déjà d'après le système de la grande culture ; car ce sol offre une superficie bien plus considérable encore de terrains unis et sur lesquels le travail agricole peut agir sans obstacles. Or, il n'est pas indispensable à l'exécution de la grande culture que l'exploitation s'en opère sur des centaines d'hectares; il suffit qu'une ferme en compte au moins 50 pour que ce système puisse y être appliqué. Celles de la Belgique sont à peu près de cette étendue, et le plus grand nombre de celles de l'Angleterre n'ont qu'une superficie de 100 à 200 hectares. Or, nous avons vu qu'il y avait 200 mille propriétés en France dont le minimum était de 56 hectares et la superficie totale de 11 millions d'hectares. On peut donc croire qu'il est possible sur une telle étendue de consacrer à la grande culture 7 millions 500 mille hectares.

Ajoutons, par la pensée, à cet accroissement de l'espace cultivé d'après les principes de ce système de culture les améliorations qu'il pourrait y apporter, et figurons-nous pour cela que l'étendue de cette fertile plaine qui se développe de la Loire à la Manche fût soudainement cultivée, ainsi que l'est dès longtemps le département du Nord. Quel n'en serait pas l'immense produit?

Il y a donc encore là un problème dont il faut confier la solution aux sociétés d'agriculture, aux fermes-modèles, et surtout au concours de ceux d'entre les grands propriétaires qui mettent si heureusement à profit les leçons du malheur et celles de l'expérience, pour améliorer les domaines que la Révolution leur a conservés ou rendus. Cette solution appartient en effet tout entière à la science rurale;

car dans les termes où nous l'avons restreinte, elle n'affecte en rien ni la répartition de la propriété, ni le domaine de la petite et moyenne culture, ni les pays de vignobles ou de montagnes, ni rien enfin de ce dont un économiste doit avant tout faire acception.

La France aurait ainsi une superficie égale au quart de son étendue cultivée, sur laquelle se pratiquerait une culture qui pourrait verser dans les marchés un approvisionnement proportionnel à celui de l'Angleterre; c'est-à-dire dans la proportion d'après laquelle le travail d'un homme en nourrirait deux. Cette proportion serait même plus forte en faveur de la France, en raison de son climat, qui permet aux céréales de fructifier plus abondamment que du côté opposé de la Manche. Elle conserverait tout ce qu'elle possède aujourd'hui de petite culture dans laquelle sont compris les vignobles, les oliviers et les mûriers, etc.; productions qu'on ne consomme pas à domicile, mais qui versent un grand surplus sur les marchés et accroissent dans une forte proportion les éléments d'échange et de circulation; tandis que les régions montagneuses fourniraient toujours les élèves d'animaux au dehors, ainsi que ce surplus de bras qu'une émigration périodique conduit sur tous les points où des travaux appellent leur concours.

La moyenne culture, participant du caractère des deux autres, fournira les diverses espèces de productions qui leur sont propres, et ajoutera au marché un excédant de ces productions dans le rapport d'un consommateur et demi pour un producteur.

Les proportions d'après lesquelles ces trois systèmes de culture pourraient se partager la superficie cultivée de la France ne nuiraient donc pas à sa prospérité. Les faits viennent à l'appui de cette assertion, et, quel que soit le mépris qu'on professe aujourd'hui pour eux, nous avons appris à les compter pour beaucoup en économie. Ces faits nous montrent, d'une part, qu'une population croissante, parvenue aujourd'hui au nombre de 32 millions 500 mille âmes, a été, nous le répétons, abondamment vêtue, logée, chauffée et nourrie, puisqu'elle a sans cesse augmenté, ce qui n'aurait pas eu lieu si elle avait souffert; et de l'autre, ces faits nous apprennent que ce n'est pas au dehors que la France a été chercher l'approvisionnement de cette population.

Car l'importation des matières d'approvisionnement est peu considérable. Ainsi, il figure sur les tableaux de cette importation une somme de 10 millions pour des laines superfines; tandis qu'il suffirait d'avoir 2 millions de bêtes à laine superfine pour annuler cette importation, et qu'avec quelques soins de plus les cultivateurs français pourraient facilement produire.

Une somme beaucoup plus forte est appliquée à l'importation des soies. Assurément, il suffirait de consacrer à la culture du mûrier à basse tige une partie des guarigues de la Provence et du Languedoc pour couvrir ce déficit. Les importations de céréales ont été presque nulles depuis nombre d'années.

On importe des chevaux de l'Allemagne, de la Suisse et quelques-uns de l'Angleterre; mais, en revanche, la France exporte des mulets pour l'Espagne et les côtes d'Afrique. Ce serait une grande ineptie que de s'obstiner à élever des chevaux de

300 fr., tandis qu'on peut nourrir un mulet dont on obtient 600 fr.

Il faut donc reconnaître que ce n'est pas aux importations que la France doit l'abondance et le bas prix de ses approvisionnements.

Mais s'il y a autant d'abondance et de si bas prix, à quoi sert, dirons-nous avec un fonctionnaire chargé naguère de diriger les améliorations du royaume, à quoi sert d'améliorer? La question serait faisable si l'économie d'un pays pouvait jamais rester stationnaire; mais tous les éléments qui la constituent se meuvent et s'agitent sans cesse. L'habileté consiste à diriger ce mouvement vers une ascension dont le terme est indéfini et dont l'action produit, dans son passage, l'état de prospérité.

Le terme de ce mouvement est indéfini, parce que chaque année crée, avec une population nouvelle, de nouveaux besoins, de nouvelles demandes et des rapports avec des États et des peuples que les siècles font sortir du néant pour figurer à l'improviste sur la grande scène du monde civilisé.

Ce terme est indéfini, parce qu'on n'oserait assigner de bornes aux forces végétatives de la terre, ni à l'art du cultivateur, au moyen desquels l'économie rurale doit satisfaire à ces besoins et à ces demandes. Il faut s'avancer avec confiance vers ces limites inconnues, qui reculent sans cesse devant la hardiesse et l'intelligence des cultivateurs; car, il y a toujours avantage pour un peuple à produire, parce que sa richesse ne consiste qu'en choses produites, alors même que leur volume dépasse momentanément la consommation, puisque, dans ce cas, la consommation activée par la surabondance ne tarde pas à rétablir un équilibre qui, pour alimenter le mouvement progressif, doit toujours laisser la balance pencher du côté du consommateur.

CHAPITRE III.

Des améliorations rurales.

On comprend également sous le nom général d'améliorations, celles dont le but immédiat est d'accroître le revenu de la terre, soit en changeant la nature de sa culture, soit en lui consacrant des soins et des travaux inaccoutumés, et celles dont le but est de fertiliser le sol en lui faisant produire une plus grande masse de récoltes destinées à fournir des engrais. Cette dernière espèce d'amélioration s'obtient par une combinaison d'assolements, dans lesquels s'intercalent un plus ou moins grand nombre de récoltes destinées à la nourriture des animaux; et ce n'est qu'après avoir fait usage des engrais produits par cette consommation que l'on en retire des avantages.

La première espèce d'amélioration consiste, ainsi que nous l'avons dit, à opérer des changements de culture appropriés à la nature du sol; tels, par exemple, que celui de convertir en vignobles un coteau pierreux, d'arroser une prairie auparavant desséchée, de semer en bois un terrain siliceux, de saigner celui où les récoltes souffrent par trop d'humidité. Cette énumération de cas serait infinie, et nous nous bornons aux exemples que nous venons de citer, pour faire comprendre la distinction que nous avons établie entre ces deux ordres d'améliorations.

Cette première espèce d'amélioration s'obtient, soit par une exécution plus parfaite des travaux rustiques, soit par une meilleure disposition à donner aux parcelles qui constituent le domaine, soit enfin par des entreprises agricoles.

L'amélioration par assolements s'exécute au moyen de l'adoption de cours de récoltes plus productifs, mieux combinés et plus riches en fourrages que ceux qu'ils remplacent, appropriés toutefois à la nature du pays où l'on se propose de les mettre en usage.

Nous allons examiner l'un après l'autre les différents moyens d'améliorer l'économie rurale.

De l'exécution plus parfaite des travaux rustiques.

On peut sans doute améliorer l'agriculture sans altérer l'ordre qui s'y est établi et sans changer le cours des récoltes que cet ordre comporte. Il suffit quelquefois, pour obtenir cette espèce d'amélioration, d'un seul fait, d'une circonstance, telle que serait, par exemple, l'adoption d'une meilleure charrue ; car un instrument qui, par une préparation supérieure du sol peut faire produire aux mêmes terres, avec des conditions égales d'ailleurs, un demi ou même un quart de grain par semence de plus, opère une amélioration notable pour le cultivateur et immense pour l'État, puisqu'un demi-grain par semence de plus dans le royaume équivaudrait à un dixième de récolte.

L'adoption de cette charrue perfectionnée suppose plus encore. Elle suppose que le cultivateur a été imbu d'un esprit d'amélioration, d'un désir de faire mieux que ses devanciers ; d'où l'on peut augurer que cet esprit se portera également sur les autres branches de sa culture. Ce cultivateur n'embrassera pas un nouveau système, parce que les éléments n'en sont pas à sa portée, ou qu'il en craint les chances et les retards; mais il comprendra qu'il lui importe de perfectionner la culture de sa vigne, aussi bien que celle de son champ ; qu'il doit l'implanter de qualité supérieure, la bêcher plus profondément, en remplir mieux les vides, ou en appuyer les ceps sur des échalas plus solides.

Il s'apercevra, en poursuivant ses travaux, que les terres qu'il a fumées répondent avec bien plus de vigueur à ses soins. Pour se procurer plus d'engrais, il fera de son pré un enclos, en nivellera mieux la surface, et même, s'il aperçoit à sa portée un écoulement d'eau venant d'une source négligée ou d'un champ plus élevé, il en dirigera le cours dans son gazon flétri, que cet arrosement inattendu fera reverdir.

Mais ce ne sera pas assez. Non content de l'herbe qu'il aura récoltée sur ce pré, ce cultivateur, d'après le conseil d'un voisin, militaire retraité que ces courses guerrières ont conduit vingt fois à travers l'Allemagne, sèmera du trèfle sur une parcelle de son champ. Cette graine, jetée sur une terre vierge encore pour elle, y obtiendra un succès inespéré. Jusqu'à ce que, satisfait d'une innovation qui lui aura coûté si peu, il finisse par associer la culture du trèfle au cours ordinaire de ses récoltes et sans en avoir eu la prévision, il aura soumis son domaine à un nouvel assolement.

L'effet qui en sera résulté pour ce cultivateur sera celui d'avoir mieux nourri ses animaux de labourage, et par conséquent d'avoir encore mieux travaillé ses terres et d'y avoir porté plus d'engrais. Il augmentera ainsi les moyens de les améliorer par une exécution supérieure de ses travaux. Bientôt il aura plus de fourrages que n'en peuvent consommer ses animaux de labour; il n'avait que deux vaches dont le lait alimentait son ménage, il élèvera d'abord une des génisses que ses vaches auront mises bas, et plus tard, une seconde. Il possédera quatre vaches au lieu de deux, et les dernières venues, mieux nourries que ne l'avait été leur mère, deviendront plus fortes et ajouteront leur produit au bien-être d'une famille, qui n'en sera redevable qu'à son intelligence et à son activité.

Nous disons à son intelligence et à son activité, puisque dans le mouvement progressif qu'aura suivi cette amélioration, il n'y aura eu ni débours extraordinaires, et par conséquent aucune application de nouveaux capitaux, hormis celui avec lequel on aura payé la charrue perfectionnée et la semence du trèfle, ni suspension de revenu, ni chances encourues, ni encombrement de denrées, parce que l'ordre établi n'aura point été interrompu, et qu'il n'aura fait que recevoir des développements successifs; développements que le cultivateur aura réalisés par l'effet du seul désir qu'il éprouvait d'améliorer sa position et qu'il n'aura fait qu'appliquer avec intelligence à ses travaux. Sa récompense en sera d'être nommé sans intrigues conseiller municipal, peut-être adjoint, peut-être maire; et si quelque bande noire vient à dépecer un lot de domaine dans son voisinage, il pourra profiter de l'occasion pour ajouter à ses propriétés un lot de propriétés nouvelles, et devenir ainsi opulent villageois. Son fils, racheté de la conscription, voudra mettre à profit cette opulence pour parcourir ses degrés académiques, et mauvais étudiant, faire un licencié qui sera trop heureux s'il obtient quelques jours une étude d'avoué au chef-lieu de l'arrondissement.

Mais le métayer auquel il remettra alors la culture du domaine dont il aura hérité, suivra par routine le régime agricole qu'y avait introduit son père, et, à quelques légères différences près, l'amélioration se trouvera consolidée dans ce domaine, comme dans ceux des alentours où l'on aura mis en pratique les mêmes procédés, parce qu'ils seront devenus l'usage du pays.

Ainsi la nature même de ce genre d'améliorations est applicable aux grandes comme aux moyennes et aux petites propriétés, aux riches ainsi qu'aux pauvres, aux fermiers comme aux propriétaires, aux métayers comme aux petits cultivateurs, par la raison qu'il n'exige pas de capitaux plus considérables que ceux dont toutes ces classes peuvent disposer, qu'il n'oblige pas à attendre ses résultats, et qu'en ne changeant pas l'ordre établi dans la culture, il peut s'adapter également à tous les sols, à tous les climats, à toutes les natures de cultures, comme aux besoins que les habitudes ont fait contracter aux consommateurs.

Aussi avons-nous la conviction que les systèmes agricoles les plus vantés par l'habile combinaison des assolements qui les caractérisent, n'ont pas suivi dans leur création d'autre marche que celle dont nous venons de tracer l'esquisse ; car nous ne croyons pas que l'agriculture d'un pays ait jamais pu s'improviser, attendu que trop de résistances s'y seraient opposées, dans l'état antérieur des choses comme dans les habitudes du pays. Ceux qui se plaisent à supposer que la transformation a été subite, font trop d'honneur aux agronomes qui auraient ainsi créé de toutes pièces les systèmes agricoles qu'on admire, soit en Belgique, soit en Angleterre.

Dans ces pays comme ailleurs, il y avait un état agricole antérieur, et dont les améliorations mêmes qu'on cite aujourd'hui dénotent l'infériorité. Un fait, une circonstance imprévue peut-être ont provoqué un premier acte d'amélioration, lequel en a enfanté d'autres, et la survenance d'une plante inconnue, telle que la pomme de terre, la betterave, le colza, ou le maïs, avec l'obligation de les encadrer dans les cours de récoltes, ont suffi pour forcer les cultivateurs des pays dont nous parlons, comme il en serait partout ailleurs, à former de nouvelles combinaisons d'assolements. Ces combinaisons, loin de s'être trouvées du premier coup, ont été la suite de beaucoup de bévues et de tâtonnements ; jusque-là, ou favorisés par un sol et un climat propice, par un caractère réfléchi, par un esprit soigneux, et par d'heureuses circonstances, ces cultivateurs en sont venus, d'abord en Belgique et plus tard en Angleterre, à fixer la nature de ces combinaisons, dont les agronomes ont plus tard rédigé les diverses formules, formules que ces laboureurs n'ont peut-être jamais lues, mais qu'ils appliquent sans réflexion, qu'ils suivent sans examen parce qu'ils ont vu leurs pères cultiver ainsi. Ils ignorent même qu'on puisse faire autrement, et n'ont ainsi d'autre mérite personnel que celui de la précision, de l'activité, et du soin qu'ils mettent à exécuter les travaux de leur culture.

Mais à la vérité un pays peut rester pendant des siècles dans un état stationnaire où rien ne viendra émouvoir la disposition paresseuse et routinière de sa population rurale; tandis que l'appel fait par d'autres circonstances à l'intelligence et à l'activité de cette population la mettra de toutes parts en mouvement. L'impulsion provient alors d'un désir vague, mais pressant, inspiré à la masse d'améliorer sa condition privée; mais ce désir ne peut naître que là où les circonstances offrent des chances inattendues au succès de cette amélioration. Ces circonstances peuvent avoir leur origine dans l'état moral des sociétés aussi bien que dans leur économie.

Ainsi nul changement dans l'état moral de la société n'a eu lieu en Angleterre; on s'est au contraire efforcé de l'y maintenir stationnaire jusqu'à ces derniers temps. Mais son économie a reçu de prodigieux développements, au moyen desquels les prix des subsistances se sont élevés assez haut pour avoir servi de stimulant aux fermiers en leur montrant qu'il leur était loisible d'acquérir, avec de nouveaux efforts, une position sociale supérieure.

En France, il en a été autrement, on a commencé par y changer violemment la condition sociale des cultivateurs avant d'avoir changé l'économie du pays. L'impulsion y est ainsi venue d'en haut; tandis qu'en Angleterre elle a surgi d'en bas. En un seul jour, ou plutôt en une seule nuit, les propriétaires non privilégiés de la France se virent débarrassés de la dîme, des corvées et des charges féodales, et dès lors il n'y a plus eu, pour tous les propriétaires indistinctement, qu'un même percepteur et un même juge de paix. Toutes les existences oisives et les habitudes ont été brisées par ce grand bouleversement, et du plus au moins, il n'y a guère de cultivateurs qui n'ait fait chaque année quelques efforts pour rendre sa position un peu meilleure qu'elle ne l'était l'année d'auparavant.

La somme de tous ces efforts a produit les résultats que la statistique du royaume a rendus apparents, c'est-à-dire qu'elle a subvenu à l'entretien d'une population dont la consommation s'est accrue de 36 p. 100 en quarante-huit années.

Pour qu'un tel résultat ait été possible, il faut donc que les blés produisent aujourd'hui en moyenne un grain par semence de plus qu'ils ne faisaient alors. Surcroît énorme, si l'on observe que cette augmentation ne provient pas d'améliorations entreprises à l'aide de ces grandes avances de capitaux, au moyen desquels on change brusquement un mauvais système de culture contre un meilleur, car de telles entreprises ont été rares en France ; mais il faut que ces avances y aient été appliquées en travail et ne soient dues qu'au déploiement des forces d'une population rurale réveillée par le bruit des événements, sans que la hausse des prix lui ait servi de stimulant, puisqu'ils sont restés à peu près les mêmes. Notre vie, déjà bien longue, nous a permis de voir passer sous nos yeux le développement de l'histoire agricole que nous venons de décrire. Nous n'avons rien ajouté à sa réalité, car d'une part les faits statistiques lui servent de preuve, et de l'autre l'examen de l'état agricole du royaume apprend de reste que les améliorations s'y sont opérées, ainsi que nous venons de l'indiquer, par une meilleure exécution des travaux rustiques.

Ce mode d'amélioration est, ainsi que nous venons de le voir, à la portée du fermier comme à celle du propriétaire, du métayer comme du petit cultivateur. Mais celui dont nous allons nous occuper ne peut être exécuté que par les propriétaires seuls, parce qu'il concerne la constitution même du domaine à laquelle les fermiers sont nécessairement étrangers.

Du meilleur assortiment à donner aux parcelles d'un domaine.

Autre chose est d'améliorer la culture d'une parcelle de terre, autre chose est de constituer le domaine lui-même de manière à ce que les parcelles qui le composent soient placées entre elles sous des conditions et dans des proportions de nature à favoriser l'amélioration de leur ensemble.

La constitution qui résulte pour le corps du domaine des proportions, et par conséquent des rapports que ces diverses parcelles ont entre elles en raison de la nature particulière de leur culture; cette constitution, disons-nous, est dans l'économie rurale d'une importance qui ne nous semble pas avoir été assez développée. Le point capital de cette économie réside néanmoins dans cette constitution du domaine; car c'est à la mauvaise combinaison, d'après laquelle un nombre immense de corps de ferme ont été constitués, qu'il faut attribuer en majeure partie le mauvais état de leur culture et la faiblesse de leur revenu.

Nous nous expliquons. Non-seulement ce mauvais état de culture provient du morcellement et de la distance où les parcelles d'un domaine se trouvent être respectivement placées, mais il vient surtout des proportions mal calculées entre la nature des cultures auxquelles ces diverses parcelles appartiennent.

Ce vice agricole, quelque fatal qu'il soit, est moins apparent que ne l'est celui qui ne provient que du morcellement et de la distance des parcelles; car le moins avisé peut s'en apercevoir, et c'est un malheur, en ce qu'un très grand nombre de propriétaires, aveuglés qu'ils sont par la longue habitude d'avoir possédé leurs domaines constitués de la sorte, ne se rendent pas même compte du défaut inhérent à cette constitution. Défaut tel, qu'il emporte souvent avec lui la majeure partie du revenu que chacune des parcelles qui le composent devrait produire, prise isolément et pour leur compte à part.

En effet, il est, nous le supposons, telle parcelle en vigne qui serait d'un bon produit si elle était encadrée dans un domaine où l'abondance de l'engrais permettrait de la fumer convenablement; mais elle dépend, au contraire, d'une propriété où cet engrais manque, et où elle dérobe par conséquent aux terres arables, quelque peu qu'on lui en accorde, ce qui leur en serait indispensable. Ainsi, par suite de cette association mal combinée, les vignobles et les champs de ce domaine sont tous les deux du plus chétif produit.

Séparez le vignoble de ce corps de domaine pour le

réunir à un autre, et les terres arables en redeviendront d'un bon revenu.

Cet exemple suffit pour faire comprendre toute l'importance des soins et du discernement que les propriétaires doivent apporter dans l'examen de la constitution de leurs domaines, afin d'y répartir dans une juste proportion les diverses natures de culture, de manière à ce qu'au lieu de se nuire elles s'entr'aident réciproquement : car, nous ne saurions trop le redire, c'est de cette condition première que dépendent non-seulement le bon état agricole, mais le revenu du domaine; parce que c'est de cette condition que provient l'absence des non-valeurs qui absorbent si souvent tout ou partie du produit net.

Nous avons montré dans le chapitre où nous avons traité des impôts comment deux parcelles de terre, situées dans le même lieu, d'une dimension égale et d'une cotisation semblable, pouvaient être néanmoins d'un revenu très différent. Or, c'est précisément à cause de la place que chacune d'elles occupe dans l'ensemble de la constitution du domaine dont elles dépendent; puisque l'impôt, n'étant assis que sur la parcelle, ne tient compte que de sa fécondité native, et ne va pas s'informer de ce que devient le produit de cette même parcelle lorsqu'il vient se confondre dans le corps du domaine avec celui de toutes les parcelles qui le composent.

Dans l'un de ces domaines, ce produit peut être supérieur à celui que les répartiteurs ont assigné à cette parcelle; dans un autre, il peut se réduire jusqu'à néant. Or, si le percepteur ne tient pas compte de cette différence, il n'en est pas de même du fermier, parce qu'il sait fort bien qu'en raison du cadre où la parcelle en question se trouve placée, il ne peut en donner qu'une rente très inférieure.

C'est dans l'art d'assortir convenablement les domaines avant de les remettre au colon partiaire qu'ont excellé les propriétaires de la Haute-Italie ; et c'est dans ce même art que ceux de France se sont montrés complétement ignorants de la chose rurale.

L'aptitude à savoir appliquer le calcul à ses propres affaires est l'unique moyen de corriger cette ignorance, puisque ce calcul peut seul apprendre aux propriétaires ce qui manque à l'assortiment de leurs domaines, et comment il leur convient d'y pourvoir pour les amener à leur meilleur produit : et voici la méthode que nous leur conseillerons de suivre pour atteindre ce but.

Toutes les terres du royaume étant aujourd'hui régies au même titre et possédées au même droit, il n'y a plus entre elles ni choix ni préférence, elles ne sont plus qu'un capital foncier dont il s'agit d'obtenir le meilleur revenu possible. Cette considération est puissante sans doute, et serait de nature à porter les propriétaires à tenter, sans autres motifs, d'opérer sur leurs terres l'amélioration radicale dont il est question ; mais il en est un autre encore qui n'est pas à dédaigner, celui de témoigner de sa propre capacité par sa bonne administration.

Arrivé qu'il sera avec cette bonne intention au chef-lieu de sa terre, le propriétaire se rendra chez l'instituteur primaire, lequel étant quelque peu géomètre et secrétaire de la mairie, a pour attribut de ce triple cumul l'honneur que lui laisse volontiers le maire, d'être le conservateur des plans ainsi que de la matrice cadastrale de la commune. Là, sur la table vermoulue où se tient l'école et à l'heure où les petits garçons de l'endroit s'en sont échappés pour aller aux champs garder les haridelles de leurs pères, le propriétaire dont nous nous occupons ici déploiera les plans de la commune, et à l'aide de la matrice du rôle il pointera chacune des parcelles qui composent sa propriété, en observant sur la mappe leur gisement, et en prenant note de leur contenance, de la nature de leur culture et du revenu net qui a été assigné à chacune d'elles par les répartiteurs.

Muni de ce document, il revient à sa ferme, et, suivi de son fermier, le propriétaire parcourt avec lui le territoire des sections de la commune où se trouvent placés les numéros dont se compose son domaine. Arrivés sur leur terrain, il demande à mesure au fermier d'assigner à ces numéros la valeur locative pour laquelle il les comprend dans son bail.

Il n'importe à quel taux le fermier porte cette valeur ; car il ne s'agit point entre eux de débattre le montant d'un bail, mais de savoir pour combien le fermier estime devoir payer pour chacun des numéros qu'il tient à bail. Le propriétaire inscrira cette quatrième donnée à la suite de celles qu'il s'est procurées aux archives de la commune, et la comparaison qu'il pourra faire alors entre la quotité du revenu net attribué par les répartiteurs à chaque parcelle, et celle de la valeur locative qui leur aura été assignée par le fermier, sera le critérium d'après lequel ce propriétaire pourra apprécier le rapport dans lequel chacune de ces parcelles se trouve placée dans le cadre de sa ferme.

Car, si leur valeur locative est inférieure à leur revenu imposable, le propriétaire doit en conclure, non que sa parcelle a été surchargée par les répartiteurs, conclusion ordinaire en pareil cas, mais qu'elle figure sous une fausse combinaison dans l'ensemble de son domaine.

Pour s'en convaincre, le propriétaire fera exposer alors au fermier les motifs sur lesquels il fonde la dépréciation qu'il a fait porter sur la valeur locative de ces parcelles. Ces motifs seront toujours rangés sous quatre chefs, savoir :

Parce qu'elle est trop distante du manoir, ce qui s'appelle, en pratique rurale, un *écarté* ;

Parce que les abords en sont trop difficiles ; que, par conséquent, la culture et le transport des engrais y deviennent trop coûteux ; d'où il suit que ce numéro est toujours mal cultivé et privé d'engrais ;

Parce que la ferme étant déjà trop surchargée de parcelles soumises à la même nature de culture, en sorte que le fermier ne saurait donner à toutes les soins, le travail ni les engrais qu'elles exigeraient, il néglige en conséquence celles qui promettent le moins de payer ses peines ;

Enfin, parce que la trempe du sol se montre trop ingrate pour rembourser les avances faites à sa culture.

Soumettons maintenant à notre examen ces quatre conditions ; car c'est toujours de l'une d'elles que proviennent la détérioration de l'agriculture et l'abaissement de la rente des terres. Nous en avons acquis la conviction par un très grand nombre d'observations, et la connaissance de l'administration rurale tient à l'application des moyens que nous allons exposer pour corriger ces vices agricoles, bien plus qu'à savoir les procédés et les méthodes d'après lesquels l'agronomie enseigne à faire fructifier les moissons.

Les parcelles sont trop distantes du manoir!

La première chose à tenter dans ce cas, si fréquent en France, où les mœurs ont porté les cultivateurs à grouper leurs habitations en très gros villages, c'est d'échanger ces terres contre d'autres plus voisines. On objectera que ces échanges ne peuvent s'opérer qu'avec une très grande perte de superficie. D'accord; mais ce n'est pas la superficie qui importe, c'est le revenu de la terre; et nous avons vu donner 70 hectares en échange de 20, en obtenant pour résultat une augmentation dans le bail. Ceci est une affaire de calcul que rien n'empêche de faire à l'avance, mais que les sept huitièmes des propriétaires ne font jamais. Ils laissent les choses dans l'état où ils les ont trouvées, pour s'éviter la peine d'un changement dont le plus souvent ils n'ont nullement apprécié la convenance.

L'échange est possible, en ce que les petits propriétaires, en acquérant ainsi une superficie double, triple ou même quadruple, éprouvent la tentation de changer de situation et d'acquérir, de cette manière, le rang de moyens propriétaires, et d'arriver même un jour au conseil municipal. Mais, après avoir opéré cet échange, l'amélioration du pays n'y aura rien gagné; car la parcelle échangée se trouvera tout aussi distante du village et tout aussi éloignée du manoir de son nouveau propriétaire. D'accord encore ; mais elle se trouvera placée, vis-à-vis de ce propriétaire, dans des conditions très différentes de celles où elle figurait dans le corps de ferme dont elle dépendait. Elle y était un hors-d'œuvre incommode, difficile à cultiver ; c'était le rebut de la ferme, tandis qu'elle est maintenant la grande et presque l'unique affaire du propriétaire dont elle est devenue le partage. Il s'y transporte avec toute sa famille pour la travailler ; il y conduit, non plus sa vache solitaire, mais aussi celle qu'il vient d'acheter, attendu que sa nouvelle propriété lui permet d'en nourrir deux, et même d'élever la génisse que la plus belle des deux doit mettre bas. Sa ménagère apporte, toute glorieuse, le repas champêtre, enfermé dans le panier qu'elle élève sur sa tête, afin que ses voisines n'ignorent pas que sa famille est trop occupée par l'étendue de sa nouvelle propriété, pour avoir le temps de revenir au village y prendre ses repas.

Quelquefois néanmoins l'échange devient impossible, soit par défaut de convenances réciproques, soit par l'énormité des prétentions qu'on oppose au grand propriétaire. Alors il peut se décider à vendre, quitte à garder son capital ou sa créance jusqu'à l'époque où il se présenterait une acquisition plus à sa convenance.

Enfin, s'il ne peut ni échanger ni vendre les parcelles dont la culture est à charge au domaine, et dont, par conséquent, la valeur locative ne figure dans le montant du bail que pour un revenu à peu près nul, le cas est alors venu de s'entendre avec le fermier, afin de changer la nature de culture de ces parcelles, en les consacrant à celle dont les avances sont les plus minimes, c'est-à-dire à la production des fourrages; car c'est l'unique moyen de faire qu'elles ne soient jamais à charge au domaine.

Il est rare que des parcelles écartées soient de nature à former des prairies naturelles, puisque, s'il en était ainsi, il est probable qu'elles auraient été dès longtemps couvertes de leurs herbes natives; et, loin d'être à charge au domaine, elles en auraient fait la richesse, quelle que fût d'ailleurs leur distance du manoir. Mais avec le climat et le sol de la France, on ne fait pas de la prairie à volonté; il faut que ce sol soit *du bois dont on fait les prés*. Ce qu'on y peut faire à peu près partout, c'est du sainfoin ou du pâturage. Lorsque le fermier n'estimerait pas que la terre de ces parcelles fût de nature à porter du sainfoin, dans ce cas le propriétaire doit retirer de son bail l'article d'après lequel le fermier est soumis à l'obligation de cultiver ces parcelles en bon père de famille, et l'autoriser à jeter sur le seigle ou le sarrasin, qu'il y a semé, de la graine de trèfle, en raison de 7 ou 8 kilogrammes par hectare, afin d'y former sans retard un pâturage, que l'oseille, les chiendents et l'avoine à chapelet ne tardent pas à épaissir.

Un tel pâturage nourrit également le gros et le menu bétail, et lorsqu'après trois ou quatre années le parcours y a formé une couche de gazon, il est temps de l'écobuer pour le remettre en culture; car, quel que soit, d'après la distance des parcelles en question, l'inconvénient d'y opérer de tels travaux, le produit en est si considérable que le fermier y retrouve largement le prix de ses soins, et ceux qui s'étaient refusés à l'échange de ces parcelles viennent les réclamer après avoir vu les moissons dont elles sont chargées.

Si la pratique de l'écobuage est inconnue dans le pays, bien qu'avec beaucoup moins de succès, on obtient encore de bonnes récoltes sur le défrichement d'un pareil pâturage ; mais il faut l'avoir auparavant soumis à une jachère complète, afin d'y avoir détruit les plantes devenues parasites que l'écobuage anéantit d'un seul coup.

Les parcelles sont d'un abord trop difficile !

Si la difficulté tient à ce que ces parcelles sont en montagnes, elle est à peu près irrémédiable et il faut en subir l'inconvénient; sinon il s'agit pour le propriétaire de s'assurer par un devis du combien-revient de sa quote-part à l'ouverture ou à la réparation du chemin qui conduit à ces parcelles.

C'est une question de fait qu'on ne saurait décider que sur place, parce qu'elle tient à la proportion qui existe entre la longueur du chemin et l'étendue du numéro, au nombre et à la bonne volonté des co-intéressés, aux difficultés locales, à l'incurie ou à l'activité du maire; toujours est-il que le propriétaire, après avoir dressé ce devis, peut savoir s'il y a convenance pour lui à entreprendre le travail lorsque son montant est inférieur au capital du surplus de valeur locative que son fermier s'engagerait à lui payer annuellement, car, s'il le dépasse, il y a désavantage à se mettre à l'œuvre, et la parcelle rentre par ce fait dans les conditions de celle dont nous venons de tracer l'histoire. Il faut l'échanger, la vendre ou en changer la nature de culture.

La ferme est déjà trop surchargée de parcelles soumises à la même nature de culture !

Ce cas, à peu près universel en France, ne concerne ni les bois ni les prairies, dont l'exploitation est spéciale. Il s'applique aux terres arables et aux vignobles, c'est-à-dire à celles des cultures qui demandent des travaux répétés et des amendements fréquents, et nous touchons ici au point vraiment capital de la science rurale.

Chaque pièce de terre a en effet une valeur productive absolue qu'il s'agit de mettre en jeu. Mais cette valeur absolue devient relative d'après l'action qu'on lui imprime pour y parvenir. Or, cette action provient à la fois de la nature des procédés agricoles usités dans le pays, qui peuvent être meilleurs ou pires, et de la nature de l'exploitation dans laquelle cette pièce de terre est comprise, ainsi que du rôle qu'elle y joue. Si cette action est combinée de manière à développer la valeur productive absolue de la parcelle en question, ainsi qu'il en est en Belgique, le problème est résolu, du moins suivant les errements raisonnés qui règlent aujourd'hui toutes choses, et conséquemment la science agricole.

Mais si la même pièce de terre se trouve placée dans une exploitation dont les combinaisons soient telles que sa valeur productive absolue ne puisse y être développée qu'à moitié, au tiers ou même au quart, sa valeur relative reste dans une infériorité égale à cette proportion.

Cette infériorité se mesure, abstraction faite de l'état général de l'agriculture du pays, d'après l'aspect des productions des parcelles voisines qui appartiennent à des exploitations dont les combinaisons agricoles sont différentes. On augure, à la vue de ses productions, du sort que chacune d'elles éprouve dans l'exploitation dont elle dépend. Il arrive constamment dans cet examen que les pièces dont les récoltes se font remarquer par leur infériorité appartiennent à des propriétaires obérés, ivrognes, livrés à la contrebande au voisinage des frontières, et pour la très majeure partie à de grandes ou moyennes propriétés mal assorties en nature de culture; propriétés où, par ce seul fait, on ne saurait développer la valeur productive absolue de la parcelle sur laquelle son propriétaire jette à regret un pénible regard.

Ici commence pour lui un travail sérieux, puisqu'il s'agit de reconnaître et d'apprécier le vice inhérent à sa propriété ou à son exploitation et d'y porter remède. Suivons-le dans cet examen.

Si le vice tient, par exemple, à ce que sa propriété soit trop surchargée de vignobles, d'où il résulte que cette masse absorbe trop de soins et d'engrais pour qu'on puisse en répartir suffisamment ailleurs, il est facile d'y remédier; non qu'il faille pour cela arracher le trop plein du vignoble, ainsi que nous l'avons vu souvent et niaisement pratiquer, mais en vendant ce trop plein, pour lequel on trouve partout des acquéreurs toujours prêts. Sans quoi on perd de gaîté de cœur la valeur du capital qu'a coûté l'établissement de la vigne, en réduisant de 2 ou 3,000 fr. par hectare celui de la valeur vénale du sol.

Suivant les convenances de sa position, le propriétaire peut de la sorte réduire son immeuble ou l'accroître en acquérant de quoi former deux domaines en partageant son vignoble entre deux exploitations.

Mais si le vice du domaine provient de la surabondance des terres arables comparées aux prairies, en sorte que ces terres trop négligemment travaillées, trop appauvries d'engrais n'aient qu'une valeur productive relativement inférieure à leur valeur absolue, le remède n'existe que dans l'adoption d'un autre cours de récoltes, car, nous le répétons, il ne faut pas compter, pour rétablir l'équilibre entre les diverses natures de cultures de la ferme, sur la conversion de terres arables en prairies naturelles, attendu que, pour s'opérer, une telle conversion exige des conditions locales qui ne se présentent que très rarement dans le climat et sur la superficie de la France.

Lorsque la chose est possible, c'est sans doute la plus belle des opérations que puisse tenter un propriétaire, puisqu'en élevant avec sa fertilité le revenu de sa terre, il en augmente la valeur vénale. Mais c'est à combiner un assolement mieux approprié à la nature de sa terre et à le faire exécuter que ce propriétaire doit songer. Or ce n'est pas ici le lieu de suivre le développement de cet œuvre ; il trouvera sa place dans la suite de cet ouvrage.

La trempe du sol est trop ingrate pour rembourser les avances de sa culture.

Lorsqu'un fermier allègue un tel motif pour justifier le bas prix assigné à la valeur locative d'un sol, lorsque d'autres renseignements confirment la vérité de ce motif, il ne reste plus rien à faire au propriétaire de ce sol que d'y semer du pin rouge, ainsi qu'il en a été dans la Sologne et dans la Champagne crayeuse. Si le sol semble avoir assez de vertu pour nourrir le

11

chêne, le charme et l'érable, on peut joindre leurs semences à celles du pin, dans l'espoir de fonder à demeure un sol forestier après la disparition du pin. Sinon, il faut considérer cette entreprise comme un assolement de vingt ans, puisqu'après avoir défriché la pinade, le sol aurait acquis assez de vigueur par le détritus et le repos pour être en état de produire une récolte de sarrasin et une de seigle suivie de sainfoin; après lequel la terre pourrait être de nouveau semée en bois.

Des améliorations par entreprises.

L'exécution de toute entreprise agricole dépend nécessairement des propriétaires, car elle ne saurait être de la compétence des fermiers, ni surtout des fermiers à courts termes, ni des métayers, parce que ce genre d'améliorations tient à la nature même de l'immeuble, et lui donne non-seulement une mieux-value temporaire, mais tend à augmenter indéfiniment son revenu et par conséquent sa valeur capitale.

Sans doute qu'il est telle de ces entreprises que les fermiers peuvent se charger d'exécuter; mais c'est toujours alors par l'effet d'un arrangement particulier, d'une convention dont le propriétaire, quelles qu'en soient les clauses, finit toujours par payer les avances.

Ces avances sont inhérentes à l'exécution de toutes améliorations par entreprise, puisqu'elles supposent nécessairement un emploi de temps et un travail préparatoire, étranger aux opérations rurales qu'admet l'exploitation ordinaire de la ferme, et partant une avance correspondante du capital appliqué à les solder.

Ces capitaux ont été trop souvent sacrifiés en pure perte, et il en est résulté une défiance assez générale et assez motivée, chez les propriétaires, contre ce mode de placement de leurs capitaux; ils préfèrent, et jusqu'ici ils ont eu presque toujours raison, ils préfèrent placer en acquisitions nouvelles leurs capitaux disponibles, plutôt que d'en accumuler l'emploi en améliorations de la superficie dont ils étaient déjà possesseurs.

Ils ont eu raison, en ce que la valeur vénale des terres a, depuis vingt-cinq ans surtout, toujours augmenté. Ainsi les terres acquises à cette époque à 1,500 fr. l'hectare en valent aujourd'hui 2,000, et c'est peu dire. En sorte que le capitaliste qui aurait acquis à cette époque 100 hectares, pour le capital de 150 mille francs, aurait joui d'un intérêt de 4 p. 100, et posséderait aujourd'hui une valeur de 200 mille francs, placée au 3, ou au plus, à 3 1/2 p. 100, car les baux n'ont pas augmenté dans la proportion des capitaux.

Or, il est douteux que ce même capital, placé à cette époque en améliorations, au lieu de l'avoir été en acquisitions, pût permettre de réaliser aujourd'hui un pareil bénéfice, soit en capital, soit en revenu.

Nous disons qu'un tel résultat est douteux, car pour l'obtenir, il faut s'être rendu un compte sévère, en premier lieu, de ce qu'on peut espérer du succès de l'entreprise, et, en second lieu, du montant des avances que l'on sera appelé à lui consacrer.

L'illusion est bien près de se joindre à l'espérance dans l'imagination du propriétaire qui médite de changer l'aspect de sa terre, par l'effet des améliorations qu'il y projette. Tantôt, c'est en desséchant un marais qu'il se plaît à voir d'avance la riche prairie par laquelle il se flatte de remplacer ses joncs; tantôt c'est un coteau où quelques plantes de genièvre se font jour au travers des fentes qui forment les brisures d'une roche calcaire. Dans sa pensée, cette roche est déjà cassée en morceaux et relevée en murailles pour soutenir les terrasses où doivent verdir les jeunes sarments de la vigne qui va bientôt transformer ce coteau. Tantôt, trompé par la fraîcheur et la verdure d'un bois, dont le taillis languit sous l'ombrage de quelques chênes de vieille écorce, il en rêve le défrichement et s'anime à la pensée de la richesse des récoltes qui végéteront sur le vieux détritus de cette antique forêt, sans remarquer qu'elle n'est restée si longtemps debout que parce que le sol en était forestier, c'est-à-dire d'une nature froide et inerte pour toute autre végétation que celle dont se composent les forêts. Ailleurs c'est un fleuve ou un torrent dont le cours ravage en les traversant les terres du propriétaire, qui croit s'en mettre à l'abri par un endiguement pour l'exécution duquel il va consulter l'ingénieur en chef du département et solliciter à la préfecture l'autorisation dont il a besoin. Un mot flatteur vient à l'appui de son projet dans le rapport du préfet au conseil général, et l'ingénieur en chef se hâte de l'approuver, afin de n'être pas détourné du mémoire qu'il compose sur des questions d'astronomie et sur lequel il compte pour lui ouvrir les portes de l'Académie. Il entreprend l'œuvre, il travaille à ses digues sur de telles assurances, et la première crue d'eau les emporte; ou bien son marais desséché, loin de se couvrir d'un herbage velouté, cesse, il est vrai, de produire des joncs, mais n'offre qu'un stérile et déplaisant pâturage. Enfin, le vin qu'il va récolter sur son coteau pierreux a un goût de terroir sulfureux ou calcaire, qui le fait rejeter par les consommateurs.

Si les propriétaires plus avisés évitent de tomber dans les fautes que nous venons de signaler, ou dans beaucoup d'autres qu'il serait trop long d'énumérer, ils sont toujours exposés au danger de voir dépasser le montant des avances qui figuraient au devis de leur entreprise. C'est un accident à peu près inévitable, en ce que, après avoir pris toutes ses précautions pour arrêter ce devis, il est toujours débordé par l'imprévu et par le temps qui se prolonge au-delà des prévisions et emporte avec lui l'intérêt qu'aurait dû produire le parachèvement de l'entreprise.

Au travers de tous ces obstacles il y a pourtant des améliorations par entreprises dont le succès a été complet : il y en a même eu beaucoup, puisqu'il n'y a pas eu un vignoble qui ne soit dû à une entreprise de ce genre ; pas une plaine desséchée qui n'ait été un marais ; pas un mûrier qui n'ait été planté ; pas un endiguement qui n'ait été improvisé ; tous les succès agricoles que nous admirons ont eu pour origine une entreprise, puisque le théâtre en a été conquis sur la terre inculte ou boisée, sur les pentes des rochers ou sur le bord des fleuves.

Il nous reste peu de tels travaux à accomplir : parce que les siècles et les générations passés en ont pris le soin. Ils ont eu pour aide le temps, qui, par sa longue succession, leur a permis de répartir sur ces nombreuses générations cette immensité de travaux, et de les rendre ainsi plus légers pour chacune d'elles. Ils ont eu pour aide une législation rude et sans ménagements pour un peuple corvéable, qui exécutait lentement, gratuitement et à regret des travaux au bénéfice desquels il est aujourd'hui appelé en partage. Ils ont eu pour aide les nombreuses corporations religieuses dont les travaux et les revenus ont pu s'accumuler sans distraction sur des terres mainmortables et dont elles avaient dû croire la possession éternelle.

Ces secours expliquent l'état d'amélioration de sols dont nos temps modernes sont appelés à jouir; mais elles expliquent aussi qu'en prenant sagement ses mesures et ses précautions, il est possible d'exécuter des entreprises d'amélioration avec succès.

Les propriétaires ne sont pas libres, il est vrai, de choisir parmi ces entreprises celles qui seraient à leur convenance, parce que les données leur en sont fournies par la nature même de leur propriété; et parce que celui qui possède un marais ne peut pas défricher un bois. Mais d'après l'examen de sa propriété, le possesseur doit se mettre à même d'en obtenir son meilleur produit.

A moins que l'entreprise qu'il s'agit de mener à bien ne soit celle de l'endiguement d'un cours d'eau qu'il faut généralement opérer d'un seul jet pour qu'il réussisse, il convient d'en tâter les chances de succès soit en s'assurant de l'état de production des terres homogènes, s'il s'en trouve de voisines, soumises à la nature de culture qu'on se propose d'obtenir par l'effet même de l'entreprise; soit dans le cas où l'on serait privé de tels modèles, de s'en créer à soi-même, en commençant en petit l'exécution de ses projets d'amélioration, afin d'avoir sa propre expérience pour garantie du succès. Ce n'est qu'un débours de patience, dont on est presque toujours largement dédommagé.

Ainsi le propriétaire qui voudra défricher des rochers sur les versants de la Côte-d'Or peut s'y hasarder sans crainte : parce que l'expérience a dès longtemps appris qu'il ne vient jamais de mauvais vins dans cette localité. Il n'en serait pas de même sur les coteaux granitiques de l'Auxois ou du Morvan. Il faudrait en faire une expérience attentive avant que d'y entreprendre une telle innovation.

Mais nous voudrions indiquer quelques moyens de direction aux agronomes entrepreneurs d'améliorations. La première donnée que nous leur offrirons consiste à s'assurer de combien la valeur vénale du sol qu'ils se proposent d'améliorer dépassera celle qu'avait le même sol avant les changements qu'on se propose d'apporter dans la nature de sa culture. Car la différence entre ces deux valeurs donnera exactement la mesure du bénéfice de l'entreprise. S'il dépasse le montant des frais de l'opération, on peut se résoudre à l'entreprendre, après s'être assuré, ainsi que nous l'avons dit, de ses chances de succès. Ainsi, lorsqu'une terre arable se vendra dans le pays 2,000 fr. l'hectare, tandis que la vigne qui la borde se paie 4,000 fr., le propriétaire a 2,000 fr. de marge pour recouvrer les frais de sa conversion. C'est à lui à savoir quelle part de ces 2,000 fr. absorberont les frais de cette conversion, puisque son bénéfice sera égal au solde en caisse.

On conçoit donc comment il est un grand nombre

d'améliorations dont le succès est presque assuré. A ce nombre appartiennent assez généralement ces conversions de terres arables en vignobles; la preuve en est qu'elles s'exécutent sans relâche, à peu près partout où les localités s'y prêtent; tentés que sont les propriétaires, en ce que ce sont précisément les moindres de leurs terres à blé que la nature a rendues favorables à la vigne. Il en est de même des plantations d'arbres fruitiers, l'avance en est minime et le succès presque assuré. Aussi sont-elles devenues à peu près universelles depuis que chacun a voulu augmenter la valeur de sa propriété, ainsi que son bien-être intérieur, et on a ajouté de la sorte à l'aspect du pays l'image de ce bien-être qu'emporte avec soi la vue d'un verger, lorsqu'il est couvert de ses fleurs ou chargé de ses fruits.

Les améliorations de ce genre sont entre toutes celles dont la dépense peut le mieux se limiter et dont le succès est le moins douteux. Il n'en est pas ainsi de la double entreprise qui consiste à défricher ou à replanter des bois. Car à supposer que la localité et la trempe du sol de la forêt qu'on se propose de convertir en d'autres natures de culture y soient propres, ce qui exige une très sérieuse investigation, on éprouve dans ses calculs des mécomptes inévitables pour peu que l'entreprise soit considérable, comme de cent hectares et au-dessus.

Le premier de ces mécomptes vient de ce que l'opération ne peut jamais s'exécuter dans les délais prévus, attendu l'immensité du travail qu'implique nécessairement un tel défrichement. On lui avait accordé un terme de trois ou quatre années et les calculs du produit étaient basés sur ce terme ; il en faut cinq ou six, et deux années de revenu se perdent dans ce retard.

Le second mécompte résulte de ce qu'on se fait à soi-même une concurrence fatale pour les prix, qu'on avait calculés d'avance à un cours moyen ; tandis que la nécessité où se trouve être le défricheur de désencombrer le sol qu'il veut ensemencer de l'épouvantable amas de bois de toute espèce abattu sur la superficie ou arraché de la terre où il était invisible, l'oblige à en baisser le prix bien au-dessous de ses évaluations.

Le troisième mécompte provient de la nécessité d'établir des constructions rurales sur le sol défriché. Constructions dont la dépense dépasse toujours de beaucoup les prévisions ; mais dans ce cas plus qu'en nul autre, parce que rien ne présente une plus belle superficie et un plus beau théâtre agricole qu'une forêt mise à nu et dont le sol aplani se couvre à son début des plus riches moissons. Il s'ensuit que le propriétaire, séduit par ce riant aspect, se hâte d'exhausser et d'élargir les plans d'une construction improvisée en plein champ, et où l'architecte s'empresse d'ajouter tous les menus perfectionnements inventés à plaisir ; élégance champêtre que le défricheur ne trouve pas en lui le courage de répudier, et qu'il paie à beaux deniers.

Le dernier mécompte enfin a pour cause la rébellion du sol, qui ne tient point les promesses que le propriétaire avait cru recevoir de l'élévation de ses futaies et des bénéfices du repos éternel dont avait joui sa terre jusqu'au jour où le hoyau est venu à l'entamer.

Il faut avant de faire jouer ce hoyau dans une forêt,

se préparer à subir ces mécomptes. Il faut, après avoir fait le devis de l'opération, les en déduire, et après avoir fait cette déduction, en faire encore une seconde pour les mécomptes imprévus, et si alors l'opération offre encore des bénéfices, il est temps de l'entreprendre.

Je me suis étendu sur la question des défrichements, et j'y reviendrai encore, attendu qu'elle est aujourd'hui à l'ordre du jour. Elle préoccupe les propriétaires forestiers, et il est à craindre que beaucoup d'entre eux ne soient victimes de leur témérité à se jeter sans examen suffisant dans une entreprise, qui aura un temps de vogue, pour regretter d'autant plus amèrement de s'y être livrés, que les bois qui auront survécu reprendront un jour une plus haute valeur.

Il est certain, néanmoins, qu'il convient à l'économie rurale du royaume d'extirper peut-être 1 million d'hectares, occupés aujourd'hui par des bois. Cette convenance n'a pas d'autres motifs que celui d'échapper à la concurrence que les houilles apportent dans la consommation du combustible. L'étendue du sol forestier a été mise sous la sauvegarde des lois, bien avant qu'on eut découvert les mines de houille, bien avant qu'on eut percé tant de canaux et construit tant de chemins de fer pour répandre partout à bas prix le charbon fossile. L'arrivée de ce charbon, à mesure qu'il pénètre dans le pays, y démonétise une étendue de bois correspondant au volume de la consommation, et rompt ainsi l'équilibre qui existait antérieurement entre la production et la consommation du combustible.

Cet équilibre ne saurait se rétablir à moins d'une

réduction équivalente dans la superficie du sol forestier. Tel était le but de la loi qui a passé dans la session de 1835 à la Chambre des députés, et s'en est venue mourir dans les cartons de la Chambre inamovible ; mais cette loi reparaîtra à cause de la nécessité de remédier au défaut d'équilibre que nous venons de signaler. Défaut qui chaque jour deviendra plus saillant, parce que chaque jour les habitants de la France apprendront à faire usage d'une matière dont le prix baissera sans cesse, soit à cause que la mine en est inépuisable, soit à cause des débouchés qu'on s'efforce de lui ouvrir de toutes parts.

Mais en reconnaissant la nécessité où l'économie du royaume va se trouver de réduire l'étendue du sol forestier, il entre, en revanche, dans la convenance d'un grand nombre de propriétaires de convertir d'autres sols en forêts.

Cette marche, en sens inverse, résulte du besoin de corriger la législation et les erreurs des temps passés ; car il est évident, pour qui parcourt le pays, que le sol forestier ne s'y trouve pas distribué d'après la nature même de ce sol, non plus qu'en raison de sa situation. Des communes et des propriétaires imprudents ont défriché jadis des bois placés sur des hauteurs et couvrant des sols trop arides pour que la peine de les cultiver n'en dépasse pas le profit ; tandis que les possesseurs mainmortables et les grands propriétaires d'autrefois ont conservé soigneusement en nature de forêts des sols situés en plaine et d'une fécondité qui les aurait rendus propres à de tout autres natures de culture.

Il devra donc s'opérer en France une double conversion de terres en bois et de forêts en terres. C'est une conséquence de la marche économique du pays à laquelle on cherchera vainement à s'opposer, mais dans l'exécution de laquelle il se commettra beaucoup de fautes et beaucoup de contre-sens.

Le planteur y sera cependant beaucoup moins exposé que celui qui sera appelé à défricher, parce que les avances de la plantation sont bien moindres et les mécomptes en plus petit nombre et moins graves. Mais cette entreprise est de si longue haleine qu'elle épuise le courage du plus grand nombre des propriétaires. Aussi en est-il peu qui, d'après l'exemple de M. de Rambuteau, aient entrepris de reboiser les cimes dépouillées des monts de la Bourgogne. Il en est peu qui, même en en faisant la tentative, aient obtenu le même succès, parce qu'il aurait fallu y mettre les mêmes soins et la même persévérance.

Il s'est fait cependant d'assez nombreuses plantations dans les mauvais pays de Sologne, de la Champagne, dans les landes de la Bretagne et de la Gascogne. Elles ont assez généralement réussi, autant du moins que l'aridité du sol a permis aux semis de croître; mais tous ces semis ont consisté en essences résineuses. Il est vrai que le sol n'en comportait pas d'autres, et il faut les considérer comme des assolements à longs termes, ainsi que nous l'avons déjà dit: car l'essence résineuse, ne repoussant pas sur souche, ne saurait former des taillis, et il ne vaut pas la peine d'élever en jardinant des futaies de pins silvestres.

Une autre amélioration que nous rangerons parmi celles qui forment une véritable entreprise, c'est le défrichement et la mise en valeur d'une vaine pâture couverte de gazon, de bruyères ou d'ajoncs. Cette opération s'exécute par des procédés différents, elle offre une moindre importance que celle du défrichement d'un bois; mais elle exige le même examen et des précautions semblables.

Dans une portion notable de la France, la vaine pâture appartient à un assolement suivi et régulier. Dès lors, le défrichement des terres qui y sont consacrées n'est plus une entreprise, c'est l'état agricole du pays qu'il s'agit de changer, et nous nous en occuperons ailleurs. Ici, au contraire, nous entendons parler du défrichement spontané d'une ancienne pâture sur la force productive de laquelle le propriétaire est sans expérience : car il y a toujours lieu à mettre en doute la nature de cette force dans un sol que son propriétaire a laissé en friche, à moins que ce ne soit la propriété d'une commune. Il faut avant d'entreprendre un tel défrichement faire un essai en petit, si les alentours n'offrent pas déjà pour guide un essai pareil.

Car il importe de savoir, si, en défrichant une vaine pâture, on la remplace par des productions supérieures. Ceci doit sembler un paradoxe pour les agronomes, accoutumés qu'ils sont à dénigrer de tels sols et frappés de la chétive apparence que présente l'aspect d'un parcours. Mais il faut savoir pourtant qu'il en est de l'herbe comme du bois, c'est-à-dire que la recroissance de l'herbe est beaucoup plus active dans les premiers jours de sa coupe et près de son collet, que plus tard et à mesure qu'elle s'élève au-dessus du niveau du sol.

Ce fait, à peine apparent, explique comment une

de ces pâtures, sans cesse broutées, parvient néanmoins à nourrir des troupeaux que l'on croirait devoir y mourir de faim. Cette espèce de phénomène se répète tous les jours et sur tous les communaux ; mais ce qui s'y voit aussi, c'est que le bétail qu'on y amène est chétif, comparé à celui que les propriétaires nourrissent dans leurs étables. Ce n'est pas tant à la nature de l'herbage qu'il faut s'en prendre qu'à la pente naturelle à tous les villageois de surcharger ce pâturage ; dans l'idée qu'en réduisant leur bétail, leurs voisins n'en feraient pas de même et tireraient ainsi de la commune un profit supérieur à celui qu'ils en auraient eux-mêmes.

Il faut donc qu'une vaine pâture ait un sol assez riche pour produire du trèfle et du sainfoin pour qu'il y ait de l'avantage à le défricher ; sans quoi, on surchargerait le domaine de terres arables, sans lui donner le moyen de les engraisser ; et l'opération irait en sens inverse de ce qu'on en attendait.

Si le sol, en revanche, en est trop pauvre, la pâture ne vaut pas la peine d'être conservée telle, et c'est alors le cas d'y semer le pin silvestre.

Mais dès qu'un propriétaire s'est décidé à défricher une vaine pâture, il ne doit jamais l'entreprendre qu'après l'écobuage du vieux gazon. C'est ici une règle dont on ne doit se départir sous aucun prétexte. La raison en est qu'il faut que le sol défriché fournisse à son propre engrais ; sans quoi, il appauvrirait d'autant le reste du domaine, et l'on n'aurait fait qu'une opération funeste. Non-seulement le défrichement doit fournir son propre engrais ; mais pour que l'entreprise profite à l'ensemble de la propriété, il faut qu'elle en reproduise. Or, l'écobuage est l'unique moyen d'obtenir ce double résultat, en ce que ses cendres fournissent un aliment à deux récoltes de céréales, sur la seconde desquelles il faut semer du sainfoin. Cette préparation lui convient tellement qu'il réussit, lors même que la nature du sol ne lui serait pas propice.

Il y a deux autres natures d'amélioration dont l'usage se répand aujourd'hui et dont nous devons faire mention; en ce que, partout où elles ne sont pas entrées dans les usages du pays, il est nécessaire que les propriétaires y interviennent. Nous voulons parler du marnage et du chaulage.

Le marnage des terres est pratiqué depuis longtemps, et là où on en connaît les procédés il est superflu d'en occuper les propriétaires; mais eux seuls sont à même de faire exécuter les recherches géologiques nécessaires pour constater la présence et la qualité de la marne là où son existence est ignorée. Eux seuls sont à même de porter leurs fermiers à en faire usage : car les avances d'un tel transport sont trop élevées pour qu'un fermier les entreprenne avant que l'expérience lui en ait démontré l'utilité. Ils ont recours au propriétaire, lequel peut se rembourser de ses frais, en entrant dans une proportion déterminée en partage de la mieux-value obtenue sur la récolte par l'effet du marnage. C'est-à-dire que si le fermier estime au grain quatre le produit de tel champ semé d'après les procédés ordinaires, et que le marnage lui en fasse produire six, le propriétaire aura un grain pour lui, et l'autre restera au fermier comme prime d'encouragement.

Cet arrangement peut également avoir lieu pour le chaulage, et en général ce mode de procéder pourrait trouver en agriculture de fréquentes applications.

Le chaulage est bien moins répandu que le marnage. On peut même regarder ce procédé comme étant à son début, et nous inviterons les propriétaires à se procurer les ouvrages si élémentaires et si utiles qu'a publiés M. Puvis, ancien membre de la Chambre des députés, sur ces deux pratiques rurales, aussi importantes l'une que l'autre.

L'action du chaulage est d'un prodigieux effet sur tous les sols granitiques, siliceux, et sur ceux où l'alumine est dépourvue de mélange calcaire. Elle est nulle partout où ce mélange a lieu et où la terre est suffisamment saturée de chaux. Cette règle est positive et ne laisse aucun doute sur le résultat de l'opération. Mais elle laisse les agronomes en présence d'une autre difficulté : celle de se procurer de la chaux dans les pays où il n'y en a point, et qui, par cette raison même, sont ceux où l'agriculture la réclame.

Cet inconvénient est entièrement local. Il tient à la facilité des abords et des communications qui se résument, en définitive, par le prix de la chaux rendue sur place. Ce prix sert de règle : partout où l'on pourra se procurer de la chaux en pierre à 1 fr. 50 c. l'hectolitre, il y aura profit à s'en servir pour l'amendement. Le bénéfice sera d'autant plus grand que le prix en sera moindre.

Il est encore une sorte d'amélioration par entreprise dont l'effet est souvent très fructueux, et dont la dépense est relativement minime ; c'est le défoncement du sol.

Le défoncement à la bêche se fait partout où l'on se propose de planter de la vigne ; mais, hors ce cas, il ne se pratique à peu près nulle part, quelque avantageux qu'il fût, soit pour les plantations de toutes espèces, soit pour les établissements de luzerne, dont la végétation est tout autre lorsqu'elle succède à un défoncement du sol. Cette végétation dédommage des frais occasionnés par cette préparation, et le sol, après la luzerne, conserve pour toujours l'avantage d'offrir à la culture une terre profondément remuée, dont le sous-sol a été débarrassé de tous les obstacles qui s'opposaient à l'action de la charrue et dans lequel les eaux s'infiltrent au-dessous de la couche végétale.

Nous avons été souvent témoins des heureux effets d'une telle opération. Mais souvent aussi elle peut être superflue si le sous-sol est lui-même perméable, ou nuisible, s'il doit ramener à la superficie une couche trop épaisse de terres stériles.

Les défoncements peuvent s'opérer avec la charrue à bien moins de frais qu'avec la bêche partout où le sol n'est pas trop chargé de pierres. On peut employer une énorme charrue qui opère d'un seul coup le défoncement ; mais c'est un instrument dispendieux, dont l'emploi exige une force prodigieuse. Il vaut mieux faire passer à deux reprises dans le même sillon une charrue munie d'un seul versoir très évasé, en ayant soin de faire suivre le premier trait par des ouvriers armés de hoyaux, pour extraire les pierres et les autres obstacles qui s'opposeraient au passage du second trait.

Nous venons d'examiner ceux des moyens d'amélioration dont dépend la bonne constitution d'un domaine soumis à une seule exploitation, et ceux au moyen desquels le propriétaire peut donner une plus haute valeur vénale et locative aux différentes parcelles qui composent sa propriété. Mais quelque utiles, quelque importantes que soient ces améliorations pour la production du pays et la mise en valeur de son sol, elles ne supposent néanmoins aucuns changements apportés dans son système de culture. Et cependant, ce changement est l'immense levier au moyen duquel on parvient à élever sa production à un degré d'autant plus haut que son action peut être simultanée et son effet général dans toute l'étendue du pays.

Ce changement de système n'est autre chose que le changement des assolements ou des cours de récoltes usités dans une région, contre un autre cours dont la nature comporte une succession plus rapprochée et plus variée de récoltes; récoltes dont une portion soit destinée à satisfaire directement à la consommation de l'homme, et l'autre à ne satisfaire cette consommation qu'indirectement et après avoir alimenté les animaux.

C'est cette amélioration obtenue par le changement des cours de récoltes que nous allons examiner dans le chapitre suivant.

CHAPITRE IV.

Des améliorations obtenues par un changement dans le cours des récoltes.

Nous abordons ici la question qui occupe depuis cinquante ans tous les agronomes; laquelle intéresse au premier chef, non-seulement ces agronomes, mais l'état tout entier, puisque c'est de l'application générale d'assolements plus productifs que dépend l'accroissement de fertilité du sol national, et par conséquent l'augmentation de ses produits et de la richesse publique.

Tous sont d'accord sur ces résultats ; tous reconnaissent ces mérites inhérents à l'adoption d'un système agricole plus productif. Cependant cette adoption, loin d'être générale, éprouve au contraire une résistance à peu près universelle de la part des cultivateurs. Il s'agit donc, avant tout, de rechercher et d'examiner les causes de cette résistance, afin de les approuver si elles sont fondées, de les combattre si elles sont illusoires.

Ces motifs tiennent à la nature même des domaines, à l'incapacité des cultivateurs pour changer l'ordre de leur culture, au défaut du capital suffisant pour opérer le changement de système que nécessite l'adoption de celui qui a porté si haut les produits de la Belgique et de l'Angleterre. Reprenons ces divers motifs.

Le premier des obstacles qui nous a paru s'opposer à cette adoption est dans la nature même des domaines où il faudrait l'opérer, soit qu'elle vienne du climat, ou qu'elle soit inhérente à la constitution ou à l'exploitation de ces domaines.

Le climat s'oppose en effet, sur un quart à peu près de la superficie de la France, à l'adoption d'assolements au succès desquels il faut nécessairement un climat tempéré et des pluies fréquentes. Dans cette région méridionale on ne saurait appliquer qu'une agriculture spéciale et appropriée aux ardeurs d'un soleil qui y mûrit tous les fruits, y fait éclore les vers à soie et fructifier les céréales. Ailleurs les systèmes d'assolements dont l'Angleterre nous offre tant de modèles ne peuvent s'appliquer que par fractions à la petite culture et aux domaines cultivés par des métayers, parce que la culture de ces exploitations n'a d'autre but que celui de trouver dans l'assortiment des récoltes qu'on y sème, celui des denrées dont le cultivateur a besoin pour son propre usage. Ce qui exclut de la participation à la pratique de la culture anglaise un autre quart de la superficie du royaume, et sur la demi-restante, un tiers n'y est pas propre, parce qu'il appartient aux régions de montagnes et de vignobles, dont la culture est commandée par la localité.

La nature du climat, du sol et de son exploitation donnent ainsi l'exclusion à tout changement général dans le système de culture pratiqué dans les quatre sixièmes de la surface de la France. Rien de pareil ne s'oppose à ce qu'un tel changement ait lieu dans le tiers restant, parce qu'il est pris sous un climat et dans des régions qui permettent aux récoltes alternes de végéter sans difficultés, et qu'il comprend la plus grande partie des terres occupées par la grande et moyenne culture.

Pour appliquer avec fruit un nouvel ordre de culture, lequel demande des travaux inaccoutumés, une observation intelligente des faits, une entente raisonnée des combinaisons multipliées dont se compose tout système, il faut être à la hauteur de l'œuvre. Le cultivateur aura à y déployer une capacité de premier ordre en connaissances agronomiques, aussi bien que pour la justesse des aperçus et des calculs. Il lui faudra de plus une forte volonté d'exécution. Ces qualités sont rares, et cependant elles devront encore se compléter par une certaine notion de ce qui se pratique sur les autres points du pays, et même à l'étranger, notion qui ne peut s'acquérir que par les voyages ou par l'étude des ouvrages spéciaux.

En établissant des fermes-modèles, on a bien senti qu'il fallait porter l'instruction agricole là où elle n'existait pas. Il serait à souhaiter que ces fermes, sans embrasser un aussi vaste champ, fussent assez multipliées pour que chaque département au moins, dans l'est, le nord et l'ouest de la France, en fût pourvu. Il serait à souhaiter que des comices agricoles, la plus virtuelle de toutes les institutions progressives, fussent appelés à s'y réunir, car on ne saurait espérer que des cultivateurs fissent l'effort de deviner des systèmes agricoles qui leur sont étrangers.

Cette instruction primaire, qui ne consiste qu'à leur montrer un fait qu'ils ignorent, mise à leur portée, sera saisie par les plus capables d'entre ces cultivateurs, et les pratiques qu'ils auront accueillies se populariseront de proche en proche, et prendront le droit d'indigénat, à mesure qu'elles auront réussi. Car, encore une fois, la culture ne s'exécute nulle part, en France, par une classe de cultivateurs à qui il soit permis de la pratiquer *à priori* et d'un seul jet, par l'adoption d'un système complet. Le temps, aidé par des efforts soutenus, peut lui seul amener les changements utiles.

L'obstacle le plus positif que doit rencontrer l'adoption du système d'après lequel l'Angleterre se cultive aujourd'hui, est sans doute dans le défaut du capital suffisant que son application demande. Il se passe ici une série de circonstances, et il se fait une consommation de temps, dont les agronomes qui ont tant écrit et tant travaillé à la proscription des jachères n'ont guère tenu compte ; il nous importe cependant d'en faire l'examen.

Ainsi, lorsqu'un agriculteur doué de persévérance et de sagacité s'est décidé à soumettre son domaine à un assolement alterne, il doit commencer par consacrer la majeure partie de ses engrais à la sole qu'il destine à produire des racines. Ces racines ne doivent pas se vendre au marché, mais se consommer à domicile par des bestiaux, afin d'en obtenir des engrais. A moins, toutefois, qu'il n'y ait à portée une fabrique de sucre indigène, auquel cas le cultivateur peut y vendre ses racines et en ramener le résidu ; c'est une circonstance favorable, dont il serait à désirer que l'agriculture pût profiter souvent.

A la suite de cette préparation, on sème des céréales d'hiver après les pommes de terre, ou des grains de printemps si, au lieu de pommes de terre, on a cultivé, soit des betteraves, soit des turneps. Le trèfle se sème au printemps avec ou sur ces céréales. Il occupe le terrain pendant la troisième année, et fournit au bétail une abondante nourriture. L'engrais fait dans l'été s'y répand dans l'automne, et après l'avoir enterré en labourant le trèfle, on y sème la céréale qui doit lui succéder.

Cet assolement quatriennal est toujours celui par lequel il faut embarquer le changement de système agricole, parce qu'il est le plus simple, qu'il fournit promptement de la nourriture pour les bestiaux. Mais après avoir fait circuler deux fois le retour du trèfle dans la même terre, il faut changer l'assolement, afin de le prolonger et d'écarter à dix ou douze années le retour de ce trèfle, parce que la terre s'en rassasie promptement.

Nous avons dû supposer que la totalité des terres arables du domaine avaient été soumises à ce nouveau cours de récoltes, pour que l'examen que nous en ferons soit complet. Cet examen même nous apprendra qu'il faut y procéder avec plus de mesure ; mais dans l'hypothèse que nous avons admise, il y aurait, en racines, un quart de ces terres; en trèfle, un autre quart, et deux quarts en céréales d'automne ou de printemps; et comme cette division n'est pas simultanément exécutable, en raison de la distribution antérieure des récoltes, il faut admettre que la première rotation exigera six années pour s'accomplir, et la seconde quatre; c'est-à-dire qu'il faut dix ans avant que les bénéfices du nouveau cours de récoltes puissent se réaliser d'une manière fructueuse pour le cultivateur, par une amélioration notable dans l'ensemble de ses produits, et ceci par les raisons suivantes :

L'agriculteur est obligé à faire les avances des instruments aratoires que la nouvelle culture demande, celle des travaux surnuméraires qu'exige la culture des racines, ainsi que du surplus de ses récoltes, des constructions nécessaires pour les mettre à l'abri et des bestiaux qui doivent les consommer.

L'agriculteur, après avoir récolté des racines et des fourrages, est obligé, pour en obtenir des engrais, de les faire consommer par des bestiaux. Or, cette consommation, quelque habileté qu'on y mette, ne fait jamais ressortir le prix du fourrage consommé, qu'au tiers de celui qu'il en obtiendrait sur le marché; c'est-à-dire environ 10 francs le millier.

Nous avons vu ce fait se répéter partout, et partout il était la pierre d'achoppement contre laquelle venait se briser l'œuvre d'adoption du nouveau système de culture. Il faut, en effet, beaucoup de force morale pour se résoudre à produire à perte, dans l'espoir du profit que promet, deux années à l'avance, l'emploi des engrais obtenus au prix de cette perte.

L'agriculteur éprouve un troisième mécompte; c'est que, sans avoir commis de fautes dans la série de ses opérations, il a été obligé de confier ses semences à des terres qui, n'étant pas encore amendées par l'effet de sa nouvelle culture, sont loin d'avoir répondu à son attente.

Ainsi, là où il espérait recueillir de belles racines, il n'en obtient que de chétives. Là où il s'était flatté de faucher un trèfle abondant et couché sur lui-même, il ne trouve qu'un trèfle maladif, que l'oseille et les chiendents se disputent. Les céréales qu'il a semées trop tardivement après ses racines ou après le défrichement d'un trèfle étiolé, se voient dépassées par les blés, auxquels une pleine jachère a servi de préparation. Ce mécompte est, non-seulement onéreux, mais il déroute l'exécution des plans d'amélioration, en les privant des engrais sur lesquels ils avaient dû se baser.

Enfin il arrive aux agronomes novateurs, qu'après avoir subi ces diverses chances; après avoir amélioré leur sol et leurs récoltes, ils n'en trouvent pas le débit, soit parce que cette espèce de récoltes n'est pas demandée sur le marché, soit parce que leur abondance même l'encombre et en fait baisser le prix.

Ces derniers accidents n'atteignent guère, il est vrai, les heureux novateurs dont les changements agricoles s'exécutent dans les fertiles plaines de la Brie ou du Soissonnais; car là tout réussit. Mais ailleurs, plus loin de la capitale, et dans le rayon des petits marchés, un grand nombre d'agronomes ne reconnaîtront-ils pas leur histoire dans le tableau que nous venons de tracer?

Ainsi, pour entreprendre d'une manière systématique et complète de changer l'ordre d'après lequel se cultivait un domaine en France, pour y adapter celui d'après lequel on cultive en Angleterre, il faut que l'agronome soit nanti du capital nécessaire à pourvoir :

1º Aux avances d'achats d'instruments aratoires, de bestiaux, de semences, de constructions, etc.;

2º Aux avances d'une culture qui demande des procédés nouveaux ;

3º Aux non-valeurs des récoltes et des produits durant quatre années;

4º Aux baisses de prix et au refus d'acheter ses productions.

Il faut pour réussir que les moyens dont disposent ces agronomes soient considérables et leur constance inébranlable.

Mais nous avons heureusement une échelle pour calculer l'étendue que doivent avoir ces moyens et cette constance. Elle se trouve dans le troisième volume des *Annales de Roville*, ouvrage qui ne contient rien que de bon et d'utile sur l'agriculture.

Nous y voyons dans le compte que donne un jeune fermier écossais des avances qu'il a dû faire pour prendre possession et cultiver pendant deux années une ferme de 154 hectares, déjà soumise au système alterne, nous y voyons que ces avances se sont élevées à 83,000 fr. ; soit à 538 fr. par hectare.

Il est vrai que sur cette somme il a acheté dix chevaux au prix de 1,400 fr. l'un, tandis que l'agronome français ne les aurait payés que 600, fr.; différence en moins. 8,000 fr.

Il a acheté trois vaches pour la somme de 1,600 fr., tandis que le fermier français ne les aurait payées que 600 fr.; différence en moins. 1,000

Il a acheté 120 brebis à 30 fr. l'une, tandis qu'elles n'auraient coûté en France que 15 francs; différence en moins. . . . 1,800

Total de la différence en moins, 10,800

L'ensemble des avances de culture donne également une différence en faveur de l'agronome français, qu'on peut estimer au quart; mais il faudrait ajouter en revanche au montant de ces avances celles de deux années que le fermier écossais n'a pas été appelé à fournir, attendu que sa ferme étant déjà soumise au système alterne, il n'a eu que deux années à traverser au lieu de quatre pour entrer en jouissance des produits de ce système. Ce qui peut établir la compensation entre leurs positions respectives.

Placé dans la même situation que le jeune fermier d'Écosse, pour arriver au même terme en quatre années, celui de France aurait donc une avance à faire de 72,200 fr., soit 468 fr. par hectare.

Cette évaluation me semble être en effet justifiée par le montant des avances que l'on a consacrées à former l'établissement même de Roville.

C'est-à-dire que sur une superficie de 147 hectares cet établissement a consommé, en trois années, avec l'économie la plus intelligente, un capital de 50,000 francs, somme qui s'élèvera sûrement à 60,000 avant que l'établissement soit arrivé à son terme, et nul doute qu'elle serait montée à 72,000 sans les profits industriels de la fabrique d'instruments aratoires, et si on avait acheté le troupeau de mérinos au lieu de le prendre à cheptel.

On peut donc sans nulle hésitation regarder la somme de 450 francs par hectare, comme étant celle qu'il est nécessaire de consacrer pour faire passer à la fois, en totalité et systématiquement, un domaine asservi à la culture triennale au régime des assolements alternes.

Dès lors nous avons acquis la certitude que cette espèce d'amélioration ne peut être entreprise que par des agronomes propriétaires et faisant valoir, ou par des fermiers riches, instruits et dont les baux soient à longs termes; c'est-à-dire par des fermiers comme il ne s'en trouve guère en France.

Cependant cette transformation s'est opérée d'une manière générale en Alsace, en Flandre, ainsi qu'en Angleterre. D'où vient qu'il n'en pourrait pas être de même dans le reste de la France? car les cultivateurs des pays que nous venons de citer ne se sont pas ruinés à cet œuvre, puisqu'ils l'ont accompli.

Mais ils ne l'ont accompli que graduellement, empiriquement, au fur et à mesure qu'une circonstance s'est présentée dans leur pratique qui les a encouragés, avertis ou détournés. C'est par un enchaînement d'observations et de tâtonnements qu'ils sont arrivés à créer un système agricole, auquel chaque jour apporte de nouvelles modifications, tant il est loin d'être complet.

Ce n'est point par un concert général, ni par un parti pris d'avance que la généralité des cultivateurs de la Flandre et de l'Angleterre ont décidé qu'ils allaient cultiver leurs terres d'après ce nouveau système. Ils ont mis plus d'un siècle à y arriver. Ce n'est que dans les fermes-modèles des agronomes améliorateurs que l'on voit se transformer ainsi tout d'un coup l'aspect des champs. Partout ailleurs cette transformation ne s'opère que par des gradations, trop lentes pour que les regards puissent en être frappés, et ce n'est qu'après vingt ans que l'on cherche dans sa mémoire à se retracer ce qu'étaient ces mêmes campagnes vingt années auparavant.

C'est précisément à cette lenteur de leur marche progressive que les améliorations rurales doivent leur succès. Elle permet en effet de les opérer sans brisement dans les habitudes, ni dans l'équilibre entre la production et la consommation, sans absorption des capitaux ; absorption qui bouleverserait toute l'économie du pays, puisque, pour traiter les 43 millions d'hectares de superficie cultivable de la France à la manière des fermes-modèles, il faudrait y verser en quatre ans un capital extraordinaire de 19 milliards 350 millions, en raison de 450 fr. par hectare.

Ce n'est donc pas à une transformation subite que doit tendre l'économie rurale, mais à disposer les cultivateurs à saisir quelques traits de la nouvelle agriculture, à y faire choix d'instruments aratoires perfectionnés, à modifier la série régulière de leurs productions, en y intercalant quelques récoltes nouvelles dont la culture n'exige pas un débours disproportionné avec leurs moyens, parce que de telles avances n'attaquent pas le fond du revenu des terres, et qu'elles l'augmentent au contraire par des gradations insensibles. Le cultivateur qui ne tarde pas à s'en apercevoir, enhardi par ce succès, applique annuellement ces procédés et ces avances à de plus grandes superficies, et la nécessité de coordonner ces innovations avec l'ancien ordre de sa culture, l'oblige à créer des cours de récoltes alternes. Science qu'il n'avait ni apprise ni méditée, mais qui a surgi, sans autres efforts, des convenances et de la nécessité.

Nous venons de dire ici ce qui s'est passé depuis cinquante ans dans l'agriculture de la France. Nous dirons de même ce qui s'y passera dans les cinquante années dont nous ne serons pas témoin; car il ne faut avoir pour cela qu'une prévision bornée et des yeux exercés. Il faut savoir seulement que les conditions agricoles de la France sont telles, que les espèces d'améliorations qu'on y doit encourager sont celles qui s'obtiennent avec des capitaux d'intelligence et d'activité, parce que ce sont ces capitaux qu'y possèdent les cultivateurs et dont ils se montrent généreux; parce que, en outre, cette espèce d'amélioration est aussi celle qui s'accorde le mieux avec la division et la nature agricole des deux tiers du royaume.

La question des améliorations est d'une telle importance et embrasse un tel champ, que nous ne l'abandonnerons qu'après l'avoir entièrement parcourue; nous voulons, en conséquence, y consacrer encore quelques chapitres.

CHAPITRE V.

Des agronomes améliorateurs.

Rien de si touchant que cet épisode du voyage d'Arthur Young, où l'on voit, qu'après être arrivé à La Flèche, il s'y informe curieusement du sort advenu au marquis de Turbilly, agronome du dix-huitième siècle, dont les entreprises avaient eu lieu dans une terre située au milieu des ajoncs de l'Anjou, et à quatre lieues à l'ouest de la capitale de cette province. Les recherches de l'agronome voyageur furent pendant longtemps infructueuses; personne à La Flèche ne se remémorait l'existence du marquis de Turbilly ; ses améliorations, ses travaux, ses écrits, tout avait également disparu et s'était effacé de la mémoire de ses contemporains. Enfin, l'activité de ses perquisitions conduisit Young vers une vieille dame qui avait connu personnellement le marquis de Turbilly, et ouï parler de ses travaux agricoles. Mais cette dame dut en même temps apprendre à M. Young que ces travaux l'avaient ruiné, que les créanciers s'étaient emparés de sa terre, et qu'il n'y restait d'autres traces de sa présence que celle d'une grande avenue de peupliers qu'il avait plantés et qui seuls avaient survécu à celui qui, en plaçant leurs boutures en terre, s'était flatté de se reposer sous leur ombrage.

Nous avons assisté aussi dans le cours de notre vie à beaucoup d'entreprises dont le but était de refondre et de transformer l'agriculture pratiquée sur les terres, objet de ces entreprises, avant que l'agronomie eût jeté son dévolu sur elles. Comme M. Young, nous avons vu que ceux d'entre ces agronomes qui avaient entrepris ces améliorations, sans être riches, s'y étaient ruinés, et que ceux qui étaient riches y avaient perdu une plus ou moins grande partie de leur fortune, jusqu'à ce que, découragés, ils avaient laissé à autrui le soin de s'en tirer.

La fatalité qui semble être attachée à ce genre d'entreprises n'est pas un secret pour les spéculateurs. Aussi s'en défient-ils, et rien n'attire moins leur confiance que ce qu'on nomme les grandes entreprises agricoles. Ce n'est pas seulement aux spéculateurs que ces entreprises inspirent de la défiance, l'opinion générale la partage ; et lorsqu'une société anonyme se propose de fonder une ferme-modèle, les actionnaires n'y souscrivent pas dans l'espoir de faire un bon placement de leur capital, mais pour se faire un élément de popularité, en aidant par une modique somme à former une institution qui devient un motif de rassemblement périodique aux jours de fêtes agricoles, pour un bon nombre des électeurs de l'arrondissement.

Il n'en est pas moins fâcheux que tant d'exemples aient porté le découragement dans des entreprises où le bien public est si fort intéressé ; car c'est à ces entreprises, à ces agronomes assez confiants pour les avoir tentées à leurs dépens, que les populations rurales doivent le premier éveil qu'elles ont reçu. Grâce à cet éveil, produit par la vue d'innovations dont elles n'auraient pas soupçonné l'existence, ces populations ont pu choisir telles ou telles pratiques, tels ou tels procédés, tels ou tels instruments aratoires au moyen desquels elles ont pu rompre l'ordre routinier de leur agriculture, et lui imprimer les premiers mouvements d'une marche progressive dont le terme leur est inconnu.

Aussi nous a-t-il semblé important de rechercher plus attentivement encore les causes de cette fatalité qui semble être inhérente aux entreprises agricoles.

Cette recherche nous a appris qu'il était rare que ces entreprises eussent lieu sur des terres fertiles et en plein état de culture : 1° parce que le capital de ces terres était déjà trop élevé pour que l'agronome pût espérer d'obtenir une grande différence sur ce capital par l'effet de ses améliorations, différence sur laquelle il compte pour se dédommager un jour des avances qu'il doit consacrer à ces améliorations; 2° parce que son imagination n'est pas animée par l'aspect d'un pays déjà couvert de belles récoltes, ainsi qu'il en est lorsqu'il traverse des pays pauvres à demi incultes, où l'on voit rôder quelques maigres bestiaux, suivis par une petite fille mal vêtue qui va cherchant, dans quelques touffes égrenées de coudriers, les noisettes qu'elle aurait oublié d'y cueillir la veille. Dans ce dernier cas, l'imagination de l'agronome s'anime en voyant d'avance quel immense parti sa science lui permet de tirer de ces landes ou de ces craies, de ces terres siliceuses ou granitiques.

Il arrête sa marche et jette un dévolu sur ces terres. C'est à l'étude du notaire de l'endroit qu'il descend. Le clerc désœuvré lui offre avec empressement une chaise mal rempaillée, et court dans le café voisin appeler son patron, qui vient avec empressement dérouler ses devis de terres à vendre. Plus elles sont vastes, plus elles séduisent l'agronome; car si le notaire ne lui vend ces terres que sur le pied du revenu, il les achète dans son imagination à la superficie ; attendu que ce revenu n'est rien pour lui, puisqu'il compte en créer un tout autre sur lequel doit s'établir un jour la valeur du capital de la terre. Cette valeur, sans proportion avec celle d'après laquelle il achète, lui offre, en perspective, des bénéfices d'autant plus grands qu'ils se réaliseront sur de plus vastes superficies. Il achète donc à 400 fr. l'hectare.

Ici commence l'histoire de son entreprise que nous allons suivre pas à pas.

L'agronome entreprend la mise en valeur de la terre qu'il vient d'acquérir, sans avoir tenu compte d'un fait général, immense, qui domine toutes les questions d'amélioration : savoir si les prix des denrées sont assez élevés pour permettre de cultiver des terres du degré de stérilité de celles dont il se propose d'opérer l'amélioration.

Cette question, il est vrai, présente de grandes difficultés, étant toute relative et ne pouvant rien avoir d'absolu. Elle est relative à la dose de fertilité de la terre, qu'il est bien hasardeux de vouloir déterminer d'une manière absolue ; elle est relative à l'art avec lequel l'agronome choisit, pour les confier à la terre, celles d'entre les productions qui s'assortissent avec cette dose de fertilité. Et cependant, il faut savoir à quoi s'en tenir sur ces divers points, avant d'entreprendre l'amélioration d'un sol de qualité inférieure, sous peine d'y jeter ses capitaux en pure perte.

Ce sont les sols de qualité supérieure qui règlent le cours des denrées; car s'il faut, pour les bonnes comme pour les mauvaises terres, prélever également un grain pour semence et deux grains pour les frais de culture, il en restera trois pour le profit de cette culture sur les terres qui rendent le six pour un; deux sur celles qui rendent le cinq; un dans celles qui rendent le quatre, et rien dans celles où l'on ne récolte que le trois pour un.

Il en résulte que ce sont les terres qui rapportent le six et au-delà, qui ont un grand surplus à porter au marché, et dont les denrées peuvent supporter une baisse dans les prix, qui laissent encore un bénéfice au cultivateur, tandis que cette baisse anéantit le peu de profit qu'aurait pu donner la terre ingrate.

La culture de ces dernières est abandonnée ou réduite à ses moindres termes, dès qu'il est avéré que leur mise en valeur ne peut donner aucun profit. Or, chaque pays a sa mesure à cet égard, et cette mesure tient à l'état de l'économie générale du pays, à sa législation agricole et commerciale. Ce qui se passe dans l'un ne peut point servir de règle dans un autre. Ainsi, par exemple, les sables du Norfolk ont été mis en valeur avec profit depuis un siècle, en Angleterre, parce que la législation d'une part, l'accroissement de richesse et de population de l'autre, y avaient élevé le prix des denrées, au point qu'il s'y est fait de toutes parts un appel à la culture des sols de qualité inférieure. Pareille chose est arrivée momentanément en France dans quelques-unes des circonstances de la révolution; car nous ne parlons pas des chertés qui n'ont lieu que par l'effet des disettes, l'effet en étant le même sur toutes les terres, quelle que soit leur valeur intrinsèque. C'est aussi pendant ces époques de cherté survenue par l'effet des circonstances dans lesquelles s'est trouvée l'économie du pays, qu'il s'est opéré en France des défrichements de communaux, des améliorations qui, pour la plupart, ont laissé des traces, tandis que rien n'a réussi sous l'empire de circonstances différentes.

L'état agricole d'un pays étant donné, on peut conclure que celles des terres qu'on y voit laissées à l'abandon ou à quelque chose d'approchant ne sont restées dans cet abandon, que parce que leur force productive était trop faible pour que leur culture pût entrer en concurrence avec celle des terres d'une fertilité supérieure.

Ceci admis, il faut ajouter qu'il reste néanmoins une ressource à l'agronome. Ces terres, ayant été acquises pour un capital très inférieur à celui qu'aurait demandé une qualité supérieure, ne sont redevables que d'un intérêt relatif au prix d'acquisition. Si, pour l'obtenir et l'accroître par son industrie, l'agronome savait se résoudre à ne demander à son sol que des productions qui soient à sa portée, c'est-à-dire du sarrasin là où le seigle reste chétif, du seigle là où le froment dépérit, des raves là où les pommes de terre avortent; s'il faisait usage de la vaine pâture au lieu de vouloir la convertir sans retard en prairies artificielles, il pourrait, par l'effet d'une amélioration lente, mais appropriée au local, corriger le défaut capital de son domaine, en élevant graduellement sa dose de fécondité native. Par là, il déplacerait en quelque sorte sa propriété du rang qu'elle occupe dans l'échelle de l'économie rurale du pays; mais c'est à quoi l'agronome se refuse, et c'est ici que ses fautes commencent.

On cultive sans doute en France des terres de qualité très inférieure, et dont la culture devrait être abandonnée, si on voulait s'astreindre à suivre strictement la règle qui établit, d'après l'échelle de dépréciation que nous avons posée, le degré de convenance qu'il y a de les cultiver. Cette anomalie s'explique par la considération que le travail de ces terres coûte réellement moins que celui des bonnes, et qu'en accordant deux grains pour rembourser les frais de ce travail, nous en avons donné un de trop. Ce qui fait que les terres qui rapportent trois grains en laissent encore un pour le profit du cultivateur, sans quoi il y aurait, en France, bien plus de terres en friche qu'il ne s'en trouve aujourd'hui. En effet, le travail de ces terres se fait avec peu d'efforts, légèrement, sans soins; et les frais de récolte étant proportionnels à leur volume, on peut, à force d'économie dans l'exploitation, porter la culture des terres de qualité inférieure au chiffre de dépense de celles dont la production est d'un grain au-dessus.

Mais telle n'est pas la manière d'opérer d'un agronome améliorateur; car son rôle serait manqué, s'il se bornait à faire de la méchante culture sur un sol ingrat. Il commence par s'abuser lui-même sur la vertu de son sol. Il accuse de son faible produit l'impéritie de ses devanciers, et se met à l'œuvre avec le courage qui anime tout débutant.

Il s'empresse d'acquérir tous les instruments aratoires confectionnés dans les ateliers à la mode. Il fait le voyage de Rambouillet, ou même de Croissy, pour y acheter des béliers de monte, et se procure des brebis, avant d'avoir encore le fourrage qui doit les nourrir. Il fait venir des vaches et un taureau de Suisse, sans examiner si ces animaux peuvent vivre sur ses maigres pâtures. Heureux s'il ne s'adresse pas au préfet pour avoir à domicile un des étalons de la vallée d'Auge, pour l'acquisition duquel le conseil général a voté des fonds.

Il pourvoit aux constructions que toute cette basse-cour exige.

Il a semé des pommes de terre et des rutabagas, et compte sur leur produit pour nourrir ses bestiaux ; il a semé des vesces d'hiver, du trèfle et de la luzerne. Mais sa terre était hors d'état de nourrir la luzerne ; son trèfle reste pauvre et décharné ; ses vesces sont courtes et ont fleuri au ras de terre ; ses rutabagas sont petits et coriaces, et ses pommes de terre n'ont produit que la moitié de son évaluation, quoiqu'il les eût plantées à distance et cultivées avec la houe à cheval de Cook ou de Fellenberg.

Cependant, comme il a besoin d'engrais, et qu'il lui faut entretenir des animaux sur le croît desquels il fonde une part de ses bénéfices, il achète du foin d'abord à 30 francs le millier, puis à 40, parce que sa demande l'a fait renchérir. Mais il porte le prix de cet achat sur le compte qu'il a ouvert à son entreprise, sous le titre de *Dépenses de premier établissement*.

Ce compte, indispensable sans doute à toute entreprise rurale dont on veut se rendre raison, n'en est pas moins funeste aux agronomes, en ce qu'étant censé représenter un capital, chacune des dépenses qu'on y inscrit paraît minime, tandis qu'elle semblerait énorme si elle ne figurait qu'au débit du compte annuel des recettes et dépenses de l'établissement.

Trompé par l'idée qu'on s'est faite du capital qu'on se proposait d'ajouter à celui de l'achat du fond pour pourvoir à son amélioration, on dépense généreusement à compte de ce capital, certain qu'on est qu'à l'époque de son épuisement l'entreprise sera parachevée, et qu'il ne restera plus qu'à en percevoir le revenu, ajouté à celui du capital foncier de la terre.

Mais l'époque de cet épuisement arrive beaucoup plus tôt que celle de la perception qu'on s'était flatté de réaliser, parce qu'on a épuisé trop légèrement le capital d'amélioration : 1° en objets dont on aurait pu se passer ; 2° en erreurs sur la force productive du sol, auquel on a confié des natures de récoltes qu'il était hors d'état d'alimenter ; 3° en non-valeurs sur des produits dont les prix ont baissé ; 4° en pertes sur l'élève et la réussite des animaux, dont on avait fait un des pivots du succès de l'entreprise.

Nous pourrions allonger de beaucoup cette énumération et dire toutes les raisons qui ont concouru à absorber le capital affecté aux dépenses d'amélioration, longtemps avant qu'on ait atteint le but que l'on s'était proposé. Arrivé à ce point, l'agronome, dont le zèle et l'espoir ne se sont point épuisés, reprend avec un nouveau courage une nouvelle détermination. Il ne lui faut plus qu'une, deux ou trois années au plus pour parachever son entreprise ; dès lors il se décide à lui ouvrir un nouveau crédit, au service duquel il pourvoit par ses propres capitaux, s'il en a, sinon par des emprunts. Le terme des travaux atteint, le nouveau capital se trouve absorbé sans que l'amélioration soit obtenue, et cela par les mêmes causes qui ont déjà absorbé les premiers fonds. Alors, et quelquefois après avoir répété à plusieurs reprises la même manœuvre, il faut en venir à la solder, soit par la vente, soit par la remise du domaine à un fermier, et voici ce qui a également lieu dans ces deux cas.

L'acquisition d'un domaine quelconque ne se fait jamais que pour un capital calculé d'après la valeur locative de l'immeuble, ou, en d'autres termes, d'après son revenu. Or, le fermage d'une terre améliorée de la sorte est bien loin de se conclure à un prix suffisant pour rapporter : 1° l'intérêt du capital primitif d'achat; 2° celui du capital d'amélioration; ce qui, néanmoins, serait nécessaire pour que ce dernier capital n'eût pas été placé à fonds perdus ; la perte que subit ce capital étant précisément égale au capital du montant de la somme dont le fermier refuse de payer le loyer de la terre.

Le chiffre de cette perte varie sans doute beaucoup. Il peut aller de zéro jusqu'au pair, il pourrait même le dépasser; la chose dépend uniquement de la nature et de la consistance des améliorations. Celles qui n'ont eu pour but que des conversions de cultures utiles et convenables au domaine reçoivent quelquefois une prime par l'augmentation de prix du nouveau bail à ferme qui survient. Mais dans les améliorations où l'on ne s'est donné d'autre problème à résoudre que celui de changer l'assolement des terres, le fermier nouvel arrivant ne consent jamais à payer l'intérêt du capital qu'elles ont coûté, parce que les résultats de ces changements lui semblent être d'une nature trop éphémère pour qu'il y mette un prix quelconque et consente à les payer.

Il peut encore moins se charger d'acquitter l'intérêt des sommes dépensées en constructions rurales qui toujours concernent le propriétaire, en instruments aratoires dont il ne fait nul usage, non plus qu'en éducation d'animaux, dont il ne fait aucun cas.

Le fermier nouveau venu ne peut donner d'autres primes que celle qu'il reconnaît devoir à la fertilité supérieure du domaine provenant de l'amélioration. Tel est le seul bénéfice final que l'on puisse légitimement attendre de ces améliorations, tant qu'elles ne se seront pas emparées de l'agriculture du pays, puisque jusqu'alors le prix courant des fermages ne se règlera pas sur les terres qu'un agronome aura laborieusement améliorées; ces terres auront, au contraire, à supporter le préjudice de la concurrence où elles se trouveront engagées avec la totalité des domaines soumis à la culture ordinaire des environs. Le fermier n'en donnera dès lors qu'une prime représentant le droit qu'il acquiert de profiter de ces améliorations en consommant leur ruine.

Nous réitérons donc l'avertissement que nous avons donné à l'agronome séduit par son imagination, et qu'une confiance irréfléchie enhardissait. Il se plaisait à croire que la culture, envisagée par lui avec dédain, n'était telle que par le manque d'intelligence et de soins; c'était une erreur. Il devra y regarder de plus près avant de se livrer à la passion des améliorations qui le domine. Il doit examiner, avant tout, l'état où se trouve l'économie générale du pays, afin de juger, par le mouvement qui s'y manifeste, du moment opportun pour mettre en valeur des terres qui l'étaient peu ou point; car il est certain que ce mouvement tend à s'en emparer, comme le flot de la marée s'empare du rivage de la mer, et le temps doit venir où les sols les plus ingrats seront appelés à la production, et acquerront une valeur relative. Mais il y a un grand péril à devancer ce moment, et toutes ces entreprises inconsidérées que l'on voit, enfants perdus de l'agriculture, doivent y succomber. Comment en serait-il autrement, puisqu'il faut aboutir à supporter, non-seulement les pertes que tout entrepreneur d'améliorations doit subir par les motifs que nous venons d'exposer, mais encore cette autre perte, qui vient de plus haut et de plus loin, et dont la cause est dans la mise en valeur d'un sol de qualité trop inférieure pour en supporter les frais dans l'état présent de l'économie agricole et commerciale du pays.

Il n'appartient donc qu'à ceux des propriétaires riches qui se plaisent à réunir dans leurs terres le luxe de l'agriculture à leurs autres jouissances, il n'appartient qu'à des sociétés anonymes formées dans un esprit de bien public, de se hasarder dans de telles entreprises. On suit sans doute leur marche avec curiosité, avec intérêt, avec reconnaissance. Mais c'est à l'opinion publique à en rembourser les avances par son suffrage, car malheureusement la terre s'y refuse, et cela sans qu'il y ait de sa faute.

CHAPITRE VI.

Comment s'opère l'amélioration rurale d'un pays.

L'amélioration rurale d'un pays ne saurait avoir lieu que par le concours simultané de tous ceux qui participent à son exploitation ; sans quoi, ces améliorations, entreprises de loin en loin sur des oasis choisies par quelques agronomes, n'y sont que des modèles que l'on étale vainement aux yeux et qui ne sauraient influer sur l'économie d'un grand pays, à moins que les procédés qu'on y suit ne fassent autorité et ne provoquent des changements généraux dans l'agriculture.

Mais ces changements ne sauraient jamais être de la nature de ceux auxquels il faut consacrer un capital, ni par conséquent ouvrir un compte de premier établissement. Ceux qui tiennent dans leurs mains l'agriculture d'un pays n'ont point de capitaux dont ils puissent disposer à ce titre ; ce qu'on peut attendre d'eux, c'est qu'ils affectent un léger supplément aux frais ordinaires de leur exploitation pour y introduire les rudiments d'amélioration qu'une circonstance heureuse ou fortuite aura mis à leur portée, et que le temps se chargera de développer.

Le résultat de tels changements devient immense, par cela seul qu'ils sont généraux. Il arrive en effet que la production agricole en étant augmentée dans la proportion de l'importance du changement adopté, le revenu général des terres, et par suite leur valeur capitale, s'en accroissent d'autant. Alors les fermiers consentent à hausser le prix de leurs baux, parce que toutes les terres des alentours ayant subi la même amélioration, ils n'en trouveraient aucune au-dessous du prix courant que ces améliorations ont assigné à leur valeur locative. Nous possédons une terre dans une portion du département de la Côte-d'Or, où la richesse du sol a permis d'introduire, il y a bientôt quinze ans, la culture en grand du colza, et depuis que l'adoption de ce changement y a été générale et comme passée dans l'usage commun, la valeur locative des terres y a haussé d'environ 40 fr. par hectare. Il en avait sans doute été de même lorsqu'on y avait également introduit la culture du maïs, au commencement du dix-septième siècle.

Ces mouvements en hausse sont des bénéfices nets pour les fermiers et les métayers lorsqu'ils ont lieu pendant le cours d'un bail dans lequel on n'avait pas compris une telle amélioration que les conventions avaient devancée. Cette hausse est une cause de bénéfices nets pour tous les propriétaires dont les terres s'élèvent proportionnellement en valeur, plus-value qui se manifeste promptement.

Il suit de là que ce n'est jamais que dans ces conditions qu'il faut offrir des terres ayant reçu des améliorations, là où, comme en France, l'exploitation agricole est éparpillée dans un grand nombre de mains. Les 4 millions d'exploitants français ne sauraient les admettre qu'autant qu'elles se présentent à eux sous l'apparence d'un bénéfice immédiat de culture. Ils les repousseraient aussitôt qu'il serait question d'avances certaines et de bénéfices éventuels ou tardifs. Ils les repousseraient, et ils auraient raison, attendu qu'ils n'ont ni capitaux à avancer, ni temps à perdre, ni possibilité enfin de courir des chances.

Ce bénéfice immédiat ne saurait se réaliser qu'autant qu'il s'agit de cultiver une production que les consommateurs demandent; sans quoi, on ne travaillerait qu'à l'avance et pour une demande éventuelle. L'objet réclamé par les consommateurs peut également consister en produits déjà connus; mais dont la quantité produite est inférieure aux besoins, ou en produits nouveaux que des changements dans les habitudes de la consommation demandent aux cultivateurs.

Ainsi, l'usage des lampes, substitué dans l'éclairage public et particulier à celui de la chandelle et des bougies, a créé une demande nouvelle et prodigieuse de l'huile du colza. Ainsi, la fabrication du sucre de betterave a fait à la culture un appel auquel elle s'est empressée de répondre. Il en a été de même pour la garance, et plus anciennement il en a été de même encore pour la culture du maïs, du tabac et de la pomme de terre; tandis que la consommation a demandé à la production une plus grande quantité de denrées ordinaires, de celles-là même qui entraient dès longtemps dans les assortiments de récoltes usités dans le pays.

Ces deux cas se sont présentés presque simultanément en France dans les dernières cinquante années; et voici ce qui s'en est suivi :

Le cultivateur a été averti du besoin qu'avait la consommation d'une plus grande abondance de denrées ordinaires de sa culture par les hauts prix des marchés à dater de l'année 1788, et de là jusqu'à la fin de la guerre. Ces prix, toujours plus ou moins élevés pendant ce long intervalle, ont appelé à la mise en valeur des terrains de qualités inférieures, et c'est aussi durant cette période de l'histoire agricole de la France qu'ont eu lieu des partages et des défrichements de communaux, des mises en culture de terres que les fermiers et les propriétaires avaient abandonnées à la vaine pâture.

Mais ces travaux se sont exécutés sans autres avances que celle du travail appliqué par les bras de la famille, pour en obtenir une production dont le haut prix sur le marché avait fait sentir la nécessité, et qui remboursait les cultivateurs de leurs peines.

C'est alors aussi que la pomme de terre est venue prendre rang dans la culture ordinaire, et qu'elle s'est associée à tous les défrichements dont elle facilite les opérations en les rendant immédiatement productives.

C'est presque toujours à l'aide de quelques calamités que s'effectuent ces progrès de l'agriculture, parce que les chertés qui en sont la suite viennent comme des stimulants soulever le poids des habitudes, de l'insouciance, et de la paresse physique et morale, si naturelles à l'homme. Ainsi il est à craindre que M. Parmentier n'eût écrit en vain tant de panégyriques en faveur des pommes de terre, sans le secours qu'il a trouvé dans les disettes des années 1789, 1795 et 1811.

Nous avons planté nous-même, en 1794, à la suite d'une allocution irrésistible du représentant du peuple Albitte, un vaste champ de pommes de terre, dont la récolte n'étant arrivée qu'après l'abolition du maximum, fut d'une abondance telle, et se vendit à un prix si élevé, que le chiffre du produit atteignit à celui du capital même de la terre où on avait recueilli ces pommes de terre.

Mais lorsqu'un essai, tenté ainsi de gré ou de force et sous l'empire des circonstances, vient à réussir, il s'implante dans les habitudes rurales et prend désormais possession de la part du sol dont il a besoin. Cette part est nécessairement occupée, soit aux dépens d'une autre culture, soit aux dépens de la jachère, et c'est presque toujours cette dernière qui est appelée à céder le terrain. Mais dans l'un ou l'autre cas, l'ordre suivi dans les cours des récoltes en est plus ou moins interverti, puisqu'il en résulte l'intercalation d'une production nouvelle.

Cette modification produit un tâtonnement qui, à la suite de beaucoup de fautes et d'anachronismes agricoles, finit par classer dans un cours différemment réglé la récolte de la nouvelle production à la place qu'elle y doit occuper.

Lorsque la même circonstance se répète à diverses reprises, les combinaisons qu'elles obligent à faire dans les cours de récoltes se compliquent et se multiplient en proportion ; mais le besoin d'engraisser plus abondamment des terres qu'on prive du repos de la jachère oblige encore les cultivateurs à introduire dans leurs assolements des récoltes de fourrages ou de racines destinées aux bestiaux. Cette dernière introduction, toujours faite aux dépens de la jachère, en vient jusqu'à l'absorber, et le changement dans le système de culture finit par être de la sorte consommé, ainsi qu'il en est aujourd'hui dans les départements du Rhin et du Nord.

Après avoir opéré la grande amélioration, qui consiste en définitive à rendre la jachère productive, les cultivateurs qui n'y sont parvenus qu'à l'aide du temps, c'est-à-dire en pourvoyant aux débours d'une amélioration avec les profits de celle qui l'avait précédée, ces cultivateurs, disons-nous, ont acquis par cet accroissement successif de profits : 1° un sol amélioré ; 2° un capital mobilier successivement accru par l'éducation et l'amélioration de leurs bestiaux ; 3° un revenu plus élevé de leurs terres. Jouissant dès lors d'une aisance plus grande, ils ne l'appliquent pas seulement à leur bien-être personnel ; car par cela seul qu'il se répand, ce bien-être augmente dans une proportion indéfinie la consommation et par conséquent le travail national. En outre, accoutumés qu'ils sont désormais à pratiquer une culture intelligente, ils deviennent avides de perfectionnements, et c'est alors, et alors seulement, qu'ils se montrent disposés à s'emparer des améliorations nouvelles qu'on met à leur portée, des instruments aratoires destinés à opérer mieux et plus promptement les travaux des champs. C'est alors aussi qu'il faut leur proposer les modèles de ces instruments, les combinaisons d'assolements et la pratique des procédés à l'aide desquels ils doivent parvenir à donner le dernier trait à la culture qu'ils ont entrepris d'améliorer.

Or, il nous paraît que les cultivateurs de certaines portions de la France en sont arrivés à ce terme, ou sont tout au moins très près de l'atteindre. Les symptômes en sont dans l'amélioration même qu'ils ont déjà apportée à leur culture, amélioration attestée par des faits irrécusables. Ces symptômes se trouvent aussi dans l'immensité des constructions et reconstructions rurales qu'on voit s'opérer universellement dans les villages et les hameaux, signe à peu près certain d'une augmentation dans la somme des récoltes et du mobilier rural, ainsi que dans les moyens de solder ces constructions. Ils s'aperçoivent encore dans l'accroissement d'un mieux-être universel dans la classe agricole du pays, mieux-être qui se dénote par les vêtements, par le mobilier, par la nourriture et par l'état moral des populations. Ces symptômes se remarquent enfin dans les dispositions d'un très grand nombre de cultivateurs à se familiariser avec les faits et les notions propres à leur démontrer la possibilité d'effectuer des améliorations. Ce dernier trait d'observation est décisif; il donne une garantie certaine que l'on touche au point de départ du mouvement dont les circonstances ont amassé lentement la force motrice.

C'est donc aussi le moment de subvenir à son développement, au moyen des fermes-modèles, et surtout des comices agricoles, dont l'influence est bien autrement puissante; car, ce qui caractérise ces époques capitales dans l'agriculture, c'est que l'amélioration n'y provient plus d'une nécessité pressante de pourvoir à une demande extraordinaire et forcée de la consommation, comme il en a été dans le principe, en cultivant aveuglément la denrée dont le déficit avait haussé le prix. Ce que les cultivateurs se proposent alors, c'est de lutter au contraire contre les bas prix par les ressources que promet une agriculture plus intelligente, un meilleur emploi des terres et une économie dans leur exploitation, résultant de l'emploi d'instruments aratoires d'une confection supérieure ; ce qu'ils se proposent d'obtenir, c'est une amélioration du sol, pour que l'abondance des récoltes compense les avances de l'exploitation et le bas prix des denrées.

Nous avons dit que les symptômes que nous venons d'indiquer se laissaient voir chez les cultivateurs d'une portion de la France; nous en avons fourni les preuves. Mais nous devons faire remarquer que l'ensemble du royaume est loin d'en être arrivé là, et il y a beaucoup à faire encore avant qu'il y soit amené.

Sur quelques points le cultivateur exploitant à titre de métayer, n'a pu participer jusqu'ici que bien faiblement au mouvement créé par les demandes extraordinaires de la consommation. Là, comme ailleurs encore, les moyens réparateurs ont manqué, et, faute de ces moyens, il n'a pu être répondu que pour une bien minime part au bénéfice de ces demandes, le mouvement d'amélioration s'en est trouvé paralysé.

Enfin l'élévation des prix n'a été ni assez soutenue, ni assez efficace pour avoir permis la mise en valeur ni l'amélioration de beaucoup de terres de qualités inférieures. Le cultivateur a craint que la survenance d'une baisse n'emportât, avec ses profits, les avances mêmes qu'il aurait faites à ces terres pour en obtenir une production nouvelle, et les faits ont justifié sa prévision. En sorte que le moment où les besoins de la consommation feront à la culture de ces terres un appel signalé par une nouvelle hausse des prix, ce moment n'est pas venu encore. La production moyenne alimente à bas prix la consommation moyenne. Il faut que l'accroissement progressif de la population vienne

14

à rompre cet équilibre en faveur de la production, pour qu'arrive l'appel fait à la mise en valeur et à l'amélioration de la culture des sols de qualités inférieures.

La rupture de cet équilibre est nécessairement lente à venir, elle est même inaperçue aussi longtemps que dure la série des années plus ou moins favorables à la production, parce que l'abondance qu'on doit aux saisons fertiles couvre et dissimule tous les déficits qui peuvent d'ailleurs exister dans la production moyenne. Leur présence ne se révèle qu'à la suite des mauvaises saisons, de ces années qu'on regarde comme une calamité publique, et qui ne sont telles qu'autant qu'elles amènent une famine, ainsi qu'il en fut en 1816. Mais lorsque ces années de stérilité ne produisent qu'une cherté dans le prix des subsistances, c'est par suite d'une erreur philanthropique qu'on les regarde comme funestes ; tandis que les années fâcheuses sont précisément celles où la surabondance, en mettant à vil prix les denrées, relâche tous les ressorts de l'activité productive sans être utiles aux pauvres qui consacrent à la boisson ce qu'ils économisent sur le prix du pain et y trouvent la source des vices, des désordres, de la paresse et des coalitions, fléaux bien pires pour la société que ne saurait l'être une cherté dont l'effet est de stimuler de toute part l'activité sociale, en dotant l'avenir de tous les biens produits par l'application de cette activité.

CHAPITRE VII.

Du maximum auquel les améliorations rurales peuvent élever le produit agricole de la France.

Nous venons de voir qu'il y a encore d'immenses pas à faire sur la route infinie des améliorations rurales dont l'agriculture de la France est susceptible. Mais nous avons vu aussi que ces pas ne peuvent se faire qu'en avançant parallèlement avec l'accroissement progressif de la consommation, sans que cette marche soit néanmoins simultanée, ce qui ne saurait avoir lieu, car ce double mouvement est nécessairement alternatif, c'est-à-dire que l'abondance de la production ayant débordé les besoins de la consommation, ceux-ci s'accroissent en raison même de l'abondance qui leur est offerte, jusqu'à ce que, l'ayant absorbée, elle dépasse à son tour le volume des productions, dont la rareté excite à son tour de nouveaux efforts chez les producteurs pour satisfaire à la demande qui leur est faite, efforts qui, couronnés de succès, ramènent une nouvelle phase de surabondance et de bas prix.

Mais l'économie nationale a gagné à chacun de ces mouvements, en proportion de la longueur du pas qu'a franchi soit la force productrice, soit la puissance consommatrice.

Le mobile auquel sont dus ces doubles mouvements appartient à la nature de l'état social de chaque pays. Je dis à la nature de l'état social, parce que cette expression comprend tout ce qui constitue l'économie et que c'est à tort que les divers économistes se sont plus, suivant leur penchant à en faire séparément honneur tantôt au gouvernement, tantôt à la religion, tantôt aux mœurs, à chacune enfin des forces dont la réunion constitue l'état social des nations. Or, un nombre infini de faits contradictoires démontrent que ce n'est à aucune de ces forces prises isolément qu'appartient la faculté d'imprimer à l'économie des peuples ce mouvement progressif ou rétrograde qui dénote leur décadence ou leur prospérité. Cette faculté n'est accordée qu'à l'action simultanée de ces diverses forces mises en jeu par un concours de circonstances qui exaltent ou abattent le moral d'une nation.

Or, ces circonstances peuvent aussi bien se produire dans une monarchie que sous le régime républicain; sous l'inspiration du culte de Brama aussi bien qu'au sein de la chrétienté; sous la zone torride de même que sous un ciel tempéré; chez les peuples de mœurs efféminées comme chez les Romains de Cincinnatus. On peut voir que la Lombardie ultra-monarchique est mieux cultivée que la Suisse; le Belge catholique cultive mieux que l'Anglais protestant; l'agriculture de l'Indou et du Chinois est supérieure même à celle des Belges, et pourtant les mœurs asiatiques sont bien efféminées, si on les compare à celles des Suisses et des peuples du nord.

C'est donc à la présence d'un état moral de nature à porter l'esprit des peuples à chercher l'amélioration de leur bien-être par toutes les voies offertes à leur activité. Esprit d'inquiétude, d'ambition, de rivalité, dont le trait moral est de s'occuper de l'avenir, en lui sacrifiant le repos du moment; tandis que les peuples qui consentent à déchoir sacrifient avec nonchalance le mieux-être de leur avenir au repos du présent. Cette surexcitation sociale peut provenir de causes diverses. La plus ordinaire a sa source dans l'avidité qu'excitent les bénéfices promis par un grand développement industriel et commercial, développement qui produit à son tour une grande demande dans la consommation et une grande activité dans la production. Mais ces effets peuvent aussi provenir d'un élan national imprimé par la situation forte et dominante où tel peuple se trouve inopinément placé. La scène s'étant agrandie autour de lui, il s'évertue pour y figurer dignement.

Les peuples qui ont traversé ces époques de surexcitation en conservent plus ou moins l'empreinte, suivant le temps de leur durée et l'étendue des effets qu'elles ont produits sur l'économie du pays. L'histoire nous apprend que ces époques ont toujours été passagères et que les événements politiques ou sociaux ont toujours transporté d'un peuple à l'autre cet élan national, qui ne saurait durer longtemps, ni s'emparer simultanément de tous les points du globe, parce que les peuples se feraient alors une concurrence qui ne tarderait pas à anéantir les fruits de leur travail par les effets de l'encombrement.

Ainsi l'Italie a eu, pendant les deux siècles qui ont suivi les croisades, le monopole de la production industrielle et le droit de donner ses modes au reste de l'Europe. Il s'ensuivit pour elle une accumulation d'immenses capitaux au moyen desquels le pays a été non-seulement couvert de monuments, mais sillonné de canaux, d'irrigations, relevé en terrasses, planté mûriers, en ormes, en vignes, couvert de fermes élégantes, cultivé enfin avec art. Ces vestiges d'une époque brillante sont restés épars sur le sol de la péninsule italique comme des parures qui survivent à une fête.

Les provinces belges héritèrent de l'Italie, dont la prospérité industrielle et commerciale, ainsi que la riche agriculture, s'assimila à la prospérité flamande qui devait en garder l'empreinte, pour servir ensuite de modèle au système de culture qui s'est établi en Angleterre.

L'élan national dont les symptômes ont apparu dans cette vieille Angleterre, dès le règne d'Élisabeth, s'est accru dès lors au travers des révolutions, à l'aide du sentiment énergique d'une supériorité sociale, qui, dès lors, a mis en jeu l'activité maritime, envahissante et productive du pays. Le mouvement devait continuer jusqu'au jour où l'Angleterre, affaiblie par un esprit de cosmopolitisme qui altère la trempe du caractère national, se débattrait contre le paupérisme et ses abus, conséquences de sa prospérité purement manufacturière.

Il n'est donné à personne de déterminer le degré absolu de prospérité, c'est-à-dire de travail, de production, de population et de richesses où il peut être donné à une nation de parvenir. Arthur Young estimait, en 1788, que la France pouvait alimenter, à l'aide d'une culture mieux entendue, une population de trois millions en sus de celle qu'elle comptait alors. L'accroissement a été de huit millions et demi sans que la terre ait refusé de les nourrir, et l'examen du pays fait comprendre, d'après cette expérience, qu'elle pourrait en nourrir huit millions encore, sans épuiser sa faculté productive.

Nous sommes loin de nous hasarder même à fixer un terme à cette faculté qui vient se confondre avec les moyens qu'il est permis à l'industrie humaine de mettre en usage pour la stimuler. Travail, engrais, choix des végétaux, succession de récoltes ; cet arsenal de moyens reproductifs est si loin d'être épuisé, que le catalogue n'en est pas même connu, et que nous ignorons encore laquelle des charrues est la meilleure, tandis qu'une autre partie du monde recèle peut-être encore dans ses solitudes les plantes qui doivent un jour, à l'exemple du maïs et des pommes de terre, doubler peut-être le produit de nos champs.

Mais comme l'accroissement de la prospérité des peuples est progressif et lent, il est tout-à-fait superflu de supputer à l'avance un maximum possible de production, puisqu'il est tout-à-fait hypothétique. Ce qui importe, c'est de prendre pour règle du point qu'il s'agit d'atteindre, l'état productif d'une contrée, dont la culture est évidemment mieux traitée, tandis que les conditions agricoles et locales où elle est sont analogues à celles du pays qu'on lui compare.

Ainsi, il est évident qu'il y a analogie entre les conditions agricoles et locales de la Picardie et celles du département du Nord, et il y en a peu dans l'agriculture qui s'y pratique. Il en est de même entre l'Alsace et les terres d'alluvion qu'on trouve dans les plaines de la Bourgogne et de la Franche-Comté. Assurément la culture du département du Nord et de l'Alsace pourrait se pratiquer sans beaucoup d'efforts dans les belles plaines de la Picardie, aussi bien que dans celles de la Haute-Saône et de la Bourgogne.

C'est donc par l'application d'une échelle comparative que l'on mesurera avec assez d'exactitude le degré d'accroissement qu'il est légitimement possible d'attendre d'un pays. Il faudra, à cet effet, explorer ses diverses régions, afin de mettre en présence le point où en est respectivement arrivé la culture, en raison de leur fécondité, de leur climat, de leur localité et du mode de leur exploitation.

Avec cette manière de procéder, on ne court pas le risque de commettre d'erreurs graves dans l'appréciation du degré de production qu'on peut attendre d'un pays quelconque. Mais, pour en acquérir une notion plus complète, il faut établir la même comparaison entre ce pays et un autre ; et les résultats statistiques qui en ressortiront, donneront d'une manière assez exacte la mesure comparative du point où leur économie rurale est parvenue, ou, en d'autres termes, où leur puissance productive est arrivée.

Or, l'exploration de la France offre plus de difficultés d'exécution sous ce rapport que celle d'aucun autre pays, attendu qu'elle renferme dans son enceinte une plus grande variété de climats, de sols et de sites agricoles. Rien, par conséquent, n'est uniforme dans les conditions de son agriculture, pas plus que dans la subdivision des propriétés et dans le mode de leur exploitation.

Aussi la dénomination générale d'agriculture française n'est-elle pas applicable à celle du royaume, parce qu'il s'y pratique un grand nombre de cultures, qui sont sans nul rapport entre elles, et dont les unes peuvent prospérer, tandis que les autres déclinent. Mais leur ensemble n'en a pas moins pour résultat celui de fournir à l'approvisionnement de 32 millions 500,000 individus, aussi exempts de misère qu'il est possible que le soit une aussi prodigieuse agglomération d'hommes.

Pour se former maintenant une notion générale du degré de développement où l'ensemble de cette agriculture est arrivé, il s'agit de comparer la puissance nourricière qui en ressort avec celle de l'Angleterre, y compris l'Irlande, omise dans le tableau comparatif que nous avons dressé précédemment; car il y a assez d'analogie entre le sol et le climat de ces deux royaumes, pour que l'on puisse mettre leur économie en présence, afin de la comparer.

Il nous suffira de présenter les états de population à diverses époques, pour montrer de combien la puissance nourricière de ces deux grands pays s'est augmentée par une meilleure culture.

Si nous adoptons les données d'Arthur Young, l'Angleterre, y compris l'Irlande et l'Écosse, présente une superficie de 39,611,000 hectares.

Elle avait, en 1801, une population, non compris l'Irlande, de 10,472,041; celle de ce dernier pays s'étant élevée de 1,403,555, entre 1821 et 1841. Supposant que cet accroissement a été le même pendant les vingt années qui ont précédé 1821, il est probable qu'on ne s'éloignera pas beaucoup de la vérité, en l'estimant, pour 1801, à 5,398,272, ce qui porterait, à cette époque, la population des trois royaumes à

15,870,320 ; il fallait donc alors près de 222 ares pour nourrir un individu.

En 1821, la population était de 20,963,660 ; il fallait près de 189 ares.

En 1831, elle était de 24,100,376 ; il ne fallait plus que 164 ares.

La population de la France était, en 1802, de 27,349,003 ; sa superficie étant de 52,500,000 hectares, il fallait donc tout près de 192 ares pour nourrir un individu.

En 1820, la population étant de 30,461,875, il a fallu un peu plus de 172 ares.

En 1831, la population étant de 32,569,223, il a suffi d'un peu plus de 161 ares.

En 1836, la population étant de 33,540,910, il n'a fallu que 156 ares[1].

Ainsi l'Anglais qui, en 1801, absorbait le produit de 222 ares, n'absorbait plus en 1831 que celui de 164 ares. Le Français, qui, en 1802, absorbait le produit de 192 ares, en 1836 n'absorbait plus que le produit de 156 ares.

Il est probable que cette marche progressive continuera, et que de 10 ans en 10 ans les recensements successifs présenteront une augmentation plus ou moins accélérée de la population, et un accroissement

---

(1) Le dernier recensement fait en Angleterre en 1841 a présenté une population de 26,870,143, ainsi 147 ares ont été suffisants à la nourriture d'un individu.

Le dernier recensement fait en France a donné une population de 34,213,929. Il n'a plus fallu, à cette époque, que 153 1/2 ares pour nourrir un individu.

proportionnel de la puissance nourricière du sol, dû à une culture plus active et plus intelligente.

Où s'arrêtera ce mouvement? personne ne peut le prévoir, les pays très peuplés, comme l'Inde et la Chine, nous offrent des exemples de l'exubérance de population dont un pays peut se charger.

L'important n'est pas qu'elle s'augmente en nombre, mais en bien-être, et sous ce dernier point de vue, nous pensons que celle de la France surtout offre une amélioration plus satisfaisante que celle des autres grands peuples de l'Europe.

Nous ne demandons pas à l'agriculture de faire d'autres efforts, ni d'opérer d'autres miracles que ceux qu'elle a faits depuis quarante ans. Son but doit être de marcher d'un pas égal à celui de l'accroissement de la population, car si elle le devance, elle sera en perte ; si elle reste en arrière, le bien-être de la population diminuera.

Nous ne pensons pas que les données que nous venons de poser soient de nature à être contestées par les arithméticiens politiques, car elles sont prises dans les faits d'un passé que nous imitons en poursuivant la marche qu'il a suivie pendant une série de quarante années.

Après avoir établi quelle est la mission de l'agriculture, il nous reste à voir comment elle pourra l'accomplir.

Nous avons dit que la France renfermait plus que nul autre pays une grande variété de sols, de climats, de cultures et d'exploitations. Cette variété, en lui offrant de grandes ressources, restreint néanmoins l'application de tout système uniforme et complet de culture, puisqu'il faut, avant tout, les approprier aux diverses conditions agricoles que renferme le pays, et hors desquelles l'agriculture ne peut rien.

Ainsi, les grands centres de consommation sont alimentés par des régions spacieuses, affectées par la grande culture à la production des céréales. Ailleurs, ce sont des contrées pauvres et montagneuses qui fournissent pour produit un superflu de population, dont les bras viennent s'offrir partout où ils trouvent de l'emploi. Ailleurs encore, la petite culture s'est emparée du sol et alimente les grandes masses de population des champs, dont la robuste énergie a donné à cette population une si redoutable valeur militaire. Le vignoble, sur les trois quarts du royaume, s'est emparé de tous les points qui lui semblaient propices, tandis que, vers le sud, à l'aspect des prairies et de ces campagnes où s'entremêlent les moissons avec la fleur pourprée du trèfle, succèdent ces teintes orientales et cette culture cananéenne qui n'appartiennent qu'aux climats méridionaux.

Il faut donc que l'agronome choisisse, au sein d'une telle variété, les sols et les localités qui peuvent se prêter à une production suffisante pour l'alimentation d'un surplus toujours croissant dans la population. Ce surplus ne peut être alimenté par des contingents de terre qui seraient empruntés, soit au vignoble, soit au sol forestier, dont une faible portion seulement peut être défrichée. Encore moins pourrait-on les prendre aux aspérités des montagnes ou aux coteaux rocheux qu'on a couverts d'oliviers. Mais ces exceptions importeraient peu, parce qu'elles ne s'appliquent qu'à des étendues comparativement faibles. Il faut aller plus avant et reconnaître qu'on ne saurait demander qu'une minime augmentation de produit aux terres privilégiées par leur fécondité, attendu que c'est à ces terres que les cultivateurs ont déjà fait le premier appel, et qu'il y a déjà longtemps que tout chômage leur a été interdit. Elles produisent sans relâche, et il serait difficile d'attendre de leur fécondité beaucoup au-delà de ce qu'elle fournit. Les défrichements entreront sans doute pour une part dans l'augmentation des produits, tant ceux des friches que ceux qui doivent avoir lieu sur le sol forestier ; mais ces derniers seuls peuvent être fructueux, en ce qu'ils mettent en valeur des terres amendées par le repos des siècles. Les défrichements sur les friches ne sauraient de longtemps encore devenir profitables, qu'autant qu'ils seront exécutés sur des sols assez féconds pour en payer les frais. Il en serait de même des améliorations entreprises sur des sols ingrats, et qui n'étaient point encore appelés à recevoir le défrichement.

Les prairies, déjà si rares en France, n'y peuvent recevoir aucune amélioration, par la raison qu'il n'est resté, dans cette nature de culture, que les sols dont la localité y était éminemment propice. Le surplus en a été dès longtemps mis en culture.

Sur quels points de la superficie agricole du royaume peut donc porter l'amélioration qu'elle est nécessairement appelée à recevoir, puisque nous en avons mis en dehors une si grande portion ?

Le théâtre de cette amélioration est nécessairement concentré sur les 32 millions d'hectares en terres arables que renferme le royaume, et aux dépens des jachères qui leur sont accordées d'après l'ancien système de culture.

Mais, sur un quart à peu près de cette superficie, c'est-à-dire sur 8 millions d'hectares, cette jachère a cessé d'être pratiquée, en vertu de la fécondité de ces terres, dont on a déjà banni l'usage du repos, pour y faire succéder de perpétuelles récoltes. Un autre quart, en raison de sa stérilité, n'est pas encore arrivé à la date où les besoins de la consommation appelleront les cultivateurs à s'occuper sérieusement de leur amélioration. Cette occupation n'est donc appelée à se porter dans l'état présent des choses que sur la culture des 16 millions d'hectares, qui représentent la moyenne fertilité des terres arables de la France.

Les tableaux comparatifs du mouvement combiné de la population et de l'agriculture en France et en Angleterre, que nous venons de résumer, offrent une concordance qui peut faire présumer ce que sera l'avenir. La régularité de ce mouvement ne saurait cependant être considérée comme absolue ; il n'en est point ainsi en économie rurale, parce que la foule des intéressés à la production et l'immensité des cas exceptionnels que rencontre son application, s'opposent toujours à ce qu'elle ne puisse être, ni rationnelle, ni mathématique. Ce n'est jamais d'après des partis pris, ni des consentements mutuels, que des millions de propriétaires se mettent à l'œuvre, afin d'améliorer une certaine catégorie de terres, en vertu de certaines convenances générales qui leur sont inconnues. Ce n'est que par le reflet que ces convenances générales jettent sur leurs convenances particulières, que la masse des propriétaires est avertie de leur présence. Cet avertissement, loin d'être positif, s'annonce au contraire d'une manièrs doeuteuse, intermittente, attendu que sa pierre de touche, qui n'est autre que le prix du marché, varie elle-même selon l'influence de la fertilité des saisons.

L'intelligence d'ailleurs de ces propriétaires est loin d'avoir le même degré d'intensité; elle est soumise à tous les défauts de l'humanité, au manque de prévision, à celui d'activité, et surtout à celui des moyens suffisants d'exécution. Ce cas est surtout commun chez les cultivateurs de la France, en raison de ses modes d'exploitation et de la subdivision qu'y a subie la propriété.

Il faut donc s'attendre à ce que le mouvement progressif que doit y suivre l'amélioration se portera souvent d'après l'influence de toutes ces circonstances, dans de fausses directions, et qu'il s'y commettra un grand nombre de fautes, et cela dans tous les sens; mais le mouvement impulsif finira par dominer ces écarts, et l'intérêt individuel parviendra à éclairer ces masses de cultivateurs, en sorte que leurs efforts suffiront à l'alimentation d'une population croissante, lors même que son accroissement suivrait la même marche que celle dont les tableaux résumés plus haut offrent la preuve.

Mais il importe de mettre à la portée des cultivateurs les moyens d'enseignement qui leur manquent et qu'ils ne sauraient deviner. C'est à cela que les fermes-modèles et les comices agricoles ont mission de pourvoir. Aussi croyons-nous devoir destiner un chapitre à chacune de ces importantes institutions, après toutefois que nous en aurons consacré un à l'examen de l'influence qu'exerce sur l'agriculture le prix des subsistances.

CHAPITRE VIII.

De l'influence du prix des subsistances sur l'agriculture.

Le haut prix des productions rurales est le levier au moyen duquel on soulève toutes les résistances qui s'opposent à l'amélioration de la culture.

Mais l'élévation des prix peut être naturelle ou artificielle, elle peut être passagère comme les saisons et s'abaisser en raison de leur fertilité, ou bien provenir de ces circonstances rares où un développement inattendu d'industrie et de prospérité crée une demande que l'agriculture n'avait pas prévue et qu'elle n'est pas en mesure de satisfaire dans le moment.

Alors que ce dernier cas se présente, l'activité rurale se développe avec énergie et ses efforts, largement rétribués, ne tardent pas à satisfaire aux besoins du public, tandis que ce mouvement imprévu y produit une amélioration plus ou moins marquante et durable. C'est à une circonstance de cette nature que l'agriculture a dû sa supériorité partout où elle mérite d'être citée. Ainsi l'Angleterre, depuis près d'un siècle, a été constamment soutenue par un développement industriel et commercial qui, en appelant une partie de sa population dans les manufactures, a donné une prime aux travaux agricoles de l'autre, en ouvrant à leurs produits une demande presque toujours supérieure à leur quotité.

Des circonstances si favorables à la production y avaient appelé des intelligences et des capitaux, à l'aide desquels la culture du pays s'est opérée commercialement avec des profits proportionnels à l'intelligence et au capital qui s'y trouvaient mis en jeu. La population rurale s'y était classée en conséquence de ce mouvement; de grands fermiers s'étaient emparés d'une exploitation du sol pour laquelle s'étaient établies à leur portée des familles d'ouvriers, qui, sans rien posséder, vivaient d'un travail à forfait assez largement payé pour que, à l'aide de la taxe des pauvres, ils fussent exempts de misère.

Il n'en est plus de même aujourd'hui, soit que l'économie du pays ait atteint son point de saturation, soit que la production surexcitée pendant longtemps ait dépassé son point d'équilibre avec la consommation, soit que les lois céréales, contre lesquelles le libéralisme s'élève encore, aient mis la production indigène dans une concurrence fatale pour elle avec celle du dehors, soit enfin que toutes ces causes se soient réunies, toujours est-il que l'agriculture se plaint et devrait déchoir en Angleterre, pour peu que cet état vînt à se prolonger.

Des phénomènes du même genre ont eu lieu de temps à autre en France; mais ils ne sont pas ressortis, comme en Angleterre, d'un état de choses général, ni qui eût assez de permanence pour y produire les mêmes effets. C'est par d'autres voies que l'amélioration s'y est opérée; ces circonstances fortuites n'y ont été cependant ni étrangères, ni inutiles, parce qu'elles y ont toujours exercé l'action d'un levier. Les disettes et les chertés, qui en ont été la conséquence, ont été pour la France le principal véhicule de l'amélioration qu'a reçue son agriculture, car la France n'a pas rejeté une portion de sa population dans ses villes et ses manufactures ; elle n'y en a laissé que le quart, tandis que le surplus s'alimente à domicile avec ses productions, à peu de chose près. Il est résulté de là que les marchés de la France n'équivalent qu'à la moitié de ceux de l'Angleterre. L'activité des demandes s'y trouve réduite dans les mêmes proportions et plus encore ; parce que, n'offrant ni le même volume, ni les mêmes demandes, la spéculation y trouve bien moins de pâture, mais en même temps les producteurs qui consomment à domicile peuvent, dans les cas de cherté, prélever une dîme sur leur approvisionnement pour la présenter au marché. Cette dîme levée sur les trois quarts doit équivaloir aux deux dixièmes de la consommation plus forte, du quart sur lequel elle va se répartir.

Ce n'est donc guère que sur le quart de la récolte des céréales, c'est-à-dire sur la part qui vient figurer sur les marchés, que s'opère la fluctuation des prix. Cette fluctuation est aussi beaucoup plus apparente sur d'autres denrées qui, telles que les vins, paraissent au marché dans une toute autre proportion, et cette chance spéculative n'est pas un des moindres attraits que les propriétaires trouvent à la culture du vignoble.

Mais si, d'un côté, l'élévation des prix est le plus puissant stimulant des améliorations rurales, de l'autre cette élévation nuit au développement des industries qui doivent, à leur tour, en consommant les produits agricoles, en soutenir la demande par l'effet même de cette consommation.

A cet égard, les économistes sont dans un dilemme perpétuel dont il leur est impossible de sortir, et chacun d'eux ne le résout que dans un sens, suivant qu'il envisage la question de face ou dans ses conséquences.

Ainsi les économistes dont la contribution s'élève à 500 francs professent l'opinion que l'élévation des prix étant favorable à l'agriculture ainsi qu'aux propriétaires, ils ne sauraient jamais être assez élevés et qu'il convient, pour l'obtenir, de créer, au besoin par des primes et des prohibitions, des monopoles en faveur de la production. Aussi cette classe d'économistes, qui dominent encore dans les conseils de la France, demandent-ils, l'un un droit d'entrée en faveur de ses laines, l'autre en faveur de ses bœufs, un autre encore pour ses chevaux, beaucoup d'autres pour leurs vins, leurs bois et leurs fers, tous pour leurs blés.

L'idée du monopole est si séduisante, elle promet tant de profits sans exiger ni peines, ni soins, ni dangers, qu'il est bien pardonnable de s'y laisser entraîner. Il y a plus : ceux qui les réclament sont réunis par un intérêt commun, par un désir qu'ils partagent ; ils s'agitent, se rassemblent, nomment un comité, lequel fait une pétition virulente que la Chambre envoie au ministère compétent, après l'avoir appuyée de tous ses intérêts privés ; le ministre y voit d'abord ces intérêts à satisfaire, ensuite un droit à percevoir, dont personne ne s'aperçoit, parce qu'on le paie à la frontière. Cette mesure emprunte en outre un certain air de nationalité, une teinte d'amour pour la prospérité agricole du pays, qui n'est pas sans procurer quelque popularité. Le droit est donc imposé, car il ne trouverait d'opposition à son assiette que dans une contre-pétition qui ne pourrait être signée que par la totalité de la population du royaume, puisque ce sont les intérêts de cette totalité qui sont lésés par l'application d'un droit dont chacun paie sa parcelle en raison de sa consommation. Or, comme la plupart ignorent jusqu'à l'existence du droit, que personne ne vient lui en demander le montant, et qu'enfin la cotisation de chacun est faible, personne ne s'agite pour ameuter la population et lui faire signer en masse la pétition abrogative de la première. Le droit reste donc imposé malgré les clameurs de l'opposition, et il en résulte la hausse que j'ai nommée artificielle.

Les économistes qui croient voir cette question de plus haut répondent que les monopoles légaux, précisément parce qu'ils élèvent artificiellement le prix des choses taxées, favoriseraient des cultures factices, c'est-à-dire des cultures qui, en raison de la nature et du climat, ne peuvent se soutenir qu'à l'aide de la prime que le monopole leur assure. Or ces cultures se font nécessairement aux dépens des cultures naturelles, c'est-à-dire de celles qui sont analogues au sol et au climat, et qui peuvent, par conséquent, se produire et se livrer à plus bas prix, sans que le profit du producteur en soit moindre.

C'est donc à favoriser ces cultures naturelles par l'abolition des monopoles, en faveur de celles qui ne le sont pas, que ces économistes estiment que la législation doit tendre. Car, disent-ils, d'un côté, elle obtiendra par ce moyen la plus grande somme de productions possibles; et de l'autre, elle les obtiendra au meilleur marché. En cela, la législation pourvoira à son premier devoir : celui d'approvisionner la population au plus bas prix, et au second de ses devoirs, en lui permettant d'échanger avec avantage à l'étranger les productions naturelles que le sol aura fournies, non-seulement avec abondance, mais au revient le plus minime, précisément parce qu'elles étaient naturelles à ce sol.

Ainsi, la France, qui n'est et ne sera jamais un pays d'herbages, produit plus chèrement un cheval que ne le fait l'Allemagne avec ses trèfles et ses turneps. Tous les efforts qui se font en France, pour y parvenir, sont et seront donc toujours infructueux, quelque onéreux qu'ils puissent être, soit à l'État, soit aux consommateurs de chevaux; et quatre arpents, consacrés à cet élève, ne rendront jamais au cultivateur ce qu'un seul arpent de vignes lui aurait valu. L'élève du cheval, au contraire, aura coûté au pays 1º tout ce qu'il aura perdu sur les terres que la prime aura fait consacrer à cet emploi, 2º tout le surhaussement que cette prime aura ajouté à la valeur naturelle des chevaux, tant du pays que de l'étranger, et 3º tout l'entretien des établissements et de l'état-major qu'on a chargé de surveiller cette production.

Il devient évident, suivant ces économistes, qu'il y aurait profit pour tous si l'Allemagne pouvait librement échanger ses chevaux contre les vins de la France; car par cet échange des productions naturelles aux deux pays, l'un et l'autre seraient mieux approvisionnés et à plus bas prix; et l'un et l'autre, en élargissant les limites de leur marché, s'ouvriraient de vastes débouchés dont la production éprouve un si pressant besoin.

Il semble néanmoins qu'il y aurait une voie pour arriver au fond de ce débat. La statistique, sur laquelle on a acquis tant de données, pourrait fournir une échelle d'appréciation d'après laquelle on jugerait de la convenance de l'abolition ou du maintien de tels ou tels droits.

Ainsi, en mettant la société tout entière d'un côté, et en estimant ce que la prime accordée à chaque production ajoute à son prix naturel pour la part de consommation qu'en fait chaque individu, il suffirait de multiplier le montant de cette part par le nombre total des individus de la nation, afin de savoir ce qu'il lui en coûte pour acquitter la valeur que la prime prélève sur elle. Cette quantité trouvée, il ne s'agirait plus que de s'assurer du nombre des participants aux bénéfices du monopole, pour savoir par une règle de trois s'il y a convenance à nourrir ce monopole aux dépens de la masse et des intérêts nationaux.

Mais ces économistes vont plus loin et envisagent la question sous un côté plus sérieux encore, puisqu'il intéresse la grandeur de la nation et l'importance du rôle qu'elle est appelée à jouer dans l'association universelle des peuples. Car les rangs se classent maintenant, dans cette association, autant par la puissance morale que par celle des armes, autant par la puissance des richesses que par celle de la superficie du pays; autant, en un mot, par le pouvoir de la civilisation que par la puissance matérielle. Or, les signes de ce pouvoir moral de la civilisation consistent précisément dans le mouvement qu'un grand développement productif imprime aux nations, dans l'étendue des relations qui en sont la conséquence, dans l'habitude enfin où l'on est de les voir se présenter partout, et de contracter partout avec elles. La puissance des intérêts ainsi entendus, et de l'opinion qui en résulte, devient à son tour un immense levier pour ces nations, et le point d'appui de ce levier ne saurait être que dans l'esprit d'une législation propre à en faciliter le jeu.

Telles sont les bases de ces deux systèmes d'économie. Comme tous les systèmes, ils s'appuient l'un et l'autre sur des données qui semblent être décisives aux yeux de leurs partisans jusqu'à ce qu'il en arrive un troisième qui paraîtra aussi se fonder sur des arguments irrécusables. Il en sera toujours de même en fait de systèmes d'économie, parce qu'il n'y a rien d'absolu en pareille matière ; tout, à part quelques principes inhérents à la nature sociale elle-même, y est relatif et soumis à l'empire, non des raisonnements, mais des faits. L'enchaînement de ces raisonnements et de leurs conséquences a beau sembler parfait et défier la contradiction, il se présente un fait inattendu qui réduit en poussière toute cette logique, et laisse l'esprit humain aux prises avec ce fait qui est venu malencontreusement lui donner un démenti, jusqu'à ce qu'une nouvelle école vienne, en s'en emparant, l'encadrer dans un nouveau système qui à son tour aura son temps.

Il y a donc quelque réalité au fond des systèmes d'économie que nous avons vu se succéder, parce que tous reposaient sur certains faits reconnus vrais, et n'étaient fautifs qu'en ce qu'ils n'avaient pas reconnu l'existence d'autres faits moins apparents, ou que l'état de la société n'avait point encore fait apparaître.

C'est ainsi qu'on a cru pendant longtemps que le prix de la mesure du blé, assis sur de grandes moyennes, était l'étalon sur lequel venait se régler le prix de la journée de travail, et par conséquent celui de toutes choses produites par ce travail. Dès lors, nous avons vu qu'il en arrivait précisément le contraire. C'est-à-dire que la cherté, en obligeant pour vivre les hommes au travail, en multipliait l'offre, et que ce travail ne s'exécutait jamais en plus grande quantité et à moindre prix que pendant ces temps de cherté; tandis que l'homme, pourvoyant facilement à sa subsistance dans les époques d'abondance et de vil prix, devenait insouciant, négligeait son travail qu'on ne parvenait à faire exécuter qu'en élevant des salaires dont une partie du bénéfice se consommait en boisson.

La cause malheureusement irréparable des erreurs et des aberrations où tombe l'esprit humain, tient à ce que, le même fait ne pouvant pas à la fois être et n'être pas, on ne peut jamais savoir ce qui aurait eu lieu si ce fait n'eût pas existé. Sa présence seule oblige à lui attribuer toute l'importance qu'il n'a souvent point eue et qu'on lui impute; ce qui, loin de lui appartenir, s'est au contraire opéré quelquefois malgré lui et par des causes étrangères, mais inaperçues aux regards trompés ou fascinés de l'homme.

Il faudrait donc que les économistes, loin d'abonder dans le sens du système auquel ils appartiennent, et de vouloir tout expliquer par lui, voulussent se borner à résumer les faits avérés et quelque contradictoires qu'ils pussent leur paraître, à en coordonner les conséquences de manière à juger de l'importance relative de chacun de ces faits dans le temps et la circonstance donnés. Il n'en résulterait pas sans doute de système dans l'acception de ce mot, mais on y gagnerait une connaissance plus intime des choses, de leur nature et de leur valeur.

Ils verraient alors que l'homme tend naturellement au repos : parce que le travail est une fatigue, c'est-à-dire une peine ; qu'il est par conséquent paresseux et négligent ; mais que les combinaisons sociales sont devenues telles qu'elles offrent d'amples dédommagements de ce travail et de cette peine, dans le bien-être qui en est la conséquence, dans la considération personnelle qui s'y attache ; enfin, dans la délivrance de ce même travail qu'on obtient pour prix du bien-être qu'il a permis d'acquérir. La civilisation n'est pas autre chose que la tendance générale de la société à travailler pour acquérir. Mais pour vaincre l'inertie naturelle à l'homme, il faut pousser à des ruptures d'équilibre entre l'état passé et l'état futur de la société, de façon à réveiller des espérances endormies dans son imagination. Les économistes verraient aussi qu'il ne suffit pas de laisser l'homme en présence de son intérêt bien entendu pour obtenir de lui les efforts dont il est capable, car dans l'état moral des sociétés tel qu'on le voit aujourd'hui, elles sont bien loin encore de se conduire d'après un tel intérêt ; leurs majorités n'en sont arrivées jusqu'ici qu'à se conduire d'après leur intérêt mal entendu, c'est-à-dire d'après l'ignorance, l'imprévision, l'incapacité, la paresse et les autres défauts inhérents à cette majorité, et c'est à quoi il nous semble, qu'en combinant son système, Bentham n'avait nullement songé. Nous croyons donc être en mesure de prouver qu'à défaut de ces circonstances naturelles, qui viennent d'elles-mêmes stimuler l'ardeur des producteurs, il est permis à la législation de les faire arriver artificiellement, en donnant une prime aux productions dont il importe de fonder ou de développer la culture.

Il n'est pas dit que cette prime doive être perpétuelle, car une industrie rurale qui ne pourrait se soutenir qu'avec ce secours serait nécessairement fautive et condamnable par tous les motifs que nous avons allégués plus haut au nom des partisans de la liberté indéfinie du commerce. Mais au début, lorsqu'une haute convenance nationale exige qu'une nouvelle économie se fonde ou prenne un grand développement, la prime qu'on lui accorde dans ce cas est légitime, quelque onéreuse qu'elle puisse être d'ailleurs au public. Il s'agit en effet, en premier lieu, de décider les cultivateurs à entreprendre les travaux qu'on leur demande; en second lieu, à faire les avances nécessaires, lesquelles ne consistent pas toujours en travail seulement, mais aussi en instruments aratoires, en constructions et en chances à courir. Rien de tout cela ne s'exécuterait sans la garantie que la prime assure à ces cultivateurs.

Résumons nos idées en offrant des exemples à l'appui.

Alors que la guerre et le décret de Berlin avaient rompu toute communication de l'empire français avec le dehors, nous avons vu cultiver auprès de Tarascon, par M. Paris, qui y était alors sous-préfet, des champs de cotonniers dont les récoltes furent nulles. C'était une pauvre expérience : parce qu'on savait d'avance que le coton ne pouvait se récolter ailleurs que dans la zone où les pluies sont régulières. Mais à la même époque la rareté des laines fines en fit monter le prix assez haut pour fixer presque subitement l'attention de tous les grands fermiers ou propriétaires sur le troupeau mérinos qui depuis douze ans s'accroissait silencieusement à Rambouillet, de telle sorte qu'il lui manqua de sujets pour fournir à la demande exorbitante qui eut subitement lieu. Le prix s'en éleva en proportion, et les soins dont des animaux aussi précieux furent l'objet produisirent deux faits également essentiels à l'économie du pays : ils y firent tellement propager cette race que la France est aujourd'hui largement dotée de ce précieux capital, et ils apprirent en même temps aux cultivateurs l'art pastoral, dont ils ne se doutaient pas, avec tous les avantages dont il est pour l'agriculture. Aujourd'hui les capitaux consacrés aux premiers achats, ainsi qu'à la construction des bergeries, sont remboursés; les luzernes semées pour nourrir ces troupeaux ont été six fois renouvelées, et les chances sont épuisées, attendu que l'espèce s'est indigénée. On a maintenu néanmoins sur l'entrée des laines fines un droit de 33 pour 100, qu'on a réduit à 22, avec une prime d'exportation en faveur des fabricants.

Ce droit perçu *ad valorem* doit en réalité équivaloir au 15 pour 100, ce qui augmente la valeur des tissus, d'après la proportion pour laquelle la matière primitive y figure de 7 pour 100 environ. Telle est la mesure dont le vêtement de la nation est augmenté par l'effet de cette prime accordée aux mérinos indigènes.

Cette mesure n'est pas très rigoureuse, il est vrai, envers le public, mais elle a eu l'inconvénient, évident aujourd'hui, d'endormir l'industrie de cette production. La majeure partie des cultivateurs a négligé les soins qu'ils auraient dû prendre pour perfectionner leurs laines, et malgré les efforts de la société de Naz, il s'est établi peu de lavoirs et de marchés suffisants. Ils se sont laissés complétement déborder à cet égard par les propriétaires de la Saxe et de la Hongrie. Il semblerait donc que le moment serait venu de réduire ces droits au 5 pour 100 *ad valorem*, en conservant une prime proportionnelle à l'exportation.

Par l'effet d'une illusion irréfléchie, on a fait porter un droit d'entrée sur les fers étrangers, sans songer qu'en élevant ainsi le prix du fer on ne favorisait que les propriétaires de bois, faveur tout-à-fait superflue, attendu que les bois n'exigeant ni travail ni avances de culture, et qu'une fois enclos et gardés, leur production s'opérait d'elle-même et sans le secours de l'homme; c'est-à-dire qu'elle n'avait nul besoin d'un encouragement qu'elle devait trouver de reste dans l'accroissement de la consommation. Ce droit n'en est pas moins très onéreux au public; en portant sur une matière d'un aussi grand emploi; tandis qu'il a évidemment endormi les maîtres de forges, qui n'ont su faire aucuns efforts pour rivaliser avec l'étranger; en sorte, par exemple, que, placés à quatre lieues des usines du Jura et en dehors des douanes, nous employons dans le lieu que nous habitons du fer qui arrive d'Angleterre par Marseille, et coûte 10 centimes le kilo de moins que celui qu'on fabrique à notre porte. Ce fait explique de lui-même qu'il est temps de réduire un droit dont les effets sont restés sans avantages pour la France.

Mais qui peut douter qu'une industrie inconnue, à la fois rurale et manufacturière, n'aurait jamais pris naissance sans la prime énorme qui lui fut accordée en 1806? On sait déjà que nous voulons parler du sucre de betteraves.

Qui aurait couru les hasards d'une telle industrie, qui aurait fait les avances qu'elle exigeait, si une prime démesurée n'en avait encouragé les premiers essais?

Ces essais, d'abord incertains, souvent mal dirigés, sans savoir suffisant, ont pris de la consistance par l'expérience; les procédés en ont été perfectionnés, tant sur les champs que dans les fabriques. On a reconnu quels étaient les sols et les climats les plus propices à la culture de la betterave, de quelle manière il convenait de la placer dans les assolements, et quels services elle rendait pour l'entretien des bestiaux et la production des engrais. Les chimistes ont en même temps perfectionné par leurs recherches tous les procédés de la fabrication, et maintenant cette belle et large industrie prospère et se développe sous l'empire d'une prime, qui, depuis la paix, n'a pas été maintenue en sa faveur. Mais parce qu'elle présente la forme sous laquelle les colonies que la France a recouvrées aux Antilles acquittent l'impôt qu'elles doivent à la métropole; ces colonies, dont l'existence devient tous les jours plus éphémère, ne sauraient donner par cela même à la production du sucre indigène une éternelle garantie de la prime dont elles font jouir cette production. La question même qui la concerne ne saurait tarder à se présenter à l'ordre du jour : car encore un peu de temps et le sucre récolté en France suffira à sa consommation, et fournira même à une exportation dont les limites ne tiennent qu'au développement de cette industrie. Le temps viendra donc où ce développement s'exécutera sans primes, et pourra livrer ses produits au minimum. Mais ce moment n'est pas venu et n'arrivera qu'alors que cette industrie sera parvenue à son point de saturation ; c'est-à-dire à pourvoir par le nombre de ces établissements aux besoins de la consommation. Or, ces établissements ne sauraient se créer que sous l'influence de la prime : la preuve en est qu'il n'a pu s'en créer aucuns, là où il n'existait aucuns motifs pour frapper d'un droit les sucres de cannes ; les circonstances étant d'ailleurs les mêmes.

La prime a donc été nécessaire ici pour arriver à doter la France d'une culture et d'une industrie également importante.

Ce qui appartient au législateur, c'est de savoir apprécier le degré de cette importance, c'est de ne pas accorder de primes à ce qui n'en a pas besoin, non plus qu'aux objets dont le succès est sans valeur, ou, ce qui est pire encore, devient nuisible à l'économie générale du pays ; c'est ce qui n'arrive pas toujours, ni loin de là. Au surplus, il faut répéter ici ce que nous avons dit ailleurs ; les mesures qu'a prises le gouvernement français ne sont pas assez tranchées pour être offensives ; chaque année même voit réduire le montant des droits, et ils ne sont pas de nature à froisser les intérêts des consommateurs, de manière à paralyser la consommation.

La preuve en est dans l'état des choses obtenu. Il démontre qu'en dépit de quelques erreurs et de quelques anomalies que nous avons signalées, l'économie générale du pays a constamment prospéré, parce que des causes dominantes ont agi en sa faveur avec une puissance et une vitalité qui a surmonté sans bruit les obstacles que semblaient devoir leur opposer les révolutions, la guerre, la paix et les législations diverses qui se sont si rapidement succédé.

Mais le trait saillant de l'économie de l'Angleterre, c'est-à-dire le rapport qui y existe entre les producteurs et les consommateurs, ce trait dont l'effet général a été la hausse du prix de toutes choses, cet immense levier de l'amélioration rurale, a manqué et manquera toujours à la France. Il en est ainsi, non-seulement parce que son immense population rurale est retenue dans ses campagnes par les propriétés qu'elle y possède, par l'élévation permanente de la valeur capitale de ces propriétés, qui les font paraître toujours plus précieuses à leurs possesseurs, par la division des exploitations à colons partiaires ou à fermages parcellaires; mais aussi parce que le système d'octrois excessifs auquel on a eu recours a produit un renchérissement notable dans la vie des cités. En un mot enfin, parce que les mœurs et les dispositions du peuple français lui ont inspiré de l'attrait pour cette existence rurale où, dotés de la plénitude des droits de propriétaires et de citoyens, les hommes jouissent d'une indépendance sociale et d'une liberté d'action étrangères aux habitants des villes voisines.

Mais indépendants les uns des autres, ils s'approchent et se réunissent le soir au-devant de leur chaumière ou sur la place voisine du cabaret pour discourir sur leurs intérêts, leurs marchés, leurs projets, leurs récoltes à venir, car ils ont un avenir dans leurs champs; tandis que le citadin ne le place que dans la boutique du boulanger. Il y a même pour le petit propriétaire, qui n'a qu'un champ de blé, une vache et un porc, une extension de vie par cela seul que cette vie embrasse plusieurs années, extension de vie qui est devenue le patrimoine de 20 millions de Français, et auquel ils ne renoncent qu'avec douleur pour l'échanger contre l'existence que donne dans les villes un travail dont le caractère est toujours éventuel et dépendant de la volonté d'autrui. Il est toujours loisible au contraire au cultivateur de bêcher ou son champ ou celui qu'il tient à ferme, pour se nourrir de ses produits.

Aussi l'augmentation de la population urbaine n'a-t-elle pas été proportionnelle à celle de la population générale, et l'émigration qui s'écoule des campagnes pour aller recruter la population des villes se compose-t-elle en général du rebut des villages et du trop plein des familles nombreuses, mais jamais des types de ces familles, à moins que l'inconduite et les ventes forcées ne les y obligent.

On ne peut donc pas s'attendre à voir s'opérer en France de ces élévations régulièrement prolongées dans le prix des principales subsistances, par lesquelles l'agriculture reçoit ces puissantes secousses qui servent de levier aux améliorations. Il faut s'attendre à ce que la marche progressive de ces améliorations procédera, sans bruit, du besoin même que les cultivateurs, propriétaires ou colons, éprouveront d'accroître le volume de leur subsistance et la variété de leurs productions. Cette marche est celle que l'agriculture française est condamnée à suivre, d'après les conditions agricoles et les mœurs du pays.

CHAPITRE IX.

Des subsistances.

On se rappelle sans doute l'amertume des plaintes que les grands propriétaires ont fait entendre sur le bas prix des céréales, à la suite des fertiles saisons qui s'étaient succédé de 1818 à 1822. Elles rivalisaient avec celles que les possesseurs du vignoble bordelais exhalent aujourd'hui, et le trop plein de ces récoltes devait, à les entendre, rester à jamais inépuisable. Ils semblaient vouloir à tout prix arracher au gouvernement des mesures propres à absorber ce trop plein et à relever les prix.

Nous avons même entendu alors un directeur général de l'agriculture déplorer, en présence d'un auditoire assemblé pour recueillir ses paroles, un résultat qu'il attribuait au travail désordonné de l'homme, au lieu d'en faire honneur à cette Providence qui seule dispense à son gré les pluies et les saisons fertiles. Sans songer même que, s'il n'avait fallu s'en prendre de la chute des prix qu'à l'imprudence des agronomes qui s'étaient efforcés d'améliorer la culture du royaume, le premier acte à faire aurait dû être de supprimer une direction qu'on n'avait instituée que pour provoquer cette amélioration.

Mais ce directeur s'était trompé, ainsi que tant d'autres en attribuant à des causes artificielles le résultat d'une circonstance naturelle et dont le retour est périodique. Disposition bien commune à l'esprit humain, qui se plaît à donner aux choses, au lieu de motifs hors de sa puissance, des causes qui ressortent de lui, et sur lesquelles il se flatte de pouvoir exercer son empire.

Or, c'est précisément ce qui s'était passé dans la période que nous avons citée. La moyenne des années fertiles s'étant répétée sans intervalle durant cinq années de suite, avait accumulé sur les années 1823 et 1824 un trop plein qui avait affecté les mercuriales de tous les marchés de l'Europe; car les trop pleins ne s'ajoutant pas à la masse des récoltes, mais à la seule portion de ces récoltes qui se livre au commerce, ils en deviennent une immense fraction et agissent sur les prix dans la même proportion; c'est-à-dire dans une proportion tout autre que celle où ils se trouvent réellement, comparés à l'approvisionnement total du pays.

Ainsi cet approvisionnement, en raison de trois hectolitres et demi[1] par tête, étant pour les 32,500,000 habitants de la France de 113,750,000 hectolitres, un peu moins des trois quarts de cette masse s'y consomment à domicile, et ne figurent pas

---

[1] La consommation, par tête, de farineux de toutes natures, réduits à leur valeur en froment, est de 316 litres.

(*Statistique officielle.*)

en général sur les marchés. Le gros quart restant est donc seul l'objet du mouvement commercial, c'est-à-dire que ce mouvement ne s'opère que sur environ 30 millions d'hectolitres. Ce n'est donc qu'à cette quotité que viennent s'ajouter les trop pleins des bonnes années, car les semences et la consommation à domicile sont des quantités à peu près fixes, qui ne varient que dans les cas extrêmes de disette ou de surabondance.

Admettant maintenant que le trop plein d'une année fertile soit d'un demi-grain en sus de la production moyenne, c'est-à-dire de celle qui pourvoit exactement à la consommation, il fournirait 11 millions d'hectolitres, soit un dixième dont la totalité serait à ajouter aux 30 millions dont se compose, en France, la masse commerciale des grains, et sur laquelle agissent les fluctuations des prix.

On conçoit donc à quel point ce demi-grain de plus affecte les prix de la masse commerciale, puisqu'il y ajoute un trop plein égal à plus de quatre mois, bien qu'en le comparant à la masse totale de l'approvisionnement du royaume, ce trop plein ne fournisse qu'à la consommation d'un mois et un quart environ.

On conçoit donc aussi comment des circonstances qui font produire aux terres, pendant quelques années de suite cet excédant d'un demi-grain, encombrent bien vite les marchés et y avilissent les prix outre mesure. Et cependant, cinq années suivies d'une telle fécondité, ne fourniraient qu'un trop plein égal à l'approvisionnement de six mois et un quart de la population totale du royaume. En sorte qu'il suffit d'une seule année stérile, et où le blé rend un grain au-dessous de la moyenne, pour absorber la plus grande partie de ce trop plein.

Ceci met à néant ces exagérations qu'on entend répéter à satiété, à la suite des années fertiles, sur l'immense surabondance d'un approvisionnement qu'on ne craint pas de supposer capable de pourvoir à la consommation de deux ou trois années. Exagération d'autant plus grande, qu'une longue expérience aurait dû apprendre qu'il suffisait d'une seule mauvaise année pour absorber tous les trop pleins et rétablir le niveau des prix. Il faut dire aussi que leur avilissement favorise l'absorption des trop pleins, parce qu'il se consomme beaucoup plus dans les temps d'abondance, de même qu'on restreint cette consommation, en raison des chertés; action qui sert puissamment à mettre de niveau la moyenne entre les bonnes et les mauvaises saisons.

Ce nivellement, dont l'existence est démontrée par le fait, et qui n'a été réellement rompu qu'en 1709 et en 1816, c'est-à-dire une fois par siècle, n'en est pas moins un phénomène bien digne de remarque. Car, quelle est l'autorité ou le savoir assez hardi pour dire au cultivateur, dont la production individuelle n'entre que pour un atome dans la masse de l'approvisionnement, sème ou ne sème pas ton champ? Tous se taisent, rien ne l'avertit, il ignore pour qui il va semer; mais il sème; et de ce concours universel de tous les laboureurs du royaume, qui tous agissent en aveugles et sans savoir un mot de la statistique des grains, il en résulte un approvisionnement qui balance exactement les besoins de la consommation, puisque la population s'en est trouvée constamment alimentée au travers de la variété des saisons et des prix.

C'est qu'il y a dans l'homme social une force instinctive qui met mystérieusement à l'unisson le travail de tous avec les besoins de tous. Force qui a sa source dans la nécessité de vivre, et qui les avertit de la présence des moyens d'existence, en sorte qu'ils naissent et se répartissent suivant ces moyens, et sans égards pour les règles et les lois que les économistes voudraient leur imposer.

Mais il est permis à ces économistes d'observer et de saisir après coup les effets qui sont la suite de ce mouvement spontané qu'on voit s'opérer dans l'économie des peuples. Ainsi, on peut remarquer, en France, que l'oscillation dans les prix des grains, quelle qu'elle ait été, n'a jamais élevé leur prix moyen dans la même proportion que celui de la plupart des autres objets de consommation, et pas même dans celle de la surélévation du prix de la terre qui produit ces grains, et même loin de là. Circonstance immense, puisqu'elle explique la tendance prodigieuse avec laquelle la population du royaume se pousse vers un accroissement que rien n'arrête, parce qu'il a été dès longtemps favorisé par la facilité de se procurer du pain; tandis que la valeur du travail appliqué à tous les autres objets de production augmentait sans relâche. Ainsi, des charpentiers qui se mutinaient naguère pour arracher à leur maître un salaire supérieur à celui de 4 francs par jour, ne s'en procurent pas moins aujourd'hui, pour 40 centimes, 2 kilogr. de pain. A la vérité, ce pain est dans ce moment à vil prix; mais fût-il au prix ordinaire de 60 centimes les deux kilogrammes, il n'y en aurait pas moins une rupture d'équilibre entre le salaire et le prix de la subsistance. Tant qu'une telle situation des choses se prolongera, le mouvement progressif de la population ne s'arrêtera pas, parce qu'il est dans les conditions les plus favorables.

Cette anomalie, d'après laquelle le prix du blé est loin d'avoir suivi la progression de celui de toutes choses, mérite d'être examinée, et nous paraît devoir être attribuée à deux causes dont l'action a été simultanée.

La première provient des améliorations mêmes que l'agriculture a reçues, améliorations incontestables, et qui, d'après les habitudes des cultivateurs, ont essentiellement porté sur la culture des céréales. Car, quelque éloignée que soit encore cette agriculture du terme où elle peut atteindre, elle a néanmoins fait de grands progrès dans le travail et l'exploitation des terres. Ce travail y a été réparti avec plus de force, d'intelligence et d'activité, précisément parce que le capital de la terre, en s'élevant, rendait plus nécessaire d'en obtenir une plus forte production. Pour l'obtenir, on a mieux combiné ses débours, on a plus exigé des attelages; on leur a donné à conduire de meilleurs instruments aratoires, et par là, on est parvenu à produire plus avec moins. Par là aussi, le combien-revient du blé s'est réduit dans une proportion qui a permis de le cultiver et de le conduire au marché à un prix proportionnellement moindre que celui des autres productions.

A cette cause très puissante, parce qu'elle est universelle, nous essaierons d'en joindre une autre, dont l'effet, quoique temporaire, a exercé une influence qui n'a pas été assez remarquée. Nous voulons parler de la suppression des dîmes, arrivée inopinément et sans indemnité dans la nuit du 4 août 1789; suppression qui a ajouté subitement 15 p. 100 à la valeur capitale de toutes les terres décimables du royaume, en augmentant leur revenu dans la même proportion. Les propriétaires de ces champs ont donc pu livrer leurs blés à plus bas prix, puisque, en réalité, ils rentraient à moins dans leurs greniers.

Cette cause n'a sans doute pu avoir d'effet que jusqu'à la première mutation des domaines, puisque alors l'acquéreur ou l'héritier a dû payer la mieux-value du revenu que la suppression de la dîme avait ajouté à leur valeur. Aussi, cet effet est-il nul aujourd'hui ; mais il a dû nécessairement produire un temps d'arrêt dans la marche ascendante du prix des céréales, et ces arrêts, quelles qu'en soient les causes, exercent toujours une influence retardataire sur l'ascension de ces prix.

Mais il est une autre cause encore qui pèse maintenant sur le cours des céréales et s'oppose à leur ascension sur tous les points du globe, c'est le défrichement des déserts ; cause lointaine, mais dont l'effet, grandi par l'imagination, ne laisse pas que de produire, grâce à son influence, une irrésistible impression sur l'état des marchés.

Qu'est-ce en effet que ce défrichement du désert oriental de l'Europe et qu'est-ce en comparaison du volume de céréales produit par l'énorme population des pays civilisés, celui que des peuples à demi nomades, clair-semés sur des surfaces inhabitées, peuvent obtenir des steppes dont ils écorchent la superficie ?

Quelque féconde que puisse être la virginité de ces steppes, la somme du travail que peuvent y appliquer ces peuples est toujours si minime que tous les blés qu'ils exportent ne sauraient représenter dix jours de la consommation europénne.

Mais ces blés peuvent se livrer à bas prix par la double raison qu'on les cultive sur un sol dont le capital est presque nul, et, par conséquent, sans grands intérêts à payer à ce capital, et parce que le sol des steppes produit le blé sans aucune combinaison agricole, et, par conséquent, sans aucun capital fixe.

Celui que font croître les Russes s'obtient de la terre sans préparatifs. Il ne leur a point fallu s'approvisionner onéreusement de fourrages, parce que les steppes se chargent de nourrir sans frais leurs bestiaux. Ils n'ont aucunes pertes à subir sur la production de leurs engrais, parce que le temps les a amassés pour eux sur la surface inculte de leurs plaines. Ils n'ont autre chose à faire qu'à rappeler au point du jour les bœufs grisâtres qui errent autour de leurs kraals avec une poignée de sel, lien de la civilisation entre l'homme et la brute, pour les attacher à l'informe charrue avec laquelle ils retournent un gazon fécondé par les siècles.

La semence confiée à ce sol y végète à souhait jusqu'au jour où la récolte y rappelle les moissonneurs, lesquels, après avoir coupé les blés, les jettent sous les pieds des chevaux indomptés, qui les foulent dans leur impatience pour en faire sortir le grain, en abandonnant aux vents une paille inutile.

Certes, un blé cultivé de la sorte, malgré les variations fréquentes et désastreuses de ces climats, malgré les frais de transport, revient encore à un prix inférieur à celui où il peut être obtenu dans nos terres usées par la culture, et chargées de payer les intérêts de leur valeur en capital.

Sans doute, nous le répétons, ces grains des steppes ne représentent qu'une infiniment petite aliquote des besoins de la consommation des peuples européens; mais rien n'est si mobile que la balance dans laquelle s'opèrent les oscillations des prix, et il suffit de la présence d'une faible quantité de marchandises offertes à un cours inférieur, pour entraîner la baisse de tout le marché.

Ainsi, malgré les restrictions apportées par la loi, il a suffi de la présence de ces blés dans les ports francs et les entrepôts de l'Europe pour arrêter la hausse, depuis la paix, du prix des grains sur tous les marchés de l'Europe occidentale.

Une nouvelle école d'économistes, arguant de ce fait, a pensé que l'étalon du prix des blés, étant donné par ceux du prix des steppes, il ne pouvait y avoir de profits à les cultiver dans la vieille Europe que dans les terres assez fertiles pour que leur prix de revient permît de les livrer en concurrence avec celui des steppes.

Tout le système de la production des céréales et de la valeur des terres serait ainsi renversé par ce principe. Car, dans ce système, le prix des grains se trouvait déterminé par le revient des blés cultivés dans les moindres sols, puisqu'ils ne s'y cultivaient qu'autant que ce prix couvrait ce revient. La mieux-value restait ainsi en entier à la surproduction des sols d'une qualité supérieure, puisque les cours étant réglés par le prix des blés des sols de qualité inférieure, tout ce que les premiers produisaient en quantité de plus créait en leur faveur un revenu net, c'est-à-dire un profit sur la culture, qui s'accroissait d'autant plus que les prix permettaient de mettre en culture des sols plus ingrats. Le revenu en se capitalisant créait la valeur vénale de la terre.

Mais en mettant, sans l'intermédiaire d'aucune législation, les blés produits par les meilleures terres de l'Europe en présence, non pas de ceux qu'y produisent les sols ingrats, mais les plaines fécondes des steppes de l'Orient, on réduirait à néant la valeur vénale de ces terres, ainsi que la culture de tous les sols de qualité inférieure.

Quoiqu'une telle perturbation ne pût être ni complète ni durable, puisqu'en accordant la plus libre entrée aux blés des steppes, leur volume est si faible qu'il ne tarderait pas à se noyer dans les masses immenses de l'approvisionnement européen, néanmoins nous pensons que les gouvernements ont sagement agi en évitant ce choc par l'établissement d'un droit de balance, qui pivote sur un maximum assez élevé pour prévenir une trop grande perturbation dans les bases de l'économie rurale des pays qu'ils administrent.

Examinons quels seraient les effets qu'une liberté illimitée dans le commerce des grains produirait sur l'économie de la France.

Nous avons vu que, dans l'état présent des choses, le blé y était de toutes les productions celle qu'on y livrait au meilleur marché, en raison de son revient, et que, cependant, compensation faite entre la fertilité moyenne des terres et des saisons, la production des céréales y était égale à l'approvisionnement de la population. Nous avons vu qu'il en était ainsi par l'effet des habitudes de la culture et de ce grand nombre de propriétaires qui, étant leurs propres consommateurs, sèment du blé, sans s'inquiéter de son prix ni des profits qu'ils en retireront. Nous avons vu aussi qu'alors que des saisons fertiles se succèdent de trop près, elles produisent un trop plein qui fait tomber les prix de telle sorte, qu'ils emportent avec eux tous les bénéfices qu'on pouvait attendre de la culture et de la vente du produit des sols de troisième et quatrième qualités; ou en d'autres termes, qu'ils anéantissent leur revenu net. D'où il suit que les profits de la culture céréale, loin d'être trop élevés, sont, au contraire, inférieurs à ce qu'ils devraient être pour l'encourager, puisqu'ils sont restés au-dessous des profits moyens du travail appliqué ailleurs. Si donc, ces prix venaient à tomber encore par une cause quelconque, il faudrait nécessairement abandonner, en commençant par la dernière, la culture céréale dans les terres de qualité inférieure jusqu'au niveau de celles dont la production serait encore assez abondante pour soutenir ces bas prix. Les petits propriétaires seuls continueraient à semer le blé que leur famille attend pour vivre; mais les colons abandonneraient des exploitations sans profit pour eux, après être restés débiteurs des fermages.

Cet abandon de la culture céréale a été prévu par les économistes partisans de la liberté indéfinie du commerce des blés, et ils y répondent en ajoutant que les terres abandonnées seraient appliquées à d'autres natures de culture.

Cette conversion, en tant qu'elle est exécutable, serait, nous le pensons comme eux, d'un avantage général et nous avons nous-même conseillé, dans le cours de cet ouvrage, la conversion des terres ingrates en forêts, et des coteaux rocheux en vignobles. Car nous sommes convaincu que, même sous l'empire d'une législation protectrice, la culture de ces terres s'exécute sans avantages pour le propriétaire et avec une perte pour l'État, puisque ces mêmes terres, plus judicieusement employées, augmenteraient le produit brut du pays, qui n'est autre chose que la richesse de l'État.

Mais au-delà d'une certaine limite, ces conversions de culture ne feraient que reculer la difficulté sans la résoudre : car, en adoptant de nouvelles cultures sur de grandes échelles, elles arriveraient bientôt à leur plus haut point, et la baisse des nouveaux produits, qui en serait la conséquence, emporterait à son tour tous les bénéfices qu'une telle opération semblait promettre.

Il n'y a d'ailleurs que des économistes étrangers à la science rurale, science qui devrait être leur première étude, qui puissent traiter à la légère la grande œuvre des conversions en matière de culture. Car eux seuls ignorent que cette œuvre demande beaucoup de temps et beaucoup de capitaux, et qu'elle offre d'autant plus de difficultés qu'il s'agit de terres moins fertiles. Personne n'ignore qu'il faut trente années pour couvrir des champs stériles de l'ombre d'une forêt; qu'il en faut six pour que les pampres du vignoble couronnent un coteau inculte; et que non-seulement le sol reste sans produit pendant cet intervalle de temps, mais qu'il demande encore des soins et des avances qu'une nombreuse classe de propriétaires répugnent à faire. Ces propriétaires sont retenus par l'ignorance de l'avenir; à chaque saison, ils se flattent de voir le prix du blé se relever, et, dans cette attente, ils restent incertains devant une entreprise qui en proscrirait la culture.

Ce qui arrive le plus souvent, et c'est aussi ce que supposent les économistes dont nous parlons, c'est que la terre reste en friche, et sert, en attendant, de pâture aux bêtes à laine; mais de telles pâtures ne produisent au plus que 20 fr. par hectare. Or, à ce prix si elles rendent encore ce minime produit net à leurs propriétaires, le produit brut en est à peu près nul pour l'État, dont la richesse encore une fois ne se compose que des produits bruts.

Le cercle qu'on se propose de faire parcourir ainsi à la culture pourrait bien n'être qu'un cercle vicieux, s'il n'est pas resserré dans les limites que la marche naturelle de l'économie du pays lui assigne; car il ne résout pas la difficulté que nous avons reconnu être partout l'obstacle qui s'opposait aux améliorations rurales, savoir: l'embarras de trouver des productions propres à se substituer avec profit à la jachère. Ici, on leur demande de se substituer, non-seulement à la jachère, mais aux céréales elles-mêmes. On ne tarderait pas, pour favoriser cet échange, à demander une prime en faveur de ces nouvelles productions, quelles qu'elles soient; ce qui ne ferait autre chose que de déplacer l'action exercée artificiellement par la loi sur la valeur des produits agricoles.

Le blé délaissé par ce déplacement des primes tomberait assez bas pour faire reculer les limites de sa culture jusqu'à l'arrivée d'une saison stérile. Alors, ces blés des steppes, sur lesquels le commerce avait cru devoir compter, seraient absorbés en quinze jours, et la perturbation aurait lieu en sens inverse. Alors aussi, le soc de la charrue rentrerait bien vite dans les terres, et la culture des céréales y prendrait pied de nouveau.

Car nous avons déjà remarqué que l'ordre de ce monde a pourvu à ce que la subsistance d'un grand peuple ne fût pas laissée à la merci des chances commerciales; puisqu'en plaçant dans le cœur humain l'amour de sa propre conservation, il l'a porté à assurer avant tout son approvisionnement. Il y pourvoit même quelquefois imprudemment d'après de mauvais calculs, mais toujours par l'effet d'une prévision instinctive qui échappe aux raisonnements des économistes politiques et sur laquelle ils ne pourront jamais rien.

Ce qu'il faut donc craindre, en touchant à la législation des céréales, c'est de produire des perturbations et des anomalies dans leur économie, quelles que soient leurs tendances, afin de ne pas faire cultiver tour à tour, à force de prohibition, des sols qui ne méritent pas d'être défrichés, et qu'une liberté commerciale, brusquement invoquée, viendrait obliger peu après les cultivateurs à abandonner. La garantie que demande avant tout l'économie rurale, c'est la fixité; la fixité en tout ce qui concerne le système qui régit ses produits, parce qu'ils croissent et se préparent avec trop de lenteur pour se prêter à la mobilité des systèmes qu'enfante l'esprit humain. Or, là où il en existe un, tel que celui de balance dont la France jouit maintenant, lorsque ce système a donné ainsi qu'il l'a fait une double garantie, tant au producteur qu'au consommateur, il faut le garder religieusement; puisqu'en l'altérant, on ne produirait qu'un désordre à peu près inutile et toujours dangereux.

Il ne faut ni ralentir ni exciter artificiellement le système général de la culture, afin qu'il puisse tendre comme les liquides à prendre son niveau et à mettre en équilibre la demande des diverses consommations avec les diverses productions; et lorsque ce niveau s'est établi avec certaines dispositions de la loi, l'abolition de cette loi est aussi bien une manière de rompre l'équilibre que d'infliger des prix artificiels en créant de nouvelles primes.

Mais il y a une autre considération en faveur du maintien des lois céréales qui régissent la France, considération grave et qui me paraît avoir été négligée jusqu'ici. L'exemple de l'Irlande aurait dû néanmoins apprendre aux économistes qu'il importe de maintenir chez un peuple l'habitude de faire sa principale subsistance, non de la denrée la plus infime, mais de l'avant-dernière dans le rang de ces denrées. En effet, si celle-ci vient à manquer, il en reste encore une dernière à employer pour ressource; tandis que cette dernière, venant à manquer à son tour, ne laisse que la famine pour résultat. Aussi est-il, avant tout, essentiel de maintenir en France le blé à un prix suffisamment élevé pour en encourager la culture et le rendre assez abondant pour que les subsistances inférieures puissent être destinées en majeure partie à l'entretien des bestiaux. En un besoin, ces subsistances pourraient servir à l'alimentation de la population elle-même.

Il serait même à désirer que les habitudes de cette population la portassent à consommer, en plus grande abondance, une denrée d'un rang supérieur au blé, c'est-à-dire les divers produits animaux; car cela supposerait qu'on cultive en plus grande abondance le produit infime destiné à l'entretien des bestiaux, et que, par conséquent, il se trouverait dans les temps de disette en beaucoup plus grandes masses; tandis que, dans ces mêmes temps, ces bestiaux offriraient un volume immense de subsistances. Cette disposition présenterait ainsi un double moyen de subvenir aux besoins publics.

La consommation des produits animaux n'occupe en France que le 16 p. 100 de sa superficie cultivable, ainsi que nous l'avons vu précédemment; tandis qu'elle emploie 48 p. 100 de celle de l'Angleterre, c'est-à-dire qu'il s'y consomme deux tiers de ces produits de plus qu'en France. Différence énorme, et qui explique à elle seule la supériorité de la culture anglaise sur celle de la France.

L'agriculture de la France n'arrivera jamais à se doter d'autant de prairies et de bestiaux, parce que le sol y est moins propice, et que, grâce au climat, les céréales y fructifient avec moins de préparatifs et d'engrais. Mais la culture animale devrait y être double, c'est-à-dire atteindre aux deux tiers de ce qu'elle est en Angleterre; et nous pensons que c'est à ce point qu'il convient de placer le maximum que l'amélioration doit s'efforcer d'atteindre.

CHAPITRE X.

Des fermes-modèles.

Les sciences économiques sont entrées dans l'assortiment des connaissances humaines dès le milieu du dernier siècle. Mais quoique l'agriculture fût la base de ces sciences, quoique l'on s'en occupât même alors avec quelque zèle, elle ne fut néanmoins abordée qu'avec peu de connaissance de cause, et sous des points de vue faux ou sans liaisons entre eux.

L'école de Du Hamel, la plus renommée du temps, ne s'était proposé d'autre but que celui de perfectionner la manipulation des jachères et les opérations de la semaille des blés. On confondait d'ailleurs l'horticulture avec la science agricole, et le savoir qui distinguait la plupart des agronomes se bornait à la culture du melon et à la taille du pêcher.

Telle était en effet la principale occupation de sociétés dites d'agriculture qui se formaient alors sur tous les points du royaume. Cependant c'est du sein de ces sociétés que sont sortis quelques hommes auxquels la France doit beaucoup, et dont le génie sut prévoir ce qu'il était important de fonder. Un petit nombre d'entre eux ont assez vécu pour voir aujourd'hui encore l'immense résultat de leur prévision et de leurs travaux. Puisse l'hommage que nous leur rendons ici parvenir jusqu'à eux, et leur montrer que le temps n'efface pas toujours la reconnaissance publique!

C'est à ces hommes que la France a dû l'établissement et l'amélioration des écoles vétérinaires. C'est à eux qu'elle a dû l'établissement de la ferme de Rambouillet, dont l'effet a été si prodigieux sur l'agriculture de la France, par cela seul qu'elle lui a donné les mérinos.

Arthur Young vint sur la fin du siècle porter sur cette agriculture son regard exercé et cet esprit d'investigation qui appartient au coup d'œil de l'étranger; c'est-à-dire de celui qui n'apporte dans son examen ni prévention, ni habitude, ni aucune de ces fascinations dont la source est dans l'absence des points de comparaison.

Young a rendu ainsi à la France le service que l'Angleterre a reçu à son tour des Delolme, des Simond et des Dupin; c'est-à-dire qu'il l'a explorée comparativement et sous le point de vue le plus général dans ses voyages agronomiques.

Il a mis à nu, par ses recherches, toutes les plaies, tous les défauts de l'agriculture du royaume; il a enseigné que ce n'était pas avec les minuties de l'horticulture que l'on pouvait faire avancer l'économie rurale d'un grand état, et qu'un fait aussi important ne pouvait avoir lieu que par l'effet de l'adoption d'assolements plus productifs, de meilleurs instruments aratoires, d'un capital plus considérable et d'une plus grande abondance de bestiaux.

L'agriculture n'a plus été considérée dès lors que sous ce point de vue; les voyages forcés que la politique ou la guerre ont mis tant de Français en devoir de faire, ont répandu chez une foule d'entre eux de nouvelles connaissances et de nouvelles habitudes agricoles, et les progrès qu'a faits la culture ont généralement été dirigés dans le sens indiqué par Arthur Young.

C'est d'après ces connaissances et ces principes qu'il s'est enfin formé en France une école agricole qui professe, dans sa pratique comme dans son enseignement, les saines doctrines de l'agriculture. Chacun y avoue les mêmes principes, tous y sont d'accord, et la science marche droit au but; aussi peut-on augurer que, malgré la disposition des agronomes à ne douter de rien, à précipiter leurs opérations, à fuir l'examen, cette science finira par accomplir le bien qu'on attend de son intervention.

Elle l'accomplira d'autant mieux, qu'elle a cessé de se concentrer dans les livres, et qu'elle exploite le sol. C'est effectivement une ère toute nouvelle pour la France, et la troisième période de son histoire agricole, que celle où l'on a vu s'y former ces établissements de fermes-modèles, dont on suit l'exploitation avec un si vif intérêt; de ces fermes où l'on se charge généreusement de pourvoir aux avances qu'il faut faire pour transformer une culture languissante en une agriculture pleine de vie; où l'on essaie de soumettre les travaux rustiques et les produits qui en résultent à une rigoureuse comptabilité.

M. de Dombasle, auquel on doit l'importation de cette grande institution en France, a déjà eu des imitateurs. La ferme de Grignon s'est établie d'après son exemple. Il a été suivi en Auvergne par M. l'ancien archevêque de Malines, auprès de Bordeaux, par les Compagnies des Landes; et la Société des connaissances utiles vient d'en fonder un dans le Morbihan sur une grande échelle.

Un grand nombre de domaines, propriétés d'agronomes plus ou moins zélés, deviennent, quoique avec un moindre appareil, de véritables fermes-modèles, où les cultivateurs des alentours viennent apprendre de meilleurs procédés agricoles, en appréciant leurs résultats.

Mais, quelque importants que soient de tels établissements et de pareils moyens, nous avouerons que, pour être utiles, il faut qu'ils s'allient avec un état suffisamment avancé de l'économie rurale, et une disposition générale des esprits qui les porte à en profiter ; ou, en d'autres termes, il faut qu'ils arrivent en temps opportun. Car il en est d'eux comme de toutes choses, il faut qu'ils soient le produit de l'état général du pays, pour obtenir un succès de bon aloi.

Or, tout semble indiquer qu'il en est ainsi; leur réussite même le prouve. Au lieu de languir ignorés du public, ces établissements excitent au contraire un vif intérêt de sa part. Non-seulement ce public en fait avec empressement les fonds, mais encore il se porte en foule aux journées annuelles de concours et d'exhibitions. C'est pour lui une fête d'un genre nouveau, et qu'il accueille vivement. Tout s'y passe en plein air ou sous une feuillée qui protége de son ombre l'étranger et l'habitant de la localité, le laboureur et le propriétaire ; tous conversent ensemble de l'objet qui fait l'intérêt du jour. Les charrues s'essaient, elles partent au signal donné, et l'attelage au poil lustré s'embarque avec vigueur dans le sillon qu'il doit tracer. Le soc fend la terre sous son effort et la rejette au loin, tandis que le laboureur, absorbé par son travail, n'entend que confusément le bruit des applaudissements qui lui apprennent qu'il a le premier terminé sa tâche. Alors, et tandis que le jury, présidé par un conseiller de préfecture, s'en va discuter sur le mérite des concurrents, la foule des assistants se répand par groupe dans les champs; les uns admirent la moisson pendante en examinant les procédés d'après lesquels on avait préparé la terre ; d'autres vont voir une pièce de luzerne en se disant qu'elle pourrait aussi bien venir dans leurs terres, encore qu'ils ne l'eussent jamais essayé. Les colzas, les betteraves, les trèfles, les vesces d'hiver attirent une égale attention. La visite des instruments aratoires n'est pas moins importante dans ses résultats ; car chacun, en examinant la ferme-modèle, s'applique en imagination quelques-unes des améliorations qui l'ont frappé et ne se retire, à la chute du jour, qu'avec l'intention de réaliser ces améliorations sur sa propre terre.

Ces journées, ces fêtes agricoles portent ainsi, en rayonnant, leur influence au loin ; elles ne sauraient se répéter fréquemment sur le même point, parce que l'agriculture procède trop lentement pour pouvoir renouveler souvent les tableaux qu'elle offre ainsi au public. Ces enseignements s'affaiblissent aussi par les distances; c'est pourquoi il serait à désirer que les écoles pratiques où on les trouve fussent plus multipliées, et que chaque département pût avoir sa ferme-modèle.

Ce serait le meilleur emploi que les conseils généraux pussent faire de leurs centimes facultatifs. En effet, en mettant ainsi à la portée des cultivateurs des exemples convaincants du succès de procédés agricoles supérieurs à ceux qu'ils emploient, ils produiraient un autre résultat aussi important pour le bien du pays. Car à ces fermes serait bientôt attachée une école agricole, où des fils de propriétaires et de fermiers viendraient recevoir, pour une modique rétribution, une instruction théorique et pratique de l'agriculture. Après cette étude, ils auraient une toute autre aptitude à exercer un état dont ils seraient à même d'apprécier les bénéfices.

Par là on pourrait mettre en meilleures mains les fermages et l'administration des terres; la culture et la jouissance des propriétaires y gagneraient, tandis qu'on offrirait un débouché et un honorable emploi à cette jeune population qui encombre de son oisiveté les cafés des petites villes et des bourgades, et n'entrevoit d'autre existence que celle de commis ou de clercs de notaires ou d'avoués.

Mais, en formant ce vœu, nous devons expliquer l'idée que nous attachons à la formation de telles fermes.

Loin de nous celle d'en faire des fermes expérimentales, où toutes les innovations annoncées seraient essayées, où tous les instruments qu'on invente seraient apportés, où des animaux de toutes les races seraient amenés pour produire une confusion déplorable dans toutes les opérations de la ferme, absorber de grands capitaux et ne produire d'autres résultats que d'enfler d'orgueil le directeur d'un établissement si savant, et de remplir les élèves d'un pédantisme qui éloigne d'eux les cultivateurs et les en rend la fable.

Tout dans une telle ferme devrait tendre à simplifier les opérations qu'on y pratique en les rendant essentiellement analogues et applicables à la culture, comme à la nature de terrain du département. Ce n'est pas de la science qu'on doit y pratiquer ; loin de là, on doit se borner à choisir, dans ce que la science a enseigné, le petit nombre de combinaisons et le très petit assortiment d'instruments qui paraissent être les plus applicables au pays.

C'est donc d'après l'examen de l'état où l'agriculture s'y trouve, et d'après le genre d'améliorations dont elle serait immédiatement susceptible, qu'il faudrait régler le système à suivre dans la ferme, afin qu'elle ne présentât aux cultivateurs que ce qu'ils peuvent imiter sans briser toutes leurs habitudes; sans quoi ils n'imiteraient rien du tout, et le département n'aurait fait que dépenser inutilement et même ridiculement son argent.

Ainsi, il faut se garder d'introduire dans une telle ferme de nouvelles races d'animaux, parce qu'il est impossible que les cultivateurs d'un pays suivent un tel exemple ; mais il faut y amener des étalons d'un choix approprié à l'espèce locale et à l'usage qu'on en doit faire, afin d'améliorer par des croisements rapprochés les races abâtardies. Il faut surtout montrer par un meilleur entretien le point où l'on peut relever cette race, parce que cette amélioration est à la portée de tous. On doit se garder de multiplier l'assortiment des instruments, parce qu'ils ne font que remplir inutilement les greniers, et qu'il n'y en a que trois ou quatre parmi ces outils de nouvelle invention qui puissent être d'un usage général. Ainsi, deux charrues, de force inégale, un cultivateur et un extirpateur avec un semoir, si l'on en a la fantaisie, la herse et le rouleau complètent l'assortiment de tous les instruments dont on se servirait. Nous avons vu partout que le surplus était laissé au rebut.

Ainsi, dans une telle ferme, il ne faut entamer la grande affaire des assolements qu'avec une extrême retenue; car il faut y prévenir les échecs qui portent un coup funeste au crédit de l'établissement en apprêtant à rire aux cultivateurs, qui sont les plus moqueurs de tous les hommes. Non-seulement il ne faut pas encourir d'échecs; mais il ne faut pas multiplier les combinaisons des cours de récoltes, de manière à rendre leur adoption impossible aux cultivateurs, à moins de bouleverser tout leur système de culture, ce à quoi on ne les fera jamais consentir de prime abord. Car leur défiance naturelle les met en garde contre des innovations dont l'expérience ne s'est pas encore accomplie sous leurs yeux; tandis qu'ils ont, par devers eux, celle d'un ordre de culture au moyen duquel ils ont acquis la certitude de pouvoir nourrir leur famille, et acquitter un fermage dont le montant a été établi sur les produits connus de cet ordre.

On devrait donc borner les débuts de la culture dans ces fermes départementales à y introduire ce qui manque essentiellement à la culture du pays, et ce qu'il convient par conséquent d'y importer. Ainsi, le vice général de la culture dans les départements situés à l'est du royaume, hormis en Alsace, c'est le défaut des moyens d'y entretenir les bestiaux et l'abâtardissement qui en est résulté dans leurs espèces. Il convient donc de montrer aux cultivateurs de ces départements comment ils peuvent combler cette grande lacune de leur agriculture, sans outrepasser ce qu'il leur est possible d'accomplir.

Cette règle, pour être appliquée à chaque localité, demanderait ainsi dans l'homme chargé d'en faire la démonstration, en premier lieu, une exacte connaissance de cette localité, en second lieu, un bon sens à toute épreuve. Chose rare de nos jours, où le système général d'éducation consiste à apprendre avant tout à ne douter de rien, dans un monde où tout est un sujet de doutes et d'erreurs.

L'intérêt qui, dès son début, s'est attaché à la ferme de Roville, a tenu pour beaucoup à l'éminence de ces qualités dans son fondateur. On a vu chez lui une grande connaissance des vices de la culture dans les contrées qu'il habitait, un grand sens dans le développement des moyens qu'il a mis en œuvre pour les corriger, et l'esprit d'économie le plus louable dans son système d'exploitation; en sorte qu'il n'est aucuns cultivateurs qui ne puissent, en l'imitant de loin, améliorer sa culture. Ses opérations n'ont péché qu'en ce qu'il nous a paru manquer d'une connaissance assez sévère de la vertu des sols qu'il avait à manier. Sa disposition qu'on pourrait appeler bienveillante envers eux l'a porté à les juger trop favorablement, et il en est résulté des non-valeurs qui ont affecté plus ou moins gravement la balance de sa comptabilité, et quoiqu'il n'ait fait aucunes importations imprudentes de races nouvelles de bestiaux, nous avons vu qu'il a eu péniblement à lutter contre ce fait universel qui condamne toutes les industries animales à ne s'exécuter qu'avec une perte plus ou moins grande sur la valeur de leur consommation. Ainsi, M. de Dombasle a successivement renoncé à l'engraissement des bœufs et à la vacherie, pour multiplier les mérinos, dont la baisse lui a donné à son tour une perte sur l'évaluation des consommations portées sur son inventaire. Cette perte aurait été bien pire encore s'il avait requis quelque étalon du dépôt ou du département pour faire l'essai d'une éducation de chevaux, parce qu'encore une fois, il est impossible, dans l'ordre actuel de l'économie des sociétés, que les industries animales s'exercent en agriculture autrement qu'à perte, si ce n'est dans les herbages de Normandie. Mais la question s'y présente dans d'autres termes et nous la traiterons ailleurs.

Celle qui concerne les fermes-modèles nous semble être aujourd'hui d'une telle importance, un si grand intérêt s'y rattache, que rien de ce qui concerne l'histoire de ces établissements ne saurait être indifférent. On recherche avec ardeur les moindres détails de leurs opérations, car ces détails peuvent décider du sort à venir de l'agriculture; si tant est que les fermes-modèles parviennent à se lier avec elle, et qu'elles ne restent pas étrangères à celle du royaume, pour n'y former qu'un domaine agronomique à part, et à l'unique usage des savants et des amateurs.

Aussi, est-ce avec douleur que nous avons vu le compte-rendu du cinquième exercice de Roville, réduit à n'occuper que 25 pages des annales de cet exercice et n'en offrir ainsi que le squelette; tandis que le surplus du volume est absorbé par des morceaux de littérature agricole, empreints sans doute de tout ce qui distingue si éminemment l'esprit de leur excellent auteur, mais tout-à-fait étrangers à ce qu'il importait de savoir ; car c'était d'un objet spécial qu'il fallait nous occuper. C'était de nous exposer cet objet dans tous ses détails, avec tous ses événements, ses accidents, ses succès et ses revers, avec tous les traits enfin qui permettent au lecteur de suivre le mouvement historique d'un établissement, dont le but est de lui représenter ce qui se passerait chez lui, s'il y introduisait le système agricole de la ferme qui doit lui en offrir le modèle.

Car tel est le but définitif de ces établissements ; sinon, ils n'en ont aucun : pour devenir populaires, pour que leurs effets sur l'économie rurale se répandissent au loin, il faudrait que le recueil périodique de leurs annales fût composé de manière à ce que chaque cultivateur pût, en le lisant dans la bibliothèque de sa commune, y suivre sans efforts la filiation et le développement des diverses opérations qui distinguent leur économie.

A cet effet, il nous semblerait convenable de joindre toujours à la première livraison de ces annales un plan lithographié de la superficie du domaine, avec des numéros affectés à ses diverses parcelles. A côté de ces numéros, on noterait leur étendue, la nature de leur culture, et la qualité légère, forte ou moyenne de leur sol.

Au moyen de ce premier tableau, que nous appellerions descriptif, le public pourrait se former une notion parfaitement nette du théâtre sur lequel se passent les événements agricoles que les annales des fermes-modèles sont destinées à mettre annuellement sous ses yeux.

Lord William Bentinck, l'un des derniers gouverneurs des Indes, avait fait exécuter de tels tableaux pour la terre qu'il possédait en Angleterre, dans le temps où il commandait en Sicile les forces britanniques, et, au moyen des duplicata de ces tableaux qu'il avait laissés dans les mains de son régisseur, il dirigeait à point nommé, de Palerme, toutes ses opérations agricoles sans embarras ni malentendus, et avec un succès qui lui a valu un rang distingué parmi les agronomes de l'Angleterre[1].

Un autre tableau, plus facile à dresser, mais qu'il faudrait représenter chaque année, devrait contenir l'état et le mouvement du personnel et du cheptel de la ferme, afin qu'on pût voir d'un coup d'œil, par la comparaison de ces tableaux, le mouvement qui s'est opéré dans ce personnel et ce cheptel, et, par conséquent, l'accroissement que ce dernier a reçu par l'effet des améliorations et des soins qui lui ont été donnés.

Un troisième tableau, dressé pour chaque exercice, représenterait dans des cadres réguliers les numéros correspondants à ceux du tableau descriptif, en sorte que toutes les parcelles de la ferme y occuperaient une place désignée par leur numéro. Dans cette case serait inscrite la destination agricole que la parcelle aurait reçue pendant l'exercice figuré par le tableau. Son aspect donnerait ainsi au lecteur la perception immédiate : 1° du roulement de l'assolement sur chacune des parcelles de la ferme ; 2° des proportions

---

(1) Parmi les grands propriétaires du nord de l'Italie, il en est un certain nombre qui gèrent leurs terres à économie, vivant dans les villes à une certaine distance, et se servant très utilement de pareils tableaux.

dans lesquelles chaque production se trouverait sur l'ensemble de cette ferme pendant le même exercice.

Les modèles de ce tableau synoptique existent. Ils ont été dressés et publiés par M. le vicomte Morel de Vindé, à la suite des beaux travaux qu'il a exécutés sur les cours de récoltes. On ne saurait aller au-delà dans la formation de ces cadres, qui semblent avoir été préparés à l'avance pour exprimer tout ce que peuvent et tout ce que doivent exécuter des fermes-modèles.

Le quatrième et dernier tableau serait enfin celui du mouvement financier de l'entreprise. Mais ce tableau, tel qu'il est présenté dans les annales, ne peut suffire pour se rendre réellement compte de son résultat financier ; car ce n'est pas seulement l'imagination des agronomes qu'il suffit d'ébranler pour les entraîner dans un système d'amélioration, quel que soit d'ailleurs l'attrait que leur présente l'aspect de ces scènes agricoles, où tout tend à perfectionner l'art de manier le sol et de s'approprier les forces de la nature ; mais il faut opérer en eux cette conviction en matière d'intérêt, qui ne s'acquiert pas si facilement, car ce n'est qu'à force de preuves qu'on parvient à la conquérir.

Or, la comptabilité en partie double, si essentielle pour signaler le combien-revient de chaque culture et de chaque production, n'aboutit nullement à faire connaître la balance finale du compte des dépenses et des recettes effectuées et réalisées, c'est-à-dire, en définitive, la seule chose que veulent savoir les cultivateurs, parce que c'est la seule qui puisse être décisive dans leur esprit. L'effet contraire est produit lorsque, au lieu d'additionner des montants de ventes réalisées, on ne présente que des objets inventoriés, mais invendus ; car il y a fiction dans tous ces inventaires et ces affectations de prix, toujours facultatives. Il faudrait donc qu'à côté de la comptabilité double, par laquelle on pourrait apprécier les pertes ou les profits respectifs de chacune des opérations rurales de la ferme, on portât bonnement en une colonne à part ce que l'exploitation a dépensé en regard des produits qu'elle a encaissés. On pourrait ensuite figurer pour mémoire l'inventaire des produits invendus, dont chacun serait maître d'apprécier l'importance.

Mais ce simple exposé de la balance financière effectuée ne se trouve jamais dans les comptes-rendus des établissements de l'agronomie savante. La raison en est que le résultat d'une telle balance serait toujours décourageant durant le cours des sept ou huit premières années de leur fondation, et que l'aveu en serait pénible à faire. Quel est l'établissement de cette nature qui ait jusqu'ici vécu assez longtemps pour surmonter ses premières difficultés et ses premiers revers ? Que de circonstances, d'événements, de dégoûts ne viennent pas interrompre ces longues périodes dont l'agriculture a besoin pour se développer ! La ferme-modèle d'Hoffville est la seule qui ait déjà compté trente années, et, après avoir péniblement surmonté les résistances qu'elle a éprouvées pendant dix ans, elle roule depuis vingt sur le bénéfice de ses produits.

C'est donc une condition inhérente à la nature de tels établissements que de présenter pendant plus ou moins longtemps un déficit dans leurs recettes, par la raison que l'esprit même de leur institution suppose une application instantanée d'un nouveau système agricole dans son ensemble et dans toutes ses branches. Heureux s'il ne vient pas s'y joindre des dépenses majeures pour des frais de constructions ou de réparations, de desséchements, de clôtures ou de communications!

Cette obligation de pourvoir aux frais de premier établissement a sans doute été prévue par leurs fondateurs, puisqu'ils ont approvisionné l'entreprise d'un capital à ce destiné. Il est malheureusement presque impossible que ce capital reste dans les limites qui lui ont été assignées dans le prospectus de l'entreprise, parce qu'on veut faire trop et trop bien, et parce que les prospectus fixent toujours un terme trop court à l'accomplissement de l'œuvre qu'ils annoncent.

Ces capitaux se trouvent absorbés avant terme, il faut recourir à un premier appel, puis à un second, et les actionnaires se rebutent au troisième, tandis que le public qui assiste à cette déconfiture se promet secrètement de se garder d'entreprendre rien de pareil, ni même d'approchant.

C'est contre ce fatal écueil que nous voudrions pouvoir prémunir les institutions agricoles que nous souhaiterions voir se fonder dans chaque département, en engageant leurs directeurs à ne vouloir faire ni trop ni trop bien, à ne point adopter de cultures dont les produits ne seraient pas sûrs, d'un facile écoulement, à ne pas introduire des bêtes à laine dans un pays de bêtes à cornes, ni à changer les races locales. Nous voudrions qu'ils se bornassent à améliorer ces races par une nourriture plus abondante et des soins mieux entendus, et à faire une bonne agriculture, dirigée dans le sens opposé à celui par ou pèche celle du pays.

Avec de telles précautions, ces institutions, pourvues d'un capital borné, mais suffisant, pourront se soutenir et prospérer en devenant populaires; sans quoi, le but de leur fondation sera manqué, et il est malheureusement à craindre qu'il n'en soit finalement ainsi.

Le mal, dans ce cas, serait d'autant plus sérieux qu'il empêcherait de joindre à ces établissements agricoles un autre genre de fondations qui s'amalgament merveilleusement avec eux, et présentent des avantages moraux aussi grands que ceux qu'ils offrent à l'agriculture; nous voulons parler des écoles rurales destinées à recevoir les enfants mâles abandonnés.

La chose est loin d'être impossible, et l'établissement de M. de Fellenberg en a donné la preuve; mais nous convenons que son exécution présente de grandes difficultés, et que, pour l'entreprendre, il faut être doué d'un mâle courage. S'il est cependant quelque chose qui puisse exciter ce courage, c'est l'aspect du bien qu'une telle entreprise doit produire. Ce bien peut s'exprimer en peu de mots, puisqu'il consiste à s'emparer de l'enfance d'une classe d'êtres destinés à n'occuper que les derniers rangs de l'échelle sociale, pour les élever dans cette échelle par le moyen d'une éducation laborieuse et morale, en les rendant capables de devenir d'habiles et laborieux instruments de l'industrie agricole.

Tel est, en effet, le phénomène qu'a réalisé M. de Fellenberg; tel est celui qui s'opère sur une trop petite échelle dans l'école-modèle de *Carra*, fondée par

M. Charles Pictet, dans les environs de Genève, et tel est le phénomène social, qui peut, à des nuances près, se répéter partout ailleurs, mais nulle part aussi bien que dans les établissements de fermes-modèles. Ces établissements possèdent déjà en effet deux des éléments indispensables pour une école rurale, savoir : un système d'ordre administratif et une superficie agricole à mettre en œuvre.

Ce qu'il suffit d'ajouter à ces deux éléments, pour constituer le mécanisme d'une école rurale, ne consiste qu'en un chef de l'école et un régent. Les subdivisions qu'exige ce genre d'établissement sont dirigées par des moniteurs ; et le principe d'ordre et d'émulation, une fois imprimé à ce petit monde, y produira des développements inattendus.

Il s'éveille pour cette terre hospitalière une tendre affection dans le cœur des enfants qui y sont recueillis du sein d'un monde où ils n'ont rien à prétendre et rien à aimer ; de ces enfants qui, repoussés de toutes les familles, n'ont ni frères, ni sœurs, ni amis, et qui retrouvent à la fois dans ces asiles des liens et une famille que le malheur commun rapproche, de ces enfants qui se reconnaîtront un jour, sur quelques points du globe où le hasard les jette, par la fraternité qu'ils auront contractée et les souvenirs qu'ils auront gardés de ces années de leur enfance.

Tel est le sentiment qui remplit le cœur, lorsqu'arrivé au milieu de ces écoles on y voit agir dans un ordre régulier ces essaims de petits êtres dont les travaux sont des récréations ; par cela seul qu'ils se passent en plein air et sans être pourtant des jeux d'enfants, puisque leurs forces s'appliquent à des occupations réelles dont le but est productif et par conséquent utile. Par cela même, on les grandit à leurs propres yeux, et on imprime à leur caractère quelque chose de sérieux et d'important. Disposition qui donne de la prise et de l'empire sur eux, et qui manque partout où les enfants ne sont traités que comme tels; parce qu'alors ils ne se sentent pas tenus à faire au-delà de ce que comporte la condition sous laquelle on les considère. Aussi rien n'est-il plus différent que la manière dont les choses se passent dans un pensionnat quelconque ou dans les écoles rurales. Ici, tout est calme, bienveillant, sérieux; là, tout est turbulent, inattentif, indiscipliné. A la vérité, les occupations laborieuses auxquelles sont soumis les élèves, dans les écoles rurales, absorbent le trop plein d'activité qui fait dans les pensionnats le tourment des maîtres et des élèves.

Cependant, le travail auquel on applique les enfants dans ces écoles ne dépasse jamais leurs forces, quoiqu'ils exécutent des labours à la bêche et même des défoncements, parce qu'on les munit alors de bêches ou de hoyaux dont le fer est aussi long, mais beaucoup plus étroit; en sorte que le sol est remué à la même profondeur, sur une moindre largeur à la fois. Ils exécutent sans difficultés les sarclages, les écobuages et tous les travaux des récoltes, hors ceux qui exigent le maniement de la faux.

Il faut cependant avertir à l'avance qu'une des difficultés que rencontrent de tels établissements consiste à trouver sur une ferme, fût-elle même de 2 à 300 hectares, un emploi constant pour ces ateliers lilliputiens dès qu'ils dépassent 25 ou 30 sujets au-dessus de l'âge de dix ans. Alors, il faut leur trouver de l'ouvrage en les envoyant travailler par escouades chez des propriétaires du voisinage, en les occupant des soins d'une pépinière, institution doublement convenable à joindre à une ferme-modèle ; ou enfin en appliquant les forces de cet atelier à une entreprise de défrichement, ainsi que M. de Fellenberg a été obligé de le faire.

Toujours est-il qu'une ferme-modèle trouvera dans la présence d'un tel atelier un immense moyen d'exécuter à bon marché ses travaux rustiques, en même temps qu'un moyen de consommation pour ses produits. Mais ce qu'il importe d'obtenir en définitive au moyen des élèves formés dans des écoles rurales, c'est une classe d'agriculteurs telle qu'il n'en a existé jusqu'ici que fort peu ; une classe qui semble être impérieusement demandée aujourd'hui par les besoins d'une agronomie dont l'application exige l'emploi d'agents habitués à en exécuter les opérations avec connaissance de cause, aptitude et capacité ; car il n'est pas un de ces agronomes qui n'ait sans cesse à lutter contre l'insouciance et l'impéritie des agents dont ils sont forcés de se servir. Il n'en est aucun qui ne trouve dans le personnel de son exploitation la plus lourde et la plus fatigante résistance.

Or, c'est à quoi les élèves formés dans les écoles rurales sont éminemment propres à obvier, parce que l'éducation qu'ils y reçoivent, la position qui les attend, le besoin qu'ils ont de satisfaire leurs maîtres, tout les dispose à servir efficacement les agronomes améliorateurs chez lesquels ils seraient placés au sortir de l'école.

Sans doute que de tels avantages ne s'obtiennent pas gratuitement ; aussi pensons-nous qu'il est convenable de présenter l'aperçu des dépenses qu'occasionnerait, dans le système d'une ferme-modèle, la présence d'un pareil établissement, calculées par tête d'enfants.

M. de Dombasle a trouvé que « l'entretien d'un ouvrier de ferme revenait par jour à 66 centimes. Nous admettons que celle des élèves de l'école, comme moindres consommateurs, ne devrait être estimé qu'à. . . . . » 56 c.

« Les frais occasionnés par le chef et le régent de l'école, répartis sur 100 élèves, élèveraient par jour la part à supporter par chacun d'eux, à.. . . . . » 11

« Enfin, la part de chacun aux frais de logement, mobilier, vêtements, chauffage, éclairage et blanchissage, équivaudrait par jour à. . . . . » 12

« Total de la dépense quotidienne d'un élève. ». . . . . » 79 c.

Mais il faut admettre que, soit les établissements de charité, soit les fonds départementaux affectés à pourvoir à l'entretien des enfants abandonnés, paieraient, pour ceux qui seraient placés dans les écoles de l'âge de sept ans jusqu'à celui de quatorze, une somme par jour et par tête de. . . . . » 30

La part restant à la charge de l'école serait donc de. . . . . » 49 c.

Charge dont elle devrait se recouvrir par le travail manuel que les élèves exécuteraient dans la ferme, ou hors de la ferme.

Pour établir la valeur de ce travail, je crois qu'il faut diviser les élèves en trois classes, suivant leur âge, et fixer, pour la plus basse, la journée de travail à...............	» f. 10 c.
Pour la moyenne, à.....	» 20
Et pour la plus haute, à...	» 40
Donc, la moyenne valeur des journées de travail des élèves serait de	» 35
Mais, comme il n'y a que 265 journées de travail dans l'année, la ferme ne profiterait réellement de ces journées, qu'à concurrence de.............	» 25 c. $\frac{4}{10}$
Les mêmes enfants coûtant par jour à l'établissement..............	» 49
Lui occasionneraient ainsi, par tête et par jour, une perte de.........	» 23 c. $\frac{6}{10}$
Soit, par jour, sur cent élèves.....	23 f. 60 c.
Et par année.............	8,614 »

Il semble qu'une somme aussi faible, quand on la compare à l'utilité de son résultat, pourrait être couverte, dans chaque département, par des dons individuels, et peut-être par quelques secours pris sur les fonds départementaux par les conseils généraux ; elle donnerait les moyens de créer deux ou trois de ces établissements, au lieu d'un seul ; car, il est a désirer que le nombre des élèves ne dépasse pas trente-cinq, et au plus cinquante, soit parce qu'ils sont mieux dirigés et surveillés, soit parce qu'il est plus facile de les occuper d'une manière lucrative chez les fermiers du voisinage.

On pourrait ainsi, dans les quatre-vingt-six départements, donner, pour une somme annuelle de 740,804 francs, une bonne éducation agricole à 8,600 de ces pauvres enfants abandonnés, qui rentreraient ainsi dans la société, à laquelle ils pourraient se rendre utiles, en y prenant une place qui leur donnerait des chances d'avenir semblables à celles que les autres enfants reçoivent de la position où la Providence les a placés [1].

CHAPITRE XI.

Des comices agricoles.

Nous avons dit que le grave danger qui menace les fermes-modèles est celui de rester étrangères au mouvement général de l'agriculture d'un pays dans lequel leur présence ne serait qu'un hors-d'œuvre scientifique, où quelques agronomes viendraient se promener de loin en loin, pour déplorer, avec le directeur, l'in-

---

[1] Le compte-rendu de Carra pour 1842 donne les résultats suivants :

Pour 24 élèves, le prix moyen de la journée, a été de 103 c.
Soit de quelques centimes plus élevées que la moyenne des années précédentes ;
Dont à déduire ce que les élèves ont réellement gagné   34 1/2

Reste à la charge de l'établissement. 68 1/2

Carra est situé dans un pays où l'entretien d'un élève est plus cher qu'il ne l'est dans la moyenne des départements de France.

curie des cultivateurs qui négligent de profiter des moyens de mieux faire que la société fondatrice a mis à leur portée.

Lorsque telle chose a lieu, on peut se hâter d'abandonner l'entreprise; car son but est manqué, et les frais qu'elle occasionne sont en pure perte. Il importe donc de rendre populaire l'institution des fermes-modèles. Nous avons déjà indiqué comment ces fermes devaient être disposées et conduites pour arriver à ce résultat; mais, quelque habileté qu'on y mette, il y aura toujours à vaincre un point de difficulté locale; savoir la distance, qui isole nécessairement de tels établissements et les éloigne de la très majeure partie du pays auquel ils devraient servir de modèles. Il est donc nécessaire d'établir des chaînons qui rapprochent et lient en quelque sorte la culture de tout un département à celle qui se pratiquerait dans la ferme-modèle.

Or, ces chaînons ne peuvent se trouver que dans l'institution de comices agricoles, c'est-à-dire de réunions agronomiques, qui rassemblent les cultivateurs d'un canton, ou même ceux de quelques communes voisines, pour aviser ensemble à pourvoir aux procédés et aux moyens de s'approprier celles d'entre les améliorations dont l'exécution est regardée, par ces cultivateurs, comme la plus facile et la plus importante pour eux.

Une très modique souscription pourvoit aux premiers frais exigés pour l'amélioration, et le comité, chargé de veiller à son exécution, préside à son emploi, et dirige le mouvement décrété par l'assemblée des comices.

Pour se faire une idée nette de ce genre d'institutions

et de tout le bien qui en peut résulter, nous inviterons les agronomes et les hommes qui ont le bien public à cœur à lire, dans le vingt-huitième volume des *Annales de l'agriculture*, seconde série, page 83, l'exposé fait par M. le baron du Taya, de l'histoire des comices agricoles, qu'il avait institués de son chef et sans imitation, à Pleuc, département des Côtes-du-Nord. Ils y verront le plus parfait modèle de ce genre d'institutions, car jamais on n'a fait plus avec moins; ils y verront comment M. du Taya y est parvenu en faisant l'usage le plus innocent et le plus étendu de l'esprit d'association qu'il a su inspirer aux cultivateurs bretons. Par le moyen de l'association, il est parvenu à en rassembler dans ces comices plusieurs centaines, à leur persuader de contribuer à une très légère souscription, destinée à se procurer de la graine de lin de Riga, de celle des turneps de Norfolk et de trèfle du Mans. Puis, ayant mis ainsi en présence l'amour-propre de tous, il les a décidés à entreprendre ces cultures par le succès desquelles la physionomie agricole des trois communes qui avaient participé aux comices à été changée. Les ajoncs en ont disparu; des champs de turneps et de trèfle les ont remplacés; de bons chevaux et des bêtes à cornes passables sont sorties de ces communes, et les rudiments d'un nouveau système agricole y ont été ainsi introduits.

De telles institutions n'offrent d'autres difficultés que celle de trouver, dans chaque canton, l'homme qui voudra en devenir le promoteur. Cet homme, par le temps qui court, ne serait pas difficile à trouver, s'il suffisait seulement de se créer de la popularité par le mouvement qu'on se donne et l'action qu'on crée autour de soi. Mais ce mouvement ne suffit pas, et cette action serait sans résultat, si elle n'était dirigée avant tout par un homme doué de sens et de jugement, ainsi que d'un zèle éclairée pour le bien de son pays, car tout serait perdu si ces comices venaient à sortir de la plus étroite application des améliorations rurales, pour aborder des questions de science agronomique.

Tout doit s'y borner à reconnaître un point unique, savoir : quel est le côté faible ou vicieux dans l'agriculture du canton, à l'effet d'en corriger le défaut, sans aborder de plus amples questions, ni songer à altérer le fond de la culture, pour y introduire un changement de système. Ceci est l'affaire du temps, et non celle des comices.

Ainsi, par exemple, il sera évident qu'on se sert, dans le canton, d'une charrue défectueuse ; tout l'effort des comices doit se porter sur l'adoption d'un meilleur instrument. Il sera temps, après y avoir réussi, d'aborder un autre sujet, en y portant la même persévérance. Si le sol y est granitique ou siliceux, la première et la plus importante des améliorations qu'on puisse y introduire, c'est l'usage de l'amender avec la chaux. En tout il s'agit, dans les comices, de procéder avec ménagement du connu à l'inconnu, de l'habitude enracinée au procédé nouveau ; de choisir sévèrement ce procédé, pour qu'il ne heurte pas de front ces habitudes, qu'il ne soit pas contraire à la nature du sol, ni opposé aux besoins de la consommation.

Certain qu'on est qu'une première amélioration deviendra la source d'une autre, et qu'avec le temps ces comices parviendront à opérer ce qu'il a fallu leur dissimuler de prime abord, savoir : soumettre le pays à un nouveau système d'agriculture.

Les comices agricoles, en faveur desquels il y a maintenant beaucoup de zèle en France, peuvent ainsi devenir les chaînons, dont manqueraient, sans eux, les fermes-modèles, pour relier leur agriculture spéciale avec l'agriculture générale du pays. Car ce doit être dans l'agriculture spéciale des fermes-modèles que les comices devront aller examiner et faire le choix des procédés agricoles et des cultures qu'il leur paraîtra important d'introduire, d'après un ordre successif, dans l'agriculture de leurs cantons respectifs [1].

---

(1) Le relevé officiel constate l'existence, en 1843, dans les 86 départements de France, de :

Sociétés d'agriculture.	157
Fermes-modèles dont quelques-unes avec écoles. .	22
Écoles et chaires d'agriculture ; pénitenciers agricoles	15
Comices agricoles ou comités d'agriculture.	664

LIVRE III.

DES ASSOLEMENTS.

CHAPITRE Ier.

Lois de la végétation.

Young, ainsi que nous l'avons dit, avait déjà remarqué que le trait caractéristique de l'agriculture française consistait en ce que les cultivateurs y avaient appris dès longtemps à tirer un grand parti de toutes les terres fertiles du royaume; mais qu'ils avaient échoué jusqu'alors dans l'art de cultiver les terres de qualités inférieures; c'est-à-dire qu'ils n'avaient pas su trouver d'assolements propres à produire de l'amélioration dans la production de ces terres.

La même chose se remarque encore aujourd'hui, bien qu'à un degré moindre sans doute; mais les cultivateurs français n'en sont pas venus encore à pratiquer des assolements propres à féconder les sols ingrats. Il en est résulté que ces sols, qui entre tous sont ceux auxquels il faudrait donner le plus d'engrais pour corriger leurs mauvaise nature, sont précisément ceux qui en reçoivent le moins.

Or, ce n'est que par le moyen des assolements qu'il

peut être permis d'arriver à cette fécondation ; car toutes les autres voies sont insuffisantes pour produire un tel effet, et beaucoup trop coûteuses pour qu'on puisse en faire usage. En définitive, tous les secrets de l'agriculture viennent aboutir à cette immense, nous dirons même à cette unique question des assolements.

L'assolement en effet, c'est-à-dire l'ordre dans lequel les récoltes sont appelées à se succéder périodiquement dans un corps de ferme, détermine la bonne ou la mauvaise agriculture. C'est par là que celle de l'Alsace est parvenue à acquérir une immense supériorité sur celle de la Lorraine ; c'est par là que celle du département du Nord a acquis la même supériorité sur la culture pratiquée dans la Picardie, la Normandie ou l'Ile-de-France.

Aussi, voit-on que tous les travaux, tous les écrits, tous les efforts des agronomes ne tendent qu'à propager l'adoption des cours de récoltes qu'ils pensent être les mieux combinés. Mais ces combinaisons sont souvent fautives, parce qu'on les proclame avant de les avoir expérimentées, sur la foi d'autrui et sur les espérances qu'on en conçoit. C'est pourquoi il importe, avant de formuler des cours de récoltes, de les apprécier d'après des conditions qui ne dépendent ni de la volonté ni de l'intelligence humaine, mais qui viennent de plus haut et appartiennent aux lois que le règne végétal tient de sa création.

Ces lois, dont l'homme n'a pendant longtemps reconnu l'existence que par la série des faits qui en découlaient, ont été dans ces derniers temps vérifiées par l'examen, analysées par la science, et la révélation des mystères de la végétation nous a en quelque sorte été faite.

Il a été démontré par de Saussure que les plantes se nourrissaient par l'absorption de l'un des éléments terreux qu'on nomme humus, et, par de Candolle, que les végétaux, après avoir digéré l'humus absorbé et s'en être assimilé la substance, reversent dans la terre le résidu sécrété.

Cette loi de la vitalité végétale, en jetant un jour nouveau sur l'histoire de la végétation, nous permet d'en appliquer les phénomènes à l'agriculture.

Ainsi la dose de l'humus qui fait partie constituante du sol, détermine son degré de fertilité relative; mais cette dose peut s'accroître : 1° par l'addition de l'engrais animal dont la substance, en se décomposant, dépose dans la terre un très grand volume de cet humus; 2° par les destructions végétales, dont la décomposition, plus lente, produit aussi de l'humus; 3° enfin par l'action atmosphérique qui recompose lentement l'humus consommé par la végétation.

Il est par conséquent au pouvoir de l'homme de féconder la terre en y apportant de l'humus fait de toutes pièces au moyen des engrais animaux, et de favoriser la formation de l'humus naturel par des travaux et des labours donnés à la terre. Il dépend de lui de faciliter la décomposition de l'humus, préparation nécessaire pour qu'il puisse être absorbé par les suçoirs des végétaux. Mais ce qui ne lui appartient pas, c'est de suspendre la sécrétion naturelle qu'en font ces végétaux, après avoir assimilé à leur substance les éléments appropriés à cette assimilation. Or, ces sécrétions déposées dans le sol ne sont plus propres à être de nouveau absorbées par l'espèce des plantes auxquelles elles ont déjà servi d'aliments. Il arrive donc que le sol, saturé de ces sécrétions, se montre stérile pour la végétation de l'espèce des plantes qui ont fourni la sécrétion ; mais il ne l'est pas pour des espèces différentes, parce que la nature de leurs éléments assimilateurs n'est pas la même. C'est pourquoi un cerisier pousse avec vigueur dans la terre d'où l'on vient d'arracher un pommier, tandis qu'un arbre à pepins y languit pendant longtemps.

Ces sécrétions elles-mêmes se décomposent avec le temps dans la terre et s'y transforment en d'autres substances. Ainsi, après une année d'intervalle cette terre a repris une puissance végétative qui permet au blé d'y croître, tandis qu'il serait resté misérable, s'il avait été ressemé dans le même sol deux mois après qu'on y aurait fait la moisson.

Le temps nécessaire pour opérer l'entière décomposition de la matière sécrétale des plantes n'est pas encore connu ; mais il doit être proportionnel au volume de la matière sécrétée, et par conséquent au degré de saturation de la terre. Ainsi, une terre arable, soumise de temps immémorial au cours triennal, doit être dans un état perpétuel de saturation qui ne permet au blé d'y croître qu'à l'aide d'une jachère complète, et à l'avoine que parce qu'elle est précédée d'une demi-jachère.

Abordant maintenant les corollaires qui découlent de la loi végétale dont nous venons de reconnaître l'existence, nous remarquerons qu'il se passe dans la terre une action et une réaction continuelles provenant des phénomènes chimiques qui s'y opèrent.

Ainsi il faut, pour que la végétation y soit vigoureuse, qu'elle y trouve beaucoup d'humus à absorber, et après l'avoir absorbé, elle y restitue une matière sécrétée qui à son tour détruit la disposition de la terre à reproduire des plantes de la même espèce.

Les végétations spontanées étant toujours analogues à la trempe naturelle du sol, et mélangées de manière à ne pas le saturer par la sécrétion d'une espèce homogène de plantes, il conserve sa dose de fécondité primitive, et cependant nous voyons dans les prairies naturelles qu'alors qu'une même espèce de plantes a abondé sur un des points de cette prairie, elle en disparaît à l'expiration du terme de sa vie pour être remplacée par d'autres, en sorte que le foin qu'on y récolte n'en est jamais identiquement pareil.

Mais il n'en est pas de même des cultures faites de mains d'hommes, car le but de ces cultures étant précisément celui d'obtenir, à l'exclusion de toutes autres, des récoltes formées d'une espèce identique de végétaux, le sol se trouve être, après ces récoltes, saturé des sécrétions qu'elles y ont déposées. Il y a même plus, les récoltes préparées par l'homme pour son usage sont formées par un ordre de végétaux dont il a fait choix. Dès lors il arrive que ces végétaux occupent seuls la terre qui en a été ensemencée; mais leur retour dans la même terre est d'autant plus fréquent que le besoin qu'on en a est plus impérieux. Ainsi, les céréales sont, entre ces diverses productions, celles dont le retour dans le même terrain est à la fois le plus ancien et le plus répété.

Nous remarquerons également qu'on peut vaincre la résistance qu'oppose à la végétation l'état de saturation où se trouve le sol par l'effet de la matière sécrétée, au moyen de la surabondance de l'humus qu'on peut ajouter à la masse du sol. Il en sera ainsi, soit que cet humus décompose et absorbe lui-même tout ou partie de la sécrétion, soit qu'il fournisse à lui seul assez d'aliments nutritifs pour offrir à la plante une nourriture abondante. Cet effet cependant est loin d'être complet, car la récolte décline visiblement dans un champ qu'on aurait ensemencé en blé pendant quatre années de suite, bien qu'à chaque fois on y eût apporté un grand volume d'engrais. En revanche, ce terrain saturé d'humus produirait à la cinquième année une prodigieuse récolte de trèfle, de tubercules ou de productions quelconques autres que des céréales.

Il est une autre loi du monde végétal qu'il importe de suivre en agriculture, savoir celle qui a donné à la végétation de chaque sorte de plantes un appétit différent, c'est-à-dire une puissance d'absorption et d'assimilation plus ou moins grande. Ainsi, une plante de luzerne absorbe plus qu'une de sainfoin, le froment plus que l'avoine, le maïs plus que le colza.

Quoiqu'il n'y ait qu'une observation générale de ce fait, et qu'il ne puisse se fonder sur des expériences assez positives pour assigner à chaque espèce végétale le degré exact de sa consommation, cette observation est néanmoins si générale et si répétée, qu'on doit en tenir compte dans les combinaisons d'assolements que les agronomes sont appelés à faire ; d'autant plus que cette loi se lie à une autre dont l'examen est plus important encore.

Cette dernière loi de la végétation est celle qui a voulu assortir à chaque terrain une espèce de plantes, et ce afin que nulle parcelle de terre ne restât vacante et dépourvue de végétation. Cette loi capitale appelle ainsi le cultivateur à reproduire dans son assolement l'indication que lui donne l'herbier naturel de la terre qu'il laboure.

En s'attachant à cette règle, autant du moins qu'il lui est permis d'après les habitudes de la consommation, l'agriculteur évitera les fautes et les erreurs qui ont amené la ruine de tant d'agronomes, parce qu'en allant à l'encontre de la trempe de son sol, il n'obtiendra qu'à grande peine, et en moindres doses, ce que la même terre lui aurait libéralement produit s'il l'avait ensemencée de productions analogues à ses facultés natives. Ainsi, on ne récolte souvent qu'un froment chétif, là où serait venu un beau seigle ; une luzerne manque là ou le sainfoin aurait réussi, et les pommes de terre avortent dans le terrain sablonneux, où l'on aurait récolté de beaux turneps.

Il ressort de ce que nous venons d'exposer de véritables axiomes en fait d'assolements, dont le premier est :

Qu'il convient d'intercaler les récoltes de manière à ce qu'on éloigne autant que faire se peut le retour des plantes de même espèce ; afin de donner au temps la puissance d'absorber la sécrétion végétale que la récolte antérieure de la même espèce de plantes a déposée dans le sol.

Le second :

Qu'il ne saurait y avoir d'assolements permanents, à moins qu'ils n'embrassent une longue suite d'années et une grande variété de récoltes. Car ce qu'on a appelé les récoltes jachères, c'est-à-dire le trèfle et les racines, saturent également le sol du résidu de leurs sécrétions, et leurs retours trop fréquents le rassasient comme celui des céréales.

Le troisième :

Qu'il faut assortir l'assolement de manière à y faire succéder, autant que faire se peut, les récoltes consommatrices d'humus par des productions moins gourmandes et qui n'en prennent qu'une faible ration. Par conséquent, on doit toujours donner l'engrais aux premiers.

Le quatrième :

Que le cultivateur doit approprier avant tout le choix des différentes productions aux qualités diverses des sols qu'il cultive; afin de mettre toujours en sa faveur la disposition naturelle du sol.

Nous ajouterons quelques observations à ces axiomes.

Ainsi, nous devons déclarer que la meilleure de toutes les préparations à donner au sol est celle d'une jachère complète et bien exécutée, parce que nous sommes convaincu par une longue expérience que l'ameublissement qui en résulte pour la terre est un puissant moyen de favoriser la végétation; parce que la jachère permet de semer en temps utile, opération souvent difficile dans le système alterne; parce que nous avons constamment reconnu que, hors des sols siliceux, les semailles faites sur de vieilles cultures avaient un avantage constant sur celles qu'on exécutait à raies fraîches; et finalement parce que nous avons acquis la conviction que le maniement auquel on soumet la terre pendant la jachère favorise la décomposition, l'absorption ou l'évaporation de la sécrétion végétale déposée par la récolte précédente. Car cette circonstance seule peut rendre explicable la perpétuité du système triennal et la constance des productions qu'il n'a cessé de donner dès les temps des Romains jusqu'à nous.

Nous ne pensons pas qu'il faille répudier la pratique de la jachère, ni loin de là. C'est le système triennal qu'il importe d'abandonner; parce qu'il ne donne en trois ans qu'une récolte et demie.

Nous observerons encore qu'il est bien plus facile d'introduire des assolements alternes dans les sols légers et perméables, quelle que soit d'ailleurs leur nature chimique, que dans les sols pesants, disposés à se corroyer en temps humides, et à se durcir en temps secs. Car non-seulement l'assortiment des plantes qui se plaisent dans de tels sols est extrêmement limité, mais les obstacles qu'ils opposent à la culture y rendent la succession des récoltes beaucoup plus difficile à exécuter.

C'est au travers de toutes ces restrictions que nous allons aborder la question des assolements que nous croyons être praticables en France.

CHAPITRE II.

Des végétaux qui peuvent entrer dans les assolements.

C'est en cinq classes que nous pouvons répartir ces végétaux, savoir :

1° Les céréales d'hiver et d'été ;

2° Les légumineuses ;

3° Les plantes produisant des fourrages artificiels;
4° Les tubercules;
5° Les végétaux qui produisent des récoltes commerciales.

Comme il est essentiel d'apprécier ces divers végétaux d'après le mode de leur végétation, avant de savoir comment il convient de les enchâsser dans les cours de récoltes, en raison des besoins, des sols et des climats divers, nous croyons devoir consacrer un chapitre à l'examen de ces végétaux et à la manière dont ils se comportent. Car, bien que la connaissance de l'assortiment des plantes agricoles soit l'*A, B, C* de l'agriculture, nous en voyons néanmoins faire si souvent un mauvais usage et nous lisons si fréquemment dans les ouvrages d'agronomie de graves erreurs à cet égard, qu'il nous semble utile de redresser ces fautes et ces erreurs en publiant ce que nous ont appris cinquante années d'expérience.

Nous en publions le résultat, quoique sachant très bien que nous vivons dans un temps où l'expérience est honnie et où l'on préfère de beaucoup le raisonnement aux faits. Cependant, comme il y a encore dans les champs de bonnes âmes qui raisonnent peu, agissent beaucoup, et qui ont foi au passé, elles apprécieront peut-être ce chapitre, si le hasard fait que notre livre tombe dans leurs mains.

Des céréales d'hiver et d'été.

On comprend parmi les céréales d'hiver :
1° Les froments de toutes les variétés, ras ou barbus;

2º Le seigle ;

3º Les orges dont l'épi a quatre ou six rangs, que l'on sème en automne ;

4º L'avoine d'hiver.

Parmi celles de printemps :

1º Les froments ras et barbus qu'on sème au printemps ;

2º Les diverses variétés d'orge ;

3º Les diverses variétés d'avoine.

Tous ces végétaux sont trop connus pour être décrits, et ce n'est pas à ce travail que nous nous arrêterons. Mais, comme leur production est en définitive le but de l'agriculture, puisqu'elle forme dans nos climats la base de la nourriture de l'homme, nous devons les examiner sous ce point de vue.

On peut même dire qu'en France, la production des céréales est, hormis celle de la vigne, le but de l'agriculture ; toutes les autres branches agricoles lui sont subordonnées, et l'on dirait qu'on n'y entretient des bestiaux et qu'on n'y cultive des légumes que par nécessité. Aussi la culture céréale y est tellement indispensable, qu'aucun assolement ne parviendrait à s'y introduire, à moins qu'il ne comportât le retour triannuel des blés d'hiver. C'est une condition *sine quâ non* de tous les changements qu'on voudrait amener dans les cours des récoltes. Il s'ensuit qu'on ne saurait améliorer la production des blés autrement qu'en augmentant la dose de l'humus qu'on ajoute à la terre qui doit en être ensemencée ; puisqu'on ne peut pas favoriser cette production en éloignant son retour périodique de manière à laisser absorber par l'effet du temps les dépôts de matière sécrétée, dont de si fréquents retours ont imbibé le sol.

Un bienfait de la nature a permis que dans chaque localité le blé qu'on y cultive fût toujours celui qu'on y estime le plus. Nous disons que c'est un bienfait de la nature, car nous avons à peu près constamment remarqué que les variétés que les agronomes ont cru supérieures à la variété locale s'y sont assimilées quelquefois dès la seconde et toujours à la quatrième semence. Nous en avons fait l'épreuve au moins vingt fois dans notre longue pratique rurale. L'action du sol et du climat ramène ainsi les blés du dehors à la production moyenne qu'ils comportent, ainsi qu'à une époque pareille de maturité. Nous l'avons remarqué sur les blés venus du nord comme sur ceux arrivés du midi; à la troisième génération ils ont également donné, au temps accoutumé, une récolte équivalente et souvent inférieure à celle des blés du pays.

C'est un faible inconvénient pour la France où l'espèce du blé se maintient généralement supérieure, et où l'on mange, par conséquent, le meilleur pain connu. Cette supériorité dans la qualité des blés est sans doute l'une des causes pour lesquelles on y en consomme une si forte quantité. Mais ce que nous recommandons à tous les cultivateurs, c'est de faire souvent un échange de semence, en choisissant pour semer dans les terres plus fortes et plus élevées les semences qui ont crû dans des terres plus basses et plus légères. A cet égard, au reste, le théâtre d'agriculture d'Olivier de Serres a tout dit, et nous ne l'avons jamais trouvé en défaut sur ce qui tient aux pratiques rurales.

Une très grande portion des sols arables du royaume

appartient bien plus aux terres à seigle qu'à celles à froment. Or, c'est précisément sur ces terres à seigle qu'il importe de pratiquer un assolement qui les mette à même de porter des blés vigoureux ; car, pour être propres au seigle, on n'y cultive pas moins des blés chétifs, parce qu'ils trouvent au marché un débit plus avantageux ; c'est-à-dire qu'il faut fournir de l'humus à ces terres, et jusqu'alors il y a profit à y cultiver du seigle, parce que cette céréale en consomme moins que le blé. Ce qu'elle exige avant tout, c'est une terre soigneusement remuée, une semaille hâtive et opérée en temps sec ; au moyen de quoi, l'abondance de sa production compense l'infériorité de sa qualité, mais elle n'arrive pas sur les grands marchés, parce qu'elle est dédaignée par la consommation des villes.

Ce dont n'a pu parler le père de l'agriculture française, c'est d'une avoine d'hiver qu'on a faite dès lors de toutes pièces sur les côtes de la Bretagne et de la Normandie. Cette avoine à parasol et de la variété noire est provenue, dans ces climats humides et tempérés par le voisinage de la mer, de semences exécutées toujours plus hâtivement, et qui ont fini par précéder l'hiver. Les plantes ont fini aussi par acquérir une résistance fibreuse assez grande pour défier les rigoureux hivers de la Suisse, où il s'en cultive depuis quinze ans. Dès lors nous n'en avons perdu par l'effet des gelées qu'une seule récolte, et nous avons pris le parti de ne la confier aux rigueurs de l'hiver qu'en la semant de très bonne heure et même avant le blé. Sa production devient alors remarquable en élévation comme en abondance, et nous verrons dans quelle circonstance on peut la substituer avec avantage aux récoltes toujours éventuelles de l'avoine de mars.

Les blés de printemps ras ou barbus viennent des régions du nord et se cultivent dans celles de montagnes. Ces blés produisent quelquefois beaucoup, la qualité en est fine et donne du pain très blanc.

Mais on ne saurait en conseiller la culture en tant qu'elle précède les blés d'hiver ou leur succède; car ce sont des plantes homogènes qui absorbent autant d'humus et déposent dans la terre une sécrétion pareille. Les blés de printemps doivent se réserver pour ces années fatales où les céréales sont anéanties par les frimas, ainsi qu'il en fut en 1709; et pour que, dans ce cas, on puisse se pourvoir de semences, nous conseillons leur culture lorsqu'elle accompagne le semis d'un pré artificiel. Dans ce cas, il convient de réduire la semence à la moitié de ce que la superficie comporterait, et la richesse de la préparation donnée à la prairie artificielle fera prospérer outre mesure cette demi-semence de blé printanier.

L'orge épuise fortement l'humus du sol, et sa sécrétion le sature d'une manière qui devient apparente par le mauvais état du sol où on l'a récolté. Aussi s'est-on efforcé, dans les pays à bière où la consommation en est grande, de l'encadrer dans les assolements de telle sorte qu'il y soit le moins nuisible que faire se peut. L'orge est toujours semée en Angleterre avec la prairie artificielle qui, demeurant pendant deux ou trois ans maîtresse du sol, y laisse absorber les dépôts sécrétés par l'orge, tandis que les débris du gazon réparent l'humus qu'il avait consommé.

Il serait à souhaiter qu'on pût toujours le cultiver de la sorte; cependant il faut reconnaître que dans la région du vignoble, le peu d'emploi de l'orge qui s'y fait sentir et le prodigieux produit de sa végétation y ont réduit sa culture à de bien faibles limites, en sorte qu'il n'y fait que peu de mal; d'autant plus que, dans les provinces pauvres et dans les montagnes où il est surtout cultivé, on le mélange avec la vesce blanche de printemps qui corrige et diminue le dommage que l'orge occasionne dans le sol.

L'avoine est un bien autre fléau pour l'agriculture de la France. Non-seulement l'avoine fatigue le sol par la fréquence de ses retours sur la demi-jachère qui suit le blé, et quoiqu'elle le ménage plus que l'orge, elle nuit bien autrement à la culture par l'immense étendue de terre qu'elle occupe annuellement.

L'avoine, toujours semée dans des conditions fatales aussi bien pour elle que pour la terre, puisqu'elle vient succéder à des céréales d'hiver qui l'ont épuisée, atteint rarement en France, d'après ce système, le degré de végétation qui appartient à sa nature, lorsqu'elle est favorisée par l'état du sol. Aussi, pour réparer le déficit de la qualité, a-t-il fallu élargir le champ de sa culture au point de lui avoir consacré, sur une portion du royaume, une superficie égale à celle du blé, c'est-à-dire un tiers des terres arables soumises au cours triennal.

Sur l'autre portion, où l'assolement est bisannuel, l'avoine, cultivée il est vrai en bien moindre quantité, se place plus mal encore; c'est-à-dire entre deux récoltes de blé.

C'est donc à juste titre que nous avons nommé l'avoine le fléau de l'agriculture de la France, par l'immense étendue que sa culture y occupe, par ce qu'a de chétif son produit, enfin par l'obstacle qu'elle oppose partout à l'adoption d'un autre cours de récolte.

En effet, la récolte de l'avoine n'équivaut qu'à la moitié de la valeur d'une récolte de blé de même force, dans le système d'après lequel on la cultive en France; en sorte que la terre est employée dans ce système à produire une moitié de récolte épuisante et qui laisse sa fécondité en pire état après en avoir obtenu ce misérable produit.

Certes, il y a là un vice radical contre lequel toutes les intelligences agricoles doivent s'élever. Il tient à l'emploi de chevaux, au lieu de bœufs, pour les travaux de la culture, et encore de chevaux d'une race qui ne peut se soutenir qu'à force d'avoine. Il faut dire que ce vice s'est propagé et se conserve par la paresse morale des fermiers qui, n'acquittant le loyer des terres qu'en raison du produit de ce système, le trouvent d'une exécution facile, en ce qu'il leur offre de vastes superficies de jachères et de chaumes où les bêtes à laine ont une pâture qui ne coûte à préparer ni peines ni soucis; en outre, en ce qu'ils n'ont d'autres soins à prendre que d'envoyer leur garçon de charrue labourer les guérets où ils vont ensemencer une avoine dont ils n'ont plus à s'occuper jusqu'au temps de la récolte. Puis, la récolte faite, ils trouvent facilement à en écouler le faible produit qui leur reste après avoir nourri leurs chevaux, parce que l'avoine est demandée sur les marchés avec le même empressement que le blé.

Les fermiers n'ont point dès lors à pourvoir à temps aux travaux si divers qu'exige un assolement alterne, ni à faire exécuter des sarclages, ni à préparer des nourritures d'étables pour leurs bestiaux, ni enfin à former les combinaisons par lesquelles on arrive à multiplier les récoltes en les variant. C'est un oreiller de paresse que le système triennal !

Des légumineuses.

Nous comprenons dans cette classe des plantes qui, botaniquement considérées, n'en feraient pas partie; mais il faut simplifier et abréger les complications en agriculture, et, pourvu qu'on s'entende entre cultivateurs, l'essentiel est obtenu.

Nous classerons donc sous cette dénomination :
1º Les féveroles d'hiver et de printemps ;
2º Le maïs;
3º Les vesces d'hiver et de printemps ;
4º Le colza ;
5º Le blé sarasin, ou blé noir.

Nous allons examiner successivement le rôle que ces plantes sont appelées à jouer dans les assolements.

Les féveroles alternent bien avec les céréales, non par la réputation qu'on a cherché à leur faire en affirmant qu'elles n'épuisaient pas le sol, car elles consomment beaucoup d'humus; mais leur sécrétion ne nuit pas à la végétation des céréales qui leur succèdent parce que ces végétaux n'ont rien d'homogène, et de plus, les fèves ne serrent pas l'épiderme du sol, n'ayant pas de chaume comme les céréales. Il s'ensuit que, pendant leur végétation, la terre reste disposée à recevoir les influences atmosphériques. Le grain de la fève est précieux par son poids, et par conséquent éminemment nutritif pour les hommes, comme pour les animaux, à l'engrais desquels il contribue plus que nul autre.

Mais ce serait une erreur, partout ailleurs que dans le nord de la France, de faire de la culture des féveroles le cas qu'en font les agronomes anglais, parce que cette plante choisit son terrain et ne réussit que là où elle se plaît. La nature du sol de la France et son climat bornent les limites de leur culture à un espace restreint; car elles ne viennent ni dans les sols granitiques, ni dans les galets siliceux, ni dans les sols pierreux, secs ou élevés; elles ne se plaisent que dans les terres riches et profondes ou dans les argiles. Or, ces qualités de terres sont en faible proportion sur la superficie du royaume. Enfin la fève, et surtout l'espèce printanière, est très casuelle; aussi depuis trois années n'en a-t-on pas fait une récolte passable, et alors même qu'elles réussissent, elles laissent peu de paille pour l'engrais.

La fève d'hiver nous vient de l'Italie où elle se cultive dans les riches alluvions de la Lombardie et dans celles du val d'Arno. On l'y sème peu après avoir récolté le blé; elle grandit assez pour donner dès l'automne des fleurs et des siliques étiolées dont les métayers se servent en guise de légumes. Sans atteindre à ce point, il est bon que les cultivateurs sachent qu'il convient de la semer longtemps avant le blé, et qu'elle soutient d'autant mieux les frimas qu'elle est plus forte, car si sa fane périt dans les gelées, le pivot résiste lorsqu'il est vigoureux, et succombe s'il est faible.

L'usage a prévalu en Angleterre de semer les fèves en lignes assez espacées pour pouvoir les cultiver avec la houe à cheval. Elles atteignent en effet dans ce climat humide des dimensions qui permettent de recouvrir l'interligne qu'a laissée le passage de la houe, et leur végétation l'ombrage. Mais il est loin d'en être de même sous le brillant climat de la France. Cultivées de la sorte, si ce n'est sur les côtes du Nord, les fèves se hâlent, leurs fleurs avortent, et trop disséminées sur le sol, elles ne donnent à la superficie qu'un chétif produit.

La féverole, soit d'été, soit d'hiver, ne saurait donc, dans le climat de la France, entrer d'une manière générale dans le cours de ses récoltes; leur culture devant nécessairement se localiser sur les points que l'expérience a fait juger favorables.

L'introduction du maïs dans la culture de la petite moitié du royaume porte avec elle une date certaine, puisqu'elle n'a pu devancer, non-seulement la découverte, mais la possession de l'Amérique par les Espagnols. Ce sont eux sans doute qui l'ont apportée dans le Milanais, qui leur appartenait alors; de là, elle a dû se répandre en Piémont, et de là, par Chambéry, dans la vallée de l'Isère, le Dauphiné et la Bresse. Vraisemblablement, y a-t-il eu aussi dans le sud-ouest de la France une autre introduction faite directement de l'Espagne? Toujours est-il qu'il a merveilleusement réussi, et qu'il sert à démontrer que les cultivateurs ne se refusent pas indistinctement à l'adoption de toutes les nouveautés, mais qu'ils se réservent de choisir, parmi celles qu'on leur présente, ce qu'ils croient être bon à leur usage.

Le maïs alterne bien avec les céréales par les mêmes motifs que les féveroles; mais, comme celles-ci, le maïs laisse peu et encore moins de matières propres à fournir de l'engrais, quelle que soit la magnifique apparence qu'offre sa récolte. Cette apparence a trompé Arthur Young, alors que, fatigué de parcourir, sur son cheval aveugle, les plaines et les coteaux de la France, brûlés qu'ils étaient par les ardeurs de l'été, il est arrivé dans la région du maïs, où les champs offraient alors l'aspect de ces grands végétaux, au sommet desquels s'épanouissaient ces longues fleurs retombant comme un panache autour d'elles; tandis que ces larges feuilles, étrangères à nos climats, ombrageaient les houppes fleuries dont la fécondation produit ces épis opulents qui réjouissent le cultivateur, en le trompant, comme Arthur Young, sur le produit de sa récolte.

Nous possédons un domaine dans une des plus belles contrées à maïs, et nous nous y sommes trompé comme eux; nous nous plaisons même à l'être, lorsqu'en parcourant ces champs, dont la végétation nous dépasse de beaucoup en hauteur, nous venons à rencontrer une des fermières, suivie de ses deux gars, qui viennent y cueillir les feuilles que leurs vaches attendent. En regardant fructifier ces riches épis, elle songe à son ménage, et pense à l'abondance qu'y produira cette récolte. Elle en voit d'avance la façade de sa chaumière tapissée en gros festons, apprenant ainsi à tous quelle sera son opulence dans l'hiver suivant.

Nous avons regret à nous dire alors que cette belle

culture est de peu de profit, et que, si elle rend prodigieusement à la semence, elle ne rend que peu à la superficie. Le rendement ne s'élève qu'à la moitié environ de celui du blé; et pour suppléer à cette insuffisance, on garnit avec des haricots nains l'intervalle des souches de maïs, en sorte qu'ils sont entre ces souches comme un sous-bois sous une futaie. Avec cette addition, la sole de maïs produit une récolte à peu près équivalente à celle du blé; mais le sol reste épuisé par la consommation de l'humus, qu'une si puissante végétation a absorbé.

Aussi, dans cet assolement, l'engrais suit cette récolte au lieu de la précéder. A mesure qu'on enlève le maïs, on transporte l'engrais sur le sol, et aussitôt qu'il est enterré, on sème le blé. Le retour du maïs est quatriennal. Il termine le cours qui commence par le blé fumé, qui lui succède; ce blé est suivi, dans la même année, par du colza qu'on recueille dans l'été suivant, et à la suite duquel on prépare la terre par une demi-jachère pour recevoir du blé, qui doit être à son tour suivi du maïs.

Ce cours est éminemment productif, puisqu'il peut donner quatre pleines récoltes en quatre ans. Aussi la jachère est-elle devenue une rareté partout où il est suivi; mais ce qui sert à l'expliquer, c'est que ce cours se trouve précisément dans la partie du royaume où la culture s'exécute avec des bœufs, et là même où elle s'opère avec des chevaux; ils appartiennent à ceux de la chétive race de l'est, auxquels on ne donne de l'avoine que le jour où on les conduit à la foire pour les vendre. Il y en a vingt-cinq ou trente dans le domaine que nous possédons en Bourgogne, et dont nous venons de faire mention, et il n'y avait d'ensemencé, en avoine, qu'un journal, c'est-à-dire un tiers d'hectare.

Les provinces à maïs sont ainsi de beaucoup celles dont l'assolement est le plus productif. Malgré les défauts que nous venons de signaler, nous verrons si l'on peut encore en perfectionner les combinaisons.

Partout, en France, l'adoption de la culture des vesces d'hiver et de printemps serait appropriée au sol comme aux besoins de l'agriculture; partout elle porterait une abondance de produits qui, pour la plupart du temps, y est inconnue. Destinée à la nourriture et à l'engraissement des bestiaux, cette plante le serait, par conséquent, à fournir une abondance d'engrais qu'on ne connaît qu'à peine dans ce pays.

La vesce d'hiver se cultive dans l'ouest; on la retrouve dans la culture flamande; elle est à peu près inconnue ailleurs. Cependant, malgré sa forte végétation, elle ménage le sol et n'y prend que peu d'humus. Comme toute la famille des pois, elle ne demande pas la présence du fumier, et préfère les sols chauds et légers aux terres froides et pesantes; les galets siliceux, les sols primitifs, les terres à bruyère même ne l'empêchent pas de s'élever. La sécrétion qu'elle dépose dans le sol, sans analogie avec celles des céréales, ne nuit en rien à leur végétation; et comme cette plante, prodigieusement touffue, couvre hermétiquement le sol sur lequel elle se verse, malgré les appuis dont on l'étaie, elle étouffe de son ombre la végétation parasite, et laisse le sol complétement net.

La vesce d'hiver remplit ainsi la presque totalité des conditions exigées pour être admise dans l'assortiment des végétaux qui doivent entrer dans les assolements à offrir aux cultivateurs français.

Puisqu'en premier lieu, la très majeure partie du sol de la France lui est propice ;

Qu'en second lieu, elle n'exige aucune autre combinaison, aucun autre préparatif que celui de la semer mêlée avec un quart ou un tiers de seigle, et dans le courant de septembre sur le défrichement du chaume qui a porté du blé, sans addition d'engrais, si ce n'est du plâtre qu'on peut y répandre au printemps ;

Qu'en troisième lieu, elle peut fournir au besoin, de très bonne heure, une récolte de fourrage vert, après laquelle elle repousse et donne encore une passable récolte de grains ; ou, plus tard, c'est-à-dire à la fin de mai, on peut, si elle n'a pas été coupée en vert, la faner pour en obtenir un fourrage sec d'une qualité grossière, mais d'une abondance prodigieuse, après lequel elle ne repousse que faiblement. Enfin, si l'on n'a fauché les vesces ni en vert, ni en sec, et qu'on leur permette de mûrir, elles produisent une grande quantité de paille et de grain.

Ce grain, mêlé de seigle, est sans doute grossier, et c'est à l'engraissement des porcs, comme à celui du gros et menu bétail, qu'il doit être destiné. Mais il n'en fait pas moins, ainsi que les pommes de terre, un approvisionnement inférieur au blé, et qui serait appelé de même en supplément dans les cas de disette. Assurément on aurait été heureux d'avoir, en 1816, du pain fabriqué avec cette farine ; et, sous ce point de vue, la culture en grand' de la vesce d'hiver, ou vesce du Mans, nom sous lequel les cultivateurs la désignent, nous semble être d'une importance telle, qu'elle mériterait d'être comprise dans les concours ouverts par tant de sociétés agricoles, bien avant la foule des objets vains ou superflus sur lesquels leur attention se porte.

Les vesces de printemps participent à un degré inférieur aux avantages que nous venons de signaler en faveur de celles d'hiver, mais leur culture ne remplit pas le même but ; elle ne fournit point un fourrage précoce. Sa récolte ne s'en fait pas d'assez bonne heure, soit qu'elle ait lieu en fourrage ou en grains, pour qu'on puisse donner une demi-jachère au sol avant de l'ensemencer en blé. Enfin, le produit des vesces de printemps est infiniment moindre. Tous ces motifs nous engagent à n'en conseiller la culture que faute d'avoir pu ensemencer son terrain avec l'espèce d'hiver.

La culture du colza avait été pendant longtemps concentrée dans les départements du Nord et du Rhin. Elle ne s'est pas avancée de front vers le centre du royaume, où aujourd'hui encore on l'y connaît à peine. Elle a tourné au sud en suivant les chaînes des Alpes et du Jura, et s'étend maintenant dans tout le bassin de la Saône jusqu'aux portes de Lyon.

Nous aurions dû sans doute comprendre le colza au nombre des plantes qui fournissent des récoltes commerciales, puisque ses produits ne reversent dans l'agriculture qu'une paille légère et de peu de consistance. Nous ne l'avons pas fait, par la raison que la culture du colza n'occupe point une place ni un sol à part, qu'elle n'a rien d'exclusif comme les autres plantes commerciales, mais qu'elle s'intercale, au contraire, dans des assolements où elle alterne avec les céréales.

Le colza demande à être semé dans une terre parfaitement ameublie, ainsi que toutes les plantes dont la semence est très menue ; sans quoi, elle s'infiltre dans les interstices du sol et se perd dans les cavités que forment les mottes. Aussi, sa réussite n'offre-t-elle quelque sécurité que dans les terres naturellement fines et cendreuses. Partout ailleurs, le colza est d'une reprise très casuelle ; bien qu'une fois levé, il végète vigoureusement dans les terres fortes ; aussi devrait-on, dans ces terres, le multiplier par la transplantation plutôt que par semis.

Le colza ne nuit pas aux céréales en ce que ses sécrétions ne sont pas de même nature, qu'il n'absorbe pas beaucoup d'humus, et que sa culture nécessite des sarclages qui nettoient et préparent le sol pendant sa végétation. Enfin, le colza, se récoltant à la fin de juin, laisse au cultivateur le temps de donner à la terre une jachère presque complète avant de l'ensemencer en blé. Il présente donc des conditions favorables pour s'encadrer dans des assolements alternes.

On peut employer le colza comme fourrage vert, bien qu'il soit très dangereux, pour le bétail ruminant, par sa grande disposition à le météoriser ; mais nous ne songeons pas même à proposer de s'en servir de la sorte, parce que nous savons très bien que les cultivateurs français sont loin d'en être venus au point de consacrer au vert des bestiaux un colza assez fourni pour être fauché ou pâturé. Ils n'en sont pas encore là, et pendant longtemps ils attendront pour le récolter qu'il ait fourni sa graine.

Cette graine se vend facilement et sans qu'on ait besoin d'en prélever la semence, parce qu'il n'en exige qu'une quantité insensible. Dans le ménage, elle fournit un éclairage à bon marché, et l'huile de colza, fondue avec la graisse de porc ou avec le beurre, procure aux ménagères une ample provision de cuisine.

Aussi, la culture de cet oléagineux s'est-elle répandue avec une promptitude singulière dans toute la région de l'est du royaume ; car là où le sol ne s'est pas montré assez favorable pour le cultiver en grand, il se sème sur de petites superficies de choix et pour l'usage du ménage. Aucune récolte n'est en effet aussi bien en rapport avec les convenances et les besoins des petits cultivateurs que celle de cette graine ; elle les approvisionne à bas prix d'une denrée qui leur est du plus grand usage ; et lorsqu'on leur en offre de telles, on est sûr qu'ils les accepteront. Aussi est-il à croire que la culture du colza, établie aujourd'hui au nord et à l'est du royaume, pénétrera plus avant, et s'emparera de toute la région tempérée de sa superficie.

Les Flamands et les Artésiens consacrent beaucoup de soins et d'engrais pour faire prospérer le colza, et on peut chez eux en regarder la culture comme uniquement commerciale ; mais il n'en a pas été de même en avançant vers le midi, soit que le climat favorisât davantage cette production, soit que, nouvellement introduite, elle n'ait pas trouvé un sol saturé dès longtemps de ses sécrétions. Le fait est que la culture du colza ne consiste en Bourgogne qu'en un labour donné à la terre immédiatement après la récolte du blé ; le colza se sème après avoir hersé ce sol, et on y passe le rouleau pour enterrer la graine et niveler le terrain. Deux mois après, on sarcle soigneusement en éclaircissant les plantes trop épaisses et repiquant celles qui manquent; de bonne heure au printemps, on répète ce sarclage; après quoi, on laisse les plantes à elles-mêmes jusqu'à la récolte. Le retour du colza, dans les sols favorables où on le cultive en grand, est quatriennal comme celui du maïs.

Le blé sarrasin ou blé noir nous a été, dit-on, apporté par les Maures ou rapporté par les croisés; toujours est-il qu'on en a fait un grand usage.

Il se plaît dans les sols granitiques et siliceux, dans les sols secs et pierreux; il y consomme peu d'humus, et sa sécrétion ne nuit point aux céréales, car le passage du blé sarrasin entre deux céréales est tout-à-fait inaperçu sur leur végétation. Il ne fournit qu'une paille chétive, et nourrit mal les animaux qui le mangent en vert. Le grain noir et triangulaire que fournit le sarrasin est d'un produit très éventuel, et sujet à toutes les influences qui agissent sur une plante dont la végétation ne dure pas trois mois. Ce grain est essentiellement destiné à la basse-cour, il engraisse également les porcs et les bœufs; mais au besoin on en fait du pain, il ne rend en farine que la demie du blé; mais avec cette déduction même, le sarrasin appartient à cette classe de subsistance inférieure au blé, et qui au besoin peut le remplacer en en privant les animaux. Sous ce rapport, sa culture a de l'importance. Elle en a une autre, dont il nous a été impossible de trouver la raison, c'est la propriété de purger le sol, mieux que par tout autre procédé, des herbes parasites, et surtout de l'avoine à chapelet.

Le blé sarrasin se cultive en France d'après deux systèmes et dans deux buts différents. Dans sa partie sud-est, c'est-à-dire dans toute la région du maïs, on ne l'emploie qu'en qualité de culture dérobée et pour remplacer le chaume d'automne. A cet effet, et immédiatement après l'enlèvement du blé, on donne un très léger coup de charrue, on passe la herse et quelquefois le rouleau, et l'opération est terminée. Au mois d'octobre, on moissonne une récolte dont le produit a dépendu d'une pluie et d'une gelée blanche. Aussi, les cultivateurs de ces régions ne comptent nullement sur un produit certain, et nous l'avons vu varier de 0 à 20 pour 1. Mais comme les frais de culture du sarrasin sont très minimes, qu'il n'emploie que le quart de la semence du blé, qu'il nettoie le sol et ne l'occupe qu'en un temps où il ne pourrait rien produire, on le sème en l'abandonnant au hasard des saisons.

Pour tirer néanmoins un meilleur parti de cette culture, nous semons depuis beaucoup d'années du trèfle incarnat avec le sarrasin, à l'exemple des cultivateurs du bassin de la Garonne, et nous nous en sommes trouvé assez bien pour avoir eu beaucoup d'imitateurs. Séparément, aucune de ces deux productions ne mérite qu'on lui consacre des frais de culture; mais réunies, elles en valent la peine, et le trèfle incarnat se récolte d'assez bonne heure pour qu'on puisse lui faire succéder des pommes de terre, des betteraves ou des haricots nains, si cela paraît préférable à la jachère.

Dans la région que nous venons de désigner, le blé sarrasin ne s'emploie guère qu'à l'usage de la basse-cour, parce que le maïs en tient lieu dans le ménage, et la moisson y est assez hâtive pour permettre au sarrasin de mûrir dans la même automne. Il n'en est pas de même dans la région nord-ouest du royaume où le maïs manque. Le blé sarrasin y joue un rôle tout différent, parce que son grain doit tenir lieu du maïs dans le ménage, et que la moisson est trop tardive pour que le sarrasin puisse lui succéder. Il faut donc lui consacrer une année de l'assolement. A la vérité, sa production est bien moins casuelle et tout autrement abondante; aussi dans cette dernière région, on doit encadrer très différemment le blé sarrasin dans les assolements.

Des plantes produisant des fourrages artificiels.

Nous n'en connaissons que cinq, savoir : la luzerne, le sainfoin, le trèfle rouge, l'incarnat et le fromental. Nous avons ouï raconter beaucoup de merveilles de plantes qu'on annonçait comme devant effacer celles dont nous venons de faire mention. On a vanté tour à tour la chicorée sauvage, le fiorin, le ray-grass d'Italie, le trèfle de Sibérie. Nous ne nous souvenons pas même de tout le contenu de ce catalogue, dont il n'est rien resté. Peut-être est-ce parce qu'on s'était hâté de proclamer le succès d'expériences de jardins, ou bien parce qu'on avait omis de regarder quelles étaient les circonstances dans lesquelles ces plantes avaient réussi, dans quel climat, sur quel sol. Le fait est que, pour ceux de la France, il faut s'en tenir aux cinq plantes que nous venons de désigner, et malheur à celui qui, avec leur secours, ne parviendrait pas à faire de la bonne agriculture !

Il faut, pour faire des prairies naturelles, disposer

d'un sol qui y soit propice, soit par sa disposition naturelle, soit par des irrigations artificielles, et dans ce dernier cas même, il faut, pour que ces irrigations réussissent, que les qualités de l'eau concordent avec celles du sol. C'est pourquoi un agriculteur expérimenté ne saurait dire, sans faire une bévue, à celui dont le domaine manque de fourrages, d'y subvenir par l'établissement de prairies naturelles; car, avec le sol et le climat de la France, il court risque de se tromper presque toujours.

Nous avons vu grand nombre de ces établissements, qu'on nommait prairies naturelles, parce qu'ils avaient été en effet semés avec un mélange de la graine des plantes qui forment ces prairies. Mais ils n'ont été en réalité que des prés artificiels, parce que ces graines n'avaient point pris pied dans le sol, et n'avaient fourni que la végétation des sujets qui en étaient provenus, lesquels avaient successivement disparu au terme naturel de leur vie, c'est-à-dire de trois à cinq années. Après ce laps de temps, il n'était resté sur le sol qu'un pauvre gazon, dont les chiendents et l'avoine à chapelet s'étaient emparés; en sorte qu'on n'avait obtenu qu'une prairie artificielle pendant trois, quatre ou cinq ans.

Le mal n'en aurait pas été grand, si on avait prévu ce résultat et si les frais d'un tel établissement ne dépassaient pas de beaucoup ceux des prés qu'on qualifie d'artificiels. Ceux-ci offrent moins d'éventualités et demandent moins de préparatifs, hormis la luzerne qui en demande beaucoup. Nous croyons donc que dans le sol et le climat de la grande généralité du royaume, on fera sagement de s'en tenir aux prés formés par les plantes que nous avons désignées, et de se défier de toutes celles dont on vante les effets dans les écrits agricoles.

Parmi ces plantes, la luzerne tient le premier rang par l'abondance d'une production sur laquelle on peut compter pendant plusieurs années, lorsqu'elle a réussi. Mais ce succès même est difficile à obtenir, parce que la luzerne consomme beaucoup d'humus; qu'elle ne se contente pas de le puiser dans la consistance et la préparation du sol supérieur, mais qu'en raison de la profondeur de ses racines, elle demande à trouver la même nourriture dans la qualité et la préparation du sous-sol.

Il faut donc que la luzerne se cultive dans une terre dont le sous-sol soit naturellement riche et perméable, ou bien il faut le lui faire de toutes pièces en défonçant et renversant la terre de manière à ramener à la superficie un sous-sol qu'on fertilise avant de l'y semer; après quoi la couche végétale se trouve être assez profonde pour qu'on puisse l'ensemencer en luzerne.

Mais nous sommes loin de conseiller une telle opération, parce qu'on peut tourner la difficulté en faisant choix, pour de semblables terrains, d'autres plantes moins gourmandes que ne l'est la luzerne. Elle l'est, en effet, au point que sa végétation reste médiocre dans toutes les terres dont le sous-sol n'est ni assez riche ni assez perméable pour favoriser sa végétation, à moins d'une préparation soigneusement exécutée.

Ainsi, la luzerne a fait une révolution agricole dans les alentours de Paris, dont la couche végétale offre tous les caractères que sa végétation demande. Elle est également précieuse dans les pays vignobles, qui se renouvellent par plantation. La luzerne y trouve une terre nécessairement défoncée, et sert elle-même d'une excellente préparation à la vigne qu'on se propose de replanter.

Mais, à l'exception des localités tout-à-fait stériles, il n'y a guère de fermes où l'on ne trouve quelque parcelle de terre dans le voisinage des habitations qui n'ait été améliorée par des cultures maraîchères, oléagineuses ou textiles, de ces terrains de prédilection que la présence de l'homme a fertilisés. Ces parcelles pourraient toujours être ensemencées en luzerne pour servir, suivant leur étendue, à la nourriture verte du bétail; tandis que le cultivateur porterait ses soins sur un autre emplacement qui deviendrait luzernière à son tour. Cette espèce de rotation étrangère à l'assolement général lui serait d'un grand secours en facilitant l'entretien du bétail par l'abondance de l'herbe qui en proviendrait.

Dans tous les cas, cette rotation devrait porter sur trois emplacements. Car entre toutes les plantes la luzerne est une de celles qui saturent le plus complétement le sol par sa sécrétion : de telle sorte qu'on ne peut la ramener qu'à de longs intervalles sur le même terrain, et si elle consent à y végéter avec quelque vigueur pour une seconde fois, après quelques années d'intervalle, elle s'y refuse pour la troisième. Il faut prolonger cet intervalle et ne la ramener sur le même sol qu'après un temps double de celui où elle y a demeuré.

Mais il est une portion de la France où la présence

de la luzerne est indispensable, savoir dans la région des oliviers. Dans ce climat africain, on ne saurait obtenir de fourrages par aucun autre moyen que les arrosements, parce que la luzerne résiste seule à l'ardeur de ces climats.

La luzerne, une fois maîtresse du terrain, ne demande d'autres engrais que l'amendement du plâtre. Les engrais animaux, en favorisant des végétations étrangères, tendraient à l'étouffer, loin de favoriser son développement.

Comme elle est destinée à occuper la terre pendant cinq, six ou sept ans, et plus longtemps même lorsqu'on en sème pour la première fois dans une terre vierge et qui lui convient, elle n'est pas destinée à rouler dans un cours de récoltes. Elle occupe une place spéciale durant ce temps, et reste à côté de l'assolement, qu'elle aide par sa production.

Il en est de même du sainfoin, et c'est pourquoi on désigne les prairies formées par ces deux plantes sous le nom de prairies artificielles à demeure, en opposition avec le trèfle qui, ne durant qu'une année, circule dans le cours même des récoltes.

Le sainfoin est, comme la luzerne, une plante pivotante, et par conséquent la qualité du sous-sol lui importe beaucoup. Mais sa grande différence d'avec la luzerne, c'est qu'il consomme peu d'humus, en sorte qu'il ne demande point les mêmes qualités dans le terrain qu'on lui destine.

Le sainfoin vient également dans les sols calcaires, siliceux, argileux et de différents sables ; il ne redoute que les terres granitiques, et dans toutes il craint surtout l'humidité. C'est la plante des coteaux ; aussi semble-t-elle avoir été désignée pour régénérer la culture de tous les sols maigres et desséchés qui occupent un tiers peut-être de la superficie du royaume.

Le sainfoin se plaît dans ces sols, à moins qu'ils ne soient granitiques, ses racines pénètrent même dans les fissures des sous-sols rocheux. Il ne demande point d'engrais, mais exige, pour atteindre une vigoureuse végétation, d'être plâtré au printemps. Ainsi que la luzerne, il dépose ses sécrétions trop profondément dans la terre pour qu'elles puissent y être promptement absorbées par l'effet des labours qui n'atteignent pas à la couche inférieure où ses racines ont pénétré ; de là vient sans doute que ces deux plantes pivotantes exigent un long intervalle avant que le même terrain soit disposé à les recevoir de nouveau, à moins qu'on n'ait opéré dans l'intervalle un défoncement qui ait ramené le sous-sol à la superficie.

Mais cette opération est toujours onéreuse et d'une exécution trop difficile, même avec une charrue à défoncement, pour être faite par les petits cultivateurs, les fermiers ou les métayers qui exploitent les terres de la France. Elle doit rester dans le domaine des agronomes et pour ce qu'on peut appeler l'universalité des cultivateurs ; il convient mieux de se borner à combiner la culture du sainfoin de manière à lui faire suivre une rotation sur toutes les terres de la ferme qui s'y montrent propices. La durée du sainfoin étant de six à sept années, on peut lui consacrer un septième de la superficie de ces terres, en sorte qu'il resterait trente-cinq ans d'intervalle entre ses retours.

Ainsi que la luzerne, et plus encore que celle-ci, le

sainfoin crée une couche d'humus qui s'amasse sur la couche superficielle du sol, par l'effet des débris végétaux que sept années de repos ont le temps d'y déposer. Aussi les céréales viennent-elles d'autant mieux sur le défrichement du sainfoin que la terre s'est complétement dépouillée des plantes parasites qui prennent d'ordinaire leur domicile dans les terres arables. Mais le sainfoin peut rendre à l'agriculture un autre genre de service qui est interdit à la luzerne : il favorise, et surtout à la fin de sa carrière, le développement de certaines espèces de graminées, dont le sol se couvre assez pour former un gazon, maigre sans doute, mais assez touffu pour permettre d'écobuer la superficie du vieux sainfoin avant de le défricher. C'est une pratique dont nous éprouvons le mérite depuis beaucoup d'années et que nous ne saurions trop recommander, surtout dans les débuts d'un système d'amélioration ; parce qu'elle crée de l'engrais de toutes pièces, en permettant d'employer ailleurs le fumier d'étables.

Il y a deux variétés de sainfoin : l'un dont la fleur est d'un rose plus foncé et qui provient du Dauphiné, l'autre dont la fleur est d'une teinte plus pâle et qu'on cultive dans le haut Languedoc. C'est à cette variété qu'il faut s'attacher, parce que sa plante s'élève de trois ou quatre pouces plus haut, toutes choses égales d'ailleurs.

La culture du sainfoin présente des difficultés à vaincre ; d'abord c'est le volume de semence dont il faut disposer, puis les soins que demande la délicatesse de cette semence pour se conserver dans les greniers d'une année à l'autre, et enfin ce sont les conditions de la réussite des jeunes plantes, qui, faciles à lever, sont très casuelles dans leur premier développement.

La graine du sainfoin demande à être semée au double de celle du blé; non que l'on mette en terre un nombre double de grains, mais parce que les capsules de la semence du sainfoin, étant raboteuses et veloutées, occupent dans le sac une place double de celle qu'y prennent les grains de blé, en sorte qu'il faut six hectolitres au moins de graines de sainfoin pour ensemencer convenablement un hectare.

Cette graine peut se recueillir avec avantage sur les sainfoins qui commencent à vieillir, car, tandis que la plante a toute sa vigueur, les fleurs coulent et la semence fructifie mal; mais elle demande, pour être gardée jusqu'au printemps suivant, qu'on prenne de grands soins pour sa conservation, parce qu'elle est très sujette à éprouver une fermentation qui altère sa faculté germinatrice. Il ne faut jamais l'entasser dans les greniers, mais l'y étendre et la remuer souvent.

C'est pourquoi il serait à désirer que l'on pût semer le sainfoin aussitôt qu'on en a récolté la graine. Il y a telle saison sans doute où cette opération pourrait s'exécuter sans inconvénient; lorsqu'elle est hâtive et pluvieuse, on pourrait alors jeter sa semence en terre avec celle du sarrasin, et nous l'avons vu réussir ainsi; mais il ne faut pas que l'hiver qui succède soit rude, car alors les jeunes semis de sainfoin n'ont pas la force de lui résister; et qui d'entre nous est dans le secret des saisons? lequel peut y compter, et par conséquent s'y confier?

Il convient donc de semer le sainfoin au printemps.

De toutes les méthodes, la plus sûre, pour garantir son succès, est de le jeter sur une terre soigneusement émiettée, sans mélange d'aucunes autres graines, de rouler après pour couvrir la semence le mieux possible, et d'attendre l'automne pour y faire au commencement de septembre une coupe d'un fourrage tendre qui équivaut à du regain. Après cette opération, l'herbe du sainfoin repousse assez pour former une couronne qui recouvre et préserve le collet de la plante.

Mais comme cette coupe de la première année dépend de l'humidité d'une saison qui en a favorisé la croissance, que la terre préparée à recevoir le sainfoin a été soigneusement traitée, les cultivateurs éprouvent une tentation à laquelle ils ne résistent guère, celle de semer avec le sainfoin un grain de mars, en se bornant à en réduire la semence à la moitié; mais à moins de la réduire au tiers, elle se trouve être toujours trop épaisse pour la réussite du sainfoin, parce que la préparation du sol favorise trop la végétation de la céréale qu'on vient de lui adjoindre, à moins que le sol ne soit trop ingrat.

Dans l'ordre de ces céréales de printemps, la moins nuisible est dans ce cas le blé de mars, parce qu'il est hâtif et que sa fane, étant mince, ne couvre pas trop le sainfoin. Ensuite vient l'orge, et l'avoine est celle qui expose le plus le jeune sainfoin à s'amoindrir et à succomber; la raison nous a paru en être dans l'époque trop tardive de sa maturité; car nous nous sommes assuré que le sainfoin n'avait souffert que dans l'intervalle qui s'écoule entre la maturité des blés et celle de l'avoine, parce que c'est précisément dans cette période que s'opère le développement le plus important pour les jeunes plants. Ce développement est contrarié par la présence de la céréale qui encombre le terrain, et une quantité des jeunes pousses s'étiolent dans les trois ou quatre semaines qui s'écoulent entre la maturité des céréales d'hiver et de celles de printemps.

Aussi avons-nous remarqué que le sainfoin se trouvait mieux généralement d'être semé dès le commencement d'avril sur les céréales d'automne, préparées à cet effet et dont la semence a été réduite d'un tiers. On donne un trait de herse garni d'épines après le passage du semeur, ou même du rouleau; le sainfoin lève entre les brins de blé, à l'exemple du trèfle, et dès que la moisson est enlevée, à la première pluie, on voit reluire le sainfoin qui ne tarde pas à garnir le chaume; tandis que celui qu'on oblige à attendre la moisson d'une céréale de mars traîne encore languissamment entre les épis de l'avoine.

Nous conseillerons donc, d'après une longue expérience, de semer le sainfoin dans les blés d'hiver, et mieux encore dans le seigle; si l'on ne se décide pas à le semer sans mélange, plutôt que de l'entremêler avec des céréales de printemps.

On a parlé d'une variété de sainfoin à deux coupes, c'est-à-dire à double floraison, qu'on avait découverte, si nous ne nous trompons, sur les côtes de la Normandie. Mais nous avons lieu de craindre que ce ne soit encore un effet des illusions produites par le climat. Car nous avons vu des essais de cette variété faits dans la latitude centrale de la France, où le hâle avait réduit à néant cette seconde floraison, tandis que sous la même zone et dans des saisons pluvieuses, on voit le sainfoin ordinaire, provenu du Languedoc ou du Dauphiné, remonter en tige et offrir des fleurs. Quoi qu'il en puisse être, il ne faut pas s'attendre à récolter, hormis sur les côtes de la Manche, d'abondantes coupes de regain sur les pièces de sainfoin. Il n'équivaut qu'au tiers de celle du foin, et surtout il faut en préserver soigneusement le pâturage de la dent des bêtes à laine jusqu'au moment où l'âge en affaiblit la végétation, et où le sol tend à se gazonner de lui-même. Ce parcours alors favorise en revanche la formation et l'épuisement de ce gazon, ce qui le prépare d'autant mieux à subir l'opération de l'écobuage.

Le sainfoin est loin d'être étranger à la culture de la France, c'est même le pays où il s'en cultive le plus, quoiqu'il s'en faille beaucoup qu'on y en cultive assez.

Mais il est régulièrement compris dans les cours des récoltes en Dauphiné et dans la région sud-ouest du royaume. Ailleurs, il n'y est cultivé que partiellement, sans règles fixes, et suivant l'intelligence de chaque propriétaire.

C'est dans une portion du département de l'Hérault, dans ceux de l'Aude, du Gers et de la Haute-Garonne que cette culture a atteint à sa plus haute perfection. Le sainfoin y croît sans mélange sur des champs qui semblent, au moment de la fleur, avoir été couverts d'une enveloppe teinte en rose, tant cette fleur est égale et touffue; on n'y remarque pas le moindre interstice par où les brins d'herbe pourraient se faire jour. On fauche le sainfoin dès que cette fleur est entièrement développée; en sorte qu'on n'a qu'un

21

seul jour pour admirer cette belle scène agricole. Mais le foin devant en être principalement consommé par des bœufs, il importe de lui conserver sa couleur verte avec la flexibilité et la douceur du fourrage dont elle est le signe évident. Dès qu'on outrepasse ce moment, les tiges du sainfoin durcissent, ses brins deviennent rougeâtres et roides à peu près comme les sarments de la vigne. Dans cet état, il plaît aux chevaux, et surtout aux mulets, qu'il nourrit d'autant mieux que la graine commence à se former.

Le sainfoin qu'on cultive autre part n'atteint jamais à la même élévation ni à la même grosseur du brin que dans le Languedoc; aussi, les graminées qu'on y trouve entremêlés dépassent-ils la fleur du sainfoin; en sorte qu'il ne présente pas ce coup d'œil d'une teinte homogène, et d'une végétation unique qui embellit les coteaux dont s'entoure la Garonne. Aussi est-ce de ces coteaux qu'il convient de faire venir la graine dont on veut s'ensemencer.

Depuis un certain nombre d'années, on a essayé de cultiver du sainfoin dans les pauvres sols de la Champagne crayeuse. Il y a réussi; cette terre rebelle à tout, si ce n'est aux pavots, s'est montrée docile pour le sainfoin; et c'est là, en effet, où il peut produire un miracle en formant une couche d'humus, au moyen de ses débris végétaux, sur un sol qui en est entièrement dépourvu, joint à celui des engrais qu'elle permet de produire. Il en serait peut-être de même dans les landes bordelaises, partout où la terre n'est ni granitique ni humide.

Cependant, il y a de pauvres sols, où la faible couche de terre repose à deux pouces de profondeur sur des plateaux de calcaire feuilleté, qui s'opposent à la pénétration des racines du sainfoin, et où il demeure chétif. Nous en avons vu de tels dans les *causses* de l'Aveyron, sur les plateaux des monts de la Bourgogne, ainsi que dans le Jura. C'est alors au trèfle qu'il faut avoir recours.

Le trèfle est la plante de la petite culture celle qui s'allie à tous les assolements, à tous les genres d'exploitations, parce qu'elle n'exige ni préparatifs, ni temps, ni argent; parce que la semence s'en trouve partout à bas prix, qu'il en faut peu, qu'elle se conserve indéfiniment.

Tant d'avantages ont fait que la multiplication du trèfle a dépassé celles de toutes les autres plantes artificielles dans les trois quarts du royaume; car le climat du littoral de la Méditerranée s'oppose à sa végétation dans le quart restant.

Le trèfle prospère surtout dans les sols calcaires, c'est aussi pourquoi le chaulage des terres lui est si propice. Il croît fortement dans les terres d'alluvions et même dans les sols siliceux, lorsqu'ils ont été suffisamment engraissés. Il vient dans les sols granitiques, supporte ceux qui sont humides, et ne refuse que les glaises tenaces. Le champ de sa végétation est donc très vaste, et il n'y a qu'une petite portion des terres du royaume où sa culture soit interdite.

La végétation du trèfle est plus abondante que celle du sainfoin, en ce qu'il fournit deux coupes qui peuvent être à peu près du même poids; mais il faut que la saison le favorise et qu'elle soit humide, car de toutes les plantes artificielles il n'en est aucune dont la végétation demande autant d'eau; aussi est-elle tout-à-fait soumise à l'influence de la saison, et c'est là son seul défaut en agriculture. Lorsque l'année a été pluvieuse, on peut obtenir une coupe sur le trèfle semé au printemps six semaines ou deux mois après l'enlèvement du blé parmi lequel il a été semé. Cette coupe difficile à sécher est tout au moins très profitable en fourrage vert. Si l'année qui suit est encore humide, on peut couper le trèfle jusqu'à trois fois; mais il vaut mieux enterrer cette troisième coupe à cause de la difficulté de sa dessiccation, et parce qu'elle fournira toujours à la terre un engrais végétal.

L'inconvénient du trèfle est celui d'offrir une différence dans sa production qui varie d'un à trois, et laisse dans les saisons sèches le cultivateur dans un grand embarras. C'est après l'avoir éprouvé maintes fois que nous avons établi dans le domaine que nous cultivons une rotation de sainfoin, parce qu'il réussit précisément dans les années où le trèfle manque.

Ce trèfle consomme beaucoup d'humus; aussi ne vient-il qu'après avoir donné une riche fumure au blé qui l'a précédé, et il en rend la terre au bout d'un an à peu près dépourvue. Ceux qui ont voulu favoriser à tout prix la culture du trèfle ont répandu que le blé qui lui succédait réussissait merveilleusement. Cela est d'autant moins vrai que le sol est moins léger, et qu'il a reçu une moins grande dose d'engrais dans l'automne qui a précédé l'ensemencement du trèfle; car on peut sans doute tout obtenir à force de multiplier l'engrais, et c'est la raison pour laquelle on a pu dans la Flandre comme en Angleterre obtenir, après le trèfle, un blé qui, s'il avait été semé de prime abord sur la couche d'engrais qui a servi au trèfle, aurait été entièrement versé.

Mais il est loin d'en être de même en France, le volume de fumier dont son agriculture dispose est si minime, en comparaison des engrais qui se prodiguent au sol de la Flandre aussi bien qu'à celui de l'Angleterre, que jamais on n'y pourra considérer le trèfle comme un moyen productif d'absorber le trop plein de l'humus du sol qui serait nuisible au blé. Le trèfle, au contraire, y pompera toujours celui qui serait nécessaire à sa propre végétation, et c'est aussi pourquoi la céréale qui succède au trèfle est presque toujours inférieure en France à celle qu'on a préparée par une jachère; mais ce n'est pas une raison pour reculer devant la culture du trèfle, puisqu'à son tour ce trèfle produira des engrais qui changeront la proportion de l'humus contenu dans le sol. Nous avons dû prémunir les cultivateurs contre les dangers d'une notion qui pourrait les tromper, en leur promettant des résultats différents de ceux qu'ils obtiendront. Après quoi, ils peuvent aller en avant, car la déception produit un découragement fatal en ce qu'on est disposé à se croire abusé en tous points, lorsqu'on l'a été sur un seul.

Nous tenons d'autant plus à éclairer les cultivateurs sur les faits relatifs à la culture du trèfle qu'un quart d'entre eux le sont à titre de colons partiaires, que la rente qu'ils doivent au propriétaire consiste dans la demie du blé en nature qu'ils ont récolté dans la métairie, et que, pour peu que cette moitié vienne à diminuer par l'effet de la culture du trèfle, le propriétaire la leur interdira. C'est une susceptibilité qu'il faut d'autant plus ménager qu'elle est intraitable. Aussi dirons-nous au propriétaire de prendre un peu de patience, et qu'il en sera amplement dédommagé par les récoltes futures; tandis que nous dirons au métayer comment il doit s'y prendre pour défricher son trèfle.

Les cultivateurs savent déjà, à peu près partout, que le défrichement du trèfle doit, autant que faire se peut, s'exécuter pendant que le sol est humide; mais beaucoup d'entre eux n'en n'ont pas cherché le motif. Il tient à ce que la bande de terre que retourne la charrue, liée par le tissu que forme le chevelu du trèfle, ne se défait pas dans le guéret que lui a ouvert la charrue, la bande s'y couche tout entière, d'autant plus qu'elle est plus sèche et plus raide. Or, si l'on vient à semer sans autre préparation dans ce sol crevassé, la majeure partie du grain vient s'enfouir au fond de ces crevasses, où il se perd sans pouvoir germer, soit par trop de profondeur, soit parce qu'il y manque de la pression du milieu nécessaire à la végétation. Il importe donc, avant de songer à la semaille, d'avoir fortement hersé et roulé le défrichement du trèfle, afin d'avoir, par l'effet de cette pression, comblé les crevasses du sol et aplani sa surface; alors il est en demeure, ou d'être semé sous raie par un léger trait de charrue, si tel est l'usage du pays, sinon c'est le cas de passer l'extirpateur sur ce terrain roulé et aplani, afin de le soulever assez pour que la herse puisse recouvrir la semence du blé; mais, loin de suivre une méthode aussi simple, j'ai vu presque partout recouvrir le blé par le même trait de charrue qui sert à défricher le trèfle; là où l'habitude est de semer sous raie, et là où elle n'existe pas, les cultivateurs sèment à pleine herse sur ce labour de défrichement. Heureux encore le blé, si cette herse manœuvre bien et ne se contente pas d'aplanir de gros en gros un sol où la moitié du blé s'est perdu ; tandis que l'autre lève sur des guérets mal aplanis, où les eaux trouvent à séjourner dans les petits enfoncements que leur offre une surface sans nivellement.

Le trèfle s'encadre à souhait dans les assolements alternes, parce qu'il n'occupe le sol que durant l'année de jachère ; mais il ne faut pas se laisser trop séduire, ni ramener trop souvent son retour dans les formules de ces assolements. Il faut considérer qu'il sature abondamment la terre du résidu de ses sécrétions, et que si cette saturation est sans inconvénients pour les céréales, elle devient fatale au retour de ce trèfle lui-même, s'il est trop fréquent.

C'est un effet contre lequel les Anglais ont lutté par l'influence de leur climat et de leur prodigieuse masse d'engrais, mais qui n'a pas laissé de les atteindre. La terre est rassasiée de trèfle, disent les cultivateurs, pour exprimer l'effet de cette saturation. Nous avons suivi cet effet dans un canton voisin de nous, dont la terre est siliceuse, et les prés, par conséquent, rares et mauvais. Voltaire, car ce canton est celui de Ferney, introduisit le trèfle dans sa culture ; il y réussit à souhait, et pendant quarante ans, les cultivateurs obtinrent des récoltes qui avaient changé la face du pays. Le retour en était généralement de six ou sept ans ; mais, après six ou sept de ces retours, bien que dans un sol qui s'en était prodigieusement amendé, le trèfle a faibli, les oseilles sauvages se sont emparées du terrain, et il a fallu, d'une part, éloigner ces retours, et recourir, de l'autre, à une rotation de luzerne qui a maintenu l'équilibre de la production des fourrages et des engrais.

Nous n'estimons pas que le trèfle puisse figurer dans un assolement plus souvent que tous les huit ans, et même il faudrait aller à dix et jusqu'à douze.

Mais il est, à cet égard, une autre tentation dont les cultivateurs doivent se préserver. Ils ont remarqué telle parcelle, dans leur domaine, où le trèfle avait réussi mieux qu'ailleurs ; dès lors, ils l'y ramènent à plaisir et sans ménagement, de manière à l'en rassasier bientôt ; après quoi, ils admettent que le trèfle ne convient pas au pays. Il leur faut apprendre à résister à cette tentation, pour mettre en rotation le trèfle dans l'ensemble de leurs propriétés, si ce n'est là où le sol en serait de nature à se refuser entièrement à cette végétation.

Le trèfle incarnat ne produit qu'une seule coupe, après laquelle la plante périt. Cette coupe ne vaut que les deux tiers de celle du trèfle pourpré, à beauté pareille, parce qu'il est moins fourni de feuilles, et qu'elles sont plus étroites. Aussi, est-il moins substantiel pour les animaux. C'est un inconvénient auquel nous avons tâché de remédier en jetant, parmi la semence, quelque peu de grains de colza, dont le feuillage épais s'entremêle avec le trèfle incarnat et en améliore le produit sans causer ni dommages au sol, ni retard à une récolte, où l'on voit s'élever sur le tapis rouge, dont le trèfle recouvre la terre, les longues grappes jaunes de la fleur du colza.

Après les vesces d'hiver, le trèfle incarnat est le

plus précoce des fourrages ; il devance la luzerne de quinze jours, et d'un mois environ le trèfle ordinaire. C'est pour combler ces vides que le trèfle incarnat est précieux en agriculture ; car il lui sert de deux manières : la plus convenable est celle de le faucher à mesure et dès que les premières fleurs se montrent, pour le consommer en vert jour à jour à l'étable, parce que, récolté en sec, son fourrage est peu substantiel. On peut aussi le faire pâturer, ainsi que cela se pratique dans le bassin de la Garonne. Il convient à tous les animaux dans les années de rareté où les fourrages ont été épuisés avant le temps, et où les cultivateurs attendent en vain qu'une bienfaisante pluie d'avril vienne reverdir les prairies. C'est alors que triomphe celui dont le champ de trèfle incarnat semble défier, par sa végétation hâtive, les campagnes d'alentour. Il alimente ses bestiaux sans peine et sans angoisses, tandis que l'attente et l'inquiétude tourmentent ses voisins.

Tel a été le cas des printemps de 1833, 34 ; tels ont encore été ceux de 35 et 36 ; et il vaut bien la peine de s'en mettre à l'abri en cultivant une pièce de trèfle incarnat, mêlé de colza.

Cette plante fournit beaucoup de graine ; il suffit d'en récolter sur un vingtième de l'espace pour en ensemencer la totalité. Il doit être recueilli à la première apparence de maturité de la semence, parce qu'elle s'égrène facilement. On peut la battre de suite, et il faut la ramasser avec la bâle et telle qu'elle tombe sous le fléau, pour la semer de même. Cette bâle, étant ailée et légère, empêche que la semence qu'elle contient ne tombe dans les inégalités du labourage et ne se perde entre les mottes de terre. Elle lève promptement, lorsqu'elle n'est recouverte qu'à l'aide du rouleau, et ne tarde pas à former un gazon touffu, qui ne s'élève qu'au printemps.

Sa culture, telle au moins que nous conseillons de la pratiquer dans toute la région de la France où l'on sème le sarrasin après le blé, consiste à jeter en même temps la semence du trèfle incarnat, en roulant le sol fraîchement labouré. Cette seule préparation suffit ainsi à ces deux récoltes.

Là où la moisson est trop tardive pour semer du sarrasin après la récolte, nous ne croyons pas qu'il vaille la peine de labourer un terrain pour y semer seul le trèfle incarnat. J'ai vu, dans ce cas, le trèfle réussir sur un chaume dont on s'était borné à déchirer la superficie avec un extirpateur attelé de quatre chevaux, après lequel on avait passé le rouleau. Avec ce procédé, nous en admettrions la culture ; mais dans combien de fermes trouve-t-on aujourd'hui le précieux instrument, qu'on a nommé, nous ne savons pourquoi, *extirpateur* ; car il n'extirpe rien, au lieu de *sillonneur*, qui désigne sa véritable fonction ? Où trouve-t-on cet instrument à cinq socs, autre part que chez quelques savants agronomes ?

Le trèfle incarnat s'encadre d'autant mieux dans les assolements de la culture alterne, qu'il n'y figure qu'en récolte dérobée, puisqu'on ne le sème qu'après la moisson, et qu'il abandonne, dans le courant du mois de mai, un terrain qu'il a purgé des herbes parasites, et que l'on a le temps de manier en jachère complète, ou de l'ensemencer en pommes de terre ou betteraves.

Il s'y encadre d'autant mieux, qu'il ne peut occuper qu'une superficie très bornée, puisqu'il ne doit subvenir qu'à une consommation de fourrage de quinze jours ou trois semaines. Enfin, et c'est une faculté dont nous avons eu peine à le croire doué, il a l'avantage de ne pas rassasier le sol, de manière à nuire au retour du trèfle pourpré; et celui-ci, à son tour, ne porte que peu de préjudice au trèfle incarnat. Une suite d'expériences nous a convaincu d'un fait que nous ne saurions attribuer qu'à la briéveté du séjour que ce dernier trèfle fait dans la terre, puisque toute sa végétation se termine avec le mois de mai.

Nous avons compris le fromental, ou grande fenasse, au nombre des plantes propres à former des prairies artificielles, bien qu'il soit généralement regardé comme une des bases sur lesquelles on fonde l'établissement des prés naturels. Mais nous avons déjà dit que nous n'avions pas foi en de tels établissements; à moins qu'ils n'eussent lieu sur un sol de nature à favoriser de lui-même la végétation spontanée qui constitue la prairie naturelle. Or, il est bien rare de trouver de telles localités sous le climat de la France, attendu que celles qui s'y trouvent existent déjà depuis longtemps en nature de prés.

Considéré comme devant former un pré de trois ans, le fromental a, par-dessus les autres plantes à fourrage l'avantage d'être la plus robuste de ces plantes, c'est-à-dire celle dont la levée est la plus immanquable, qui s'accommode le mieux de tous les terrains, maigres, secs, humides, pesants, calcaires, granitiques; les siliceux sont ceux où le fromental se plaît le moins. La nature du sous-sol ne lui importe guère, parce que ses racines n'occupent que la superficie. Avec tant d'avantages, le fromental serait la première des plantes qu'il faudrait choisir pour former les prairies artificielles, s'il n'avait pas un inconvénient auquel on ne saurait remédier qu'en partie : c'est de ne produire qu'un fourrage insipide et coriace.

On peut le corriger en le semant avec un mélange de trèfle pourpre et d'un peu de luzerne, dans la proportion de quatre kilogrammes de trèfle sur deux de luzerne par hectare avec un quintal métrique de fromental. Au moyen de cette addition, la végétation du fromental s'en trouve assez gênée pour que ses brins ne puissent pas s'élever avec autant de raideur; tandis que le trèfle et la luzerne forment un sous-fourrage épais et nourrissant. Les secondes coupes en sont plus riches et plus succulentes. Le trèfle abandonne, il est vrai, le fromental avant que celui-ci ait terminé sa vie ; mais à sa troisième année il a déjà perdu de sa vigueur, et la luzerne, quoique en moindre quantité, lui sert encore de correctif.

Au bout de trois ans le fromental s'éclaircit à tel point qu'il est temps de le défricher. La terre n'a pas, il est vrai, obtenu par ce repos de trois ans l'amendement que lui aurait procuré la luzerne, ni surtout le sainfoin, parce que le fromental n'y dépose à peu près point de débris végétaux, et par conséquent peu d'humus, et parce que les sécrétions du fromental ont trop d'analogie avec celles des céréales pour que leur végétation ne s'en ressente pas.

Il faut donc considérer cette plante comme propre à former une prairie de trois ans, d'un grand produit, lorsqu'elle est convenablement mélangée ; mais d'une qualité de fourrage inférieure, précieuse toutefois à cultiver là où l'on doute que d'autres plus profitables veuillent réussir.

Des plantes à tubercules ou racines-fourrages.

Cette catégorie de végétaux comprend :
1º Les pommes de terre ;
2º Les betteraves ;
3º Les carottes ;
4º Les navets ou turneps ;
5º Les rutabagas ;
6º La rave ronde ordinaire.

Les pommes de terre ont, de même que les vesces et le blé sarrasin, l'immense avantage pour l'économie d'un pays de servir à la fois de subsistance à l'homme ainsi qu'aux animaux ; en sorte qu'en cultivant ces productions avec abondance en vue de ceux-ci, elles offrent en cas de besoin une importante ressource aux premiers. Mais ce n'est point encore ainsi que la pomme de terre se cultive en France, si ce n'est en Flandre, en Alsace et dans la Lorraine. Partout ailleurs les pommes de terre se cultivent sur une trop petite échelle pour qu'on puisse en faire part aux bestiaux. Elles sont considérées comme un approvisionnement de ménage, que les porcs seuls sont appelés à partager avec l'homme, qui les a fait entrer ainsi à titre de légumes dans son approvisionnement ordinaire. Dès lors il n'en reste pas de superflu pour être consommé à titre de céréales, si la nécessité réclamait cet emploi.

Deux circonstances se sont opposées au développement que la culture des pommes de terre aurait pu prendre sur les sept huitièmes au moins de la superficie du royaume, c'est-à-dire partout, hormis sur le littoral de la Méditerranée, dont le climat est trop ardent et le sol trop sec pour favoriser ni la végétation ni la bonne qualité de ce tubercule. Ces deux circonstances sont, qu'en premier lieu la pomme de terre étant d'importation nouvelle, les constructions rurales n'en avaient point admis la présence et ne leur avaient, par conséquent, réservé aucun domicile. Il leur en faut un cependant qui soit à l'abri de la gelée, de l'humidité et de la chaleur, sans quoi elles s'altèrent. Dans certains pays de sable siliceux on les conserve assez bien en terre; mais partout ailleurs elles s'y pourrissent. Cet emplacement doit être vaste, lorsque la culture en est spacieuse. Ce n'est que dans les pays vignobles, où il existe de grands emplacements souterrains, qu'on trouve à loger facilement ces tubercules, et c'est justement là où l'on ne les cultive qu'en petit, par la raison que le vignoble est toujours encadré dans la petite culture.

Cet obstacle est plus grand qu'on ne pense; nous en jugeons ainsi, parce qu'il a bien souvent servi d'objection lorsque nous proposions de traiter la pomme de terre plus en grand.

L'autre circonstance qui s'oppose à l'extension de cette culture, tient à ce que la pomme de terre épuise le sol et le laisse en mauvaise disposition pour le blé qui doit lui succéder. Ce fait agricole, après avoir été reconnu en Allemagne aussi bien qu'en Angleterre, a décidé les cultivateurs de ces contrées à renoncer à semer le blé après les pommes de terre et à attendre le printemps pour y semer de l'orge ou de l'avoine. Mais la formule d'assolement qui en résulte est contraire aux usages et aux procédés des cultivateurs français. Ils n'entendent semer les mars que sur les chaumes du blé de l'année précédente, et ne peuvent se résoudre à refuser à la céréale d'hiver la terre qui a reçu de l'engrais. Il est arrivé de là que cette culture n'a occupé jusqu'ici que de petites surfaces dans le voisinage des habitations, sur des terres de choix, mises en raison de leur qualité hors des assolements réguliers des terres arables. Si les pommes de terre ont empiété sur ces terres, ce n'a été qu'à contrecœur de la part des cultivateurs, qui leur ont abandonné une bordure, un triangle, une petite superficie dont on enlève de bonne heure la récolte.

Car si la culture en est bornée, elle est en revanche universelle, et il n'est pas de ménage qui s'en passe. Il s'en consomme, à la vérité, beaucoup plus hors de la région où vient le maïs, parce que la pomme de terre en remplace l'usage, mais toujours à titre de légumes et non de nourriture de premier ordre.

L'usage est même devenu très universel en France de la part des grands et moyens propriétaires de concéder pour la saison une parcelle de terre aux journaliers, artisans ou très petits propriétaires pour la cultiver à la bêche dans les journées mal payées de la mauvaise saison, afin d'y cultiver des pommes de terre, à diverses conditions; savoir : à produit entier pour le colon, lorsqu'il a fumé la terre avec l'engrais que ses enfants ont ramassé auprès du relais de la poste ou de l'auberge; à demi ou à tiers produit, suivant la distance et la qualité du sol, lorsque le colon n'a point fourni d'engrais. Usage excellent en ce qu'il produit deux biens : il fait gagner par le travail une subsistance au pauvre qu'il ne consomme pas au cabaret. Il prépare un sol pour la culture des prairies artificielles, sans avances de la part du propriétaire, que cette condition dispose à multiplier ces prairies.

Le grand rôle que les plantes tuberculeuses doivent remplir en effet dans l'économie rurale, est de préparer le sol pour l'arrivée des prairies artificielles ; en payant les frais que ce travail exigerait par la valeur de leurs productions même ; car sans cette combinaison ces récoltes-racines seraient dépourvues d'avantages pour la culture des céréales, qu'elles ne favorisent pas, en ce qu'elles occupent longtemps le terrain et ne se récoltent que tardivement, et qu'elles épuisent fortement l'humus dont il est doué ou qu'il a reçu. Mais lorsqu'une terre a été profondément maniée par les cultures qu'ont reçues les racines ; lorsqu'après les avoir enlevées on épand sur le sol une couche d'engrais, et qu'après l'avoir légèrement enterré on y sème une céréale qui reste menue, c'est plaisir de voir le succès du trèfle, de la luzerne ou du sainfoin qu'on a semés au printemps sur cette céréale, dont on a achevé d'émietter le sol en y passant une herse légère garnie d'épines.

Les jeunes plants de cette prairie s'y établissent, y tallent, s'emparent du terrain pour l'occuper seuls après la moisson, et y végéter à souhait. Leur succès est d'autant plus certain que le blé qui les a tenus abrités était moins élevé et moins touffu.

Telle est donc la combinaison agricole à laquelle il

s'agit d'arriver, mais on ne peut faire le trajet qu'à pas lents; car les débuts auraient lieu au détriment des céréales, et ce n'est qu'après avoir eu le temps de faire profiter la terre du bénéfice des engrais, que les céréales à leur tour augmenteront de produit.

Ces engrais doivent s'obtenir à la fois et par la récolte-racine et par celle du pré artificiel qui lui succède après deux ans. A cet effet il faut changer le système d'entretien du bétail, qui consiste aujourd'hui à le faire parcourir les pasquiers communs, les chaumes, les bords de chemins et tout ce qui présente l'apparence d'un atome de végétation, puis de l'empêcher de périr durant l'hiver en le nourrissant de paille, de bâle de blé, des feuilles sèches du maïs, se bornant à réserver, pour l'instant où les vaches mettent bas, le peu de regain qu'on a pu récolter. Le foin et l'avoine sont réservés pour les chevaux. Ce mode doit changer, si l'on veut avancer en agriculture. Non qu'il faille se priver de la ressource du pâturage, car il ne faut rien perdre. Mais à leur retour à l'étable les bestiaux doivent trouver un râtelier garni de l'herbe artificielle qu'on aura été faucher pendant qu'ils étaient aux champs; et durant l'hiver ce râtelier, au lieu de ne renfermer que de la paille, devra contenir un mélange de paille et de recoupe de luzerne ou de trèfle. A deux reprises on donnera aux vaches laitières une ration de tubercules, navets, betteraves ou pommes de terre, n'importe lesquelles, pourvu qu'on réserve les pommes de terre pour la plus tardive consommation, parce qu'elles se conservent le plus longtemps.

Nous n'estimons pas qu'il faille donner aux vaches

de France, hors celles de l'espèce normande, plus de cinq ou six kilogrammes par jour de pommes de terre crues, c'est-à-dire plus de dix quintaux métriques pendant la saison d'hivernage, mais on peut aller au-delà s'il s'agit de betteraves. Pour l'engraissement, il convient de faire cuire les racines et de les donner à discrétion. A ce compte, un hectare qui s'ensemence avec 16 quintaux métriques de pommes de terre doit en produire 80, semences prélevées. Ces 80 quintaux suffiraient à la consommation de huit vaches, ou au moins de sept ; d'où il suit que 12 à 15 ares plantés en pommes de terre doivent produire le volume de supplément de nourriture en fourrages-racines que nous croyons utile de donner à chaque tête de vache.

Ce supplément est non-seulement destiné à augmenter le développement de la race et le produit du laitage, mais à augmenter le volume et la qualité des engrais. A cet égard, les très petits propriétaires dont l'étable ne renferme qu'une ou deux vaches sont beaucoup plus avancés que les fermiers, les métayers et les moyens propriétaires. La raison en est que ces petits propriétaires ont pour leur exploitation une abondance de bras tout-à-fait disproportionnée avec la superficie qu'ils doivent manier. Cette force, composée de celle du mari, de la femme et des enfants, s'applique à faire produire à la minime superficie dont ils disposent tout ce qu'elle peut rapporter, et, dans le choix de ces produits, les légumes, pommes de terre, le chanvre, suivi de raves, etc., etc., entrent pour une part qui occupe au moins le tiers de la propriété, c'est-à-dire la partie qui, dans les plus grands domaines reste en jachère, tandis que celle de l'avoine dont ces petits propriétaires n'ont aucun emploi produit du trèfle, de l'orge, du maïs ou des fèves, suivant l'usage du pays et les besoins des ménages. Mais dans tous les cas la production des légumes, dépassant de beaucoup la proportion générale, permet de les faire partager à la vache, dont le lait est d'une consommation importante dans ces ménages. C'est aussi aux combinaisons rurales qui résultent de ces aménagements, que l'on doit l'espèce de supériorité qu'il est impossible de ne pas reconnaître dans la petite culture de la France.

Ces combinaisons tiennent à ce que cette petite culture ne se fait qu'en vue du produit brut qui doit en ressortir et nullement du produit net, parce que les bras qui l'exécutent ne se paient pas, et qu'en revanche, ces bras étant les consommateurs mêmes des produits, ils n'ont en vue dans leur travail que de s'efforcer à en obtenir beaucoup. Or, c'est en cela que gît toute la difficulté d'exécuter à prix d'argent une bonne agriculture dans un grand domaine, en ce qu'on a sans cesse à redouter que le produit brut ne procure pas un produit net suffisant, parce qu'il peut être d'une part absorbé par les frais ou de l'autre annihilé par le défaut de débit des denrées qu'on ne consomme pas à domicile.

C'est ainsi que dans les exploitations assez vastes pour comporter un revirement de frais de cultures, de consommations et de ventes, on trouve plus de résistance pour s'adonner à des cultures qui, telles que celle des pommes de terre, ne procurent de produits vendables qu'aux alentours des grands marchés, et qu'il faut ailleurs ajouter aux denrées de consommation dès que la quantité en est un peu considérable.

Cette consommation, après avoir approvisionné le ménage, doit servir à l'entretien des bestiaux, ainsi que nous l'avons consigné plus haut. Mais après en avoir engraissé ses porcs, le cultivateur est peu tenté de se mettre en avance de frais de productions pour ajouter au bien-être de vaches qui ne lui rapportent qu'un bien mince profit et dans l'espoir de voir à la longue augmenter ses récoltes par le bienfait des engrais qu'il aura pu conduire sur ses terres.

Nous avons vu que, pour fournir la provende de sept vaches, il fallait la récolte d'un hectare de pommes de terre. Il en faut deux pour suffire à un troupeau de 14 vaches ou de 120 bêtes à laine; mais la culture de deux hectares en pommes de terre ne laisse pas que d'exiger beaucoup d'opérations et par conséquent beaucoup d'avances de culture; car après avoir disposé avec soin le terrain, il faut exécuter la plantation, puis les buttages, et enfin l'arrachement et le transport au magasin; il reste à enlever les fanes avant d'épancher le fumier pour labourer, et semer un blé dont la récolte sera inférieure à celle qui aura succédé à une jachère.

Ces manutentions, répétons-nous, n'aboutissent qu'à produire une denrée de consommation, c'est-à-dire une denrée qui, appliquée à la nourriture des bestiaux, ne représentera dans le produit net de l'exploitation que le tiers de sa valeur vénale, non compris le fumier. C'est-à-dire que si le quintal métrique de pommes de terre se vend quatre francs au marché, il ne ressortira qu'à 1,33 c. après avoir été converti en produits animaux. Ces 1,33 c. ne couvrent pas les frais de culture et c'est ce que le fermier appelle être en perte.

Cette perte se réalise même en Angleterre, bien que d'une part le climat et l'engraissement du sol y ayant rendu la récolte des pommes de terre plus abondante qu'elle ne peut l'être en France, au sud de Paris, et que de l'autre la consommation et la valeur des produits animaux y soit tout autrement considérable. Néanmoins les agronomes anglais se sont dès longtemps occupés de rendre la culture des pommes de terre plus prompte, plus facile et plus économique par l'emploi d'instruments aratoires propres à en exécuter les buttages. Une petite charrue à double versoir, qu'on écarte ou rapproche à volonté, opère cette culture avec un seul cheval.

Cet instrument est au nombre de ceux dont l'usage est le plus fréquent; mais il n'en reste pas moins les deux opérations du plantage et de l'arrachement, auquel il ne saurait pourvoir. Ces manutentions restent, même avec l'emploi du petit cultivateur, assez embarrassantes et assez onéreuses pour que M. de Dombasle ait cherché à obtenir, à Roville, deux produits au lieu d'un, au moyen de la distillation d'eau-de-vie qu'il faisait subir à la pomme de terre avant d'en abandonner le résidu à ses bestiaux; méthode ingénieuse que la surabondance des produits vineux a forcé d'abandonner.

On est donc obligé de convenir que la nourriture des bestiaux s'obtient d'une manière plus onéreuse et beaucoup plus embarrassante par le moyen des récoltes tuberculeuses que par celui des prairies artificielles;

car la dépense occasionnée par la production d'un trèfle ne s'élève pas au cinquième, et ne cause pas les mêmes encombrements. Mais la récolte des pommes de terre prépare celle du trèfle, et le dédommagement qu'elle peut offrir au cultivateur est d'en trouver, dans les années de cherté, un débit assez avantageux pour l'indemniser des pertes annuelles que cette culture lui a occasionnées.

Cette ressource est interdite à celui qui a procuré la provende à ses troupeaux au moyen de la betterave champêtre. Elle ne peut servir de supplément à la nourriture de l'homme; mais elle pourvoit à celle des bestiaux avec une toute autre abondance.

Cette racine, placée dans des circonstances favorables, peut facilement produire jusqu'à quatre quintaux métriques sur un are; en sorte que quatre ou six ares suffisent pour assurer la provende d'une vache ou de cinq bêtes à laine. Car ce tubercule peut se consommer dans une quantité double de celle des pommes de terre, parce qu'il est moins indigeste et n'altère pas le lait.

Sa culture exige de plus amples préparatifs. Il faut choisir un fond très riche, défoncé et largement fumé, sans quoi il ne vaudrait pas la peine de s'adonner à cette production. Mais aussi ce choix ne porte que sur une superficie bornée, puisqu'il suffit de 60 ares pour fournir l'aliment qu'on ne saurait obtenir que sur deux hectares de pommes de terre. Les frais en sont également beaucoup moindres. Ils consistent essentiellement dans le choix et la parfaite préparation du sol; la semaille s'en fait à la main par deux personnes, dont l'une pose la graine sur le sol, le long d'un cordeau placé à vingt pouces de distance, et dont l'autre recouvre cette graine avec une poignée de terreau fin qu'elle porte dans un panier. Lorsque les jeunes plants commencent à former leurs racines, on retourne dans le champ pour le sarcler, en extraire les plantes qui se trouvent à double dans le même trou, et s'en servir pour repiquer celles dont la graine a manqué. Lorsque le feuillage de la betterave s'est élevé et élargi, on peut aller presque chaque jour cueillir, pour le vert des bestiaux, les feuilles inférieures qui se recourbent vers la terre, en ayant le soin de laisser à chaque plante le bouquet supérieur que forment ses feuilles, sans quoi la racine souffrirait de sa nudité. Enfin, à l'époque tardive de sa maturité, on enlève à la main ces gros tubercules qui, à la fin d'octobre, sont presque entièrement hors de terre. Une seule journée suffit pour enlever avec deux attelages la récolte de trente ares.

Il y a, dans cette manutention, peu de superficie employée, peu d'opérations, et par conséquent, peu de frais. Les embarras ne commencent qu'après l'enlèvement de la récolte ; car il faut en conserver l'énorme volume à l'abri de la gelée, parce qu'elle y est très sensible. Il faut, avant de l'entasser, en enlever soigneusement le collet qui, sans cela, la disposerait à pourrir; elle doit être consommée avant la fin de mai, parce que, à cette époque, il s'opère une altération dans le tubercule qui change ses principes mucoso-sucrés en principes alcalins.

Les marchands de lait ne trouvent pas que celui des vaches qui mangent des betteraves soit d'une qualité inférieure. Nous tenons ce renseignement d'un *fruitier* ayant acheté, depuis sept ans, tout le lait d'un troupeau de quatorze vaches suisses, qui, chaque hiver, ont mangé, en moyenne, pendant l'espace de deux cents jours, 14 kilogr. de betteraves.

Ce précieux tubercule offre le meilleur moyen de résoudre le grand problème de l'agriculture, puisque sur une étendue donnée, il produit la plus grande quantité d'engrais.

Mais, quelque importante que soit la culture de la betterave, il faut la traiter à part; car elle ne saurait entrer dans les assolements du pays, si ce n'est en Flandre ou dans la Limagne d'Auvergne; c'est-à-dire dans tous les sols d'une haute fertilité. Ailleurs, le terrain arable de la France est trop pauvre et trop maigre pour lui confier une aussi riche végétation, sans l'avoir prévenue par une préparation toute particulière. La superficie qu'il suffit de consacrer aux betteraves n'exige pas, d'ailleurs, de les traiter en plein champ; car lorsqu'on les cultive de la sorte, même avec des engrais abondants, elles restent chétives, ligneuses, et l'intention du cultivateur est trompée.

Il convient donc de placer les betteraves en dehors des assolements, dans les domaines qui en comportent un quelconque; et dans les très petites propriétés, elles se placent naturellement dans le jardin, ou sur le bord de la vigne, ou dans le terrain qu'on vient de défoncer. Il faut choisir ce terrain dans ce que le domaine renferme de plus fertile, de plus profond et de plus amendé. La meilleure des préparations à lui donner serait, sans contredit, celle d'un défoncement à la bêche de 18 pouces de profondeur. A son défaut, ce serait par un labour à la bêche, donné pendant l'hiver, qu'il faudrait cultiver le sol. La betterave ne devant être semée qu'après les gelées d'avril, la terre a tout le temps de s'émietter et de se diviser durant le printemps. Si le sol est très engraissé, on peut y semer les betteraves sans y transporter du fumier. Le tubercule, prenant tardivement sa plus forte croissance, il convient de le laisser en terre jusqu'au premier novembre ; car il est rare que les gelées surviennent auparavant. Il est bien tard alors pour semer du blé, et telle n'est pas d'ailleurs la rotation que nous conseillons. Nous pensons qu'il importe, au contraire, de profiter d'un sol ainsi préparé pour l'ensemencer en luzerne dans le printemps suivant, en y apportant alors du fumier, si les betteraves n'en ont pas reçu ; et, dans le cas contraire, il faut se borner à celui qui a servi aux betteraves.

Nous savons bien qu'une telle rotation ne pourrait pas s'établir régulièrement dans un domaine, à moins qu'il ne soit placé, nous le répétons, dans un sol d'une richesse homogène. En effet, la luzerne durant sept ans et demandant un intervalle de dix ou douze, il faudrait pouvoir disposer d'une superficie de choix dix-sept fois plus grande que l'emplacement occupé par les betteraves, pour pouvoir y établir régulièrement une telle rotation, et nous savons bien qu'il faut se contenter à moins, car il est rare de trouver un terrain dans ces conditions. Nous ne posons donc ici qu'un principe, que chacun doit appliquer suivant la teneur du domaine qu'il cultive.

Toujours est-il certain que ce cultivateur, quel qu'il soit, est à même de se procurer des moyens nouveaux et abondants de nourriture pour ses bestiaux à l'aide d'une plantation restreinte, mais soignée de betteraves; qu'il augmentera la qualité de son bétail et l'abondance de ses produits; qu'il accroîtra la masse et la qualité de ses fumiers, avec peu de frais et nul embarras, hors celui de mettre sa récolte à l'abri.

Même dans les pays les plus ingrats, il est rare qu'il ne se trouve pas, dans le voisinage des habitations, quelques enfoncements, quelques morceaux de terre amendés, où la betterave consentirait à croître. C'est là surtout où son produit serait d'autant plus important qu'il romprait l'équilibre qui s'y est établi entre de pauvres récoltes et l'absence d'engrais, pour en obtenir de meilleures.

Mais nulle part la betterave ne peut se cultiver en grand dans un cours de récoltes. Elle demande à être traitée avec beaucoup de soins et sur de petites superficies, sans quoi les frais consommeraient au-delà de ce que vaudrait le produit d'une mauvaise récolte faite sur un grand espace. Il n'en est pas de même de la betterave à sucre, parce que le produit en est immédiatement vendable et peut supporter les dépenses d'une grande exploitation.

Les expériences faites par M. de Dombasle, sur les vertus comparatives des diverses racines-fourrages, ont démonétisé les carottes, en les plaçant au dernier rang de ces racines.

Mais en leur supposant même les qualités qu'elles n'ont pas, nous n'aurions jamais considéré les carottes autrement que comme un objet d'horticulture. Les pommes de terre et les betteraves ont une telle supériorité de produit, qu'il fallait les préférer sans hésiter pour figurer dans les assolements de la culture alterne.

Les cultivateurs anglais ont établi la presque universalité de leurs cours de récoltes sur la culture des turneps, qui forment le point de départ de tous leurs assolements. A cet effet, ils préparent, par des labours répétés et par une abondante fumure, le champ qu'ils destinent à recevoir, soit des turneps, soit des rutabagas, ou navets de Suède. Ces plantes occupent seules le terrain dès le mois de juin jusqu'au printemps suivant. Elles reçoivent deux et quelquefois jusqu'à trois coups d'un sarclage soigneusement exécuté. Leur récolte commence au moment où l'herbe des prairies se flétrit ; c'est-à-dire dans l'arrière-automne. Elle forme l'approvisionnement d'hiver des troupeaux. En général, une portion de ces racines se transporte à la ferme pour y nourrir le gros bétail. Le reste se consomme sur place par les bêtes à laine, qui s'habituent à attaquer ces tubercules, en les rongeant dans l'intérieur, et laissant leur écorce se pourrir en terre.

Ces troupeaux habitent constamment le champ où ils consomment ces turneps, et ajoutent ainsi leur engrais à celui qu'il a reçu au printemps. Ce double engrais a fécondé outre mesure le sol qu'on retourne au mois de mars, pour y semer le trèfle avec l'orge ou l'avoine.

Les fermiers cultivent de la sorte les turneps ou les rutabagas ; ces derniers supportent mieux les rigueurs de l'hiver, et il est bon de les alterner, parce que les sécrétions des uns ne nuisent pas à la végétation des autres, attendu qu'ils n'appartiennent pas à la même famille végétale, les rutabagas étant de celle des choux, et les turneps de celle des raves ou navets.

Mais ce n'est pas dans ce système que l'on peut cultiver ces racines en France. On y a été conduit, en Angleterre, par le double effet d'un climat qui rend difficile la dessiccation du foin pour l'approvisionnement de l'hiver, tandis qu'il favorise le développement des plantes-racines.

Il en est tout autrement en France. On y sèche le foin sans peine, et c'est même entre toutes les récoltes celle qui s'y fait au meilleur marché, pendant que le même climat y rend le succès des racines beaucoup plus douteux. Non-seulement la levée et le développement de ces plantes à petite semence y sont très casuels, mais, en aucun cas, on ne pourrait les semer avant la moisson ; car leur végétation serait beaucoup trop hâtive, et elles seraient montées en fleurs avant l'hiver, c'est-à-dire qu'elles seraient perdues.

On ne peut donc traiter, dans la généralité de la France, les récoltes de ces racines que d'après la méthode usitée pour les raves, c'est-à-dire en récolte dérobée et après la moisson.

Tout doit être dès lors changé dans le système de cette culture. Au lieu de figurer au début du cours de récolte, elle doit, au contraire, le terminer. Et dès lors aussi, au lieu d'être en France une récolte capitale, ainsi qu'il en est en Angleterre, ces racines ne peuvent être considérées que comme un appendice qu'on peut joindre à la culture, et dont les produits seront tantôt nuls et tantôt considérables.

Mais pour les traiter même ainsi, il faut avoir pour l'automne une nourriture à donner en vert à l'étable aux bestiaux, puisque les racines occuperaient la place du chaume, qui leur sert aujourd'hui de parcours à l'issue des moissons ; car il faut, à cette issue, retourner légèrement, mais immédiatement, le chaume des blés pour les y semer, précisément comme si l'on se proposait d'y semer du blé de sarrasin.

Ce labour est d'autant plus utile au nettoiement de la terre, que ces racines exigent un coup de sarclage avant d'atteindre à leur grosseur.

On ne saurait non plus les faire consommer sur place; mais, comme elles craignent moins la gelée que les betteraves, et que les rutabagas même ne la redoutent nullement, on peut dès le mois de novembre commencer à récolter jour à jour dans les champs l'approvisionnement des bestiaux, en réservant les rutabagas pour les derniers; c'est-à-dire qu'on ne les récolterait qu'en février et mars.

A cet effet, nous conseillerions de semer les raves, les turneps et les rutabagas, mélangés ensemble dans le même champ, plutôt que séparés, ce qui, sans doute, est moins classique; mais ce qui, pour des semences dont la levée est aussi incertaine, donne des chances pour qu'une de ces espèces au moins parvienne à s'élever.

Il y a dans cette manière de traiter les racines une grande économie, savoir : dans l'emploi du sol qu'elles n'occupent qu'en saison morte; dans la modicité des frais de culture, qui ne consistent qu'en un trait de charrue, un coup de herse et de rouleau, et un sarclage, au moyen desquels on obtient un nettoiement du sol par une demi-jachère. La récolte, se faisant à mesure, n'exige aucun emmagasinement, et l'arrachement, pouvant se faire en saison morte et par les enfants de la ferme, peut à peine figurer dans les débours de la culture.

Mais une telle culture ne peut s'adopter que pour les sols légers, doux et friables ; il serait inutile de l'essayer ailleurs, ce qui restreint beaucoup la superficie qu'on peut y appliquer ; et sur ces sols mêmes, la réussite est toujours dépendante de la saison. Aussi ne faut-il pas que le cultivateur établisse sur ses produits l'approvisionnement de son bétail. Il faut qu'il en profite dans les saisons favorables pour le nourrir d'autant mieux, en ménageant ses fourrages secs ; mais il faut qu'il puisse s'en passer.

Nous ne saurions considérer autrement la culture racinienne en France ; c'est-à-dire comme une récolte dérobée, dont le produit éventuel peut être important dans certaines localités et dans certaines saisons, et qu'on ne peut aborder qu'en raison du peu d'avances qu'elle demande et de l'heureuse préparation qu'elle procure à la terre.

Des végétaux qui produisent des récoltes commerciales.

Les principaux de ces végétaux sont, en France :

1º Les plantes oléagineuses, savoir : l'olivier, le noyer, le colza, la navette, le pavot ;

2º Les plantes à tissus, savoir : le mûrier, le lin et chanvre ;

3º Les plantes tinctoriales, savoir : la garance ;

4º Les plantes à sucre, savoir : la betterave ;

5º Le tabac.

Il y a d'autres cultures commerciales, telles que celle des câpres, du safran ; mais elles occupent si peu de superficie, que l'économie rurale ne saurait s'en occuper ; et quant à ce qui concerne les vergers, ils rentrent dans le domaine de l'horticulture, et ce domaine est assez largement exploité de nos jours, pour que nous n'en prenions pas le soin, si ce n'est pour observer que, de toutes les branches de l'agriculture, il n'en est point qui ait reçu d'aussi grands développements que celle des vergers. Partout, sur des petites, si ce n'est sur de grandes superficies, on voit des plantations tout fraîchement faites; il n'est pas un village qui ne s'en entoure, et avant qu'il soit longtemps, ces arbres, en s'élevant, viendront ombrager et couvrir les toits des fermes et des chaumières, au milieu desquels le clocher percera seul ce dôme de feuillage avec la vieille tourelle qui aura survécu aux orages politiques.

L'olivier ne vient plus que dans la zone étroite où l'ont confiné les hivers. Il se montre encore dans une faible portion du Languedoc et du Comtat; dans les Bouches-du-Rhône, ce n'est que dans le département du Var qu'il atteint à ces belles dimensions, où il imite les arbres des forêts. Mais c'est sur les petits oliviers rabougris, qui croissent à peine dans les pentes rocheuses et rougeâtres des monts qui séparent le bassin d'Aix de celui du Rhône, que l'huile récoltée atteint à un degré de perfection qu'on ne retrouve nulle part.

Les accidents de température qui ont atteint l'olivier dans le climat de la France méridionale, le temps qu'il met à croître et à réparer ses avaries, l'immense accroissement qu'on a donné à la culture des plantes oléagineuses, ont concouru à réduire au minimum la culture de l'olivier. Elle se remplace par celles du mûrier et surtout de la vigne; et l'on peut prévoir qu'elle deviendra l'attribut du seul département du Var, où elle semble être dans son véritable domaine.

La culture des plantes oléagineuses s'élargit en revanche et va chaque année s'emparant de nouvelles contrées. Nous avons déjà traité de leur culture et nous n'y reviendrons pas. Cette culture est en effet appropriée aux besoins de la France et à l'état de son industrie. L'éclairage, dont la jouissance s'est multipliée partout au moyen de l'invention de tant d'espèces de réverbères et de lampes, a créé une immense et perpétuelle combustion d'huile végétale; tandis que le mieux-être intérieur d'une population accrue de sept millions et demi d'individus a partout augmenté la consommation de ces qualités d'huile dans une proportion qui s'accroît d'autant plus qu'elle est à l'usage du pauvre. L'huile d'Aix, au contraire, est à l'usage exclusif du riche habitant des grandes villes.

Le noyer embellit de son ombre immense la belle vallée de l'Isère; mais il ne dépasse guère la région qui s'étend du Dauphiné à la Limagne d'Auvergne. On en trouve ailleurs, sans doute, en Franche-Comté, en Bourgogne, sur les bords de la Loire; mais il cesse d'y être considéré comme produisant une récolte tant soit peu importante. Ce n'est que dans la région dont Lyon occupe le centre que la récolte du noyer présente un produit important et commercial. Hors de la région même où l'huile de noix se fabrique en grand, il ne s'en fait guère de consommation, si ce n'est pour la peinture des bâtiments, ce à quoi elle est d'autant plus appropriée qu'elle est la plus siccative d'entre toutes les huiles.

Le bois de noyer est le plus beau de ceux que fournit l'Europe; il sert à l'ébénisterie et surtout à la fabrication des bois de fusil, dont il s'est fait depuis quarante-cinq ans une si énorme consommation. Le prix du noyer s'est tellement élevé, la facilité qu'ont eue les cultivateurs à se procurer eux-mêmes l'huile du colza dont ils ont besoin, ont frappé les noyers aussi bien que l'olivier, et la hache vient abattre en grand nombre ces magnifiques végétaux auxquels les vallons des Alpes et ceux de l'Auvergne devaient en partie leur étonnante beauté. Le monde se rapetisse en se civilisant; on n'y veut que des fruits précoces et des plantes annuelles; ces vieux témoins du passé, auxquels il a fallu des siècles pour grandir, demeurent étrangers à nos intérêts d'un jour, à notre avenir d'une année; ils semblent n'être restés debout que pour nous faire un reproche au nom des ancêtres qui les ont plantés et que nous avons oubliés. Nous avons sans doute cessé d'en planter pour ne pas nous exposer au même oubli de la part de nos descendants.

Les plus grands noyers qui existent sont auprès de Lausanne, dans le canton de Vaud. Il en est tels qui valent 300 et même 400 francs sur plante. Le sol où ils croissent est une prairie arrosée dont l'herbe est aussi haute dans son espèce que les noyers gigantesques qui la tiennent à l'ombre. Tout semble plus grand que nature dans ces vallons, où paissent des vaches énormes, calmes comme le site admirable qui leur est abandonné.

La culture du mûrier est en revanche en grand progrès en France, non-seulement au midi de Lyon et dans la zone méridionale, mais encore au nord de Lyon, et il se plante beaucoup de mûriers en remontant la Saône et la Loire. Ces plantations auront à lutter contre les résistances qui s'opposent à l'introduction de toute industrie nouvelle. L'obstacle le plus ordinaire et le plus fatal tient à la difficulté d'écouler des produits faibles et placés à de grandes distances de ceux qui en font le commerce. On ne peut attirer les marchands de soie hors de leur route ordinaire pour leur offrir quelques kilos d'organsins, à moins de les livrer à vil prix. Si on expédie ces primeurs d'une industrie nouvelle pour les placer dans le grand marché, le commissionnaire auquel ils sont adressés répond au bout de six mois qu'il a été obligé de les céder à vil prix parce qu'ils avaient tous les défauts du monde.

Les producteurs de laine ont pâti pendant des années devant cet obstacle, qui a été enfin levé, lorsque la France a produit assez de laine fine pour s'en créer des marchés. Il en sera de même des soies qu'on essaie de produire sur des points ou l'on n'avait point encore planté de mûriers. Aussi ne faut-il pas beaucoup compter sur cette extension ; mais, ce qui importe, c'est l'augmentation de productions dans l'enceinte de la région où se cultivait le mûrier.

Cette augmentation s'est opérée par l'accroissement constant des plantations du mûrier à haute tige, placées sur la bordure des champs et par la culture de la vigne de mûrier, ou du mûrier à basse tige. Cette dernière culture est due au sénateur Dandolo, qui l'a pratiquée le premier dans sa terre de Varèse en Milanais. Elle est essentiellement propre aux coteaux dont la pente et le sol ne sauraient se prêter à former des terres arables et où le mûrier à haute tige ne pourrait pas recevoir la culture que lui donne la charrue en labourant ces terres. En préparant ces coteaux comme s'il s'agissait d'y planter une vigne, on y place à trois ou quatre pieds de distance en tous sens, et suivant la force du terrain, des plants du mûrier nain ou multicaule, que l'on cultive comme la vigne et qu'on taille comme elle; en sorte que les jets où l'on cueille la feuille appartiennent au jeune bois. En trois ans, au lieu de vingt, on amène à récolte ces mûriers nains, et des enfants suffisent pour en cueillir les feuilles. On avance ainsi de beaucoup la marche croissante de l'industrie, qui ne demande plus d'avoir eté prévue vingt ans au moins à l'avance; ainsi qu'il en est des mûriers en arbre.

Une nouvelle méthode, bien plus hâtive encore et par conséquent bien à la hauteur des besoins du temps, s'est pratiquée en Amérique, dans la Caroline. Ce sont des prairies de mûriers. On les établit en semant de la graine de mûriers très épaisse sur un terrain bien préparé. Le semis s'en empare et pousse au printemps suivant des jets épais comme ceux du foin et assez tendres pour être fauchés. Chaque jour on y va couper la brassée nécessaire pour donner la pâture au ver à soie. Après quoi le terrain est défriché pour recevoir une autre production; tandis qu'on en sème un nouveau pour produire la soie de l'année suivante.

Ainsi le mûrier est devenu une plante annuelle par le mécanisme de cette industrie; comme tel il est de nature à s'encadrer dans les assolements, et d'une année à l'autre on pourrait doubler ou restreindre à volonté la production de la soie.

Ce procédé remarquable demanderait à être expérimenté en France. Peut-être la sécheresse du sol et du climat s'y opposerait-elle dans le midi; toujours est-il vrai que la chose est assez ingénieuse pour mériter examen.

Il est rare qu'on fasse de la soie dans la grande propriété, et même dans la moyenne on ne la fait qu'à moitié avec les femmes du voisinage. Dans la grande, on préfère de leur vendre la feuille sur place. C'est donc essentiellement une industrie de la petite propriété. En effet, le ver à soie demande des soins si minutieux qu'on ne peut pas les obtenir à prix d'argent; il faut un intérêt personnel ou tout au moins de participation pour y réussir; mais aussi, comme la presque totalité de la population prend part à cette industrie, elle y répand une activité et une aisance remarquables. Malheur à qui vient en Languedoc dans la saison où le ver monte! car il n'y est question que de cet événement; tout le reste disparaît, et les femmes éperdues n'ont plus de temps pour songer à rien, si ce n'est à leurs vers à soie. Rien aussi n'est si attrayant que de voir mouliner la soie et retirer de l'eau bouillante, dans laquelle on a plongé les cocons, les fils dorés qui vont former les écheveaux d'organsins.

Le lin ne vient à souhait que dans les sols qui lui plaisent, ailleurs sa production n'équivaut pas à celle du chanvre; et comme c'est une plante capricieuse, on ne connaît en France que le terrain de la Flandre et celui des côtes nord de la Bretagne et quelques districts de la Lorraine, où il consent à venir. Ce n'est même que dans quelques districts du département du Nord, où il atteint une finesse qui fait tout son mérite.

C'est donc une culture toute spéciale, retranchée dans de très petites superficies, qu'on ne saurait considérer comme susceptible de figurer dans des cours de récoltes. C'est une manière de faire de l'argent avec le produit de sa terre, chose toujours avantageuse à l'économie générale; mais qui échappe aux combinaisons agricoles, et s'exécute en dehors de ces combinaisons auxquelles cette production ne réclame que des engrais.

La culture du chanvre est en revanche répandue à peu près partout, parce qu'il fournit partout le linge du ménage, et que le chanvre, moins difficile que le lin, trouve à peu près dans le territoire de chaque village un terrain qui lui convient. Ce terrain doit être gras et meuble, et comme il n'y en a pas partout de tels, l'usage s'est généralement établi de consacrer à la culture du chanvre la portion du sol dépendant de chaque hameau le mieux doué de ces qualités; ce terrain a été morcelé en petits lots dont chaque maison est pourvue. Ce sol est de temps immémorial consacré au retour perpétuel du chanvre, suivi de raves qu'on y sème en l'arrachant.

Cette circonstance semblerait donner un démenti aux principes chimiques de la végétation, et on ne peut en effet expliquer ce phénomène, qu'en remarquant que le chanvre a très peu de racines et qu'il n'occupe la terre que pendant trois mois, d'où il résulterait qu'il faut lui fournir beaucoup d'engrais pour suffire au volume qu'il s'en assimile; mais qu'il ne dépose dans la terre qu'assez peu de matière sécrétée pour qu'elle puisse être absorbée pendant les neuf mois où la terre produit des raves, et se mène en jachères. En effet, la sécrétion ne s'opérant que pendant un quart de l'année, tandis qu'elle s'absorbe pendant les trois autres quarts, le chanvre ne représente que l'effet d'une plante dont le retour n'aurait lieu que tous les quatre ans. Or, celui des céréales est bien plus fréquent, et si nous tenons compte du prodigieux volume d'engrais qu'on assigne chaque année à la chenevière, nous verrons se dissiper le phénomène, et le principe chimique de la végétation subsister.

Le chanvre cultivé de la sorte fournit, comme nous l'avons dit, le linge dont les ménages ont besoin. Cet article est assez essentiel pour que les métayers en fassent une grande estime dans leur bail ; car pourvu qu'ils se trouvent nantis d'une bonne chenevière, ils fabriquent avec ses produits le trousseau de leurs filles, après avoir comblé les armoires d'un mobilier auquel on met un grand prix dans les mœurs villageoises. Cette richesse survit aux cas d'ovailles, aux malheurs et aux pertes auxquelles ces familles sont toujours exposées.

Mais cette culture, toute locale, ne fournirait pas à la grande consommation qui se fait de chanvre à cordes et à câbles. Quoique la Lombardie ait le principal attribut de fournir les chanvres à câbles, la France en produit néanmoins beaucoup. On a fait choix pour cette culture de certaines contrées dont les alluvions sont formées d'un limon mélangé d'argile, d'ardoises et de l'humus que les eaux ont entraîné des montagnes, pêle-mêle avec les dépôts micacés, calcaires et granitiques que fournit la lente destruction des rochers, et que chaque inondation vient déposer sur les bords de l'Isère, de l'Ain, de l'Allier et de plusieurs autres des rivières qui sillonnent et arrosent les plaines et les vallées de la France.

Dans ces terres fécondes, le chanvre peut se cultiver en assolement, et on le fait alterner avec le blé, le trèfle, les pommes de terre, et suivre par des récoltes dérobées de raves ou de sarrasin. Là il se cultive assez en grand pour procurer une récolte qu'on livre en gros au commerce.

La garance peut se cultiver dans les divers climats du royaume, puisqu'elle se trouve en Alsace comme auprès d'Avignon. Elle demande que la terre soit profonde, plus légère que forte, fraîche sans conserver la moindre humidité; c'est-à-dire qu'il lui faut des terres de première fertilité, mais qui aient, avant tout, la propriété de lui donner ses qualités tinctoriales. Comme la garance exige un défoncement de sol, une abondante fumure, et qu'elle occupe pendant trois et même quatre ans la terre avant de donner ses produits, elle ne peut entrer que dans une culture exécutée par des cultivateurs pourvus des capitaux suffisants pour satisfaire à ces grandes avances.

Elle les remboursait si bien, qu'on connaît des terres dans les environs d'Avignon dont une récolte a payé le capital; mais ces temps sont passés, parce que la concurrence a tué le monopole, et quelle que soit la consommation de garance que fasse aujourd'hui l'armée, la production la dépasse encore et les prix tendent à aligner les profits de sa culture à ceux de toutes les autres, plus le remboursement du capital et de l'intérêt des avances considérables qu'elle a exigées.

La garance livre le superflu de son feuillage à la consommation du bétail dont il teint les os en rouge;

mais ce fourrage est loin de remplacer les engrais que sa végétation a absorbés. Sa culture serait donc une charge dans l'économie des domaines, si, par compensation, elle n'offrait pas à la luzerne une terre merveilleusement préparée pour la recevoir, en raison du défoncement, de l'épuration et de l'ameublissement qu'elle a reçu.

L'industrie agricole la plus remarquable est celle qui nous a appris qu'on pouvait obtenir un sucre blanc et bien cristallisé de la betterave jaune ou blanche. Cette découverte, faite par Margraf, avait été mise à exécution par M. Achard, chimiste prussien ; mais elle aurait été pendant longtemps reléguée dans les laboratoires, où elle serait vraisemblablement encore, si Napoléon n'avait pas à son tour inventé le système continental, système dont les effets ont été de sextupler les prix du sucre. Alors chacun a songé au chimiste prussien et à sa découverte. Le gouvernement, les savants, les cultivateurs, les femmes se sont emparés de son invention pour la propager partout. Beaucoup de fautes ont été commises dans ces tentatives. Des cultivateurs ont monté des manufactures auxquelles ils n'entendaient rien, et des manufacturiers se sont adonnés à la culture de la betterave à laquelle ils s'entendaient encore moins ; tout cela sans connaissance de cause et sans examen des localités plus ou moins favorables.

La paix est survenue et tous ces établissements mal fondés ont disparu. La France cependant ayant frappé les sucres exotiques d'un droit de consommation de 49 fr. par quintal métrique, a donné en réalité une prime au sucre indigène. A l'abri de cette prime, des fabricants, plus entendus ou plus avisés que d'autres, ont cru pouvoir continuer ou reprendre leur fabrication en l'organisant différemment.

A cet effet, ils ont fait choix des localités les plus favorables à la production, comme à la qualité des betteraves. Il s'est trouvé que ces localités occupaient la partie du nord du royaume, à partir d'Abbeville pour finir à Strasbourg. Il s'est établi sans doute ailleurs des fabriques qui ont leur degré d'importance, mais elles n'existent en masse que dans la région que nous venons d'indiquer, favorisées qu'elles y ont été par la nature du sol et du climat, par le génie industrieux de la population et par le bas prix du combustible.

Fort occupés des procédés de leur fabrication, ces industriels les ont perfectionnés à mesure qu'ils en ont trouvé de plus avantageux; leurs opérations ont été simplifiées et les produits ont augmenté au point que le revient du sucre brut indigène n'arrive plus qu'à la somme de 82 ou 83 centimes le kilogr., à ce qu'assurent les connaisseurs en cette matière. A ce compte et avec le prix que donne au sucre consommé à l'intérieur le remboursement d'un droit de 40 p. 100, à peu près imposé à l'entrée des sucres coloniaux, le bénéfice des fabricants de l'intérieur était sans doute considérable; aussi a-t-il été question d'imposer à son tour leur production.

Le sucre est sans doute une matière, d'autant plus propre à être soumise aux charges de l'impôt, qu'elle est essentiellement consommée par les classes aisées de la nation. Toutefois cette proposition a fait jeter les hauts cris et avec raison, parce que le mode de perception qu'il s'était agi de donner à cet impôt était de nature à paralyser la reproduction de la matière imposable, et par conséquent la diffusion de cette industrie parmi les cultivateurs et les reproducteurs de la France. Aussi ce mode a-t-il été abandonné.

Cependant la prime imposée à l'entrée des sucres coloniaux n'était pas ici acquittée par un étranger, inadmissible dans ce cas à faire valoir ses réclamations ; mais par des colonies françaises elles-mêmes, auxquelles appartient de droit la protection de la métropole en faveur de leurs produits. Or, il est évident que ces produits sont gravement compromis par la concurrence de productions métropolitaines de nature semblable et que favorise une prime de 40 p. 100, que ces colonies sont chargées de payer en faveur de leurs concurrents.

Les colonies avaient trouvé juste d'acquitter un droit de 49 centimes par kilogr. à l'entrée de leurs sucres, en ce qu'il leur tenait lieu de toutes autres impositions. Il résultait d'une sorte d'abonnement fait entre elles et la métropole dans le but d'indemniser celle-ci des dépenses que lui occasionnent la conservation et l'administration de colonies trop distantes, trop restreintes et trop dissemblables pour qu'il fût possible d'y asseoir et d'y percevoir des impôts pareils à ceux qui pèsent sur cette métropole. Le produit de cet abonnement, qu'on pourrait assimiler à l'impôt unique des économistes, s'élevait à peu près à 20 millions et compensait ainsi les dépenses de la mère-patrie, sur lesquelles elle bénéficiait encore par le fait de l'approvisionnement de ces colonies et des relations maritimes et commerciales dont elles étaient le siége.

Aussi longtemps que les 49 centimes ont été perçus à titre d'impôts de consommation, les conditions de l'abonnement ont été respectées et nul ne s'est plaint; mais du moment où elles se sont transformées en une prime d'encouragement pour une denrée rivale de celles que produit les colonies, ces conditions ont été très réellement violées par la métropole, les colonies s'en sont plaintes à juste titre et il a fallu leur faire droit.

C'est aussi ce que le gouvernement vient de faire en proposant aux Chambres, non pas d'imposer la production du sucre indigène, mais d'abaisser le droit perçu à l'entrée des sucres coloniaux de 10 centimes pendant les deux premières années et de 20 pour les suivantes. C'est-à-dire que la prime dont jouira à l'avenir le sucre de betteraves ne sera plus que de 29 centimes par kilogr.

Les colons se sont montrés satisfaits de cette mesure, en partie sans doute, parce qu'ils ont espéré que cette réduction paralyserait la fabrication du sucre dans la métropole, et en partie aussi, parce que l'abaissement des droits tendait nécessairement à y accroître la consommation générale du sucre. Les producteurs indigènes n'ont présenté jusqu'ici nulle réclamation contre cette mesure qui n'apporte aucune entrave à leur industrie, et laisse toutes choses sur le pied où elles étaient dans les mêmes rapports. L'accroissement de consommation provenant de l'abaissement du droit, devant d'ailleurs tourner à l'avantage des uns et des autres.

La lutte contre la métropole et ses colonies se fera dorénavant avec des armes plus égales, et c'est avec un puissant intérêt que les économistes assisteront à un débat d'une si haute importance pour l'agriculture du royaume. Car si le revient du sucre indigène venait à s'abaisser à mesure que les procédés de la culture et de la fabrication des betteraves deviendront plus usuels, il n'y a nul doute que la consommation du sucre s'étendrait indéfiniment et que sa préparation prendrait une plus grande place dans la superficie arable du pays, aux dépens de celle qu'occupent les céréales. Or, comme les betteraves ne peuvent se cultiver avec avantage que dans les meilleures de ces terres, le détournement qu'elles en feraient à leur profit devra donner une prime à la culture des céréales dans les sols de qualité inférieure.

Cette prime est, comme nous n'avons cessé de l'indiquer, le seul levier au moyen duquel on peut imprimer un mouvement à l'amélioration de ces terres, et c'est aussi pourquoi il s'attache une double importance au développement que prennent les récoltes commerciales.

La culture du tabac a déjà soulevé bien des questions et bien des discussions d'économie politique. Il demeure certain que la législation à laquelle on l'a soumise aujourd'hui est opposée à l'esprit des lois fondamentales qui régissent le pays. Car ces lois exigent que chacun puisse disposer à son gré de sa propriété, et il est avéré qu'on ne saurait en disposer pour y cultiver du tabac, si ce n'est sur les points désignés par l'administration, en faveur desquels on a créé ainsi ce qu'on nomme un monopole; mais comme les cultivateurs sont forcés de vendre leur récolte à la régie, et au prix qu'elle fixe elle-même, le profit du monopole en revient au gouvernement.

Toutes ces mesures sont des anomalies, sans aucun doute; mais elles ne sont pas les seules. L'interdiction du défrichement place les propriétaires de forêts dans le même cas : car ils ne sont pas libres non plus de disposer à leur gré de leur propriété, et le gouvernement ne s'oblige pas à l'achat de leurs produits, lors même qu'ils ne sauraient à qui les vendre.

Ces anomalies, ainsi que toutes celles qui tiennent aux expropriations pour cause d'utilité publique, et aux démolitions pour danger ou insalubrité, se lient à l'immense question de l'association sur laquelle repose l'ordre social.

Question dans laquelle il est impossible de poser d'avance des limites infranchissables entre la part du droit individuel que chacun se réserve dans le grand pacte social, et la part de ce droit dont il doit faire le sacrifice aux intérêts sociaux. Plus un pays se civilise, plus ses intérêts se multiplient, et plus il devient difficile de poser ces limites. Et comme elles sont relatives aux circonstances et aux conditions où se trouve telle ou telle société, et qu'il ne s'agit pour en décider que de l'appréciation qu'il est loisible à chacun d'en faire d'après sa pensée ou sa position, les disputes à cet égard sont interminables, parce que chacun a raison du point de vue où il se place.

Aussi faut-il qu'il y ait partout une autorité quelconque pour juger ces questions en dernier ressort, autorité qui se trompe souvent, parce que ses jugements sont nécessairement arbitraires; mais à laquelle il faut se soumettre sous peine de voir la société s'abîmer dans l'anarchie.

Les États-Unis dont la société a débuté sur une table rase, où chacun pouvait étendre à son gré sa propriété aux dépens des forêts qui n'appartenaient à personne, où les voisins ne se gênaient pas, où les intérêts manquaient par conséquent de frottements, et où le gouvernement était sans besoins d'argent pour faire mouvoir les rouages de l'administration d'un pays qui offrait à chacun sa place, les États-Unis, disons-nous, avaient, pendant longtemps, fondé leur législation sur le plus entier respect du droit individuel vis-à-vis d'une société qui n'en exigeait aucuns sacrifices. Mais déjà leur état social, en se compliquant, commence à imposer des charges individuelles aux membres de leur société, et les esprits tendent à s'élever contre l'application de ces principes. Chaque jour verra naître de nouvelles difficultés, parce qu'il se présentera chaque jour des circonstances qui demanderont, comme celle du tarif des douanes, que des intérêts individuels soient froissés et condamnés au profit de l'intérêt public.

Le dévouement à cet intérêt est ce que nos ancêtres appelaient l'esprit public. La résistance de l'individu contre les réclamations de cet intérêt est de l'égoïsme, sentiment par lequel les sociétés périssent; le premier est celui qui les fonde, les élève et les conserve. L'équité est dans un égal respect pour le droit personnel et le devoir public. Pour juge de ce point de partage entre le droit et le devoir, on a imaginé d'instituer un législateur multiple, choisi par les délégués de la nation, pris dans son sein et destiné à y rentrer après avoir rempli sa mission. On avait cru mettre ainsi à l'abri les droits individuels en confiant leur garantie à un corps législatif amovible et gratuit, et dont chaque membre représentait pour son propre compte les intérêts et les droits individuels qui sont le partage de tous les membres de la société.

Ce n'est pas ici le lieu de rechercher en quoi cette institution s'est trouvée fautive, contrairement aux intentions de ses auteurs. Il suffit qu'elle existe et exerce aujourd'hui dans sa plénitude la puissance législative, pour qu'elle ait le droit de décider de la quotité des sacrifices individuels que la chose publique exige de chacun des membres de la société. Dès lors, le pouvoir législatif ayant débuté par établir le montant des sommes qu'il était nécessaire de dépenser pour le service public, il s'est ensuite occupé de pourvoir au recouvrement de ces sommes. Marche inverse sans doute de celle qu'indiqueraient la saine logique et l'esprit d'économie, qui demanderaient qu'on réglât les dépenses sur les recettes et non pas les recettes d'après les dépenses. Mais il n'importe, l'usage s'en est établi, et c'est ainsi qu'on procède en fait de budget.

Ces dépenses une fois votées, il faut y satisfaire. Si l'on parcourt le catalogue des matières imposables, le tabac s'y présente à son rang. Or, il faut avouer qu'il n'existe aucune de ces matières que l'on puisse imposer à un meilleur titre. En effet, son usage se recommande peu ; c'est une habitude, et même une mauvaise habitude, qu'on peut avoir ou n'avoir pas, et qui, par conséquent, est entièrement facultative. Jusqu'ici tout le monde est d'accord, et il ne s'agit plus que de trouver le mode le plus convenable de percevoir un impôt dont personne ne conteste la convenance.

Cet impôt doit être élevé, car la matière imposable est elle-même de si peu de valeur, que si elle n'était imposée qu'au taux qui a été assigné au vin, par exemple, l'impôt serait à peu près illusoire. Cependant, on a besoin qu'il figure pour 50 millions dans la colonne des recettes du budget, pour en couvrir les déficits[1]. Ces 50 millions ne sauraient se percevoir à titre d'impôts directs sur les terres cultivées en tabac; car cette somme équivaut presque au cinquième de l'impôt foncier, et il est inadmissible de supposer qu'on puisse en exiger le paiement sur une superficie de 100,000 hectares au plus, qui se trouveraient implantés en tabac, puisqu'elle monterait à 400 francs par hectare. C'est donc sous la forme d'impôt de consommation qu'il faut faire rentrer cette somme au trésor. Mais, avec une culture et une fabrication libres, si le droit était élevé, il s'éluderait par la contrebande; s'il était faible, il serait absorbé par les frais immenses d'une perception qui devrait s'étendre partout, pour suivre l'extension que prendrait une culture libre.

Pour sortir de ce dilemme, le législateur s'est cru autorisé à prohiber la culture facultative du tabac, en la concentrant sur des points où il est facile de la suivre et de la saisir. La récolte est transportée de là dans les fabriques de l'État, où, après l'avoir prépa-

---

(1) Le produit net de la ferme des tabacs figure au compte-rendu de 1841 pour 69,176,307 fr.

rée, on la vend au public, sous la forme du monopole, avec un profit qui permet d'encaisser les 50 millions que le législateur a voulu imposer aux consommateurs de tabacs.

Il demeure hors de doute que, par toute autre voie, l'État n'en retirerait pas 10 millions. Toute la question est donc de savoir si l'avantage d'une perception de 50 millions présente, pour la chose publique, une importance qui justifie la lésion que le législateur s'est permis de faire aux droits individuels et au principe fondamental de la société, principe qui ordonne que chacun puisse disposer librement de sa propriété.

Le sacrifice qui paraît être grand, lorsqu'on le compare avec le bénéfice que donne aujourd'hui la culture du tabac à ceux auxquels on en a accordé le monopole, se réduit néanmoins à peu de chose pour l'économiste. Celui-ci n'ignore pas, en effet, qu'on abuserait immédiatement de la libre culture, pour implanter en tabac bien au-delà des besoins de la consommation, et qu'on avilirait immédiatement son prix de manière à ne laisser au cultivateur qu'un faible bénéfice, s'il était même assez heureux pour ne pas solder sa culture en perte.

C'est ce qui est arrivé en Suisse, où rien n'a gêné la libre culture du tabac. Aussi longtemps qu'a duré la guerre et les entraves qu'elle apportait au commerce, cette culture y avait prospéré outre mesure, et ses bénéfices ont souvent dépassé 500 francs par hectare. La paix, en permettant l'apport des feuilles d'Amérique, a fait tomber ces bénéfices au-dessous de 50 francs, et par suite cette culture a été presque abandonnée.

C'est ainsi qu'une des plus grandes sources d'erreurs en économie provient de la tendance de l'esprit humain à baser les calculs de l'entreprise à venir sur les prix courants et la demande qui a lieu sous l'empire du monopole, soit naturel, soit artificiel, sans songer à quel point la concurrence qui survient tend à faire baisser ces prix. Combien de calculs n'aurons-nous pas faits nous-même, pour nous prouver que la laine de nos mérinos devait toujours s'écouler à 5 francs le kilo, et combien n'avons-nous pas dû en rabattre !

Quoi qu'il en soit, la culture du tabac est la pire de toutes, en ce qu'à l'exemple du houblon, cette plante absorbe énormément d'humus, c'est-à-dire qu'il lui faut prodigieusement d'engrais et qu'elle ne laisse aucuns résidus pour le remplacer. Aussi ne peut-on le cultiver avec quelques profits que dans les sols les plus féconds, qu'il épuise même promptement. Il s'encadre d'ailleurs assez bien dans les assolements, car il peut être suivi de céréales, et la parfaite netteté du sol qu'il exige favorise la production du trèfle qu'on y sème au printemps.

Toutes les cultures de productions commerciales dont nous venons de parcourir la nomenclature ont cela de commun entre elles qu'elles occupent une superficie agricole qui se trouve soustraite à la superficie arable pour donner des profits qui sont étrangers à la culture nutritive et générale du pays. Ces cultures, par cela même, créent des consommateurs pour la culture nutritive, tout en diminuant sa superficie. Les productions commerciales, en donnant des bénéfices en quelque sorte industriels, produisent ainsi dans l'économie du pays l'effet qu'occasionnait la présence d'une ville, d'une population égale à celle des cultivateurs dont le travail s'applique à produire des récoltes commerciales; c'est-à-dire une demande de plus de denrées nutritives et une hausse proportionnelle dans leur débit.

Ce genre de récolte offre aussi l'avantage de créer des mouvements d'argent, en sorte qu'il est des contrées, éloignées d'ailleurs des grands marchés, où le moment de la récolte amène une circulation qui ravive dans le pays toutes les espérances et toutes les activités. Il convient donc, pour favoriser le mouvement progressif, de voir ces cultures se multiplier le plus possible. La France a, sous ce rapport, peu à désirer, car en joignant les laines et les vins aux productions dont nous venons de traiter, il n'y a aucun pays où, grâce à son climat, il se cultive une plus grande variété ni une plus grande masse de productions commerciales.

CHAPITRE III.

De la direction à donner aux assolements.

Ce n'est pas le tout que d'établir savamment des combinaisons d'assolements alternes, dans lesquels on trouve une succession de récoltes où les productions se suivent et s'écartent d'après les lois de leurs antipathies ou de leurs sympathies naturelles. Il ne suffit pas de combiner ces assolements de manière à ce qu'ils produisent de grands moyens d'approvisionnements pour les bestiaux de la ferme et par conséquent beaucoup d'engrais, c'est-à-dire d'humus réparateur. Il ne suffit pas que l'application de ces assolements offre aux yeux faciles à s'abuser des amateurs d'agronomie l'aspect de ces champs où le trèfle s'affaisse sous son propre poids, et où s'élèvent sur un sol ameubli des betteraves dont la racine est colorée d'incarnat, tandis que plus loin on rencontre dans la même ferme des plantations de pommes de terre alignées et espacées en tous sens, en sorte qu'elles ont pu être buttées par la houe à cheval, dont le passage, dans les deux sens, a fini par placer ces tubercules sur un petit monticule où ils prospèrent.

Tous ces signes d'une culture recherchée, apanage obligé des fermes-modèles, ne sauraient s'appliquer à la généralité des conditions agricoles sous lesquelles s'opère la culture de la France, ces conditions exigeant avant tout qu'il y ait profit dans l'agriculture. Ces profits tiennent à une toute autre combinaison que celle au moyen de laquelle on obtient des produits bruts que couronnent les sociétés d'agriculture. C'est un produit net qu'il s'agit d'obtenir. Or un tel produit peut être le résultat d'une absence de culture, et il serait possible qu'une terre abandonnée au parcours procurât au bout de l'an, par l'absence des frais, un revenu supérieur à celui qu'en aurait donné la culture.

Résultat fâcheux en ce que, satisfaisant le propriétaire, il ruine l'État, puisqu'il prive la société des matières premières dont elle s'alimente, et du travail qui crée la valeur des choses. Le secret serait donc d'offrir un système agricole assez bien combiné pour que, d'une part, il n'absorbât pas tout le produit brut, et que, de l'autre, il permît de cultiver avec assez de profit pour que le meilleur produit net ne fût pas le résultat de l'inaction.

Or voici en quoi consiste cette combinaison. Toute agriculture suppose l'emploi d'une certaine masse de denrées destinées à se consommer dans la ferme pour y produire des engrais, sans lesquels la culture ne pourrait se soutenir, et d'une certaine masse de denrées à vendre pour réaliser le profit de la culture, qui n'est autre chose que le surplus de la somme des denrées vendues, déduction faite des frais de culture.

Mais dans ces frais est implicitement comprise la valeur des denrées qui ont été consommées et non vendues, car ces denrées ont occasionné elles-mêmes des frais de culture et ont en elles une valeur vénale que le cultivateur consent à ne pas réaliser, afin de les appliquer à la reproduction. Tout gît donc dans la proportion qui s'établit entre ces deux genres de productions; c'est-à-dire que les denrées consommées accroissent toujours le produit brut en favorisant la production au détriment du produit net, qui n'arrive qu'après en avoir déduit la valeur des consommations, plus celles des frais de culture.

D'où il résulte que, si on sacrifie trop à la production des denrées à consommer, on dévore le produit net, et si l'on n'y sacrifie rien, on amoindrit ses terres et par conséquent ses produits vendables, de telle sorte qu'ils peuvent arriver au point de ne plus rembourser les frais de leur propre culture, et c'est alors qu'il y a profit à abandonner le sol au parcours.

Cette condition, à laquelle l'agriculture est inévitablement soumise, tient, nous le répétons ici, à ce que, de quelque manière qu'on s'y prenne, les produits animaux qu'on obtient par la consommation des denrées qui ont alimenté les troupeaux n'équivalent jamais qu'au tiers du prix que l'on retire de ces denrées. Ce tiers est en grande partie absorbé par les frais appliqués à leur production. C'est un fait malheureux, auquel l'Angleterre se soustrait mieux que la France, en ce que le cours et la demande des produits animaux y sont tout autrement actifs, mais dont elle subit la loi, au degré ou la nature de son sol et de son climat lui a démontré que cela était nécessaire.

En France on a cherché à échapper à cette pesante condition par l'absence des animaux et par conséquent par celle des denrées de consommation qu'on leur aurait destinées. La paille, qu'on recueille forcément avec les céréales, en a dû tenir lieu, et ce moyen d'entretien joint au parcours et à quelques bribes de foin alimentait les bestiaux indispensables aux travaux de l'exploitation et de la consommation de la ferme. En sorte que nuls terrains n'étaient distraits de la production des denrées vendables, tandis qu'on s'en remettait à la jachère du soin de réparer le sol.

Le produit des céréales cultivées de la sorte, et rendant au grain trois sur la totalité de la ferme, équivaut, en effet, à celui qu'on récolterait au grain six, lorsqu'on aurait prélevé la demie de cette superficie pour la consacrer à produire des récoltes de consommation. Et cette quantité pareille de productions sur une superficie double aurait occasionné moins de frais, moins de combinaisons et moins d'embarras.

C'est le sentiment instinctif de ce fait qui retient le gros des cultivateurs dans le respect de leurs habitudes de culture; habitudes qu'on ne pourrait froisser tout d'un coup sans causer une perturbation dans les revenus fonciers, comme dans les demandes des consommateurs.

Il ne convient donc d'opérer de changements dans le cours des récoltes, qu'en réservant religieusement les superficies consacrées à la production des denrées vendables ; car la généralité des cultivateurs de la France n'est pas en mesure de supporter le moindre déficit dans sa culture, et tout l'art de l'agronomie doit consister à lui ménager l'espace qui a été de tout temps réservé à ces cultures.

Mais, parmi ces denrées vendables, toutes ne sont pas de même espèce ; car toutes doivent répondre à des besoins divers, et on aligne ces diverses productions, suivant la propriété des différents sols. Or, on a remarqué que les bénéfices de l'agriculture, c'est-à-dire son produit net, s'accroissaient à mesure qu'on avait fait choix d'une culture plus exclusive. Par la raison que ces cultures sont appropriées à la nature du sol ; qu'en étant plus exclusivement traitées, on en a mieux étudié les procédés ; que le bénéfice résultant de la division du travail s'y retrouve en partie, parce qu'elles sont plus exclusivement pratiquées par des ouvriers experts ; par la raison, enfin, que les cultures plus exclusivement pratiquées présentent un plus grand volume de denrées à vendre qu'il n'en est dans les cultures mélangées. Dans ce dernier cas, beaucoup de petits produits divers s'offrent à la demande, qui les néglige souvent, les laissant ainsi attendre ou s'avarier, et le produit net s'éparpille de la sorte en monnaie, au lieu de se grouper par masse.

Ainsi, lorsqu'on appartient à une contrée vignoble,

toutes les cultures qu'on essaie en dehors de celle qui y domine n'aboutissent à rien; toutes les forces du cultivateur doivent y tendre au perfectionnement, à l'accroissement du produit de la vigne. Les autres cultures doivent être subordonnées à cette culture unique et n'occuper que le temps perdu des vignerons. Il en est de même dans les terres à blé; un fermier de Beauce serait dupe s'il venait à consacrer ses peines à des cultures qui doivent être secondaires pour lui. Nous pourrions parcourir de la sorte toutes les contrées connues par une production spéciale, et nous verrions que c'est toujours là où les prix des fermes sont le plus élevés; il convient donc d'imiter cet exemple partout. C'est-à-dire dans ces régions sans nombre, dont la culture n'a aucuns traits distinctifs, où il se cultive un peu de tout, et rien avec des soins attentifs et suffisants. En abordant l'amélioration dans de tels pays, il faudrait commencer par y faire choix d'une production vendable, assortie à la nature du pays, et sur laquelle pivoterait en quelque sorte tout le système agricole qu'on y aurait adopté.

Si la terre était propre aux plantes oléagineuses, ce serait à leur culture qu'on donnerait la meilleure place de l'assolement; si, au sainfoin, il conviendrait d'en accroître la production, non-seulement pour sa consommation, mais pour en faire une denrée vendable. Nous avons ouï citer un cultivateur qui avait pris à ferme, par bail de neuf ans, une terre appartenant à M. Lepelletier d'Aulnay, et située non loin de la Loire, dans le Nivernais. Il ensemença de suite, en sainfoin, tout le sol arable de la ferme, dont il vendit le fourrage. Dans le cours de ces deux dernières saisons, il défricha ses terres et les remit en blé, pour les rendre dans l'état où il les avait reçues, après y avoir récolté de superbes céréales. Il refusa de renouveler le bail, et prit à ferme un autre domaine, dont les terres étaient vierges pour le sainfoin dont il les ensemença. Après avoir manié de la sorte trois fermes, ce cultivateur s'est trouvé en mesure d'acquérir, à l'expiration de son dernier bail, une terre assez considérable.

Cet agronome avait ainsi abusé du principe que nous venons d'émettre, et nous n'exigeons pas qu'on le suive tellement au pied de la lettre. Mais nous le regardons comme un point capital dans la direction à donner à tout assolement quelconque. Ainsi il suffirait, dans les riches terres à blé, de semer assez de luzerne ou de trèfle pour que les engrais qui en proviendront alimentent les céréales, de manière à porter leur produit au maximum où il peut atteindre, sans s'étouffer lui-même. Mais là où le blé ne semble, en revanche, venir qu'à contre-cœur, il y a profit à exagérer les productions de fourrages et de racines, pour les appliquer à la nourriture ou à l'engraissement des bestiaux. Car si nous avons dit plusieurs fois que cette nourriture ne se faisait qu'à perte sur la valeur vénale de la consommation, cette perte subie laisse néanmoins un bénéfice qui acquiert de l'importance aussitôt que cette branche d'agriculture prend un caractère exclusif.

Ainsi l'engraissement d'un bœuf bien choisi rapporte en général 100 francs, lorsqu'il s'engraisse dans un herbage. Ce profit est net, puisqu'il n'a impliqué aucuns frais de culture, et qu'il n'est débité que de la rente du sol. Mais si l'engraissement s'opère à l'étable, il dure cent jours, et si on le prolonge au-delà, le bénéfice est proportionnel. Le bœuf augmente donc de 1 franc par jour, sur quoi il doit consommer 25 kilogr. de nourriture sèche, foin, farines, ou l'équivalent en vert ou racines. Ces 25 kilogr. valent environ 2 francs, auxquels il faut ajouter les frais de toute espèce et les cas d'ovailles. Mais, après avoir réalisé cette perte, il n'en reste pas moins, entre les mains de l'engraisseur, un profit réduit de 100 francs par bœuf, plus le bénéfice de l'engrais sur les terres.

Ce genre d'exploitation sera plus profitable sur des terres à seigle, par exemple, que n'y serait la culture des céréales. Mais, pour le faire avec le profit que nous avons supposé, il faut se consacrer à cette pratique, la culture doit être dirigée en conséquence, pivoter sur les productions que consomme l'engraissement et s'y rendre expert. Car si la multiplication du bétail n'a lieu que dans le seul but d'accroître par la consommation d'une plus grande masse de fourrages le volume des engrais, cette consommation se fera avec une perte beaucoup plus notable, attendu que le cultivateur ne saura que faire du laitage qu'il aura de trop; car, à moins qu'il ne soit à portée d'une ville, personne n'en voudra, et avant d'avoir monté une société de fromagerie, il se passera bien du temps.

J'ai cherché à faire comprendre, dans ce chapitre, combien il importait d'imprimer une direction aux assolements, en leur donnant pour pivot une production principale, dont le retour soit aussi fréquent que le permettent les lois de la végétation, et qu'on le place dans des conditions favorables à sa réussite, pour en faire l'objet principal et le produit essentiellement vendable de la culture, attendu que le revenu ne se crée que par l'effet de cette production.

Nous avons dit que dans les riches contrées à blé, ce produit devait continuer à être le pivot de la culture, parce que, entre toutes les denrées, c'était la plus vendable, et dans ces localités, celle qui y vient le mieux. Mais nous avons jugé qu'ailleurs, dans les terres de qualité inférieure et moins propres à la culture des céréales, il importait, pour en élever le produit, de faire choix d'une seconde production, pour venir au secours du blé qui, partout, sera toujours demandé et cultivé, afin d'élever, par le moyen de cette double vente de denrées, le produit de ces terres au niveau de celles d'une qualité supérieure. Cette denrée sera du colza, des fèves, des pommes de terre, des fourrages artificiels, il n'importe ; c'est dans le chapitre où nous allons formuler des cours de récolte, que nous aurons à nous occuper de ce choix. L'essentiel était de montrer qu'il y avait avantage et convenance à en faire un.

CHAPITRE IV.

Des formules d'assolements.

Le problème que les formules d'assolements sont destinées à résoudre se pose en ces termes : « Trouver un cours de récolte propre à fournir dans un temps donné le plus grand volume possible de productions, combinées de manière à ce que la fertilité du sol s'augmente dans ce temps donné ? »

En isolant ce problème, il serait peut-être possible qu'un savant agronome parvînt dans son cabinet à dresser une formule qui en offrît la solution. Il aurait alors déterminé l'assolement normal et donné le type du point absolu de perfection où l'agriculture puisse atteindre.

Mais son travail serait de peu d'usage, attendu que rien n'est moins absolu que les éléments avec lesquels les assolements ont à traiter. C'est au contraire ce qu'il y a de plus relatif au monde. Climat, terre, consommation, exploitation, tout varie d'un lieu à un autre, et des nécessités de tous genres pèsent ainsi sur l'agriculture. Il lui est défendu de se soustraire à ces conditions nécessaires, sous peine de voir périr le fruit de ses travaux par le fait de la nature, si elle en a offensé les lois; ou par le fait de l'homme, si elle a blessé ses habitudes.

L'agriculture est donc forcée de guider sa marche entre toutes ces nécessités et de se prémunir contre elles en suivant religieusement les combinaisons et les procédés dont l'usage et le temps lui ont acquis la garantie. Peut-être, dira-t-on que, pour avoir la plénitude de cette garantie, elle devrait rester stationnaire, mais l'immobilité est d'une autre part impossible : attendu que les populations s'accroissent, que leurs besoins s'augmentent, et que, par l'effet d'une nécessité nouvelle, l'agriculture doit produire de quoi satisfaire à ces nouveaux besoins.

Ce mouvement progressif tend à s'opérer en procédant du connu à l'inconnu, car, par cette marche, on reste appuyé sur les garanties que donne la pratique de l'ancien ordre de culture, en se bornant à y ajouter par voie d'innovations ce que les nouveaux besoins de la consommation demandent à l'agriculture.

Ainsi la France était cultivée d'après trois systèmes différents, savoir :

Dans les grandes plaines à blé qui en occupent le nord, le centre et partie de l'ouest, d'après le système triennal, dont l'ordre est jachère, blé, avoine.

Dans l'est et le midi, d'après le système bisannuel, dans lequel le blé alterne avec la jachère, et dans la portion du royaume qui s'étend du centre à l'ouest, d'après un système intermittent dans lequel la terre se défriche sans cesse pour donner une série de récoltes consécutives, jusqu'à ce qu'épuisée, on l'abandonne de nouveau aux ajoncs, qui ne tardent pas à la recouvrir.

C'est sur les bases données par ces systèmes de culture, que les besoins du temps ont forcé à intercaler l'un après l'autre le maïs, les pommes de terre, les prairies artificielles, le colza, etc., et beaucoup d'autres productions dont nous avons donné la nomenclature.

Il y a donc eu modification dans l'ordre systématique que suivait jadis l'agriculture en France, et presque toutes les productions que tolère son climat ont trouvé place dans sa culture; mais ce qui manque encore, ce que l'expérience et le temps n'ont point régularisé, c'est l'encadrement de ces productions dans un ordre méthodique et approprié aux diverses natures de ces productions.

Les rudiments de ces combinaisons, qui constituent

le mérite des différents cours de récoltes, ne sont pas même connus de la grande majorité des cultivateurs de la France; il y a du hasard et du pêle-mêle dans les assortiments et les séries de leurs productions, et la plupart ignorent pourquoi telle récolte vient plus ou moins bien après telle autre. Ils les placent dans un ordre quelquefois bon, le plus souvent mauvais, et n'ont pour guide dans ce choix que quelques faits arrivés dans leur voisinage et parvenus à leur connaissance, faits qui, étant eux-mêmes le résultat d'un cas accidentel ou d'une faute commise, trompent les cultivateurs, qui, dans leur ignorance, imputent à la nature du sol ou au climat l'échec qu'ils ont éprouvé.

Les agronomes et les écrivains n'ont été jusqu'ici que d'un faible secours pour éclairer cette ignorance; car, d'une part, c'est le propre des agronomes de se confier à leur science et d'embellir par l'imagination les productions que leur art a su tirer de la terre; tandis que, de l'autre, les ouvrages des écrivains sont placés à de trop grandes distances des cultivateurs pour qu'ils puissent acquérir une utilité populaire.

Les agronomes et les écrivains, au nombre desquels il faut bien que nous figurions, sont d'ailleurs animés d'un certain amour de perfection qui ne leur permet pas de laisser des nuances entre le meilleur et le pire. Ils aspirent à décrire ou à exécuter ce qui leur paraît être le mieux dans l'espèce, sans égard pour le point où en sont les choses, ni pour la matière première qu'ils ont à manier. Offrir ainsi tout à coup à un cultivateur champenois ou berrichon d'imiter l'assolement de Norfolk, c'est perdre son temps, car il ne faut vouloir que ce qui est possible.

Il est toutefois certain qu'il y a un grand travail à opérer en France, travail qui consiste à régulariser l'introduction dans sa culture des productions qui y sont mal disposées, à enseigner les meilleurs procédés pour les cultiver, à montrer l'usage des instruments aratoires qui y sont propres. Travail qui va plus loin et qui doit apprendre que, pour cultiver avec fruit, il faut savoir sacrifier de la superficie à la production des engrais; principe pour lequel le cultivateur français continue à montrer la plus forte répugnance. Ce travail d'enseignement ne peut être que l'œuvre des comices agricoles, parce que cette institution est la seule qui puisse réellement pénétrer dans le pays et s'emparer de son agriculture en appelant à elle tous les cultivateurs d'un canton, et en procédant avec leur assentiment du connu à l'inconnu.

Mais où est le type de cet inconnu? car ce n'est pas au hasard qu'on peut s'en rapprocher.

Ce type existe; mais ailleurs et là où le cultivateur ne saurait aller le chercher. Faisons donc cette recherche pour lui.

Il y a en Belgique un pays, connu sous le nom de Campine, dont le sol est une terre de bruyère, le climat celui du nord de la France, où la terre est divisée en propriétés de 25 jusqu'à 50 hectares en moyenne. Pays naturellement ingrat, et qui par cela même n'a pas été dans l'origine subdivisé en trop petites parcelles, parce qu'il n'aurait pas valu la peine qu'on en entreprît la culture; ni en trop vastes, car on aurait craint d'aborder la mise en valeur d'aussi grandes propriétés. C'est là que le cultivateur a opéré les miracles les plus étonnants de l'art agronomique.

Ce sol, stérile par lui-même, se refusait à produire les céréales aussi bien que les prairies artificielles. Il s'agissait de l'y contraindre.

Les racines y venaient, et c'est par leur culture qu'on en a commencé l'amélioration. Cette production devait nourrir les bestiaux, mais pour la rendre plus digestive, les cultivateurs firent cuire, au moyen de la tourbe, ces diverses racines avec des feuilles de choux et toutes celles qu'ils pouvaient se procurer, en y joignant le petit-lait provenant de leurs vaches. Cette soupe leur permit d'en augmenter le nombre.

Mais ils manquaient de litière pour accroître leurs fumiers. Ils imaginèrent alors d'élargir assez leurs étables pour réserver derrière les bestiaux un creux revêtu de murs, d'une grande profondeur et d'une superficie proportionnée à la quantité du bétail. Ils allèrent ensuite dans les bruyères, pour y lever des plaques de gazons, chargées de tiges et de racines qu'ils employèrent en guise de litière. Ces bruyères furent bientôt chargées des immondices du bétail, ils les jetèrent alors dans la sentine qu'ils avaient creusée pour les recevoir et où se rendait également par la pente qu'on avait ménagée tout l'engrais liquide des bestiaux. Les cendres, les balayures, toutes les immondices de la ferme venaient se précipiter dans cette sentine, où s'accroissait tous les jours la masse de l'engrais qu'y versaient les troupeaux.

A l'époque voulue, l'engrais contenu dans ce creux en était retiré et charrié sur des terres où l'on essaya de semer du seigle et du trèfle. Ces récoltes produisirent de nouveaux moyens d'entretien à l'usage des bestiaux, et ces procédés, devenus des habitudes locales, ont fini par créer une masse prodigieuse de nourriture animale, en sorte qu'il n'y a aucuns pays ou il existe autant de bestiaux sur un espace donné. A l'aide du volume des engrais qu'ils ont fournis, la nature du sol s'est mélangée avec une couche de terreau et d'humus, où croissent maintenant à souhait toutes les productions naturelles aux terres sablonneuses.

Tel est le modèle de toutes les cultures où l'on est parvenu à changer, par le moyen des assolements, les sols ingrats en terres productives. Modèle qui a de quoi tenter des imitateurs, et qui pourrait avoir des succès inattendus dans les sols siliceux et granitiques de la France.

Ce système n'a pourtant pas eu d'imitateurs dans les deux traits qui le caractérisent, savoir : l'emploi de la nourriture cuite donnée au bétail, et la manière de traiter les fumiers; traits auxquels tiennent essentiellement la supériorité de l'agriculture dans la Campine.

Toute la partie de l'Allemagne qui avoisine la Baltique aurait eu néanmoins des motifs fondés pour adopter des procédés qui semblaient avoir été inventés pour féconder la nature de son sol. Il n'en a pourtant rien été d'abord, et ce n'est qu'après un long temps écoulé que le nord de l'Allemagne est allé chercher en Angleterre des modèles de la culture qui y est maintenant adoptée.

Le comté de Norfolk en Angleterre offrait un sol sablonneux, couvert de bruyère, analogue à celui de la Campine, et c'est par d'autres procédés, mais par un système pareil, que les fermiers du Norfolk sont arrivés à des résultats remarquables.

Les procédés de la culture du Norfolk sont plus simples, en ce que le climat a permis qu'on nourrît les bestiaux et les bêtes à laine en plein air pendant l'hiver. En sorte qu'on y sème les turneps ou navets au printemps, sur des terres bien préparées et sur lesquelles on a accumulé tout le fumier de la ferme. Au mois de novembre on met les troupeaux dans ces champs, où ils se sont habitués à manger sur place les navets en parquant et fumant une terre dans laquelle on sème, au printemps suivant, de l'orge ou de l'avoine avec un trèfle, ordinairement mêlé de raygrass.

Cette prairie artificielle est à son tour destinée à fournir, pendant un, deux ou trois étés, le pâturage aux animaux de la ferme, et ce n'est qu'après que l'humus s'est ainsi concentré dans le sol, qu'il est enfin labouré et semé en blé ; en sorte que cet assolement se formule ainsi :

1re année. Turneps fumés.
2e — Orge ou avoine.
3e — Trèfle et raygrass.
4e — id.
5e — id.
6e — Blé.

soit en 6 ans deux années de céréales.
— une année de navets.
— trois années de trèfle et raygrass.

C'est-à-dire quatre récoltes pour les animaux, ou récolte à consommer, et deux récoltes de produits vendables. A la vérité, on peut laisser l'herbage moins de trois ans sur la terre, et dans ce cas, le cours de récoltes s'abrége d'autant. Tel que nous venons de le formuler, cet assolement est sans doute éminemment propice à enrichir la terre; c'est pourquoi il nous semble devoir être appliqué aux sols les plus ingrats, et dont il faut parvenir à changer la nature. Aussi ce cours, transporté dans les mauvais terroirs de la Westphalie et de la Prusse, en a-t-il transformé l'aspect et les produits.

Mais un tel cours ne doit s'appliquer que dans des cas pareils; il y aurait perte à en faire usage dans la catégorie des sols désignés par le cours des terres à froment.

Cet assolement est cependant le mieux entendu pour résoudre la portion du problème qui consiste à augmenter la fertilité du sol dans un temps donné; mais il ne satisfait pas à la seconde, d'après laquelle on doit obtenir, dans le même temps, la plus grande masse possible de production : c'est à quoi il ne pourvoit pas.

Dans l'origine, et là où il a été appliqué avec succès, ce cours ne s'est trouvé en présence que de vaines pâtures envahies par les bruyères, et, sur un pareil terrain, tout ce que la culture obtient est une bonne fortune; car la valeur vénale et locative du sol n'étant calculée que sur un produit à peu près nul, tout ce qu'y ajoute la culture se présente en profit net. Ce qui importe alors c'est, au lieu d'épuiser en quelque sorte la dernière étincelle de vitalité que renferme un tel sol, de le cultiver, au contraire, d'après un système propre à l'accroître promptement, et c'est ce qu'opérera mieux que tout autre, un assolement pareil à celui du Norfolk.

Cet assolement contient d'ailleurs les rudiments du système alterne, et peut être opposé aux cours de récoltes céréales préparées par la jachère; c'est un assolement élémentaire, si je puis m'exprimer ainsi. Il a montré comment l'on peut cultiver sous un système absolument différent, et ouvrir ainsi la porte aux innovations que l'état des peuples réclamait.

L'assolement du Norfolk donne ainsi les moyens de sortir du pêle-mêle où est aujourd'hui la culture de la France, non par son adoption pure et simple, mais en enseignant à former de nouvelles combinaisons où toutes les productions doivent trouver leur place. Nous allons essayer de formuler de telles combinaisons, pour les offrir au choix des cultivateurs.

Assolements avec maïs.

Les pays du Nord ne sont pas en mesure de nous enseigner les assolements dans lesquels la récolte du maïs doit se combiner avec celle des céréales; car la culture du maïs leur est interdite par le climat. Ce serait en Lombardie qu'il faudrait aller prendre ses modèles, mais il n'en est pas besoin, car la France serait aussi avancée, si elle offrait, comme la Lombardie, une large alluvion d'une terre homogène, et où tout favorise le maïs, tandis que dans la zone même où croît cette plante, on ne peut la cultiver que dans les sols féconds de cette zone, et qu'il faut y renoncer partout où le sol se montre aride.

Cette zone d'ailleurs doit se partager en deux, savoir : ce qui est au midi et ce qui est au nord-est de Lyon. Car c'est dans cette direction que court la zone du maïs, et c'est à ce point que le climat se partage.

Nous proposerons pour cette zone méridionale un assolement qui débuterait par une jachère préparatoire pour le blé . . . . 1ʳᵉ *année.* Blé.

Le chaume en serait disposé pour recevoir au printemps du maïs mêlé de haricots, et, sur une portion, des pommes de terre. } 2ᵉ *année.* Maïs, haricots et pommes de terre.

Le terrain serait, après cette récolte, immédiatement fumé et retourné pour recevoir le blé. 3ᵉ *année.* Blé fumé.

Le chaume en serait sur-le-champ labouré pour recevoir, en récolte dérobée, une semaille de sarrasin avec trèfle incarnat; puis jachère pour recevoir le blé avec lequel l'assolement recommence. } — — sarrasin. 4ᵉ *année.* Trèfle incarnat suivi de jachère.

Après trois retours de cet assolement le terrain serait semé en luzerne ou sainfoin, en sorte que sur seize parties il y en aurait :

En prairies artificielles à demeure. 1º 4/16ᵉ
En blé. 2º 6/16
En maïs, haricots et pommes de terre. 3º 3/16
En sarrasin, récolte dérobée comptée à la moitié . . 4º 1/16 1/2
En trèfle incarnat, récolte dérobée à la jachère, *id.* . 5º 1/16 1/2
En jachère, après le trèfle, pour recevoir le blé en automne. 6º 3/16

Soit. . . 19/16ᵉ

La tendance d'un tel assolement serait de procurer du blé pour denrée vendable, puisqu'il occuperait six seizièmes de la superficie de la ferme, et qu'il y serait placé, soit sur la jachère, soit sur la fumure, c'est-à-dire dans les conditions les plus favorables à sa réussite. Le maïs, les haricots, les pommes de terre et le sarrasin y représenteraient amplement la consommation intérieure du ménage, puisqu'ils occupent quatre seizièmes et demi de la superficie, tandis que cinq seizièmes et demi fournissent à la consommation des bestiaux.

Cette proportion devrait même fournir plus d'engrais qu'il n'en est besoin pour fumer largement les trois sixièmes où le blé succède au maïs, mais un seizième environ de la ferme doit être ensemencé annuellement en prés artificiels, et le surplus du fumier doit être réservé à cette semature, à laquelle on peut ajouter un mélange de demi-semence d'orge. En revanche, un autre seizième sera restitué à la jachère et recevra du blé d'automne.

Tel est le cours de cet assolement, que nous n'avons pas inventé, puisqu'il se pratique à peu près tel dans le bassin de la Garonne et le haut Languedoc, depuis l'introduction du maïs, c'est-à-dire dans les meilleures terres du midi de la France ; car il en faut de telles pour soutenir un assolement aussi productif.

Il peut y en avoir un plus productif encore dans les sols fertiles qui appartiennent à la zone où croît le maïs, au nord-ouest de Lyon. Je vais en donner la description.

L'assolement débute par un blé fumé sur maïs et haricots.	1re *année*. Blé fumé.
Le chaume en est labouré immédiatement pour recevoir le colza.	2e — Colza.
Le colza est récolté assez tôt pour donner une demi-jachère pour le blé.	3e *année*. Blé, 1/2 fumure.
Le chaume est retourné pour semer, en récolte dérobée, des navets ou du sarrasin la même année.	*id. année*. Navets ou sarrasin.
Au printemps la terre est semée en maïs, haricots, pommes de terre, betteraves.	4e *année*. Maïs, haricots, pommes de terre, betteraves.

Cet assolement, qui n'appartient qu'aux terres les

plus fécondes des bords de la Saône, est presque en entier dirigé vers la production des denrées vendables, c'est-à-dire du blé et du colza, puisqu'il consacre, déduction faite de la prairie attachée au domaine :

A la production du blé, savoir :	8/16ᵉ
A celle du colza	4/16
A celle du maïs, haricots, pommes de terre et betteraves	4/16
A celle des navets ou sarrasin	2/16, en les comptant pour 1/2 récolte.
	18/16ᵉ

L'assolement que nous venons de décrire est, nous le croyons, celui de tous qui élève au plus haut le produit net de la terre, puisqu'il fournit douze seizièmes de denrées à vendre contre six seizièmes de produits à consommer dans le ménage. Il procure aussi beaucoup de paille et de litière ; mais les nourritures animales y manqueraient sans l'addition de quatre seizièmes au moins de prairies naturelles de bonne qualité et l'usage de parcours communaux, pour servir à l'entretien du troupeau pendant l'été, puisque, d'après la formule de ce cours, il ne reste point de chaumes vacants, et qu'il ne procure au bétail que la seule récolte dérobée des navets.

Dans le cas où une ferme assolée de la sorte n'aurait pas la proportion voulue de prairies, il faudrait y pourvoir soit en consacrant à la luzerne une superficie égale, soit en adoptant le cours suivant :

Il commencerait de même par un blé fumé après le maïs	1ʳᵉ *année*.	Blé fumé.
Retourné immédiatement pour le colza	2ᵉ —	Colza.
Demi-jachère après colza pour semer du blé		

avec demi-fumure............... 3ᵉ *année.* Blé.

Le chaume est retourné pour semer en navets ou sarrasin. .... } *id.* — Navets ou sarrasin.

Au printemps la terre reçoit du maïs, haricots, pommes de terre et betteraves.......... } 4ᵉ *année.* Maïs, haricots, etc., etc.

Labour immédiat pour semer du blé fumé, suivi de trèfle................ } 5ᵉ *année.* Blé, suivi de trèfle.

——————————————————————— 6ᵉ *année.* Trèfle.

Labouré en automne pour semer du blé... 7ᵉ — Blé.

Retourner le chaume pour semer des vesces d'hiver mêlées de seigle; donner une demi-jachère, après les vesces, pour semer le colza.. } 8ᵉ *année.* Vesces d'hiver.

——————————————————————— 9ᵉ *année.* Colza.

Cet assolement n'offre qu'un cours de neuf ans, c'est-à-dire la durée d'un bail; car la récolte dérobée des navets ou sarrasin fait compter à double la troisième année.

En divisant figurativement la ferme en vingt-sept parties, il y en aurait d'après ce cours:

    12/27ᵉ en blé.
    6/27 en colza.
    3/27 en maïs.
    3/27 en trèfle.
    3/27 en vesces d'hiver.
    3/27 en navets ou sarrasin.

A la vérité, le dernier blé enjambe en quelque sorte sur le second tour de cet assolement; néanmoins il est plus productif en blé et moins en maïs et colza que le précédent; mais il est plus riche en fourrages, et s'adapte mieux à des terres d'une trempe inférieure.

On pourrait le resserrer en le simplifiant ainsi:

    1ʳᵉ *année.* Blé fumé sur maïs.
    2ᵉ — Colza.
    3ᵉ — Blé.
    4ᵉ — Trèfle.

Mais toujours faut-il avouer que ces formules complètes ne sauraient recevoir d'applications que sur des domaines composés de terres homogènes, nivelées par la formation des courants qui en ont fait le dépôt; disposition qui appartient au sol de tous les pays où nous allons chercher les modèles de nos assolements; savoir : de la Lombardie, de l'Alsace et de la Belgique. Disposition qui a motivé la création et l'application de ces assolements, mais qui rencontre ailleurs de sérieuses difficultés.

Le sol de la France ne renferme que des espaces bornés de ces terres d'une nature homogène, moelleuse, et nivelées, qui n'opposent aucun obstacle aux intentions ni aux travaux du laboureur, qui s'y montrent au contraire d'une entière docilité, et l'on peut à point nommé réaliser tous les projets spéculatifs de l'agronomie, et tracer à l'avance les cadres de l'assolement qu'on a choisi pour elles. Ce sol présente, au contraire, dans sa plus grande partie, des superficies inégales, accidentées, et parcourant en conséquence à de grands rapprochements tous les degrés de la haute fertilité à la stérilité.

Pour des terres ainsi disposées, l'assolement ne peut ni se formuler, ni se graver, comme les lois, sur des tables de pierre, parce qu'il réside tout entier dans la tête du cultivateur, forcé d'obéir aux exigences des natures diverses du sol que doit entamer sa charrue, et de calculer les effets produits par les saisons, sur des sols divers et des expositions variées. Pour de tels cultivateurs, et c'est le grand nombre en France, il faut se borner à énoncer des formules d'assolements contenant des notions agricoles dont ils puissent faire un emploi partiel. La prétention de l'agronomie ne peut aller au-delà, et en traçant ces formules, nous n'ignorons pas qu'un bien petit nombre d'entre elles recevront seules une application méthodique.

Assolements avec pommes de terre de la zone centrale du royaume.

Partout où la culture du maïs a pris pied, celle des pommes de terre a été réduite à ses moindres termes; en premier lieu, parce que leur qualité se détériore à mesure qu'on approche du midi; en second lieu, parce que là où le palais s'est habitué à la saveur du maïs, la pomme de terre paraît insipide et terreuse. Mais aussitôt qu'on s'élève au nord de la ligne où mûrit le maïs, la pomme de terre reprend toute son importance, et occupe une place à part dans les assolements.

Dans cette région centrale de la France, le blé sarrasin en occupe cependant une bien plus considérable encore, car il est la base de la nourriture du cultivateur; c'est seulement dans la région du nord que la pomme de terre a conquis toute la place qui peut lui appartenir dans l'approvisionnement public, et par conséquent, dans les assolements.

Le blé sarrasin végète avec une étonnante vigueur dans cette zone centrale du royaume; il importe donc grandement d'en maintenir la culture dans les formules d'assolements que nous hasarderons de proposer pour cette région.

Elle est, sauf les exceptions, la moins fertile du royaume, puisqu'elle comprend tous les pays de landes ou terres d'ajoncs ; c'est aussi celle où la nature des choses donne le plus de problèmes à résoudre à l'agronomie.

La partie centrale de la France étant celle où les bœufs sont principalement employés à la culture, il y aura beaucoup moins de place à réserver pour l'avoine que dans celle du nord, où elle est indispensable.

Nous distinguerons également dans cette région les localités plus fertiles où se cultive le froment, et dans lesquelles le sarrasin n'entre qu'en qualité de récoltes dérobées, de celles où ce sarrasin est la récolte capitale, et où le seigle prend la place du froment.

Pour les premiers terrains voici les formules d'assolements que nous considérons comme pouvant y être heureusement appliquées ; savoir :

1re *année*. Jachère.
2e — Blé fumé, suivi de trèfle.
3e — Trèfle.
4e — Blé, suivi de sarrasin.
5e — Pommes de terre, betteraves, légumes.
6e — Blé fumé, suivi de colza.
7e — Colza, suivi de vesces et seigle.
8e — Vesces d'hiver et seigle, suivis de sarrasin.
9e — Avoine.

Ce cours de neuf ans comporte deux fumures, et s'applique très bien à des terres à froment d'une richesse moyenne, dont, y compris une année de jachère, il porte la production à

5 récoltes de céréales d'hiver.
2 — de céréales dérobées.
1 — de racines et légumes.
1 — de colza.
1 — de trèfle.
10 récoltes en 9 ans.

Cet assolement nettoie deux fois le sol ; une fois par la jachère et une autre par les pommes de terre, betteraves et légumes, placés au milieu du cours. Il ne produit qu'une année de trèfle ; mais il serait impossible de rapprocher davantage sa culture dans cette classe de terrain. Il procure deux récoltes dérobées de sarrasin et une de vesces d'hiver et seigle pour la nourriture du ménage et l'engrais des bœufs et des porcs, conjointement avec les pommes de terre et betteraves. Ainsi sur dix récoltes il en fournit au marché trois de blé, une de colza et d'avoine et cinq à consommer.

Mais il suppose que le domaine est fourni d'une certaine étendue de prés naturels, sans quoi la proportion des fourrages serait insuffisante, et dans ce cas, il faudrait prélever une onzième portion de la ferme pour y faire un établissement de sainfoin.

Cette formule est d'ailleurs assez large pour pouvoir se varier. Ainsi, lorsque le sol s'appauvrit, on peut y supprimer le colza et les betteraves, qu'on remplacerait par des vesces et du seigle, plantes moins difficiles sur la qualité du sol ; en sorte que pour les derniers terrains de cette catégorie on pourrait se réduire à ce cours,

1re *année*. Jachère.
2e — Blé fumé, suivi de vesces.
3e — Vesces, suivies de sarrasin.
4e — Avoine, suivie de raves.
5e — Pommes de terre et légumes secs.
6e — Blé fumé, suivi de vesces.
7e — Vesces, suivies de sarrasin.

Il faudrait alors qu'une des récoltes de vesces d'hiver et seigle fût coupée en fourrage pour tenir lieu du trèfle. C'est entre ces deux formules que doivent rouler tous les assolements des terres à l'espèce desquelles nous les avons appliqués.

A mesure que l'on descend dans l'échelle de la fertilité naturelle des terres, il devient plus difficile de combiner des cours de récoltes qui leur soient appropriés. Ce n'est pas non plus de prime abord que l'on peut introduire de nouveaux assolements dans de pareilles terres; car elles s'y montreraient rebelles. Nous indiquerons plus tard les procédés par lesquels nous croyons qu'il serait convenable d'arriver par degré à modifier la chétive culture qui se pratique dans ces pauvres sols crayeux, sablonneux ou argilo-siliceux, qu'on rencontre dans la région centrale du royaume, et qui se distinguent au loin par le brillant éclat des pavots s'épanouissant d'eux-mêmes au milieu des seigles.

Ainsi nous pensons que les assolements qui conviennent à ces terres doivent tous débuter par une récolte pleine de sarrasin, semée sur deux labours, et dès le commencement de juin, afin qu'il puisse être récolté pour la fin de septembre. Après une fumure aussi abondante que faire se peut, il faut retourner le sol et y semer en même temps du seigle et des vesces d'hiver. Les vesces et le sarrasin, ayant l'une et l'autre la propriété de détruire les végétations parasites, doivent, en se succédant immédiatement, avoir nettoyé le sol. Au printemps suivant, on peut en cultiver partie en pommes de terre, et partie en avoine et vesces de printemps, pour fourrages, après quoi le champ serait semé en seigle ou méteil.

1re *année*. Sarrasin.
2e — Seigle et vesces d'hiver fumées..
3e — Pommes de terre, avoine,
4a — Seigle ou méteil.

Ce cours de quatre ans est le rudiment autour duquel il sera possible de développer de plus savantes combinaisons. Ainsi, on pourra passer de cet assolement au suivant :

1re *année*. Sarrasin.
2e — Seigle, mêlé de vesces fumées.
3e — Pommes de terre, avoine et vesces.
4e — Seigle ou méteil, suivi de trèfle.
5e — Trèfle.
6e — Blé ou méteil fumé, suivi de raves.
7e — Avoine et sainfoin.

Ce cours comprend tout ce qu'il est possible d'obtenir des sols pauvres dont nous nous occupons maintenant. La jachère y est une préparation superflue, attendu que la terre s'y divise assez d'elle-même, et son nettoiement s'opère par l'effet du sarrasin, des vesces et des labours qu'on doit donner aux terres dès que la récolte en est enlevée.

Sans doute que les produits de ces récoltes sont toujours chétifs. Ce qui les rend possibles sans perte pour les cultivateurs, c'est le bas prix où le sol s'afferme, savoir : de 15 à 20 francs l'hectare. C'est le peu de frais qu'exige la culture, en raison du peu de résistance qu'offre le sol ; les plus maigres productions y donnent encore assez de bénéfice pour permettre de la cultiver.

Mais là où la rente de la terre n'atteint pas au moins à 15 francs l'hectare, le seul conseil qui nous reste à donner au propriétaire est celui d'adopter, pour ses domaines, un plus large assolement, en les semant successivement en bois.

Nous disons successivement, parce que nous ne pensons pas que de pareils terrains, si ce n'est dans certains cas, puissent nourrir les essences qui forment des bois à demeure. C'est particulièrement au pin sylvestre qu'il faut confier ce boisement. Il n'exige qu'un semis fait à peu de frais ; et dans les vingt ans de sa durée, le débris végétal dont il aura couvert un sol inerte et ombragé suffit à lui rendre de la fécondité. Alors aussi, ce bois peut s'abattre et se défricher pour recevoir de nouveau la charrue, et dans le même temps, une autre portion de terre se sème en pin, afin d'établir une rotation constante entre le boisement et la culture.

Ce système n'est déjà plus étranger à la France, mais il est encore bien loin d'y être répandu. Ce n'est pas même sous la forme d'assolement qu'il a été adopté par de grands propriétaires ; car leur intention première, en boisant leurs terres, était d'en faire des forêts à demeure. Mais les faits et le temps finiront par apprendre qu'il y a double perte dans le respect que nous inspire la vétusté de ces bois, dont les essences s'épuisent et s'altèrent, soumises qu'elles sont, comme tous les végétaux, à cette grande loi des assolements. D'un autre côté, les plantes herbacées qui se perpétuent sous leur abri ont à leur tour épuisé les terres soumises depuis trop longtemps à leur reproduction. L'amélioration la plus capitale que le présent doit attendre de l'avenir, tient à l'adoption de ce vaste système de la permutation périodique des forêts en terres et des terres en forêts. Mais le temps n'en est pas encore venu.

Des assolements applicables à la région nord de la France.

Rien n'arrête ici l'agronome; tous les désirs de son imagination peuvent s'accomplir, car il travaille sur un sol fertile, sur des superficies homogènes et spacieuses, et dans un climat qui favorise également la végétation des céréales, des tubercules et des plantes fourragères et oléagineuses.

Appliqué à cette riche portion du royaume, nous n'avons nul besoin d'emprunter nos cours de récoltes aux comtés de l'Angleterre, parce que le climat y favorise tout autrement la fructification des céréales, but final de l'agriculture. Mais nous devons y prendre l'idée même de ces assolements alternes, à l'aide desquels doit disparaître le cours triennal, auquel les terres de cette région étaient particulièrement soumises.

Aussi ne sera-ce pas le rudiment d'un assolement que nous allons formuler, mais, tout au contraire, c'est le cours le plus complet que nous allons offrir aux cultivateurs, afin d'élargir leurs pratiques rurales jusqu'au terme où les plaines fertiles qu'ils sont appelés à cultiver peuvent le comporter. Il s'agira ensuite de resserrer pour chaque localité, comme pour chaque ferme, l'assortiment de production, suivant sa nature et ses convenances.

Voici la formule de cet assolement :

1re *année*. Blé fumé sur jachère, suivi de trèfle.
2e — Trèfle.

3ᵉ *année*. Blé.
4ᵉ — Avoine.
5ᵉ — Pommes de terre et betteraves.
6ᵉ — Blé fumé, suivi de colza.
7ᵉ — Colza, suivi de seigle et vesces d'hiver.
8ᵉ — Seigle, mêlé de vesces d'hiver.
9ᵉ — Fèves d'hiver.
10ᵉ — Blé fumé.
11ᵉ — Avoine et trèfle.
12ᵉ — Trèfle.
13ᵉ — Blé, suivi de raves ou turneps.
14ᵉ — Pommes de terre et racines.
15, 16, 17, 18, 19, 20ᵉ — Luzerne semée avec orge ou avoine.

Ce cours, adapté à une région où il se consomme beaucoup d'avoine, et dont le climat, plus tardif, met obstacle aux récoltes dérobées, produit en vingt années :

5 récoltes de blé.
1 — de fèves.
1 — de seigle et vesces d'hiver.
3 — d'avoine ou d'orge.
2 — de plantes tuberculeuses.
1 — de plantes oléagineuses.
2 — de trèfle.
5 — de luzerne.
_____
20 récoltes dont 7 en fourrage,

et treize à l'usage de l'homme. Il est vrai que, sur ce nombre, les trois récoltes d'avoine, et l'une au moins de celle des racines, est encore à l'usage des animaux, et qu'il n'en reste que neuf, dont cinq de blé, une de vesces et seigle, une de fèves et une de pommes de terre qui servent à sa consommation. Mais la nature des choses fait que cette localité sera toujours celle où abonderont les animaux puissants, où s'engraisseront les bœufs et les moutons, où s'élèveront tous les chevaux de grand échantillon, dont le service du royaume a besoin. C'est donc aussi là où l'agriculture doit fournir le plus de moyens propres à les produire, à les élever et à les engraisser.

Cependant, lorsque les domaines seront richement pourvus de prairies naturelles, ainsi qu'il en est en Normandie, on pourra réduire sur l'assolement l'une des récoltes de trèfle et de racines, ainsi qu'une portion plus ou moins considérable de la luzerne, en laissant de la sorte un retour plus rapproché aux récoltes des céréales et des légumineuses.

Il faut également distraire de ces cours les cultures spéciales qui n'appartiennent qu'à certaines localités, tels que sont les herbages en Normandie, le colza dans les alentours de Lille. Ailleurs, le lin ou la betterave à sucre. Productions que la nature de ces localités favorise, et qui, par celà même, y fixent les genres d'industrie auxquels elles fournissent la matière première.

Ces cultures produisent d'autant plus que leur marché est préparé, qu'elles y sont attendues et ne vont pas faire concurrence sur le marché général des denrées d'approvisionnement.

Aussi, allons-nous consacrer le livre suivant à traiter à part des principales de ces cultures exclusives ou locales.

LIVRE IV.

DES CULTURES EXCLUSIVES PRATIQUÉES EN FRANCE.

CHAPITRE Ier.

De la culture des pays d'herbages.

En dehors des divers systèmes de culture et d'aménagement des terres, il y a, en France, plusieurs industries agricoles, qui se sont emparées des sols et des climats qu'on a cru leur être favorables et qui s'y sont rendues dominantes. C'est pourquoi nous les avons désignées par l'épithète d'exclusives ; elles n'entrent, en effet, que peu ou point dans l'ensemble des combinaisons rurales, et on les traite plus ou moins à part. Telles sont, en effet, les cultures vignicoles, forestières ; celles des pays d'herbages, des mûriers, des oliviers, etc., etc.

Quelles soient indépendantes ou non du système rural du pays, toujours est-il que ces cultures entrent pour beaucoup dans son économie, en ce qu'elles y créent des capitaux, y emploient des bras, y produisent une consommation qui multiplient le mouvement et les relations sociales.

C'est pourquoi les contrées où domine par exemple

la culture vignicole sont celles où il y a le plus de population, le plus de commerce, le plus de capitaux, et où, par conséquent, la terre atteint à sa plus haute valeur vénale.

Ce sont aussi ces cultures que, sans primes, sans émulation factice, et qu'en dépit des impôts dont ils gémissent, les cultivateurs français ont le plus améliorées, parce qu'ils y ont trouvé le moyen le plus prompt d'augmenter le produit de leurs terres.

La culture des pays d'herbages n'est pas au nombre de celles d'entre ces cultures qui ont pu participer à cet accroissement; car la nature en fait seule les frais et en trace les limites. Elles sont déterminées par celles des contrées où la richesse et la fraîcheur du sol, jointes à l'humidité du climat, disposent la terre à se couvrir d'un gazon assez touffu pour n'avoir nul besoin de culture, et assez abondant pour engraisser à lui seul les bœufs qu'on y laisse vivre en liberté.

Ces herbages n'exigent ainsi ni travail ni avances de culture; ils se suffisent à eux-mêmes, et forment, à eux seuls, une exploitation qui ne se lie à aucune autre, ne les prive de rien et ne leur fournit rien. Nous n'hésitons pas non plus à dire que l'existence particulière de ces terres, si elle est précieuse pour leurs propriétaires et les herbagers, nuit à l'agriculture en général; car cette possession a concentré la principale industrie de l'engraissement des bestiaux sur quelques points isolés du royaume; tandis que, répandue dans les fermes de terres arables, elle y aurait offert un puissant moyen de consommer des fourrages, des racines et des menus grains, en reversant sur ces domaines les engrais qui en seraient provenus.

Ce fait arrive sans doute partiellement aujourd'hui, attendu que l'étendue des herbages étant déterminée, leur production devient insuffisante pour satisfaire à l'accroissement des besoins de la consommation; mais ce n'est qu'à titre de supplément qu'arrivent à Poissy les bœufs engraissés à l'étable, et durant des siècles ceux provenant des herbages avaient suffi seuls à l'approvisionnement.

La France renferme trois contrées qui, par la nature de leur sol et de leur climat, ont été destinées à produire ainsi un éternel et fertile pâturage, savoir : les vallons du Charolais, une portion de la Normandie et du bas Poitou.

Les vallons du Charolais doivent l'épaisseur de leurs gazons à la nature des eaux qui s'écoulent des monts granitiques dont ils sont dominés. Les plus beaux pâturages des Alpes sont loin de les égaler pour l'engrais, quoique le bétail qu'on y élève soit plus grand que celui du Charolais.

Les bassins où se trouvent les herbages de l'Orne, de la Manche et du Calvados, reçoivent la fraîcheur constante nécessaire à leur végétation de la qualité du sol et de celle des eaux qui s'infiltrent dans ce sol, en même temps que d'un climat, dont la parfaite douceur et les émanations de la mer favorisent, comme en Irlande, la végétation herbacée. Il en est de même pour les herbages du bas Poitou.

Ces vastes prairies sont divisées en enclos par d'épaisses plantations d'aulnes, qui ne permettent pas à la vue d'embrasser au loin l'aspect de la contrée. Elle ne se découvre, comme dans les prairies du Milanais, qu'à mesure qu'on la parcourt; les demeures mêmes sont encloses par ces grandes haies d'aunes, surplombées par l'ombrage de quelques hêtres gigantesques.

Tout est sombre, vert, frais et raccourci dans l'aspect de ces prairies éternelles, où l'homme n'a d'autres soins à prendre que de surveiller le bien-être des bestiaux qu'on voit paissants, au repos, ou ruminants à leur gré, dans les couches épaisses de l'herbe, qu'ils choisissent d'après l'heure du jour et la direction du soleil.

Les herbages qui occupent le fond des contrées que nous avons citées sont principalement employés à l'engrais des bœufs; mais on y élève aussi des chevaux dans la proportion de dix pour cent, proportion qui se retrouve en Suisse et que les herbagers des deux pays regardent comme nécessaire à la conservation du pâturage. Il s'y trouve aussi quelques vaches; mais les bêtes à laine sont nécessairement exclues d'un parcours trop riche et trop frais pour ne pas y contracter la cachexie qui en détruit si promptement les troupeaux.

Nous n'avons rien à dire sur une culture permanente dont la nature fait tous les frais et qui s'alimente par elle-même. Nous n'avons donc à la considérer que sous le rapport de son produit.

Un bon herbage doit engraisser successivement trois bœufs dans l'année, dont le premier y a passé l'hiver en état de maigreur et s'engraisse rapidement dans les deux mois de la forte végétation de l'herbe. Un second doit avoir pris sa graisse dans les trois mois de juin, juillet et août. Le dernier pousse plus tard son engraissement, et les moins avancés exigent à la fin un supplément de nourriture farineuse, pour achever cet engraissement dans les derniers mois de l'année.

Le bénéfice brut de l'engraissement doit s'élever par tête à 100 francs ; c'est le terme où nous l'avons vu généralement s'élever, soit pour les engrais à l'herbe, soit pour ceux de pouture ; et, en effet, ce bénéfice doit s'élever au même prix, puisqu'il y a concurrence pour l'achat et la vente des bœufs engraissés par ces deux procédés.

La superficie nécessaire pour engraisser dans l'année les trois bœufs qui doivent se succéder dans le même pâturage, est de deux hectares à deux hectares et demi, suivant la richesse du sol.

Le produit brut de l'industrie serait donc de 300 francs par place de bœuf et par conséquent de 150 à 125 francs par hectare. Mais il faut en déduire les faux frais occasionnés par les courses pour acheter les bœufs et les conduire sur le terrain, par leur surveillance, et les cas d'ovailles auxquels ils sont exposés. Nous croyons ne pas rester au-dessous de la vérité en estimant ces frais à 12 francs par tête de bœuf, soit à 36 francs par place d'engraissement, ce qui réduit le produit net de l'hectare pour l'engraisseur à 130 francs, en moyenne, et celui du prix locatif pour le propriétaire à 100 francs sur lesquels il lui reste à acquitter l'impôt.

Assurément ce produit net est considérable, puisque, évalué au 3 pour 100, il donne à l'hectare une valeur vénale de 3,000 francs, valeur d'autant plus nette que les rentrées des fermages sont plus certaines, attendu que le fermier d'herbages court moins de chances qu'aucun autre, qu'il n'a presque aucunes avances à faire à la terre et qu'il est nécessairement pourvu d'un gros capital circulant pour alimenter une industrie dont la valeur même est représentée par celle des bestiaux qui paissent sur ses prairies.

Quelque avantageuse que semble être au premier aperçu une telle industrie, ce n'est au demeurant qu'une agriculture de paresse et d'incurie; car des prairies d'une nature aussi prodigieusement féconde produiraient, en deux coupes, au moins 12 milliers de foin par hectare, outre un abondant parcours pendant toute l'arrière-saison. Or, à 30 francs le mille ces 12 milliers produiraient une valeur de 360 francs l'hectare, dont, en raison de 5 francs par mille, il faut déduire 50 francs pour les frais d'exploitation; il resterait 310 francs pour le produit net de l'hectare, au lieu de 100. Cette différence proviendrait du volume considérable d'herbe que le parcours détruit sans profit, et du peu de bénéfice que le fumier abandonné par les bestiaux au parcours apporte aux terres, comparé à celui produit par les bestiaux à l'étable, qui s'est carbonisé dans des masses assez considérables pour que cette action chimique puisse s'y opérer.

Mais cette différence provient d'une cause plus difficile à combattre; elle vient de ce qu'aucune des industries par lesquelles on parvient à convertir les fourrages en substances animales ne peut en faire ressortir la valeur au prix du marché. Ainsi il n'y a nul doute que si les propriétaires d'herbages pouvaient vendre leur foin à 30 francs le millier, ils élèveraient des deux tiers le produit net de leurs terres. Mais, d'une part, ils finiraient par les amaigrir, et, de l'autre, si une telle masse de foin apparaissait tout d'un coup sur les marchés, elle y produirait un encombrement qui en réduirait la vente et le prix à peu de chose.

Il faudrait donc de toute nécessité que l'immense majorité de cette production se convertît par l'engraissement en matière animale. Dans ce cas, voici quels pourraient être les bénéfices de cette exploitation.

La superficie où s'engraissent trois bœufs dans l'année produirait 25 milliers de foin et un riche parcours depuis le mois de septembre jusqu'à l'arrière-saison. Ce parcours engraisserait un bœuf, avec une consommation à l'étable de 2 à 3 milliers de foin mêlé de regain. Les 22 milliers restant en fênière suffiraient pour amener au point d'abattage et sans autre secours, avec des fourrages aussi substantiels, trois bœufs et demi, en raison de 6 à 7 milliers par tête. On obtiendrait ainsi l'engraissement de quatre bœufs et demi au lieu de trois, avec le produit de la même superficie, récoltée en sec au lieu de l'abandonner au parcours perpétuel.

Maintenant il s'agit de savoir si les frais occasionnés par cette nouvelle forme à donner à l'industrie herbagère en couvriraient les dépenses.

L'augmentation du produit en serait pour l'engraissement d'un bœuf et demi de plus, en faveur du fermier herbager, de 150 francs. Sur cette somme, il aurait un débours de 100 fr. à supporter pour surplus de frais d'exploitation; soit 50 fr. par hectare, dont il garderait environ 15 p. 100 pour bénéfices et remboursement de main-d'œuvre, et dont il paierait 35 fr. de mieux-value au propriétaire. Il s'ensuivrait que celui-ci porterait son fermage à 135 au lieu de 100 fr. par hectare ; c'est-à-dire que les fourrages consommés de la sorte seraient vendus à 1 fr. 35 cent. les 50 kilogr., au lieu du franc qu'ils produisent par l'herbage; tandis qu'il en aurait 3 fr. au cours du marché.

A la vérité, nous croyons que ses prairies profiteraient à recevoir les engrais d'étables, plutôt que la fiente qu'y laissent tomber les bestiaux ; mais avant de pouvoir substituer l'engraissement de pouture à celui du parcours, il faudrait aussi qu'il pourvût sa ferme des constructions nécessaires pour loger ce surcroît de récoltes et de bétail. Malgré cela, il y trouverait un bénéfice de 11 ou 1200 fr. dans le prix vénal auquel s'élèverait l'hectare de prairie.

Le calcul que nous venons de poser, et que nous croyons être aussi près de la vérité qu'il se peut faire en pareille matière, nous paraît devoir être applicable à tout engraissement fait à l'étable, dans quelque localité de la France que ce soit; c'est-à-dire qu'il fera ressortir ce fourrage qu'il aura consommé à 1 fr. 35 cent. les 50 kilogr., ou à 13 fr. 50 c. le millier.

En consacrant ainsi les plus fertiles prairies du royaume au parcours des bestiaux, on fait perdre 35 fr. par hectare au revenu net de ces terres, et à la consommation générale trois quarts d'une tête de gros bétail ; cet hectare pourrait engraisser de plus dans l'année, si on y adoptait un autre aménagement. Nous ne parlons pas de l'avantage obtenu pour la production des engrais; c'est donc avec raison que nous appelions cet aménagement une agriculture de paresse.

Les bœufs qu'on amène dans les contrées herbagères, pour s'y engraisser, proviennent dans le Charolais et le Poitou de ceux qui, après avoir été élevés dans le pays, ont servi à son agriculture. En Normandie, on va chercher les bœufs destinés à l'engraissement dans toutes les foires des départements de l'ouest, et jusque dans le Berry, où ils ont été amenés en grand nombre, dès l'âge d'un à deux ans, des départements du Cantal, de la Haute-Vienne, et de la Corrèze. On les prépare à l'ouvrage depuis l'âge de trois ans, et ils y restent soumis jusqu'à ce qu'ils aient atteint celui de six ou sept.

Ils sont alors vendus par les cultivateurs de l'Ouest aux engraisseurs de l'Orne, de la Manche et du Calvados; après avoir donné aux premiers le bénéfice de leur croît et de leur travail. Nous nous occuperons ailleurs des qualités de leurs différentes races.

Mais ce que nous devons déplorer avant de terminer ce chapitre, c'est la parcimonie dans la consommation du bœuf engraissé, qu'on remarque encore dans la généralité de la France. A Paris, où il s'en consomme dans la plus grande proportion, elle ne va pas au-delà de huit têtes de bœufs dans l'année pour chaque centaine d'individus[1]; tandis qu'elle s'élève, dans une petite ville de Suisse à treize pour chaque cent, et l'espèce de ces bœufs est telle que leur poids donne en moyenne 50 kilogr. au moins de plus que celui des bœufs qu'on abat pour la consommation de

---

(1) Le recensement de 1836 a donné, en dedans des octrois de Paris, une population de 909 mille âmes, et ces mêmes octrois n'ont signalé l'entrée que de 71 mille bœufs.

Paris. Et qu'est-ce encore que la consommation de de cette petite ville, comparée à celle de l'Angleterre ?

L'agriculture de la France pèche universellement par le défaut d'engrais, et l'on n'en produira qu'alors que la consommation demandera des substances animales. Jusque-là, l'agriculture pastorale restera en arrière, parce qu'on ne produit que pour vendre, et on ne vend que ce qui est demandé par les besoins de la consommation.

CHAPITRE II.

De l'économie des forêts.

L'étude de l'agriculture est d'autant plus difficile, qu'elle s'occupe d'objets dont l'examen demande plus de temps. De là vient qu'entre toutes les cultures, celle des forêts, quelque spontanée qu'elle paraisse, est néanmoins celle dont il est le plus malaisé de se rendre compte, parce qu'il n'est pas donné au même agronome d'assister aux révolutions séculaires par lesquelles s'accomplit la période de leur végétation.

Dès lors, il faut aller étudier l'histoire et les faits de cette végétation soit dans les traditions, soit dans les faits qui s'accomplissent simultanément, non dans le même lieu, mais sur un grand nombre de forêts dissemblables en âge, en localité, en essences et en aménagements. Il faut rapporter avec discernement ces faits à la date où remonte la cause qui les a produits, et ce n'est qu'après les avoir analysés et comparés entre eux, ce n'est qu'après en avoir tiré des conséquences, et s'être livré pendant beaucoup d'années à ce long et sévère examen, qu'il devient permis de traiter de la culture forestière.

Les bois abondent d'autant plus que la population est plus rare ; en se multipliant, ces populations vont abattant devant elles et sans prévision les futaies dont les siècles avaient spontanément couvert la surface du globe en la parsemant des essences dont ses climats et ses sols différents favorisaient la végétation ; car la nature et le temps ne produisent que des futaies ; les taillis ne proviennent que de l'industrie de l'homme, dont la patience s'est lassée d'attendre que les chênes décrépits tombassent d'eux-mêmes pour faire place à leurs rejetons. La période de destruction date des temps où le bois était encore surabondant, et où sa valeur était, par cela même, inférieure à celle de la plupart des autres productions. C'est ce qui se passe aujourd'hui au sein des forêts vierges de l'Amérique, et ce qui a de même eu lieu jadis dans les antiques forêts de notre ancien monde. Alors aussi, le déboisement s'est opéré sans égard pour les convenances de l'avenir, sans prévision de l'état futur de la propriété, ni des changements que la marche de la civilisation pourrait apporter à la constitution du pays. Aussi y a-t-il déjà telles contrées aux États-Unis où le combustible manque et où l'on est obligé de faire venir de la houille au travers des mers, parce que les premiers défricheurs, ne travaillant que dans un seul but, se sont hâtés de détruire tout ce qui était à portée de la région où ils s'étaient établis. C'est par des procédés semblables que l'on a défriché ou respecté jadis chez nous le sol forestier. Les forêts qui nous restent ne sont que les débris de ce grand cataclysme végétal.

Mais après avoir ravagé les bois sur son passage, après avoir fondé sur les débris des forêts de nouvelles cultures, cette révolution s'arrête, et l'équilibre tend à se rétablir entre les diverses productions que les besoins de l'homme demandent à la terre. Il fait en quelque sorte une revue de ses richesses agricoles. Revue où les prix respectifs de ses diverses productions lui servent de jalons ; car ces prix lui annoncent immédiatement les besoins que la présence ou le défaut de telle ou telle de ces productions fait naître dans la consommation ; et c'est alors que l'équilibre tend à se rétablir entre elles.

C'est à ce point seulement que commence la science forestière qui, jusqu'alors, n'avait été que l'œuvre du bûcheron, chargé d'abattre les arbres, sans qu'il vînt à l'esprit de personne que le besoin pourrait s'en faire sentir un jour, ni comment on parviendrait à les remplacer. Ce fut alors aussi que la science forestière se créa par la nécessité où chacun se trouva de faire entrer la culture des forêts en combinaison avec l'économie générale du pays, et ce sont les rapports nés de cette combinaison, que nous croyons devoir examiner avant d'aborder de plus près le sujet de ce chapitre.

Des rapports de l'économie forestière avec l'économie générale de la France.

Le sol forestier occupe en France 7 millions

800,000[1] hectares, à prendre sur les 52 millions et demi qui forment la totalité de sa superficie, c'est-à-dire qu'il existe, en forêts, entre le sixième et le septième de cette superficie. Le pays n'ayant d'enclos que dans quelques portions, les clôtures ne fournissent que très peu de combustibles aux cultivateurs. Les forêts sont ainsi destinées à fournir la presque totalité du combustible à consommer dans le pays, soit par les ménages, soit par les usines, et à fournir les arbres nécessaires à toutes les constructions civiles et maritimes.

La moitié de ces bois, c'est-à-dire 3 millions 900,000 hectares appartiennent aux mainmortables; à savoir : la liste civile, le domaine de l'État et les communes. Le surplus est dévolu presque en entier à la grande propriété.

Dans les temps où le bois surabondait encore, les propriétaires de mainmorte et même beaucoup de seigneurs s'étaient montrés très faciles à donner dans leurs forêts des droits d'usage et de parcours; c'était, faute d'argent, un moyen d'indemniser leurs vassaux des ravages de guerre, d'incendies qu'ils avaient alors si fréquemment à subir.

Les communes s'étaient à elles-mêmes attribué ces droits sur leurs propres domaines; en sorte que la propriété de la plus grande partie des bois est encore aujourd'hui grevée de ces différents droits.

Celui de parcours, dont l'inconvénient serait moin-

(1) L'étendue des bois et forêts donnée par la statistique de Royer en 1843, est de 8,435,845, il fait figurer en outre, comme terrain forestier, 368,706 : total 8,804,551.

dre s'il ne s'exerçait que sur des taillis défensables, devient destructeur dès qu'il a lieu, soit par abus dans les jeunes taillis, soit surtout dans les bois inclinés des montagnes, où la repousse est plus lente, et où l'inclinaison du sol met à la portée du bétail les branches des taillis inférieurs. De vastes étendues ont été de la sorte réduites en broussailles et privées de revenus.

Le parcours est d'ailleurs fatal partout à l'agriculture, en offrant aux cultivateurs un détestable moyen d'empêcher leurs bestiaux de mourir de faim ; moyen sur lequel ils se fient et qui arrête chez eux toute amélioration.

La meilleure mesure à prendre à cet égard serait de rendre le rachat du droit de parcours, non pas facultatif, ainsi qu'il l'est, mais obligatoire dans un délai donné. Obligatoire des deux parts ; aussi bien de celle des propriétaires, y compris avant tout le domaine public, que de celle des ayants droit. Jusque-là, il sera impossible de jeter les bases d'aucune amélioration méthodique dans le système forestier de la France.

Les circonstances diverses qui ont successivement amené les bois à l'état où ils se trouvent maintenant ont produit de singulières anomalies dans la distribution qui s'en est faite. Les mainmortables et les grands propriétaires, à qui ce genre de possession convient éminemment, ont conservé leurs bois là où ils se sont trouvés placés, et où il leur était agréable de les avoir, souvent dans des plaines fertiles et sur les plus beaux sols arables du monde, tandis que les communes allaient défrichant devant elles sur des sols pauvres, élevés, souvent en pente, et qu'elles ont ainsi déboisé des superficies qui n'offrent plus aujourd'hui que des champs stériles ou de vaines pâtures. Il y a eu en cela double perte pour le pays, qui en subira les conséquences jusqu'au jour où, plus avancés dans la science agricole, les propriétaires arriveront à faire les conversions qui seules peuvent rectifier les anomalies introduites par le temps dans l'assiette du sol forestier. Aujourd'hui encore la science, loin d'être arrivée à ce point, repousse ceux qui voudraient provoquer ces conversions, en immobilisant les bois dans les cadres qu'ils occupent maintenant, par l'interdiction de leur défrichement.

Considérée comme superficie absolue, nous croyons en effet que celle du sol forestier ne dépasse pas aujourd'hui l'étendue convenable pour assurer la consommation de bois nécessaire au royaume ; car il reste à un prix élevé sur tous les grands marchés, et ce prix ne varie, en forêt, qu'en raison des frais de transport dont il se trouve chargé, d'après le gisement qu'occupe chacune de ces forêts. La production de la houille n'est parvenue jusqu'ici à satisfaire qu'au montant de la consommation occasionnée par le surplus d'une population de sept millions et demi et par celles des machines à vapeurs. Plus tard sans doute, et à mesure que le système de communication par terre et par eau aura pris des développements ultérieurs, la houille entrera pour une part toujours plus grande dans la consommation.

L'on peut estimer, en attendant que la production des bois de construction s'opère sur à peu près 5 mille même canal, après avoir déchargé la houille qu'il avait apportée, transportera ces arbres sur le marché où ils sont demandés.

En revanche, ceux des bois qui jouissaient du monopole, dont ils se croyaient assurés par le voisinage même de ce marché, en seront subitement frustrés et leur valeur forestière déchoira en proportion.

Il y aura donc des forêts dont le produit sera moindre qu'il ne le serait en toute autre nature de culture, et d'autres localités auxquelles le boisement donnerait une valeur très supérieure à celle qu'ils obtiennent par le mode actuel de leur mise en rapport. Mais si nous ajoutons que, d'après une autre anomalie dont nous avons signalé plus haut les causes, il y a sur la superficie de la France beaucoup de sols riches en nature forestière et beaucoup plus encore de stériles qu'on a malencontreusement déboisés, on comprendra que la France est parvenue à cette époque de l'histoire de ses forêts, où il devient nécessaire d'examiner le rôle qu'elles jouent et la place qu'elles occupent dans son économie rurale.

Les changements à apporter à la nature du sol forestier doivent être ainsi soumis à deux considérations avant d'être entrepris. La première est l'appropriation du sol à la nature de culture, la seconde est l'appropriation locale de ce sol à la situation des marchés où ses produits doivent trouver leur débouché.

La végétation forestière ne se comporte pas comme celle des plantes dont elle occupe la place, parce qu'elle ne végète pas dans les mêmes couches de la terre et ne lui demande pas les mêmes éléments nutritifs. Il en résulte que le produit du bois n'est pas proportionnel à celui du blé dans telle ou telle nature de sol ; en sorte que sur des terres dont le produit en blé est comme dix, celui du bois n'y sera que comme deux ; tandis qu'il sera encore comme un, là où le produit du blé ne sera que comme 2 et demi ; c'est-à-dire que du meilleur sol à celui de la moindre qualité forestière, la différence du produit, en essences pareilles, ne sera que de un à deux, tandis qu'en blé elle peut aller de un à quatre.

Ce fait, que nous n'avons vu signalé nulle part, est néanmoins facile à vérifier, et nous en possédons nous-même la preuve : ce qui nous a permis d'y porter notre attention. Ainsi, le bois provenant de la forêt de Bondy, par exemple, revient à une valeur double, toutes choses égales d'ailleurs, de celle du bois qu'on abat dans la forêt de Saint-Maur, par la raison que le blé qu'on aurait cultivé à Bondy aurait produit quatre, tandis qu'à Saint-Maur, il ne produirait qu'un. En revanche, le bois venu à Bondy n'est que comme deux, pendant que celui de Saint-Maur est comme un.

Comparé aux productions qui pourraient remplacer celle du bois, il y a double profit à consacrer au sol forestier le sol inférieur en qualité. Il y a plus ; beaucoup de terres, trop froides pour donner de belles productions, fournissent aux bois l'aliment de la plus belle végétation. Aussi ne faut-il pas croire que, pour obtenir de beaux arbres, il soit nécessaire d'y consacrer le terrain des plaines fertiles de la Brie ou de la Flandre. Il y a tels sols froids et inertes en apparence, sur lesquels s'élèvent les plus beaux et les plus robustes des chênes.

Mais la science a de plus grandes ressources encore

pour obtenir d'abondantes récoltes affouagères des terrains de qualité inférieure; c'est de les implanter des essences qui leur sont appropriées. La nature est riche à cet égard, et depuis l'aune qui couvre de sa verdure opaque les vallons humectés, jusqu'au pin sylvestre dont le feuillage effilé se plaît sur la cime décrépite des coteaux, il y a des essences affectionnées à tous les sols; il ne s'agit que de les y porter, et surtout d'empêcher, après qu'on les a établies, là où il n'existait rien, que les troupeaux ne viennent à détruire, dès leur premier âge, des semis si précieux.

L'économie du royaume a donc un double bénéfice à retirer de la conversion qu'il s'agit de faire, en reboisant des terres ingrates qu'on n'aurait jamais dû défricher, et en rendant à la culture celles des forêts, qui occupent encore des terrains riches et des plaines fécondes. Mais, en regardant cette opération comme capitale et comme étant de nature à ajouter dans une proportion double, en raison de la superficie, à la masse des subsistances nécessaires à une population toujours croissante, nous nous faisons un devoir de prémunir les propriétaires contre l'illusion que des bois d'une belle venue peuvent leur faire sur la qualité du sol où ils ont grandi. Nous leur répétons ici que la belle végétation des arbres n'est pas une garantie certaine de la fécondité du sol arable, et nous avons vu faire de nombreuses bévues à cet égard. Il faut avant tout s'assurer de la qualité des terres arables environnantes, pour s'en servir d'indices, et examiner l'espèce des herbes et des sous-bois qui croissent naturellement dans la forêt qu'on se propose de défricher. Il serait trop long d'énumérer ici ces divers végétaux; mais ils sont connus des forestiers et des gardes-ventes.

Après s'être assuré de l'appropriation d'un sol forestier à toute autre nature de culture, il reste à voir si la localité qu'il occupe, ou celle qu'on lui prépare par les changements qu'apporte aux positions géographiques l'ouverture de nouvelles communications, doivent augmenter ou diminuer la valeur de ses produits.

Ainsi l'approvisionnement de Paris ne s'y acheminait que par le cours de la Marne, de l'Yonne, de la Seine et de leurs petits affluents. L'ouverture du canal de Bourgogne va conduire, sur ses chantiers, tous les bois de l'Auxois et de la vallée de l'Armançon qui, de temps immémorial, n'avaient d'autre emploi que de fournir le charbon consommé par les nombreuses usines de ces contrées. De leur côté, ces usines seront approvisionnées par les houilles que le même canal y amènera de Givors et d'Épinal, aussitôt que les maîtres de forges auront appris la méthode de traiter la fonte à la houille, art qu'ils ignorent encore.

Il est évident que les bois de la Marne et du Morvan, comme tous ceux dont le combustible arriverait en bûches à Paris, se verront enlever toute la part du monopole que le canal de Bourgogne versera sur leur marché. Il en résultera que la valeur des bois du bas-pays baissera dans la proportion de cette concurrence, pendant que les bois du haut-pays, à partir de Joigny, augmenteront dans la même proportion. On doit conclure, de ce mouvement, que les propriétaires de bois situés en bonne plaine dans le triangle de la Loire à la Marne, ont un intérêt manifeste à les défricher ; tandis que les propriétaires des arides coteaux qui dominent le cours du canal ont un intérêt également manifeste à reboiser les terres dont l'imprudence de leurs prédécesseurs avait déraciné les bois, comme celles que l'incurie des pâtres avait réduites en vaines pâtures.

Mais, après avoir reconnu la convenance d'opérer des déplacements dans la nature du sol forestier, il nous reste à examiner dans quelle proportion peuvent s'opérer les conversions que ces déplacements comportent.

Un cinquième à peu près des bois appartient au domaine de l'État ou à la liste civile. Or, ni ce domaine, ni la liste civile, ne veulent rien défricher, par la bonne raison qu'ils ne sauraient comment administrer des biens soumis à d'autres natures de culture s'ils défrichaient. D'ailleurs, ils ne possèdent aucunes terres où ils puissent faire des reboisements équivalents. L'administration forestière se borne donc à vendre la faculté de défricher, lorsque l'État aliène des portions du sol de ses bois, ainsi qu'il l'a fait en dernier lieu pour 4 millions de rente.

Les communes possèdent plus d'un tiers des forêts de la France ; elles possèdent, en outre, la plus grande partie des terres vaines et des sommités arides qu'on a dépouillées des bois qui les couvraient jadis.

Le département de la Côte-d'Or, d'après son annuaire, offre, à lui seul, plus de 80,000 hectares de ces terres vaines, dont la plus grande partie pourrait être convertie en bois.

Au reste, dans plusieurs départements, dans les Vosges et la Meurthe, en particulier, qui peuvent être cités comme des exemples à imiter, les efforts de l'administration forestière et des préfets se sont portés sur ce point. Les communes ont été invitées à reboiser les sommités dénudées de ces districts qui commencent à se couvrir de jeunes plantations, dont le pin sylvestre forme la principale essence.

Cette mesure, soutenue par une administration ferme et éclairée, se propage de proche en proche, et prend un plus large développement, parce que la valeur du bois tend à s'élever. Elle sera, de plus, profitable aux intérêts agricoles, en amenant forcément la suppression du droit de parcours, et en y substituant l'usage de nourrir le bétail à l'étable, ce qui aura pour double résultat l'amélioration de l'espèce et l'augmentation de l'engrais.

Cette mesure donnera de la valeur à des terrains jusque-là improductifs; et dans les pays qui manquent de bois, elle contribuera à en faire baisser le prix. Elle amènera enfin une heureuse modification dans l'état de l'atmosphère; les hauteurs boisées, en attirant les vapeurs, entretiennent une humidité qui alimente les sources, et qui, en elle-même, est très favorable à la végétation.

Les conversions ne peuvent ainsi s'opérer que sur les bois et terrains communaux et sur les 3 millions 900,000 hectares qui appartiennent à la propriété particulière. Sur ce nombre, on peut estimer, à vue de pays, qu'il y a 500,000 hectares placés dans des conditions de nature à ce que le défrichement y soit avantageux. Nous pensons même dire beaucoup; car avant que l'on ait songé à faire pour les bois une législation particulière, les propriétaires avaient successivement défriché tout ce qui leur paraissait en être susceptible, et même beaucoup au-delà, ainsi que nous l'avons remarqué, et qu'il est facile de s'en convaincre en parcourant la France. Ce sont les propriétés de mainmorte qu'on a essentiellement conservées en bois, contre l'indication naturelle de leur localité et par des raisons tout-à-fait étrangères à l'économie. Or, ces propriétés sont encore aujourd'hui mainmortables, et les mêmes motifs les défendent contre le défrichement.

En portant à 500,000 le nombre des hectares que leurs propriétaires pourraient défricher avec profit pour eux comme pour l'État, nous croyons estimer assez haut cette superficie. Nous disons avec profit pour eux, parce que ces bois sont de ceux dont la coupe se vend tous les vingt-cinq ans, en raison de 12 à 1,500 francs l'hectare, et qu'ils seraient affermés en raison de 90 à 100 francs, s'ils étaient appliqués à une autre nature de culture. Et avec profit pour l'État, en ce que les 500,000 hectares défrichés produiraient un plus grand volume de subsistance que les 1,500,000 hectares que nous voudrions voir enlever aux mauvaises terres arables, ou aux vaines pâtures, pour les convertir de nouveau en forêts. Ces terres sont, en effet, de celles qui s'afferment aujourd'hui au prix de 5 à 10 francs l'hectare, et dont la coupe en nature de bois produirait de 10 à 20 francs par année.

Il y aurait donc bénéfice dans les deux sens ; mais pour obtenir ces bénéfices, il faut être, pour reboiser, dans des conditions inverses de celles qui ont servi à motiver le défrichement ; c'est-à-dire qu'il faut que le produit du sol soit visiblement plus élevé en nature de bois qu'en toute autre culture, et c'est un fait dont l'exploitation des bois voisins peut donner la certitude. Il faut encore que les circonstances fassent prévoir une demande suffisante pour que la présence d'un bois de plus dans la localité désignée ne fasse pas baisser le combustible en encombrant le marché où il doit se vendre.

Avec ces garanties, et en arrivant à parachever la conversion dont nous venons d'exposer les conditions, on amènerait 500,000 hectares des meilleures terres du royaume et 1,500,000 des pires à leur meilleur état de production ; ce qui est, en définitive, réduire à sa plus simple expression tout le problème de l'économie rurale.

C'est aussi à vue de pays que nous venons d'estimer à 1,500,000 hectares l'étendue des terres qu'il serait avantageux de reboiser. Nous croyons que cette superficie serait dépassée si l'on pouvait admettre une possibilité d'exécution sur une étendue plus considérable encore ; car il y a bien au-delà de 1,500,000 hectares qui se trouvent occupés par des landes, des bruyères, de vaines pâtures et de misérables terres arables. Mais toutes ces portions du sol ne sont pas situées de manière à favoriser l'exploitation des bois; beaucoup d'entre elles appartiennent aux communes, qu'il faudrait obliger à délaisser la vaine pâture, ressource si misérable pour faire les frais d'un reboisement. Un grand nombre de ces terres chétives sont trop morcelées pour se prêter à un reboisement ; il en est enfin qui appartiennent à de grands propriétaires, que les prix croissants des bois décideront seuls à procéder à une opération qui augmentera leur revenu.

MM. de Rambuteau, de Brimont, de la Marre, et beaucoup d'autres que nous pourrions citer, ont réussi à boiser des terres sans valeur, auxquelles ils en ont fait acquérir une très notable; mais quelque utiles que puissent être de tels exemples, ce serait accorder beaucoup à leur influence que de l'admettre comme suffisante pour amener la transformation en forêts de 1,500,000 hectares de terres nues. C'est un effort qui demande beaucoup de temps, et ce ne serait pas trop faire que d'ouvrir un crédit de vingt ans à une telle opération.

Du défrichement et de la replantation des bois.

Le défrichement d'un bois promet trois bénéfices différents au propriétaire qui l'entreprend, savoir :

En premier lieu, celui qu'on obtient d'un abattage promptement réalisé, et dont le produit dépassant, dans la proportion de l'anticipation des coupes, le revenu de l'aménagement ordinaire, permet de réaliser le capital de la superficie sans aliéner le sol. Ce capital surnuméraire et disponible procure un profit certain ;

En second lieu, le propriétaire perçoit le bénéfice résultant des récoltes qu'il obtient sur les portions défrichées après l'abattage de la superficie, lesquelles, dans l'aménagement ordinaire, seraient restées vingt-cinq ans sans production ;

En troisième lieu, il gagne la différence entre le produit qu'il obtenait de l'aménagement de ses bois et celui qu'il obtient par les fermages du sol défriché.

Cette opération est ainsi la plus fructueuse que l'on

puisse tenter en agriculture ; mais sous certaines conditions.

Ainsi, en voulant réaliser en un trop court espace de temps l'abattage de la superficie, on serait trompé d'abord, en ce que l'encombrement de bois que produirait un abattage disproportionné avec les besoins du pays en avilirait le prix. En exagérant ensuite l'anticipation de l'abattage sur les coupes de l'ordinaire, on arrive très vite aux jeunes coupes, qui ne fournissent à peu près rien, si ce n'est les réserves et les baliveaux qu'on a laissé survivre à la coupe précédente. Ainsi, nous avons vu exécuter en quatre années le défrichement d'un bois de 223 hectares, aménagé à vingt-cinq ans, dont l'ordinaire était de 9 hectares. L'acquéreur en a coupé 56 hectares par année ; il a supporté des avaries provenant de l'encombrement qu'il avait produit lui-même sur le marché ; il n'a obtenu qu'à son premier abattage le plein de la valeur des coupes de l'ordinaire ; dès le second, cette valeur s'est réduite de 40 pour cent, et le quatrième de ses abattages ne lui a pas produit le 15e pour cent de l'ordinaire. En même temps il a éprouvé de la difficulté à louer ses terres défrichées, par la raison qu'il en offrait une trop grande étendue à prendre à la fois aux cultivateurs des villages voisins.

Nous croyons dès lors qu'un défrichement ne devrait s'exécuter que dans le terme et au fur et à mesure de l'abattage ordinaire, ou que tout au moins l'anticipation ne devrait devancer ce terme que de cinq années ; c'est-à-dire qu'on prît un terme de vingt ans pour le parachever. De la sorte on n'aurait aucune avarie à éprouver, aucun embarras dans l'exécution même du défrichement et de la location des terres.

Il y a plus, nous croyons qu'il y aurait un grand avantage public à régler dans ces limites la faculté de défricher, qu'on ne saurait tarder à rendre aux cultivateurs, malgré le peu de succès obtenu par la proposition qui en a été faite à la Chambre des députés. Nous pensons que, du moment où la propriété forestière est devenue l'objet d'une législation exceptionnelle destinée à en prohiber le défrichement, on peut, sans trop d'injustice, en leur restituant ce droit, y mettre des conditions que l'intérêt public nous semble exiger ; car la privation subite de l'approvisionnement du combustible, comme celle des bois de construction, serait une calamité fatale au public et périlleuse pour l'État ; calamité qu'on éviterait en restreignant la faculté de défrichement à la superficie annuelle ou à peu près de la coupe de l'ordinaire.

Ce délai permettrait de voir remplacer les bois détruits par les bois replantés. Il maintiendrait la même proportion dans l'approvisionnement affouager ; mais il est encore un autre point de vue, entièrement agricole, sous lequel le délai que nous venons d'indiquer nous semble être d'une haute importance ; c'est de permettre aux propriétaires de faire l'expérience de la nature et des facultés de leur sol, avant d'avoir terminé un défrichement devenu irréparable.

Combien de terres seraient demeurées en bois si cette expérience avait eu le temps d'avertir le propriétaire qu'il mettait la hache et le hoyau dans des sols froids, pesants, ingrats, destinés à se couvrir de forêts et non de moissons ! L'essai fait sur un ou deux vingtièmes d'une forêt peut en sauver le reste et déterminer ainsi les limites où doivent se renfermer les défrichements.

Le propriétaire perçoit le bénéfice résultant des récoltes qu'il obtient sur les portions défrichées, et qui sans cela seraient restées vingt-cinq ans sans production ; c'est-à-dire que, d'après notre système, ce propriétaire ferait double récolte sur le même sol ; car pendant vingt ans il percevrait le produit de la coupe ordinaire du bois, plus celui du vingtième de ce bois qu'il aurait mis en culture après la coupe. Ces vingtièmes s'ajoutant annuellement les uns aux autres, il aurait ainsi un produit croissant qui ne s'arrêterait qu'à la vingtième année, et alors qu'il aurait terminé l'abattage. Mais ce produit, dans cette dernière année, serait égal 1° au revenu ordinaire de la forêt ; 2° à celui de dix-neuf vingtièmes de la superficie ensemencée.

Toutefois, il faut agir avec beaucoup d'entente et de précaution pour diriger la culture de cette superficie ensemencée, car elle se trouve dans des dispositions toutes particulières, par suite de l'état forestier sous lequel le sol a pendant si longtemps séjourné.

Le repos complet et le détritus végétal qui s'y est accumulé, ont donné de l'humus à ces terres, en sorte qu'elles sont douées au début de leur nouvelle destinée agricole d'une forte dose de fécondité, par laquelle il ne faut pas se laisser abuser. Cette fécondité agit avec d'autant plus d'intensité que les plantes qu'on y sème n'ont encore saturé par aucunes de leurs sécrétions ce sol neuf, et il se passe cinq ou six ans avant qu'il en soit imprégné. Mais il n'a point été exposé aux influences solaires, et si l'essence de la forêt qu'on détruit était celle du chêne, la feuille de cet arbre y a déposé avec ses sécrétions une dose d'acide gallique nuisible à la végétation.

Il serait donc à désirer qu'on pût, à l'aide des menus bois, des racines et même des feuillages que fournit le défrichement, opérer une combustion sur la surface du sol, afin de neutraliser l'acide gallique par l'alcali des cendres. Les autres essences forestières n'ont nul besoin de cette précaution; cependant il serait utile d'appliquer à tous les défrichements une légère couche de chaux, afin de hâter la dissolution des principes végétaux qu'ils contiennent. Nous n'exceptons de cette pratique que les sols calcaires.

Mais ce qu'il faut surtout prévenir dans la culture des terres de défrichement, c'est le rapide épuisement qu'y occasionnent les cultures répétées des céréales, avec absence d'engrais. On n'évite guère ce danger, parce que les propriétaires n'apportent eux-mêmes aucunes restrictions à l'abus que les fermiers s'apprêtent à faire de cette primeur de fécondité que promettent les terres novales. Or, jamais occasion ne se présente mieux pour établir un assolement rationnel, puisque les défrichements offrent de vastes superficies sans précédents agricoles, et toutes à la disposition de l'intelligence du cultivateur.

A l'ordinaire, ce cultivateur sème pendant six années consécutives du blé dans ces terres, c'est-à-dire jusqu'à ce qu'elles n'en veuillent plus et que la récolte en soit nulle. Ce fait seul les avertit d'un épuisement qui les réduit au taux des moindres terres de la commune, et qu'on préviendrait en y pratiquant l'assolement suivant :

1re *année*. Avoine, maïs, pommes de terre.
2e — Blé.
3e — Vesces d'hiver et seigle.
4e — Blé fumé, suivi de trèfle.
5e — Trèfle.
6e — Blé.

Le but de cet assolement, tout en faisant produire quatre récoltes de céréales en six ans, est néanmoins de les intercaler de sorte qu'elles ne mettent pas tout de suite à néant la faculté productive du sol; que cette faculté soit stimulée par une fumure distribuée à la quatrième année, et qu'on applique à une récolte de trèfle, destinée à reposer cette terre de la production des céréales.

Mais il est un autre soin que doit avoir le propriétaire ; c'est de consacrer une portion de son défrichement à une certaine étendue de prairies à demeure, soit naturelles, soit artificielles. On ne saurait sans doute exiger de lui que ces prairies soient naturelles : parce qu'il faut disposer à cet effet d'une localité qui comporte cette nature de culture; mais à son défaut on peut toujours cultiver de la luzerne ou du sainfoin, et cela pour ne pas laisser le fermier à même de se reposer sur une récolte de trèfle qui peut ne pas réussir.

La convenance, nous dirons même la nécessité de doter un défrichement d'une certaine étendue de prairies à demeure, tient à ce que ce défrichement présente une masse de terres dans l'état arable qui vient s'adjoindre à celle que possèdent déjà les domaines ou les communes dont dépendaient les bois qu'on a détruits. Or, les fourrages que produisaient ces domaines ou ces communes, se trouvent insuffisants en présence de cette masse nouvelle de terres arables qu'on met à leur charge. Il faut, sous peine de succomber, leur donner un supplément de matière réparatrice, c'est-à-dire d'engrais et par conséquent de fourrages.

Le propriétaire enfin obtient en bénéfice permanent du défrichement qu'il a entrepris, la différence en plus des fermages qu'on lui paie sur la valeur de la coupe qu'il vendait.

Mais il ne faut compter sur cette différence en plus, qu'autant que le sol, après avoir épuisé l'humus dont il avait été pourvu par le temps, se trouve être d'une nature assez féconde pour produire au-delà de ce que rendait la coupe du bois préexistant. Il faut que les frais occasionnés, soit par le défrichement, soit par la mise en valeur du fonds, soit par les constructions que l'entreprise peut rendre nécessaires, il faut, disons-nous, que le capital éxigé pour satisfaire à ces diverses dépenses ne charge pas le fermage d'une trop forte somme à prélever pour acquitter l'intérêt de ce capital, avant de laisser le propriétaire réaliser un bénéfice sur son opération.

Or, nous connaissons plusieurs cas où cette différence a absorbé ce bénéfice, en raison des dépenses occasionnées par d'imprudentes constructions; aussi ne saurions-nous trop mettre les propriétaires en garde contre l'entraînement qui les porte à vouloir jeter dans un moule complet les établissements rustiques qui accompagnent, dignement il est vrai, la belle superficie rurale que présente un défrichement. La terre ne saurait jamais payer l'intérêt des sommes ainsi consacrées au luxe champêtre, c'est lui imposer une charge au-dessus de ses facultés, et le mérite de la propriété forestière consiste précisément en ce qu'elle n'exige ni avances de culture, ni frais de construction et d'entretien.

Lorsque la nature et l'usage du pays permettront d'afferm̧er à la parcelle, aux cultivateurs du voisinage, le terrain défriché, l'opération se présentera plus nettement et son projet sera tout autrement certain.

Après nous être occupé du défrichement, nous devons traiter de la replantation des bois.

Cette opération est beaucoup plus délicate ; nous n'en dirons que quelques mots, parce que depuis plusieurs années l'administration forestière s'est occupée avec succès de semis et de plantations, faits sur une assez grande échelle, qui ont en général bien réussi dans les forêts de la couronne, dans celles de l'État, ainsi que dans celles des communes. C'est auprès d'elle, à l'école de Nancy, qu'on peut prendre les meilleurs enseignements théoriques et pratiques en matière forestière. Dans plusieurs parties de la France, et en particulier dans les landes de Bordeaux, et dans quelques localités de la Bretagne, les particuliers s'en occupent avec succès.

L'Allemagne occidentale offre aussi des forêts plantées depuis un plus grand nombre d'années, dont la réussite promet des résultats beaucoup plus avantageux que ceux obtenus des forêts naturelles.

La première des considérations qu'il faut envisager est celle du prix locatif de la terre qu'on se propose de boiser, comparé au revenu des terrains forestiers des alentours.

La seconde consiste à s'assurer que le terrain qu'on veut boiser soit facilement et sûrement défensable contre les ravages des troupeaux.

La dernière enfin, à s'assurer de l'espèce du sol qu'on se propose de boiser; à savoir s'il est argileux, calcaire, crayeux, granitique ou siliceux, mais toujours de qualité inférieure dans ces diverses espèces, car c'est d'après ces espèces qu'il faut choisir l'essence dont on veut l'ensemencer. Cette condition est capitale pour assurer un succès qui dépend avant tout de l'assortiment des essences avec des terrains où elles doivent végéter.

Ainsi le sol argileux, s'il n'est pas humide, peut recevoir avec fruit la semence du chêne, et s'il est humide, il convient de l'implanter d'aunes, plus ou moins entremêlés de peupliers. Le terrain calcaire et crayeux portera l'orme, le pin sylvestre et surtout l'acacia. Ce dernier arbre est même le seul qui pourra former un taillis passable dans ces sols pauvres, à la superficie desquels la craie se montre à nu.

Le sol granitique produit aussi le chêne, l'érable; mais les essences vertes y prospèrent, et c'est là que se plaisent le mélèze et l'épicéa.

Les terres siliceuses portent le pin sylvestre, l'acacia, l'érable, l'orme. Mais lorsque le sol siliceux vient à se mélanger d'assez d'argile pour former ces tristes plateaux argilo-siliceux qu'on retrouve de loin en loin sur quelques portions de la France, alors il n'y vient plus que du bouleau qu'on peut mêler au hasard avec de la graine de pin sylvestre.

Nous avons partout exclu le charme, bien que son essence soit très vigoureuse et prenne pied là ou le chêne languit; le charme est de tous les bois celui qui, dans un temps donné, n'atteint que les moindres dimensions et ne peut jamais être propre qu'au chauffage. Il serait beaucoup plus avantageux de répandre de la semence d'orme dans ces différents boisements, car elle abonde tellement que la dépense n'en est rien; et s'il en réussit quelques brins, cet arbre rustique se reproduit avec tant d'énergie qu'il finirait par s'emparer du sol, au grand profit du propriétaire.

Une portion de ces essences demandent à être plantées; pour le plus grand nombre, il suffit de les semer; mais toutes exigent pour réussir que le sol ait reçu une préparation.

De l'aménagement des bois.

Le temps et la civilisation ont peu à peu détruit tout ce qui existait en futaies pleines, et cependant les besoins de cette même civilisation rendaient les bois de construction d'un usage indispensable. La science forestière a dû s'occuper dès lors de pourvoir aux différents besoins de la population par un aménagement de nature à fournir à la fois des arbres pour les constructions civiles et maritimes et du bois pour le chauffage et le charbonnage. C'est à quoi elle est parvenue au moyen d'un aménagement successif, qu'on désigne sous le nom de futaie sur taillis.

Le trait par lequel cet aménagement se caractérise consiste à élever simultanément, sur le même terrain, des bois de cinq âges différents. A cet effet, on réserve, dans la coupe qui a lieu après une première période de vingt-cinq ans, les plus beaux des baliveaux de l'âge, choisis, autant que possible, sur ceux qui sont nés de semences et qui s'élèvent sur leur propre pivot. Après une seconde période de vingt-cinq ans, on choisit sur ces baliveaux les mieux venants, qu'on réserve sous le nom de modernes, tandis qu'on abandonne le surplus à la coupe. Au bout de vingt-cinq ans encore, on réserve les plus beaux qui prennent le nom d'anciens ; le surplus est abandonné à la coupe. Ces arbres achèvent avec la quatrième période la révolution du siècle, et les trois ou quatre qu'on laisse survivre à l'abattage, désignés par l'épithète de vieille écorce, atteignent l'âge de cent vingt-cinq ans avant d'être, à leur tour, renversés par la hache.

Nous venons de présenter l'historique de cet aménagement appliqué pour la première fois sur un taillis qui aurait repoussé sur le sol d'une futaie détruite. Mais chaque coupe élevant ses réserves, la succession des arbres de différents âges devient permanente, et la coupe annuelle fournit à l'approvisionnement du pays des bois de ces différents âges, c'est-à-dire, des taillis de vingt-cinq ans pour le chauffage ou le charbon ; des baliveaux de deux âges pour le charronnage et les petites constructions, des modernes de trois âges pour des constructions plus fortes, des anciens pour la marine, et enfin quelques vieilles écorces pour les constructions de plus grand échantillon.

Ce système serait donc aussi ingénieux que satisfaisant, s'il avait pu s'accorder avec la végétation forestière comme il répondait aux convenances du public. Mais l'expérience a fini par apprendre que la pousse des taillis devenait faible et s'étiolait lorsqu'ils se trouvaient sous l'ombrage d'un massif composé de modernes, d'anciens et de vieilles écorces dont le nombre dépassait quelquefois celui de 40 par hectare. Non-seulement alors le taillis s'étiole ou se rabougrit, mais il ne fournit plus le nombre suffisant de baliveaux, de semis et de bonne essence pour alimenter le futaiement du bois. Nous savons plus d'un bois dans les départements de l'est où les gardes généraux ont été forcés de marteler en réserve des baliveaux de charme et de tremble, faute d'en trouver un nombre suffisant en essence de chênes ou d'ormes.

Il faut donc opter et réduire les futaies, ou bien sacrifier avec les taillis l'espoir de l'avenir. Mais en réduisant les futaies au nombre de 25 à 30 par hectare, fait qui s'accomplit depuis quinze ans dans les forêts des communes et de l'Etat, on ne récoltera plus les 1600 mille arbres auxquels nous avons trouvé que s'élevait la consommation annuelle du royaume. Il est à craindre aussi que ces arbres, croissant sans gêne dans un plus grand éloignement, ne poussent un branchage trop bas et trop fourni, qui, en favorisant l'épaississement de la tige, ne nuise à son élévation, et que la France ne trouve plus sur son sol les futaies que demande sa consommation.

Ces considérations ne sont déjà plus étrangères aux forestiers, et, pour y obvier, ils se sont occupés d'un autre système d'aménagement, usité en Allemagne, et auquel ils ont donné le nom d'*aménagement par éclaircies*.

Le trait caractéristique de ce système est, qu'au lieu de nourrir à la fois, comme dans le précédent, des arbres de cinq âges différents sur le même sol, on n'y élève au contraire que des sujets du même âge, dont on réduit successivement le nombre à chaque coupe, en sorte qu'à la dernière il ne reste plus à abattre qu'une futaie pleine, composée de sujets contemporains.

Expliquons les procédés de cet aménagement, nouveau encore pour la France, qui a été si bien décrit par M. Noirot dans son traité sur les forêts, ainsi que par plusieurs savants forestiers allemands.

Ce procédé n'est applicable qu'à un bois composé en grande partie de brins, de semis ou de plantations; car les vieilles souches ne peuvent produire de belles futaies.

Le moment où l'on devra commencer les premières éclaircies varie de huit à douze ans; il sera déterminé par la nature plus ou moins fertile du sol : car il faut, pour que les brins s'élèvent, qu'ils soient serrés pendant les premières années.

La 2ᵉ se fera à 20 ans, elle laissera subsister 4000 des plus beaux brins par hectare.
La 3ᵉ à 40 ans, n'en laissera que . 2,000
La 4ᵉ à 60 ans, n'en conservera que 750
La 5ᵉ à 80 ans, en réservera. . . . 500
La 6ᵉ à 100 ans, en conservera. . . 300

et ainsi de suite jusqu'à 160, si la fertilité du sol et la belle venue des arbres font présumer qu'il convient de laisser subsister les derniers jusqu'à un âge aussi avancé.

Les deux tableaux suivants ont été dressés par M. Noirot, afin d'établir un parallèle entre les produits de 2 hectares de forêts situés dans une contrée où les prix des bois sont peu élevés et placés dans une condition identique, mais soumis à un aménagement différent, l'un au système des éclaircies, l'autre à celui des coupes de taillis de vingt-cinq ans.

AGE DES TAILLIS et DE LA FUTAIE à l'époque des éclaircies.	NOMBRE des BRINS RESTANTS après chaque éclaircie.	PRODUIT de CHAQUE COUPE en argent.	NOMBRE DES ANNÉES pendant lesquelles l'intérêt est cumulé.	PRODUIT AVEC INTÉRÊT cumulé à 4 p. 100 jusqu'à la fin de la révolution de 100 ans.
10	»	60 fr.	90	2,046 fr.
20	4,000	120	80	2,764
30	2,000	150	70	2,334
40	1,200	180	60	1,893
50	950	250	50	1,776
60	750	350	40	1,680
70	650	450	30	1,459
80	500	550	20	1,205
90	350	600	10	888
100, coupe définitive.	300	7,500	»	7,500
				23,545

Le pâturage et la glandée produiront bien au-delà de ce que l'on en retirerait dans un taillis ou dans un massif inculte.

Ce même hectare de bois, aménagé en coupes de taillis de vingt-cinq ans, produirait, en supposant qu'il n'y ait point de futaies sur taillis, 625 fr. par coupe. Ainsi on aurait au bout de cent ans :

Le produit de la première coupe, avec intérêts cumulés pendant soixante-quinze ans . . . 11,834 fr.

Le produit de la seconde coupe, avec

A reporter. . . . 11,834

Report. . .	11,834 fr.
intérêts cumulés pendant cinquante ans. .	4,440
Le produit de la troisième avec intérêts cumulés pendant vingt-cinq ans.	1,660
Le produit de la quatrième coupe . . .	625
Total. . .	18,559 fr.

Dans le premier système, on cherche à donner aux arbres les distances moyennes les plus favorables à leur accroissement. Ceux qui sont de même date, de même force, s'élèveront avec toute la vigueur possible, et les arbres réservés pour les dernières coupes atteindront les plus belles dimensions ; l'air ayant toujours pu circuler librement autour des tiges, le tissu en sera plus serré, ce qui leur donnera plus de valeur comme bois de construction, et spécialement pour le service de la marine.

L'aménagement par éclaircies ne devant être suivi que dans les forêts ou dans les parties de forêts dont le terroir est fertile, on peut supposer qu'on n'y destinera qu'un cinquième des forêts de l'Etat et de celles des communes, soit sur 3,900,000 hectares, 780,000 dont la centième partie, soit 7,800 hect. pourra être coupée annuellement ; elle produira à raison de 250 brins de futaies par hectare (en réduisant de 50 le nombre porté au tableau), ce qui présentera, pour toute la France, une coupe annuelle de 1,900,000 arbres. Ces mêmes forêts fourniront les futaies de plus faibles dimensions qui seront tombées dans les éclaircies.

Nous n'avons pas cru devoir faire entrer dans les calculs établis en vue du système par éclaircies la moitié des forêts de la France que possèdent les particuliers, parce que l'expérience démontre que la plupart d'entre eux abattent leurs futaies, dont ils ont retiré jusqu'à ce jour un trop chétif revenu. Cependant on peut espérer que ceux dont les forêts sont situées dans un sol riche, et qui se trouvent rapprochées des marchés, trouveront qu'il leur convient d'adopter particulièrement le système des éclaircies, et qu'ils fourniront alors au pays une assez grande proportion de futaies.

Telle est la marche que suit cet aménagement, qui, comparé à celui des futaies sur taillis, est supérieur à ce dernier mode, soit sous le rapport du revenu en argent, soit sous celui du produit des arbres, puisque, comme nous l'avons vu, le cinquième des bois de l'Etat et des communes produira 1,900,000 arbres, tandis que le système actuel n'en fournit que 1,600,000 qu'il faudrait réduire à 1,200,000, si à l'avenir on ne peut plus laisser que trente réserves au lieu de quarante.

Il reste donc une marge pour réduire encore l'étendue qu'il serait bon d'accorder à un tel aménagement. On pourrait le concentrer dans celles des forêts, où l'essence de chêne se conserve et où elle atteint de grandes dimensions. On cesserait d'en élever dans les bois de fausses essences et d'un sol de qualité inférieure.

L'adoption du système d'aménagement par éclaircies semble un devoir imposé à l'administration des forêts de l'État, comme aux grands propriétaires, sur les points où il peut facilement s'adapter ; car le mérite de cet aménagement est de reproduire des futaies sans éprouver sur le produit la perte occasionnée par l'attente, puisqu'on obtient, ainsi que le prouvent les tableaux de M. Noirot, un revenu supérieur, ou tout au moins égal à celui qu'on retire des taillis sur futaies.

CHAPITRE III.

De la culture du vignoble.

L'importance du vignoble est telle en France, qu'il occupe 1,800,000 hectares de sa superficie. Il en occupe plus encore; car depuis que cette péréquation est terminée, le vignoble n'a pas cessé de s'accroître, et surtout dans les régions méridionales du royaume. Là, des rochers, des landes, des terres à soude ont été et sont journellement convertis en vignobles, sans qu'on ait égard à la qualité des vins qu'on se propose d'y récolter, et dans le seul but d'en augmenter indéfiniment la quantité[1].

La superficie du vignoble s'est beaucoup élargie; mais la culture de la vigne a fait des progrès surprenants : là où ses rameaux traînaient sur le sol, on les a soigneusement rattachés à l'échalas qu'on a donné pour tuteur à chaque souche; là où de vieux ceps montraient leurs têtes mousseuses, des rangées de jeunes plants alignés sont venus les remplacer. Une netteté parfaite donnée au terrain a fait disparaître sous l'action répétée du hoyau les herbes parasites, et nous ne craignons pas d'affirmer que la récolte du vignoble a augmenté depuis quarante ans d'un tiers,

[1] La superficie occupée par le vignoble est aujourd'hui de 1,972,341. (*Statistique officielle*, 1843.)

soit de 50 pour cent de la production constatée au commencement de cette période, tandis que celle des autres produits agricoles ne s'est élevée que de 25 p. 100.

La culture du vignoble est donc de beaucoup celle dont les progrès ont été les plus saillants, et cela, sans qu'elle ait été l'objet de la prédilection des agronomes, ni des encouragements décernés par les sociétés d'agriculture, et tandis qu'on frappait les produits de cette culture d'un impôt spécial, exceptionnel et plus vexatoire encore qu'il n'est onéreux. Rien n'a pu arrêter l'essor qui lui était imprimé; ce qui démontre l'état qu'on doit faire des doléances dont les détresses du vignoble sont le thème constant, détresse que les faits se chargent de démentir, puisque nous voyons faire sans cesse de grandes plantations de vignobles.

Non que le droit sur les boissons ne soit un obstacle au développement de la culture vignicole, non qu'il n'ait le grand inconvénient de provoquer la fraude, non qu'il ne vexe les propriétaires, les débitants, et plus encore les buveurs; mais ces charges n'ont pas empêché que l'accroissement et l'amélioration de la culture du vignoble ne dépasse de 25 p. 100 les progrès que nous avons reconnu avoir été faits par les autres natures de cultures, dans le même espace de temps.

Or, ce chiffre de 25 p. 100 représente le surplus de consommation qui appartient au mieux-être des individus et aux demandes de l'exportation, puisque les 25 p. 100, complément des 50 auxquels nous avons porté l'accroissement total du vignoble, résultent de la consommation ordinaire d'un surplus de population montant à 7 millions et demi.

Le développement excessif qu'a reçu la culture vignicole, et qu'elle ne cesse de recevoir tient à des causes générales ; un fait aussi grave ne saurait avoir lieu sans des raisons plausibles.

La première de ces causes est la suite d'un grand fait géoponique, duquel il résulte que le sol et le climat de la France lui ont donné le monopole naturel de la production des vins. C'est en pure perte que l'on essaie de faire usage de ceux qu'on récolte ailleurs, on ne peut faire du Bourgogne que dans la Côte-d'Or, ni du Champagne que dans le bassin de la Marne. Excepté les vins liquoreux qui ont subi une cuisson et les vins surchargés d'alcool, on n'en trouve nulle part qui aient, comme ceux du Bordelais, la propriété particulière de se conserver sous l'équateur.

Il y a bien d'autres qualités de vins en France dont le commerce, qui seul les connaît et les apprécie, s'est réservé le droit de mélanger les espèces et de les combiner de manière à les expédier ensuite de ses entrepôts, sous des noms fameux et dotés de qualités précieuses.

Ce monopole vaut à la France une exportation qui s'élève à 65 millions en moyenne[1], valeur que la disposition des choses tend à augmenter sans cesse; parce que l'accroissement des populations et de la civilisation des pays lointains, et qui deviennent consommateurs à leur tour, augmente sans cesse et dans une proportion démesurée. Quelle pouvait être il y a un siècle la consommation des États qui bordent la

---

(1) La moyenne de 1827 à 1836 a été de 64,788,246.
(*Statistique officielle*, 1843.)

Baltique? Quelle est son importance aujourd'hui? Quelle pouvait être celle de l'Amérique? Dans quelle proportion indéfinie ne tend-elle pas à s'accroître? Il en est de même de l'Inde, depuis que Calcutta est devenue une succursale de Londres. Les droits, les obstacles qu'on oppose à la circulation des vins français à l'étranger ne servent qu'à en augmenter le mérite, et l'avenir tend à faciliter ces communications au travers de toutes les résistances douanières qu'on leur oppose.

Il résulte de cette demande inévitable de l'étranger, qu'il y a sur les ports de mer un marché constamment ouvert pour les produits du vignoble, marché dont la concurrence avec ceux de l'intérieur tend à élever les prix, ce qui n'a lieu pour aucuns des autres produits du sol, et rend par conséquent le débit des vins plus facile.

Ce débit, surtout pour les vins communs, est de plus favorisé par cette circonstance que la consommation n'a point de limites, comme il y en a pour celle du blé. Le bas prix des liquides accélère leur débit, par la raison qu'on peut boire au-delà de la soif, tandis que personne ne mange du pain au-delà de sa faim; en sorte que les blés restent dans les greniers, lorsque la moisson a été surabondante, tandis que les caves se vident par l'effet du vil prix même auquel on livre les vins.

Mais ces avilissements de prix, toujours fâcheux pour les producteurs, comme pour les consommateurs dont la santé en souffre, sont très supportables par les premiers, pour peu qu'ils veuillent se rendre compte du produit total de leur récolte. Car la vigne a cela de particulier que ses produits du plus faible au plus fort parcourent une échelle beaucoup plus étendue que celle qui appartient aux récoltes de blé ou de foin, dont les deux termes extrêmes vont au plus d'un à deux, tandis que celle de la vigne va fréquemment d'un à quatre et même au-delà. Il en résulte que la différence du prix, étant quadruple, rétablit la proportion du produit net de la vigne, proportion qui penche en faveur des récoltes abondantes, dans la mesure de la mieux-value, dont une faible vinée fait profiter la partie invendue de l'année surabondante.

Ces diverses considérations forment ainsi une prime en faveur de la culture vignicole, dont les vignerons ont très bien su découvrir le secret. Mais il est une autre cause, tout aussi générale, dont l'action sur eux a été aussi puissante qu'irrésistible. Elle tient à ce que cette culture s'associe singulièrement bien avec la petite propriété, qui est pour une forte part dans la statistique du royaume, ainsi que nous l'avons vu.

Elle s'y associe sous deux points de vue : d'abord en ce que la vigne appartient, par sa nature, à la petite culture ; qu'on ne saurait même la traiter qu'en la morcelant, les travaux qu'elle exige embrassant un champ de plusieurs années, et demandant à être exécutés par la même intelligence et par la même main. Ces travaux doivent être l'attribution de la famille qui s'y consacre. On obtient, il est vrai, le même résultat, en morcelant entre beaucoup de vignerons la culture d'une grande superficie, ainsi que l'a fait M. de la Hante dans le magnifique établissement vignicole qu'il a fondé auprès de Mâcon sur le sol d'un bois défriché. Mais il est un second point de vue, sans lequel le vignoble s'associe plus intimement encore avec la petite propriété.

Le possesseur d'un petit nombre d'arpents ne saurait absorber dans le travail qu'ils exigent la totalité du temps et des forces de sa famille, il leur en reste de disponibles, surtout dans la saison morte. Or, avec ce surcroît de temps et de forces; et, avec la patience, attribut des cultivateurs, il peut convertir un ou deux de ces arpents de terres arables en vignobles. Il peut même, au lieu de terre arable, faire choix d'un sol stérile, caillouteux, et passer les bonnes journées que donne souvent la saison tardive à défoncer avec le fils que la conscription n'a pas encore réclamé, le sol agreste qu'il entreprend de couvrir un jour de pampres et de raisins. Sa fille ramasse, à l'aide d'une corbeille, les débris pierreux qu'il sort des fossés que creuse sa bêche, et range soigneusement ces débris au fond de ces fossés, qu'il recouvre avec la terre extraite du fossé latéral qu'il entr'ouvre à son tour.

Il réserve les plus gros et les plus informes de ces débris pour les transporter au bas de son terrain, afin d'en construire une muraille sèche, au moyen de laquelle il soutiendra ses terres en formant une clôture à sa vigne. Chaque année voit avancer son ouvrage, et, après l'avoir terminé, ce cultivateur se trouve avoir gagné, par son patient labeur, la différence qui existait entre le capital du terrain nu et celui de la vigne qu'il y a implantée.

Cette différence est généralement de trois capitaux, c'est-à-dire que le capital d'une vigne se vend quatre fois le capital d'une terre arable de fertilité et de situation semblable. Ce bénéfice s'élève encore plus haut si on a opéré sur une terre vaine ; il est vrai qu'alors le travail peut avoir été plus pénible et plus long. Mais qu'est-ce que le travail pour le petit cultivateur qui ne se le paie pas à lui-même et qui ne l'exécute qu'à une époque de l'année où personne ne lui en paierait la valeur?

Cette manière de capitaliser, ce qu'on appelle le temps mort des petits propriétaires, est même la seule voie qu'ils aient pour changer leur position, et passer des derniers rangs de la commune à l'honneur de se reposer le dimanche avec une dignité villageoise sur le banc placé contre le mur de leur chaumière fraîchement badigeonnée.

Le bon sens de ces cultivateurs leur a fait comprendre tout d'abord l'avantage de cette capitalisation d'un travail, lequel fait pour autrui se serait dissipé au fur et à mesure. Aussi la plupart de ceux qui étaient doués de ce bon sens et dont la propriété était susceptible de se convertir en vignoble, se sont-ils livrés à cette entreprise avec une constance et un courage dont l'application à toute autre culture aurait suffi pour la porter à sa perfection. Nous avons admiré entre autres pendant longues années la persévérance avec laquelle un vieux bonhomme est parvenu à établir une vigne, aujourd'hui florissante, sur le sol abrupte d'une carrière où l'on avait jadis puisé des matériaux pour charger la route entre Joigny et Villevalier.

Les coteaux qui bordent les rivières de l'est, du centre et du midi de la France, offrent partout le tableau des mêmes efforts et des mêmes succès. Ces efforts sont plus grands encore sur les montagnes et les collines rocheuses de ces mêmes régions, sur lesquelles on voit le vignoble s'élever graduellement aux dépens des rochers qu'on enlève et des broussailles qu'il remplace. Mais l'abus arrive alors que les cultivateurs, mus par un désir d'aveugle imitation, vont implanter la vigne dans les localités qui lui sont le moins propices, ce qui n'est que trop fréquent. On en voit s'établir chaque année dans le territoire qui forme le domaine des inondations de la Saône, et dont l'on aperçoit les échalas élevant leur tête au-dessus des eaux dans lesquelles les ceps sont noyés.

L'expérience fera justice de ces contre-sens, mais avec une perte douloureuse de peines, de temps et d'un travail inutile, qu'on aurait voulu prévenir. Cet abus est provenu d'une disposition générale des choses qui fait qu'aujourd'hui la consommation des classes nombreuses a pris une toute autre importance que celle des classes riches, parce que ces classes deviennent toujours proportionnellement plus nombreuses, plus aisées et plus consommatrices. C'est donc pour elles et en vue d'elles qu'il y a le plus de profit à produire, comme c'est pour elles qu'on multiplie les omnibus et les bateaux à vapeur. Cette disproportion est même arrivée au point qu'il a fallu faire une loi peu rationnelle d'après laquelle on prélève un impôt sur les moyens de transport, comme sur les plaisirs des moins aisés, pour défrayer la poste et l'Opéra qui sont à l'usage des plus riches.

Cette tendance porte naturellement la généralité des propriétaires et de leurs vignerons à donner pour but à leur culture une abondante production plutôt qu'une production de choix. Sans doute que personne, en plantant un sarment dans une terre novale, ne peut se flatter que cette terre privilégiée deviendra un second clos Vougeot, ou la Romané Conti. Aussi, n'accusons-nous pas ici ces vignerons de ne pas implanter leurs nouvelles vignes avec des plants pris dans de tels clos. Loin de là, car nous en sommes à les blâmer de ne pas seulement garnir leurs nouvelles vignes, et même de ne replanter les anciennes qu'avec ceux des plants qu'on cite pour l'abondance de leurs produits, sans nul égard pour leur qualité.

Mus par le même sentiment, les propriétaires des clos en réputation n'en changent pas le plant, mais l'excitent, par une culture plus vigoureuse, à se charger d'une plus grande quantité et de plus gros raisins. Ils rattachent les pampres à des échalas au lieu de les laisser traîner à l'aventure et recevoir ainsi les émanations bienfaisantes qu'exhale le sol, et qu'un rare feuillage ne peut intercepter. Ces propriétaires en usent ainsi, rassurés qu'ils sont par la certitude qu'on ne saurait produire nulle part un vin semblable au leur, et qu'en le comparant avec tout autre, la préférence lui restera toujours.

Ils devraient néanmoins se montrer plus difficiles, car ce n'est pas avec d'autres produits, mais avec lui-même, qu'il s'agirait de comparer le vin que produisent leurs riches coteaux, afin de prévenir toute détérioration de ses qualités ; car c'est à elles qu'est due la réputation à l'aide de laquelle la France a conquis le monopole dont elle jouit. Elle le conservera à ce prix, et les avantages qu'en retire son économie sont immenses.

L'hectare de vigne vaut un capital quadruple de celui des terres arables, c'est-à-dire qu'en admettant que le prix moyen de l'hectare de ces terres soit de 600 francs, celui de la vigne sera de 2,400. En sorte que la superficie du vignoble étant de 1 million 800,000 hectares, et le surplus de sa valeur relative de 1,800 fr. par hectare, il en résulte que la mieux-value du capital foncier que le royaume devrait à son vignoble s'élèverait à 3 milliards 240 millions, lesquels seraient anéantis, si ce vignoble n'existait pas.

Le capital même que nous venons d'indiquer est inférieur au capital réel créé par la présence du vignoble, car le prix moyen de l'hectare est supérieur à celui que nous lui avons affecté.

Mais le vignoble produit un autre effet sur l'économie du pays, dont le résultat n'est pas moindre. La culture d'un hectare de vigne consomme le travail de deux individus, en sorte que l'ensemble du vignoble de la France absorbe une population de 3 millions 600,000 personnes à prendre sur le total de sa population rurale. Ce nombre est nécessairement groupé sur les points où le vignoble abonde. Il y est en masses trop fortes pour que le peu de terres arables qui avoisinent le vignoble puissent fournir à sa subsistance. Ces masses de consommateurs doivent aussi s'approvisionner à la manière des villes, par des marchés ouverts à de plus ou moins grandes distances ; en sorte que le vigneron cesse d'être producteur, et n'est plus, à l'exemple des citadins, qu'un consommateur pour les denrées que produisent les cultures arables, affouagères et animales.

Cet effet n'agit pas sans doute dans son entier, parce qu'il est rare que le vigneron soit complétement dépourvu de quelques terres où il se procure une portion de son alimentation; mais il a lieu au moins pour une aliquote de deux millions pris dans la population vignicole; population que l'on peut assimiler à la classe industrielle, sous le rapport du mouvement qu'elle produit sur les marchés du pays.

Nous sommes ainsi amené à conclure que la nature a légitimé en faveur de la France la possession d'un monopole qui vaut à son économie un capital de plus de trois milliards, un travail qui occupe au-delà de trois millions d'individus pris dans sa population rurale, un marché ouvert pour la consommation des deux tiers de cette population, et enfin un grand commerce sur lequel se prélève un impôt important pour le fisc. Ces grands avantages lui sont procurés en très majeure partie par ses terres de la plus faible qualité, c'est-à-dire par des coteaux arides, et qui seraient sans valeur s'ils n'étaient pas propres à la vigne. Ces coteaux ainsi consacrés au vignoble entretiennent une nombreuse population, laquelle nécessite en échange des marchés approvisionnés par les productions des terres d'une qualité supérieure. Tout est donc gain pour le royaume dans la possession de son vignoble.

CHAPITRE IV.

Des cultures oléagineuses.

La France possède deux arbres dont les fruits produisent de l'huile; savoir : l'olivier, sur le littoral de Méditerranée, et le noyer, dans quelques contrées de ses départements de l'Est. Au centre et au nord, se cultivent des plantes oléagineuses, telles que le colza, la navette, le pavot et le chénevis.

La consommation des huiles a beaucoup plus que doublé depuis cinquante ans, parce qu'elle a dû fournir à l'approvisionnement d'une population qui s'est accrue de sept millions et demi d'individus, et parce que les habitudes de la population entière ont changé dans cet intervalle. Toutes les villes, et même les bourgs, ont adopté le luxe des réverbères; l'usage des lampes a remplacé presque universellement celui des bougies et de la chandelle. Celui des étoffes de coton est devenu général dans toutes les classes, et a nécessité un emploi infiniment plus considérable du savon, dont l'huile fait la base. La société tout entière s'est habituée à jouir d'un éclairage tout autrement abondant qu'il ne l'était jadis.

Ces changements s'opéraient dans le temps où les circonstances et les saisons apportaient des réductions à la culture des oliviers et des noyers. Le bois de ces derniers avait tellement haussé de prix par l'effet de la guerre et de l'incroyable consommation qu'elle faisait des bois de fusil, qu'on fabrique avec celui du noyer, que les cultivateurs s'étaient empressés d'abattre des arbres dont l'ombrage portait à leurs terres un dommage précisément égal au revenu qu'ils pouvaient en espérer. Les oliviers ont vu les limites de leur culture constamment resserrées par l'effet des hivers rigoureux, que leur organisation ne pouvait pas supporter, et principalement par celui de 1789, qui recula leurs frontières naturelles de plusieurs lieues.

L'olivier n'arrive plus à son développement complet que dans le département du Var, et finit par n'être qu'un arbrisseau en se rapprochant du nord et de l'ouest; mais c'est aussi là où son fruit parvient à toute sa perfection, et où se fabrique cette huile d'Aix, à laquelle nulle autre n'est comparable.

Le noyer devient d'une colossale beauté dans les riches vallons de l'Isère, comme dans la belle vallée qu'on connaît sous le nom de la Limagne d'Auvergne. Ses produits se consomment, en général, dans le pays qui les a vu naître, et n'entrent guère dans le commerce, si ce n'est pour fournir l'huile siccative, dont les peintres vernisseurs font un si grand usage.

Ainsi, tandis que les arbres qui fournissaient, à peu près seuls, l'huile qui se consommait jadis, diminuaient en nombre, et par conséquent en produits, l'approvisionnement augmentait ses demandes dans une immense proportion. On n'a donc pu y satisfaire qu'en adoptant une culture de plantes oléagineuses, auparavant concentrée dans les seuls départements du Nord et du Rhin. Aussi cette culture a-t-elle fait, depuis vingt ans, d'immenses progrès; de telle sorte qu'elle a pris une place régulière dans les assolements de vastes contrées, et qu'à peu près partout, on cultive ces plantes, au moins pour satisfaire aux besoins locaux, si ce n'est aux demandes du commerce.

La culture en grand des plantes oléagineuses, et surtout celle du colza, la plus importante d'entre elles, ne peut avoir lieu que dans des terres d'une haute fertilité, telles que le sont les alluvions des rivières fécondes, où le sol est à la fois d'un grain très fin et chargé d'humus; car ces plantes ne végètent abondamment que là où elles trouvent les meilleures conditions de fertilité. Partout ailleurs, il faut se borner à les cultiver sur les petites superficies que l'on a richement amendées. Car ce serait perdre sa terre et son temps, que de cultiver des plantes oléagineuses partout où le grain de la terre est trop grossier pour favoriser la levée d'une semence aussi ténue, d'une semence qui se perd dans les mottes, pour peu qu'il en soit resté sur la surface du champ, et dont les pucerons attendent le premier développement pour la dévorer au sortir de la terre.

Lorsque ces plantes se trouvent éparses et faibles, le sarclage devient long et pénible; on se dégoûte de prendre tant de soins pour une récolte chétive, les mauvaises plantes s'emparent du sol; la récolte en empire, et le blé, destiné à leur succéder, reste faible et malpropre.

C'est ce que nous avons vu s'accomplir partout où les plantes oléagineuses ont été cultivées en dehors des conditions que leur succès exige. Lorsqu'elles trouvent, en revanche, ces conditions, leur produit peut dépasser toute attente, et c'est un pas notable qu'a fait l'agriculture de la France dans les bonnes terres qu'elle possède, que celui d'avoir dérobé à la Flandre et à l'Alsace le secret d'une culture qui s'y était cantonnée pendant si longtemps.

CHAPITRE V.

De la production de la soie.

Les tissus fabriqués avec la soie produisent annuellement, à la France, la création d'un capital de

300 millions [1], dont les quatre cinquièmes appartiennent à l'industrie qui les a fabriqués, et dont le cinquième restant, c'est-à-dire 60 millions, se partagent entre les producteurs de la matière première, soit régnicoles, soit étrangers.

Il y a quarante ans que la valeur de la soie qu'on récoltait en France ne s'élevait guère au-delà de 20 millions; le complément nécessaire aux besoins de la fabrication était fourni par l'Italie, l'Inde et le Levant. Mais la culture du mûrier et l'art d'élever le ver à soie ont fait dès lors de grands progrès en France, et nous ne serions pas surpris que la valeur de cette récolte s'élevât aujourd'hui à 40 millions. Il est évident qu'avec un degré de bonne volonté de plus, on parviendrait à recueillir sur le sol indigène la totalité de la soie qu'emploie la fabrication, quitte à faire avec l'étranger l'échange des qualités que demande la confection de certains tissus. L'introduction du mûrier multicaule, ou mûrier nain des Philippines, facilite à tel point la production de la soie, qu'il ne tient qu'aux cultivateurs de la moitié méridionale du royaume de la multiplier presque indéfiniment.

La culture du mûrier y a été ralentie, parce qu'elle s'est trouvée partout dans le midi en concurrence avec celle de la vigne, et que les propriétaires ont assez généralement donné la préférence à cette dernière. La

---

(1) D'après la statistique de Royer les feuilles sont estimées. . . . . 19,389,048 fr.
Valeur ajoutée par l'éducation 33,405,900
Valeur industrielle. 270,000,000

Valeur totale. . 312,794,948

raison en est que la manutention et la vente des produits vinicoles sont plus faciles pour les grands et moyens propriétaires que celles des soies, parce que celles-ci exigent des soins tellement attentifs et minutieux, qu'on ne saurait les confier qu'à des parties intéressées. Ainsi, aucun de ces propriétaires ne prépare lui-même la soie qu'on retire des feuilles de ses mûriers; ils vendent cette feuille ou la traitent à moitié avec les petits ménages des alentours. Ceux-ci, à leur tour, vendent le tout ou la moitié des cocons aux moulineurs, à qui le commerce demande les soies, suivant qu'ils ont acheté ou traité des feuilles à moitié avec les propriétaires de mûriers.

Ces opérations multipliées, ces nombreuses transactions animent le pays, y font circuler l'argent en une multitude de filons, qui s'y répartissent entre toute la population. Les femmes, les enfants y ont la principale part; les filles y amassent leur dot; tandis que le propriétaire, qui a vendu ses feuilles ou sa soie à moitié, se console, en recevant la part qui lui revient, du dommage causé par ses mûriers au blé ou à la luzerne qu'il avait semés à leur ombre. Ainsi la production de la soie s'opère tout entière par des mains qui y sont intéressées; elle fournit du travail à une population qu'elle ne déplace pas; elle l'anime par l'espoir des chances qu'elle est appelée à partager; et la jeune fille voit s'avancer l'heure de son mariage à mesure qu'elle voit sortir de sa conque bouillante le fil d'or qu'elle tresse en écheveau.

Mais la condition indispensable pour qu'une si belle industrie rurale acquière tous ses développements, c'est que la demande de la soie ne soit pas suspendue.

Or, il faut dire que, loin d'être un objet de consommation nécessaire, la soie n'est qu'un objet de luxe. Il faut donc, pour assurer son débit, qu'il y ait du luxe; or, nous avons vu un temps où telle chose avait cessé d'exister; et il pourrait se reproduire si la paix, véritable source de tout luxe pour les populations, venait à être troublée.

La production de la soie n'est pas seulement dépendante du luxe, elle est encore soumise à l'empire de la mode, bien autrement capricieuse, puisqu'il suffit de la fantaisie de deux ou trois femmes pour décrier tout un appareil de toilette et d'ameublement; qu'il suffit de cette même fantaisie pour mettre en vogue des tissus d'une autre nature, et amener l'abandon de ceux-là même qui étaient les plus recherchés.

Nous ne savons aucun moyen de prévenir de pareils dangers; car le hasard seul y préside, et c'est aussi pourquoi il nous semble que le mûrier des Philippines n'a été apporté en Europe, qu'afin de conjurer de si graves dangers, en se prêtant, par sa prompte végétation, à la mobilité des mœurs et de la mode.

En effet, le mûrier blanc, à haute tige, commence à peine à donner, après vingt ans, une récolte de quelque valeur; et ce n'est qu'à cinquante qu'il est en plein rapport. Comme il couvre un assez vaste espace de ses rameaux, on ne le plante guère que sur la bordure des champs d'une certaine superficie, c'est-à-dire d'un demi à un tiers d'hectare au moins, sans quoi il absorberait tout le produit du sol arable. Il est ainsi exclu de la plupart des parcelles de la petite culture. Il l'est également des très grandes propriétés, telles qu'il en est dans la Camargue, attendu l'absence d'une population suffisante pour manipuler les opérations qu'exige l'éducation des vers à soie. Il est résulté de ces conditions diverses, que la culture du mûrier et de la soie ne s'est pas répartie sur la superficie méridionale du royaume, en raison du climat; mais d'après des considérations locales et personnelles.

Ainsi, le département du Var a préféré avec raison l'olivier au mûrier; aussi la production de la soie y est-elle fort restreinte. Celui des Bouches-du-Rhône en récolte un peu plus; mais les grandes plaines du delta que forment les Bouches-du-Rhône sont entièrement dépourvues de mûriers, non que la localité ne leur soit éminemment favorable, mais parce que les bras manqueraient à la manipulation de la soie; et il ne s'en fait guère que dans l'arrondissement de Tarascon. Le département du Gard produit plus de soie, parce que, excepté le littoral, le surplus du département s'est trouvé dans des conditions favorables pour être implanté de mûriers. L'Hérault produit trop de vin, pour que la soie y soit un objet de première importance. Cette importance diminue en avançant à l'ouest; elle devient à peu près nulle dans le riche bassin de la Garonne, et se perd dans l'heureux climat des pays qui forment le littoral de l'Océan, sans qu'on puisse en assigner d'autres raisons, sinon que cet usage n'y a pas prévalu, quoique tout y fût de nature à le favoriser.

En revanche, la production de la soie s'est emparée des deux rives du Rhône, d'Avignon jusqu'à Lyon. Elle est dominante dans cette région, et le mûrier y a été planté partout où le sol l'a permis. Aujourd'hui elle tend à remonter au nord de Lyon et à s'établir dans le département de l'Ain. On peut donc regarder le bassin du Rhône comme étant le principal siége de cette industrie. On fait ailleurs encore, et jusqu'aux environs de Paris, des essais pour s'approprier cette belle industrie, à l'aide de plantations du mûrier nain ; mais on ne saurait attacher une grande importance à ces essais d'agronomie, si ce n'est comme des exemples que citent les journaux, et qui, par là, exercent une réaction sur les contrées que leurs conditions agricoles rendent vraiment propres à de telles productions.

Aussi ce résultat a-t-il été déjà sensible dans les pays à soie, où un grand nombre de propriétaires, excités par le haut prix que la mode a donné à cette récolte, ont implanté le mûrier multicaule et augmenté sensiblement l'approvisionnement de la soie.

Mais à quel point ne pourrait-on pas l'accroître dans cette région méridionale, où tant de coteaux sont encore en friche, où tant de lavandes et de broussailles tapissent leurs pentes, tandis qu'elles pourraient nourrir le mûrier nain ? Et si la mode en vient à remplacer l'usage de la soie par celui de quelque autre tissu, ces mêmes terres seraient prêtes à recevoir de la vigne ou du sainfoin, après qu'on en aurait extirpé le mûrier.

Car, nous ne saurions trop le redire, le mérite du mûrier multicaule, c'est d'être un végétal d'assolement ; c'est de pouvoir garnir promptement le terrain et en disparaître de même, en le laissant dans un état de fécondité propre à nourrir la vigne aussi bien que la luzerne et les céréales. L'importation de cet arbrisseau a donc rendu à l'agriculture un service d'une importance peut-être supérieure à ce qu'a été, pour l'Europe, celle du maïs. Car celle-ci n'a tendu qu'à réduire la fertilité du sol ; tandis que le mûrier nain la favorise, tout en créant une récolte commerciale, au profit du revenu agricole et de la circulation du pays.

Mais nous devons dire aussi que, quelle que puisse être l'extension que le luxe et la mode parviennent à imprimer à la consommation de la soie, toujours est-il que l'extension de sa culture trouvera des limites, que la nature même des choses a posées, en ne permettant pas, jusqu'ici, que les tissus de soie aient trouvé, comme ceux de laine, leur insecte destructeur, de même qu'en bornant l'emploi de ces tissus aux seuls usages du luxe. Aussi cette belle industrie doit-elle bien vite arriver à son apogée, puisque la soie offre un long usage et n'a qu'une consommation restreinte.

FIN DU PREMIER VOLUME.

TABLE DES MATIÈRES

CONTENUES

DANS LE PREMIER VOLUME.

	Pages.
Notice biographique sur M. Lullin de Chauteauvieux...	v
Note de l'éditeur..................	xxiij
Avant-propos....................	1

LIVRE I.

ÉTAT DE L'AGRICULTURE EN FRANCE.

Chap. I.	De l'augmentation des produits agricoles..	5
— II.	Des causes auxquelles on doit l'augmentation du produit rural.............	8
— III.	Des conditions nécessaires pour opérer un changement dans les systèmes de culture.	15
— IV	Du résultat que doivent avoir les changements apportés dans un système de culture...	22
— V.	De la subdivision de la propriété en France.	26
	— Tableau de la répartition de la propriété en France...................	36
— VI.	Des différents modes d'exploitation des terres en France...............	42
— VII.	Des capitaux employés à l'agriculture.....	54
— VIII.	Des habitudes de la consommation......	64
— IX.	De l'influence de l'impôt sur l'agriculture..	76
— X.	De la circulation et du débouché des denrées.	96
	— Résumé du livre I.............	107

LIVRE II.

DES AMÉLIORATIONS EN AGRICULTURE.

			Pages.
Chap	I.	Des rapports entre la culture et la propriété.	111
—	II.	De la grande et de la petite culture en France.	123
—	III.	Des améliorations rurales.	141
		— De l'exécution plus parfaite des travaux rustiques.	142
		— Du meilleur assortiment à donner aux parcelles d'un domaine.	149
		— Des améliorations par entreprises.	162
—	IV.	Des améliorations par un changement dans le cours des récoltes.	178
—	V.	Des agronomes améliorateurs.	190
—	VI.	Comment s'opère l'amélioration rurale d'un pays.	
—	VII.	Du maximum auquel les améliorations peuvent élever le produit agricole de la France.	211
—	VIII.	De l'influence du prix des subsistances sur l'agriculture.	224
—	IX.	Des subsistances.	241
—	X.	Des fermes-modèles.	257
—	XI.	Des comices agricoles.	278

LIVRE III.

DES ASSOLEMENTS.

Chap.	I.	Lois de la végétation.	283
—	II.	Des végétaux qui peuvent entrer dans les assolements.	291
		— Des céréales d'hiver et d'été.	292
		— Des légumineuses.	299

TABLES DES MATIÈRES.

			Pages.
		— Des plantes produisant des fourrages artificiels.	311
		— Des plantes à tubercules ou racines-fourrages.	333
		— Des végétaux qui produisent des récoltes commerciales.	350
—	III.	De la direction à donner aux assolements.	371
—	IV.	Des formules d'assolements.	379
		— Assolements avec maïs.	388
		— Assolements avec pommes de terre de la zone centrale du royaume.	394
		— Des assolements applicables à la région nord de la France.	400

LIVRE IV.

DES CULTURES EXCLUSIVES PRATIQUÉES EN FRANCE.

Chap.	I.	De la culture des pays d'herbages.	403
—	II.	De l'économie des forêts.	412
		— Des rapports de l'économie forestière avec l'économie générale de la France.	414
		— Des conversions à opérer dans le sol forestier.	419
		— Du défrichement et de la replantation des bois.	428
		— De l'aménagement des bois.	437
—	III.	De la culture du vignoble.	444
—	IV.	Des cultures oléagineuses.	454
—	V.	De la production de la soie.	457

FIN DE LA TABLE DU PREMIER VOLUME.

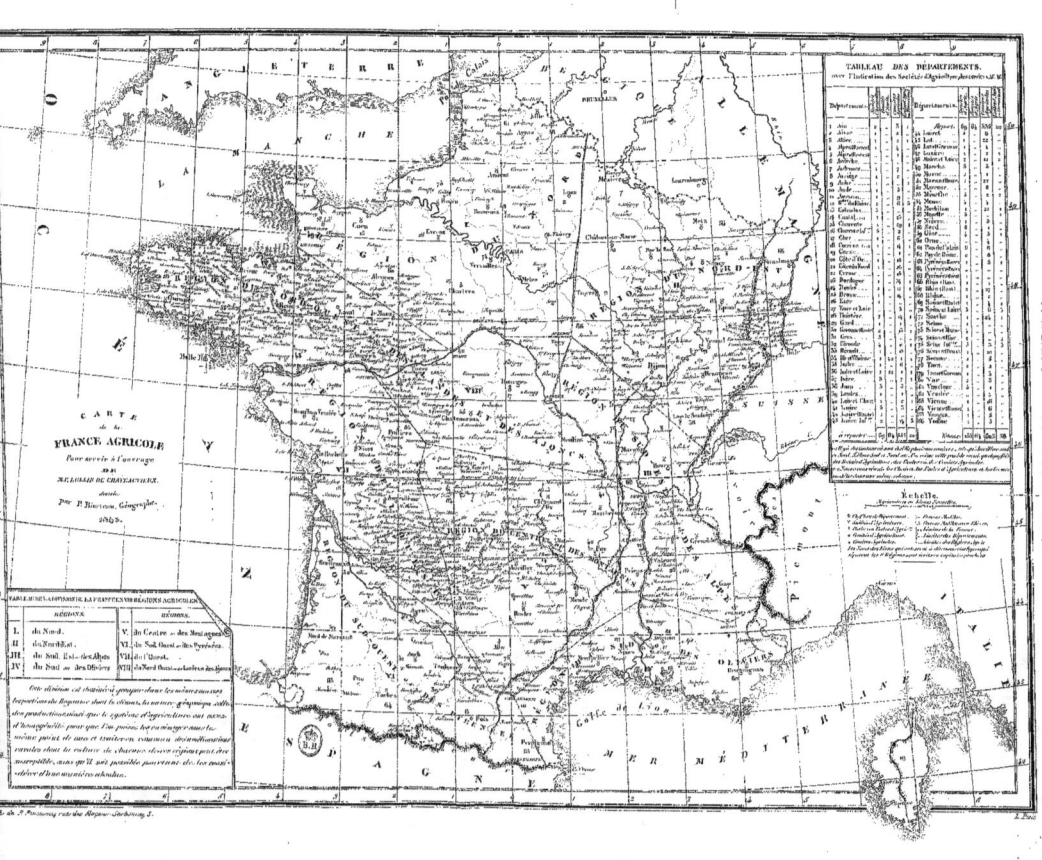

www.ingramcontent.com/pod-product-compliance
Lightning Source LLC
Chambersburg PA
CBHW051130230426
43670CB00007B/744